westermann

Diercke

Geographie

Sachsen-Anhalt

Schuljahrgänge 7/8

Moderation:
Notburga Protze
Margit Colditz

Autorinnen:
Margit Colditz
Sylvia Gemeiner
Cornelia Linde
Notburga Protze

unter Mitwirkung
der Verlagsredaktion

Zeichenerklärung

ⓘ Mit einem i versehene Texte geben dir weiterführende Informationen oder Begriffserklärungen.

Fettdruck Die im Fachlehrplan ausgewiesenen, verbindlich anzueignenden Fachbegriffe sind in den Texten fett gedruckt. Ihre Erklärung findest du auch im GeoLexikon am Ende des Buches.

Unter den angefügten Internetadressen findest du vertiefende Informationen.

🖥 Durch Eingabe des Web-Codes unter der Adresse schueler.diercke.de (z. B. 100800-030) gelangst du auf die passende Atlasseite. Du erhältst zudem Hinweise zu ergänzenden Karten mit zahlreichen interaktiven Infos.

✏ Dieses Symbol weist auf das Arbeitsheft hin. Darin kannst du anwenden, üben und festigen.

GeoMethode	

So gehst du vor
 	
 1. •
  •
 	
 2. •
  •
 	
 3. •
  •
	Auf diesen Seiten findest du im Fachlehrplan ausgewiesene Methoden. Zu ihrer Aneignung werden dir in blauen Kästen Arbeitsschritte angegeben, die du an Beispielen anwenden und festigen kannst.

GeoKompetenzen

Am Ende eines jeden Kapitels dient der Kompetenz-Check dazu, den Stand deiner Kompetenzentwicklung individuell zu hinterfragen. Darüber hinaus helfen dir Beispiele von Klassenarbeiten und Aufgabenstellungen bei der Anwendung und Festigung erworbener Kompetenzen.

Ich kann ...			
☺	sehr gut	☺	befriedigend
☺	gut	☹	mangelhaft

Titelfoto: Savanne in Ostafrika (im Hintergrund der Kilimandscharo)

© 2019 Westermann Bildungsmedien Verlag GmbH, Georg-Westermann-Allee 66, 38104 Braunschweig
www.westermann.de

Druck A^5 / Jahr 2024
Alle Drucke der Serie A sind im Unterricht parallel verwendbar.

Redaktion: Lektoratsbüro Eck, Berlin
Druck und Bindung: Westermann Druck GmbH, Georg-Westermann-Allee 66, 38104 Braunschweig

ISBN 978-3-14-**140014**-4

Inhaltsverzeichnis

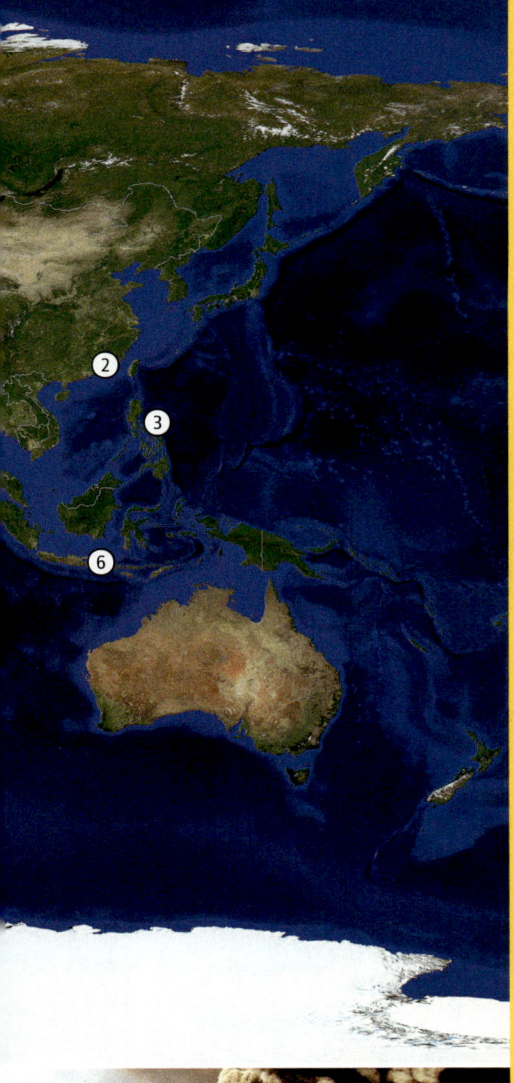

1 Räumliche Ordnungs-systeme – Orientierung auf der Erde

In diesem Kapitel erwirbst du folgende Kompetenzen und wendest diese an:

– die Erde in verschiedene räumliche Ordnungssysteme gliedern,

– die Lage geographischer Objekte mithilfe des Gradnetzes beschreiben,

– sich unter Nutzung digitaler Medien räumlich orientieren,

– zonale Gliederungen des Naturraumes Erde erläutern,

– Klimadiagramme auswerten,

– das Leben der Menschen in verschiedenen Kulturräumen beschreiben,

– die kulturelle Vielfalt im Heimatraum erkunden.

M1 *Satellitenbild – Bodenbedeckung von Pol zu Pol*

Gliederungen der Erde – ein Überblick

Du weißt bereits, dass die Erde vielgestaltig ist. Dies betrifft die Natur ebenso wie das Leben und Wirtschaften der Menschen in den verschiedenen Regionen der Erde. Um diese Vielfalt überschauen zu können, wird die Erde nach unterschiedlichen Gesichtspunkten eingeteilt. Solche Gliederungen dienen immer einem ganz bestimmten Zweck. Du kennst schon Einteilungen der Natur nach Kontinenten und Ozeanen, Gebirgen und Tiefländern sowie nach Klima- und Vegetationszonen.

Aber auch das Wirtschaften der Menschen bringt Einteilungen mit sich, zum Beispiel die in Industrie-, Landwirtschafts- oder Tourismusgebiete.

Alle diese aufgezeigten Gliederungsmöglichkeiten können insbesondere mithilfe von Karten dargestellt werden. Um eine möglichst übersichtliche Darstellung zu erhalten, sind dabei die realen Gegebenheiten oft stark zu vereinfachen. In diesem Schuljahr lernst du weitere Gliederungen kennen. Mit ihrer Hilfe wirst du dich noch besser auf der Erde orientieren und Zusammenhänge verstehen können.

M1 *Räumliche Ordnungssysteme*

Das Gradnetz der Erde

Um die Erde verläuft ein gedachtes Netz von Linien, das **Gradnetz** (M3). Es dient der Orientierung und Lagebestimmung eines Ortes oder Objektes. Eine genaue Ortsangabe in Grad (°), Minuten (') und Sekunden ('') ist besonders wichtig in der See-, Luft- und Raumfahrt sowie in dünn besiedelten Räumen.

Das Gradnetz dient aber auch der Orientierung auf Karten. Die meisten sind mit einem solchen Netz überzogen. Das Zählen der Linien erfolgt in Grad, daher die Bezeichnung Gradnetz. Es besteht aus Breiten- und Längenkreisen (M2).

Die Lage eines jeden Ortes auf der Erde kann durch Angabe seiner geographischen Breite (n. Br./s. Br. oder N/S) und Länge (w. L./ö. L. oder W/O) ermittelt werden. Dazu sind die Koordinaten anzugeben, die sich über dem Ort kreuzen. Die Stadt New Orleans zum Beispiel liegt am „Kreuzungspunkt" des 30. Breitenkreises Nord und des 90. Längenhalbkreises West. Aus Übersichtsgründen sind auf Globen und Karten nicht alle Breiten- und Längenkreise eingezeichnet. Deshalb solltest du beim Bestimmen der Lage immer ein Lineal nutzen.

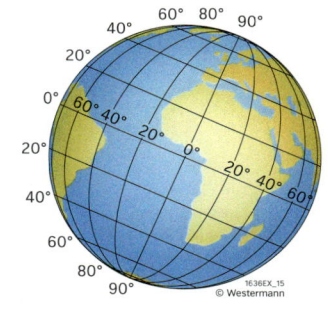

M3 *Das Gradnetz*

M4 *Der Verlauf des Nullmeridians durch das Flamsteed House am Royal Greenwich Observatory*
1884 wurde festgelegt, dass die Zählung der Meridiane in der britischen Sternwarte in Greenwich/London beginnt.

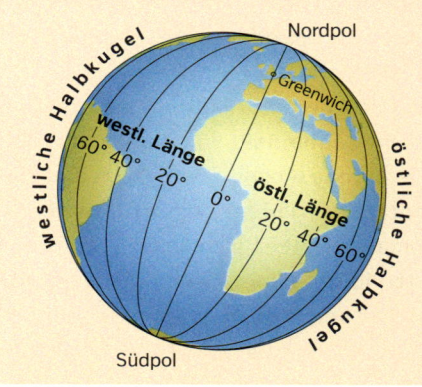

Breitenkreise	Längenkreise
• verlaufen parallel zueinander • sind unterschiedlich lang, der längste ist der Äquator (40 076 Kilometer) • je 90 Breitenkreise vom Äquator in nördliche und südliche Richtung • haben immer den gleichen Abstand (111 Kilometer)	• verlaufen über beide Pole • halbe Längenkreise (vom Nord- zum Südpol) heißen Meridiane • sind gleich lang • je 180 Meridiane vom Nullmeridian in östliche und westliche Richtung • unterschiedliche Abstände • der 180. Meridian bildet die Datumsgrenze (S. 11)

M2 *Breiten- und Längenkreise*

① Erläutere Aufbau und Bedeutung des Gradnetzes.

② Welche Orte liegen auf folgenden Koordinaten: 40°n.Br./33°ö.L., 6°s.Br./ 106°ö.L. und 34°s.Br./58° w.L.?

③ Ermittle mithilfe des Atlas
– drei Länder, durch die der 40. Breitenkreis n. Br. verläuft,
– den Meridian, der entlang des Uralgebirges verläuft,
– die Lage Pekings im Gradnetz.

M1 *Weltzeituhr*

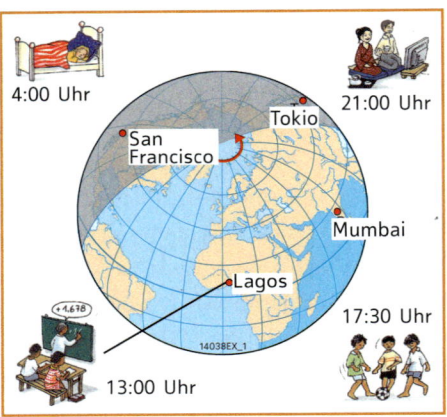

M3 *Zu derselben Zeit auf der Erde*

M4 *Wechsel von Tag und Nacht*

www.zeitzonen.de/
www.timeanddate.de/

Unterschiedliche Zeiten auf der Erde

Wenn wir in Deutschland Mittagspause machen, gehen andere Menschen bereits schlafen oder stehen gerade erst auf (M3).

Die Ursache dafür liegt in der Drehung der Erde innerhalb von 24 Stunden um ihre eigene Achse. Dabei erreicht die Sonne über jedem der 360 Meridiane einmal ihren höchsten Stand – in 60 Minuten folglich über 15 Meridianen. Jeder Ort hat somit seine wahre Ortszeit. In Görlitz ist zum Beispiel 30 Minuten eher Mittag als in Köln.

Würden unsere Uhren nach der jeweiligen Ortszeit gehen, gäbe es einen großen Wirrwarr. Deshalb beschloss die Meridian-Konferenz 1884, die Erde in 24 **Zeitzonen** einzuteilen. In der Regel erstrecken sie sich jeweils über 15 Meridiane, wobei aber der Verlauf von Ländergrenzen beachtet wurde. Länder mit großer West-Ost-Ausdehnung haben an mehreren Zeitzonen Anteil. Die Zonenzeit des Nullmeridians von Greenwich wird Westeuropäische Zeit oder Weltzeit genannt.

ℹ️ Info

Wenn einer eine Reise plant ...

... dann sollte er sich, um nicht in Terminschwierigkeiten zu geraten, stets nach der jeweiligen Zonenzeit erkundigen und seine Uhr anpassen. Bei Reisen in östliche Richtung ist sie vor-, in westliche zurückzustellen. Würde gar die gesamte Erde umreist, wäre die Uhr 24 Mal um eine Stunde zu verstellen. So würde ein ganzer Tag gewonnen oder aber verloren gehen. Zeitumstellungen bei Fernreisen führen bei Reisenden häufig zu einem Jetlag. Der Biorhythmus muss sich an die neue Zeitzone anpassen. Es ist ratsam, sich bereits einige Tage vor Reisebeginn darauf vorzubereiten.

M2 *Meridianstein im Stadtpark von Görlitz auf 15° ö. L.*
Durch die östlichste Stadt Deutschlands führt der 15. Meridian östlicher Länge. Er bestimmt mit seinem Sonnenhöchststand die Mitteleuropäische Zeit (MEZ). Nach Görlitzer Zeit tickt ganz Deutschland.

1️⃣ Erkläre, weshalb Japan auch als „Land der aufgehenden Sonne" bezeichnet wird.

2️⃣ Ermittle, an wie vielen Zeitzonen Russland, Australien, China und die USA Anteil haben (M5).

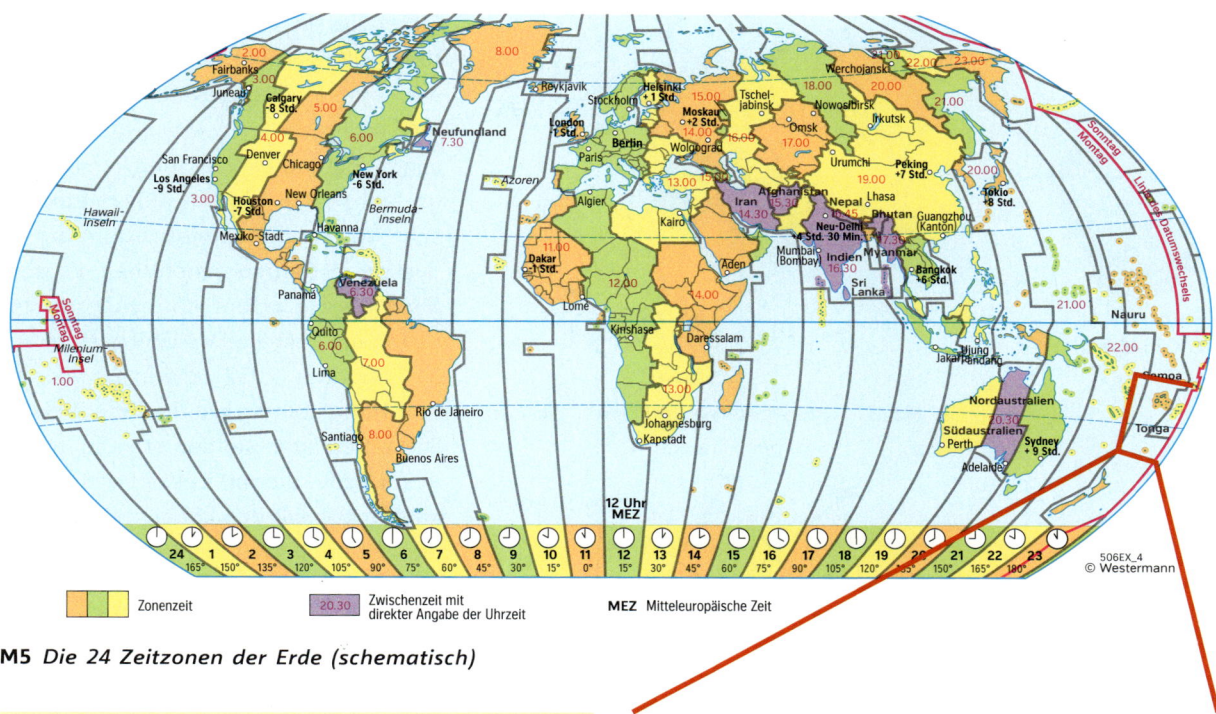

M5 *Die 24 Zeitzonen der Erde (schematisch)*

24 Zeitzonen liegen rund um unseren Planeten ... aber wo beginnt der neue Tag?

Als 1522 Seefahrer von ihrer ersten Weltumsegelung unter Ferdinand Magellan nach Spanien zurückkehrten, wich ihre Eintragung im Logbuch um einen Tag vom Datum des Heimatlandes ab. Sie hatten in östliche Richtung segelnd die Sonne um einen Tag „überholt".

Dieses Problem wurde 1884 durch die Festlegung einer Datumsgrenze gelöst. Sie verläuft mit geringen Abweichungen entlang des 180. Meridians durch den Stillen Ozean, auf der „Rückseite" zum Nullmeridian.

Überquert ein Schiff diese Linie von Westen nach Osten, muss das jeweilige Datum noch einen weiteren Tag beibehalten werden. In umgekehrter Richtung wird die Uhr um 24 Stunden vorgestellt und damit ein Tag übersprungen. Bei einer Kreuzfahrt durch die Inselwelt Mikronesiens kann es passieren, auf einer Insel des „bereits vergangenen Tages" zu landen. Seit einer Verschiebung der Datumsgrenze im Jahr 1995 beginnt jeder neue Tag im Inselstaat Kiribati.

M6 *Datumsgrenze*

Wenn es in Deutschland am Donnerstag, dem 31. Dezember, 12:00 Uhr ist, dann ist ...

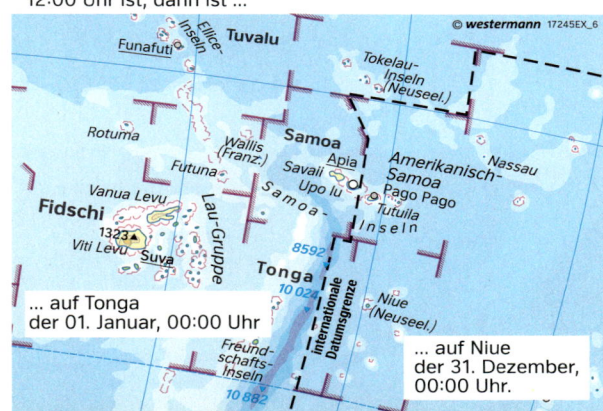

... auf Tonga der 01. Januar, 00:00 Uhr.

... auf Niue der 31. Dezember, 00:00 Uhr.

In Ozeanien kann man an zwei Tagen in Folge zwei Mal Silvester feiern. Dazu bieten Reiseveranstalter eine Tour über die Datumsgrenze an: Zunächst begrüßen die Gäste auf den Tonga-Inseln mit als Erste auf der Erde das neue Jahr. Am 1. Januar packen sie ihre Koffer und überfliegen die Datumsgrenze in östliche Richtung. Auf der Insel Niue ist noch der 31. Dezember. Somit können sie nochmals, und das als Letzte auf der Erde, in das neue Jahr starten.

M7 *Jahreswechsel an der Datumsgrenze*

3 Begründe, weshalb trotz der weiten Reise nach Kapstadt die Uhr nur gering verstellt werden muss.

4 Informiere dich über die Verwendung der Sommerzeit bzw. Winter-/Normalzeit in Europa.

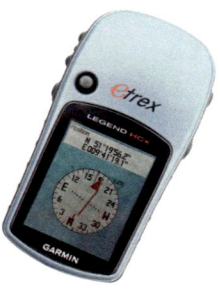

M1 *GPS-Gerät*

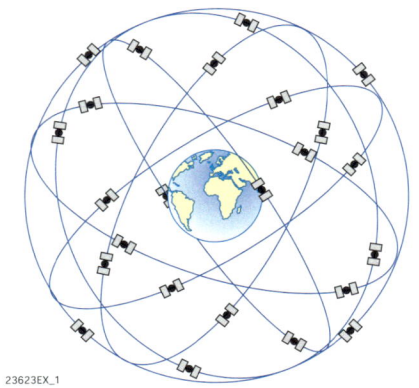

23623EX_1

M3 *31 GPS-Satelliten umkreisen die Erde*

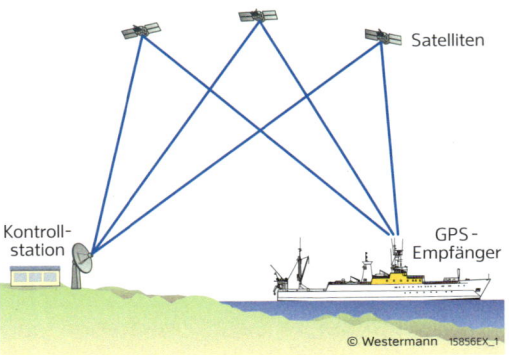

Satelliten

Kontroll-station

GPS-Empfänger

© Westermann 15856EX_1

M4 *So arbeitet ein GPS-Empfänger*

Orientieren mit GPS

Unter GPS (Global Positioning System) wird ein satellitengestütztes Navigationssystem zur weltweiten Positionsbestimmung und Zeitmessung verstanden. Im Jahre 1978 hat das US-amerikanische Verteidigungsministerium dieses System in Betrieb genommen, es aber auch für die öffentliche Nutzung zur Verfügung gestellt. Das GPS besteht aus 31 Satelliten (2017), die in 20 Kilometern Höhe ständig um die Erde kreisen. Diese Satelliten senden ständig Signale zur Erde, die mit speziellen Geräten empfangen werden können. Dabei wird die Zeit gemessen, die die Signale vom Satelliten bis zum Gerät brauchen. Um die geographischen Koordinaten eindeutig bestimmen zu können, wird der Kontakt zu mindestens drei Satelliten benötigt. Das GPS wird in der See- und Luftfahrt, als Navigationssystem im Auto und zur Orientierung, z. B. beim Wandern oder Radfahren, genutzt.

M2 *GPS-Navigation im Auto*

M5 *GPS-Navigation beim Sport*

1 Nenne Vorteile von GPS-Geräten
a) in Autos und Flugzeugen,
b) für Läufer, Wanderer, Radfahrer,
c) für Wissenschaftler (Geographen).

So gehst du vor

1. Vorbereitung

- Melde dich als Nutzer auf einer Geocaching-Internetseite an.
- Lege einen Fantasienamen fest, unter dem dich andere Geocacher kennenlernen können. Wähle dich mit deinem Benutzernamen und Passwort ein.
- Suche ein Gebiet aus, in dem du auf Schatzsuche oder Schnitzeljagd gehen möchtest.
- Zur Suche brauchst du ein GPS-Gerät. Wenn du keines besitzt oder ausleihen kannst, kannst du auch die GPS-Funktion eines Smartphones verwenden.

2. Suche

- Gehe mithilfe des GPS-Gerätes zu den angegebenen Koordinaten und suche den Cache.

- Achte genau auf die Hinweise. Damit der „Cache" lange erhalten bleibt, dürfen Fremde nicht merken, dass du suchst.
- Wenn du ihn gefunden hast, öffne ihn und trage dich mit Datum und Nicknamen in das dort vorhandene Logbuch ein.
Echte Geocacher schreiben hinter ihren Namen und das Datum noch TFTC (Thanks for the cache) oder TFTH (Thanks for the hunt).
- Wenn du einen Gegenstand aus dem Schatz herausnimmst, musst du auch wieder etwas hineinlegen.

3. Verstecken

- Lege den Cache wieder zurück, damit andere Geocacher auch danach suchen können.
- Verlasse das Versteck so, wie du es vorgefunden hast.

www.geocaching.de
www.opencaching.de

ℹ Geocaching

„Geocaching" bedeutet übersetzt „Versteck auf der Erde".
Es ist ein Spiel, bei dem man ein Versteck (cache) mithilfe eines GPS-Empfängers finden oder anlegen kann. Die notwendigen Informationen über Verstecke und deren geographische Länge sowie Breite erhält man auf speziellen Internetseiten.

M6 *Ein Cache in einer wasserdichten Dose*

M7 *Geocaching mit dem GPS-Empfänger im Smartphone*

❷ Wähle im Internet ein Versteck in deiner Nähe aus und finde es.

❸ Führt eine selbst geplante Schatzsuche durch.

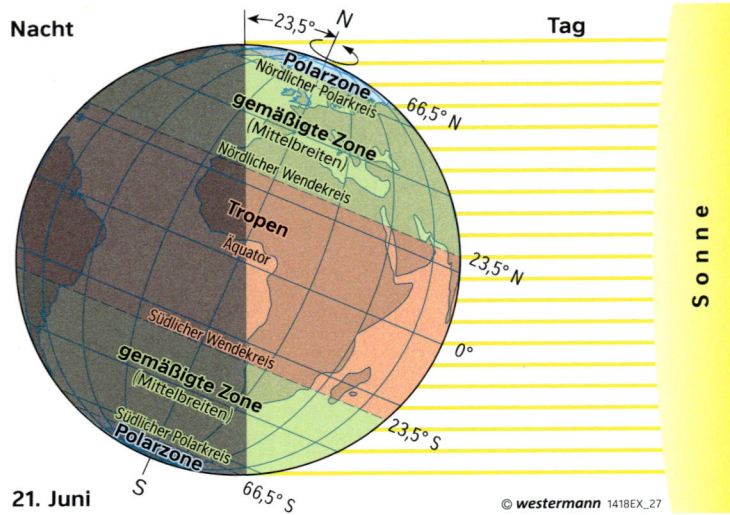

Nacht   Tag

21. Juni

M1 *Beleuchtungszonen der Erde*

© **westermann** 1418EX_27

Die Beleuchtung der Erde

Die Sonnenstrahlen erwärmen die Atmosphäre und die Oberfläche der Erde. Jedoch erhält nicht jeder Ort zu jeder Zeit die gleiche Energiemenge.

Ursachen dafür sind die Kugelgestalt der Erde und die Neigung der Erdachse um 23,5°. Hinzu kommen die beiden Drehbewegungen der Erde: innerhalb von 24 Stunden einmal um ihre eigene Achse (Rotation) und einmal innerhalb von 365,25 Tagen um die Sonne (Revolution). Der Einfallswinkel der Sonnenstrahlen nimmt vom Äquator zu den Polen hin ab. Dadurch entstehen die drei Beleuchtungszonen.

Am nördlichen Polarkreis

Die Polarzonen erstrecken sich zwischen 66,5° nördl. bzw. südl. Breite und dem jeweiligen Pol. In ihnen herrschen aufgrund des geringen Einfallswinkels der Sonnenstrahlen sehr niedrige Temperaturen. Hier treten Polartag und Polarnacht auf, die an den Polen jeweils ein halbes Jahr andauern.

M2 *Polarzone*

In Sachsen-Anhalt

Die gemäßigten Zonen breiten sich auf beiden Halbkugeln zwischen den Wende- und Polarkreisen aus (23,5° und 66,5° nördl. bzw. südl. Breite). In ihnen herrschen ausgeprägte Jahreszeiten. Mit zunehmender Entfernung von den Wendekreisen werden die Sommer kürzer und kühler und die Winter länger und kälter.

M3 *Gemäßigte Zone*

Am Äquator

Die tropische Zone (**Tropen**) liegt beiderseits des Äquators zwischen den **Wendekreisen**. In ihr wandert die Sonne scheinbar hin und her und steht jährlich zweimal im Zenit (genau senkrecht über dem Beobachter). Durch die intensive Sonneneinstrahlung herrschen ganzjährig hohe Temperaturen. Hier gibt es keine Jahreszeiten.

M4 *Tropische Zone*

1 Beschreibe die Bestrahlung der Erde durch die Sonne.

2 Vergleiche die Merkmale der drei Beleuchtungszonen.

3 Erläutere die Ursachen für die Entstehung von Polartag/-nacht.

4 Begründe, weshalb die Sonne nie über Europa im Zenit steht.

Wie Jahreszeiten entstehen

Bei der Drehung der Erde um die Sonne im Verlaufe eines Jahres behält die Erde ihre Erdachsenneigung um 23,5° und ihre Neigungsrichtung bei. Das hat zur Folge, dass im Juni stärker die Nordhalbkugel und im Dezember stärker die Südhalbkugel der Sonne zugewandt ist. Dadurch werden die beiden Halbkugeln im Verlaufe eines Jahres abwechselnd intensiv beleuchtet. Nur im Frühjahr und Herbst wird die Erde von Pol zu Pol gleichmäßig beschienen, Tag und Nacht sind dann gleich lang. Die Jahreszeiten auf den Halbkugeln sind entgegengesetzt, so herrscht im Juli Nordsommer bzw. Südwinter.

M5 *Umlaufbahn der Erde um die Sonne mit Jahreszeiten auf der Nordhalbkugel*

Wie Klimazonen entstehen

In den Beleuchtungszonen herrscht kein einheitliches Klima. Es ist abhängig von der Breitenlage, der Höhenlage und den vorherrschenden Luftmassen.

Mit dem Wandern des Zenitstandes der Sonne verschieben sich die Gebiete der stärksten Erwärmung in nördliche bzw. südliche Richtung. Das trifft auch auf die Luftmassen wie die regenreiche Äquatorialluft, die trockene Passatluft und die feuchten Westwinde der gemäßigten Breiten zu (M6). Deshalb gibt es auf der Erde Regionen, in denen ganzjährig gleiche Bedingungen vorherrschen und solche, in denen die Niederschlagsverhältnisse wechseln.

So entstehen stetige Klimate und Wechselklimate. Zu den stetigen Klimaten gehören das feucht-heiße Äquatorialkima, das trocken-heiße Passatklima und das kalte Polarklima.

Zu den Wechselklimaten zählen das tropische und subtropische Wechselklima, das gemäßigte Klima und das Subpolarklima. In den Zonen der (sub)tropischen Wechselklimate wird der Jahresverlauf weniger durch Jahreszeiten mit stark schwankenden Temperaturen als vielmehr durch den Wechsel von Regen- und Trockenzeiten charakterisiert.

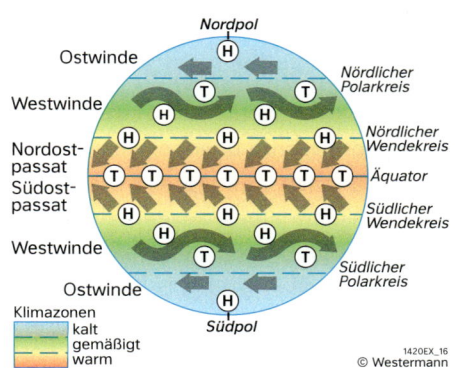

M7 *Weihnachtsmann am Strand – wo könnte das Foto aufgenommen worden sein?*

M6 *Luftdruck- und Windgürtel*

---

5 Stellt die Bewegungen der Erde in einem Experiment nach.

6 Begründe, weshalb von Nord-/Südsommer gesprochen wird.

7 Erläutere das Vorkommen von Klimazonen.

8 Vergleiche stetige und Wechselklimate.

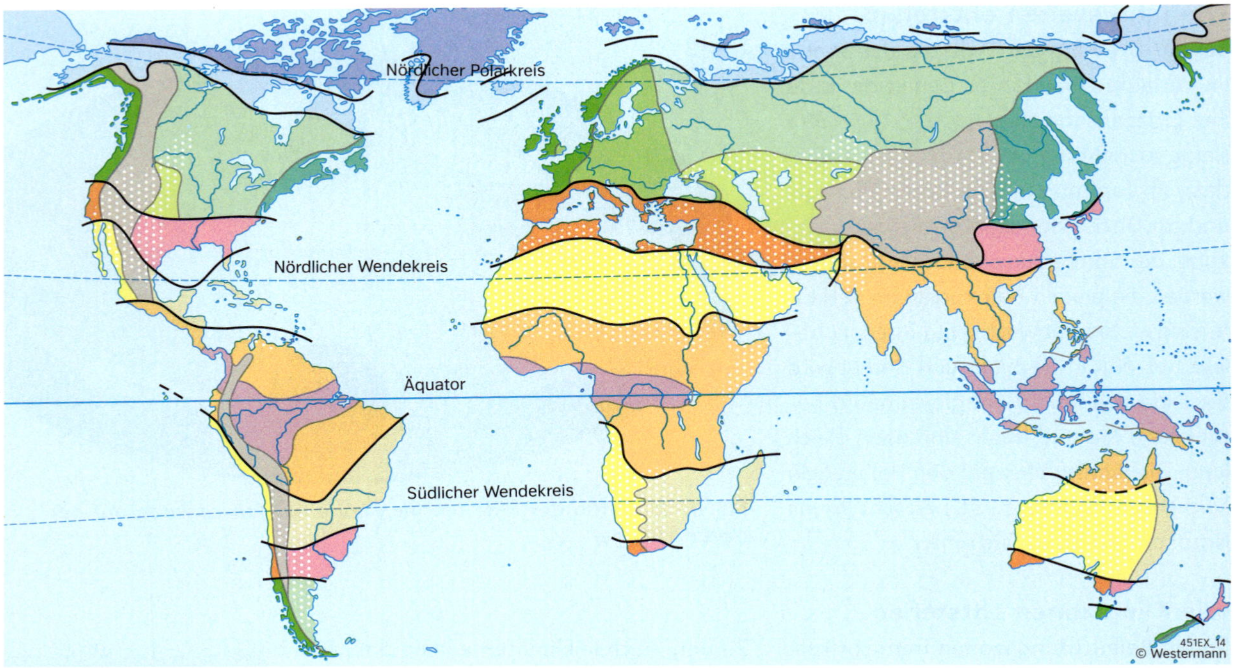

M1 *Klimazonen der Erde (nach Neef)*

I polare Klimazone		
	Polarklima	

II subpolare Klimazone
  subpolares Klima

III gemäßigte Klimazone
  1 maritimes Westseitenklima
  2 Übergangsklima
  3 kühles Kontinentalklima
  4 sommerheißes Kontinentalklima mit Frühjahrsregen
  5 Ostseitenklima

IV subtropische Klimazone
  1 Winterregenklima der Westseiten
  2 subtropisches Ostseitenklima

V Passatklimazone
  1 trockenes Passatklima
  2 feuchtes Passatklima, stark beregnete Außenseiten, trockenere Binnenländer

  Trockengebiete

VI Zone des tropischen Wechselklimas
  tropisches Wechselklima

VII Äquatorialzone
  Äquatorialklima

VIII Klimate der Hochgebirge
  Hochgebirgsklima

---

www.unser-planet-erde.de/klimazonen/

Klimazonen der Erde

Temperatur, Niederschlag, Wind, Bewölkung und Luftdruck sind in vielen Gebieten der Erde über sehr lange Zeiträume ähnlich ausgeprägt. Regionen mit ähnlichem Klima werden als Klimazonen zusammengefasst. Diese verlaufen etwa parallel zu den Breitenkreisen, weil das Klima von der Sonneneinstrahlung und damit von der geographischen Breite abhängt.

Neben den drei Hauptklimazonen gibt es Übergangszonen (Subzonen). Häufig ragt eine Klimazone weit in die nächste hinein. Wichtige Gründe dafür sind die unterschiedliche Verteilung von Land und Meer sowie warme und kalte Meeresströmungen. Auch die Höhenlage und die Ausdehnung der Gebirge spielen eine wichtige Rolle bei der Ausprägung des Geofaktors Klima.

---

1 Beschreibe Einflussfaktoren für das Entstehen von Klimazonen.

2 Erläutere, warum die Klimazonen nahezu breitenparallel verlaufen.

3 Klima- und Vegetationszonen sind ähnlich angeordnet. Erkläre.

4 Ordne die Abbildungen M3 A–C den Vegetationszonen in M2 zu.

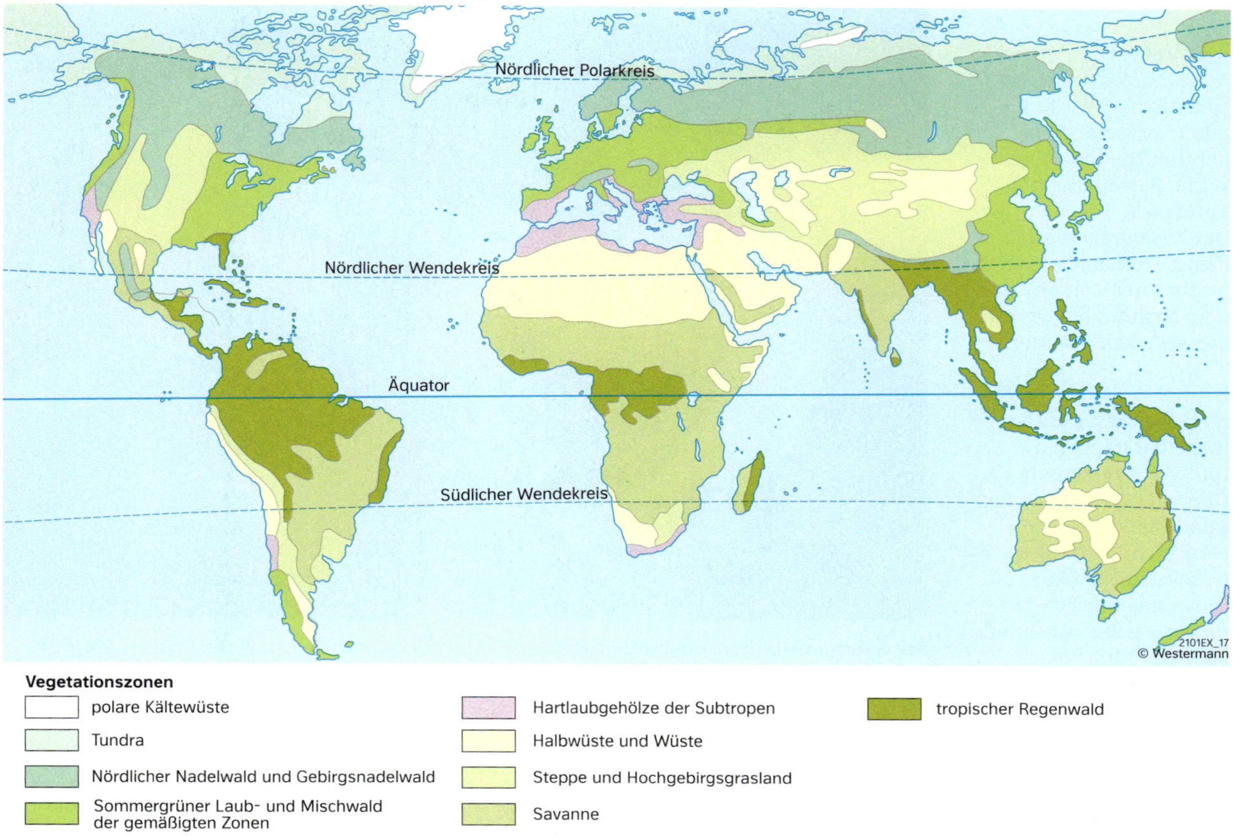

Nördlicher Polarkreis

Nördlicher Wendekreis

Äquator

Südlicher Wendekreis

2101EX_17
© Westermann

Vegetationszonen

☐ polare Kältewüste	☐ Hartlaubgehölze der Subtropen	☐ tropischer Regenwald
☐ Tundra	☐ Halbwüste und Wüste	
☐ Nördlicher Nadelwald und Gebirgsnadelwald	☐ Steppe und Hochgebirgsgrasland	
☐ Sommergrüner Laub- und Mischwald der gemäßigten Zonen	☐ Savanne	

M2 *Vegetationszonen der Erde*

Klima und Vegetation passen zusammen

Bei den Hauptklimazonen denken wir automatisch an eine bestimmte Vegetation, die typischen Pflanzen dieser Zonen. Regenwälder mit undurchdringlichem Urwald, Baumriesen und Schlingpflanzen verbindet man mit der tropischen Zone. Bei den kalten Regionen am Polarkreis sind es Flechten und Moose. Die Pflanzenwelt hat sich über Jahrtausende an die natürlichen klimatischen Bedingungen angepasst. So gibt es den Klimazonen entsprechende Vegetationszonen. In den letzten Jahrhunderten hat der Mensch die Vegetation stark beeinflusst und verändert. Oft ist die ursprüngliche Vegetation deshalb nicht mehr vorhanden.

So wurden zum Beispiel am Mittelmeer viele Bäume schon in der Antike für den Bau von Schiffen und Häusern abgeholzt. Aus Natur- wurden Kulturlandschaften.

ℹ Kulturlandschaft
Sie ist durch menschliche Aktivitäten, das heißt geringe, kaum ersichtliche oder extreme Eingriffe in die Natur, gekennzeichnet.

www.unser-planet-erde.de/vegetationszonen

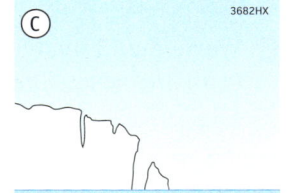

M3 *In ausgewählten Vegetationszonen der Erde*

❶ Wetter

Aus dem Wetterbericht sind die fünf Wetterelemente bekannt: Temperatur, Niederschlag, Wind, Bewölkung und Luftdruck.
Das Zusammenwirken dieser Elemente zu einer bestimmten Zeit an einem bestimmten Ort auf der Erde heißt Wetter.

Klima

Meteorologen messen mehrmals täglich die fünf Wetterelemente. Über einen Zeitraum von mindestens 30 Jahren errechnen sie daraus Durchschnittswerte. Diese langjährigen Mittelwerte geben Auskunft über das Klima eines Ortes oder Gebietes.

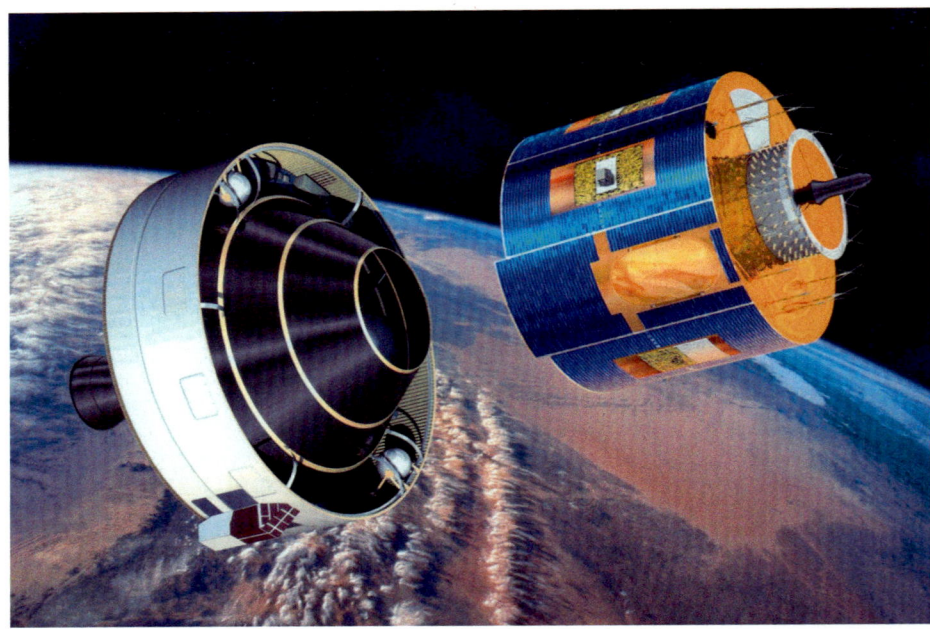

M2 *Wettersatelliten umkreisen die Erde. Mithilfe der Daten, die sie liefern, können jetzt zuverlässige Wettervorhersagen gemacht werden.*

M1 *Petrus und die „Wettermaschine"*

So gehst du vor

Klimadiagramme lesen und auswerten
1. Nenne den Namen der Station. Beschreibe ihre Lage (Kontinent, Land, Lage über dem Meeresspiegel, Lage im Gradnetz).
2. Nenne die Jahresmitteltemperatur sowie die Temperatur des wärmsten und kältesten Monats. Beschreibe den jährlichen Temperaturverlauf. Achte dabei auch auf vorhandene Schwankungen.
3. Nenne die Jahresniederschlagsmenge sowie den niederschlagsärmsten und -reichsten Monat. Beschreibe den jährlichen Niederschlagsverlauf. Achte dabei auch auf vorhandene Schwankungen.
4. Zeige Ursachen für Klimawerte auf. Denke dabei an Faktoren wie Breitenlage, vorherrschende Luftmassen, Lage zum Meer, Höhenlage.
5. Ordne das Klimadiagramm in die entsprechende Klimazone ein. Begründe.

Klimakarten lesen und auswerten
1. Ordne das Gebiet auf der Karte räumlich ein. Beachte dabei das Kartenthema.
2. Lies die Legende und beschreibe die verwendeten Signaturen, Symbole und Farben.
3. Beschreibe den Karteninhalt (z. B. räumliche Verteilung der Flächen-, Linien- und Punktsignaturen).
4. Stelle Zusammenhänge dar und vergleiche mit einer physischen Karte.

❶ Werte die Klimadiagramme auf S. 19 aus. Nutze dazu die Schrittfolge.

❷ Ordne diese Klimadiagramme Klimazonen zu (S. 16, Atlas).

❸ Nenne je zwei Merkmale der auf Seite 19 abgebildeten Vegetationszonen.

❹ Werte eine selbst gewählte Klimakarte aus (Atlas).

M3 *In der Tundra*

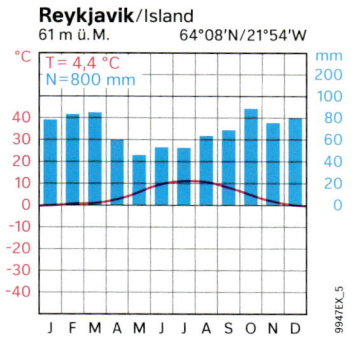

M4 *Klimadiagramm*

M5 *In der Nadelwaldzone*

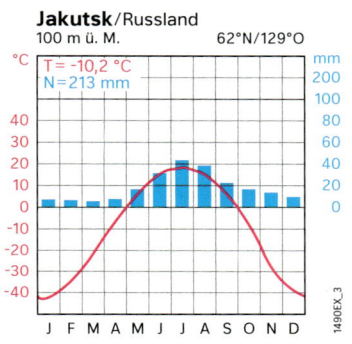

M6 *Klimadiagramm*

M7 *In der Wüste*

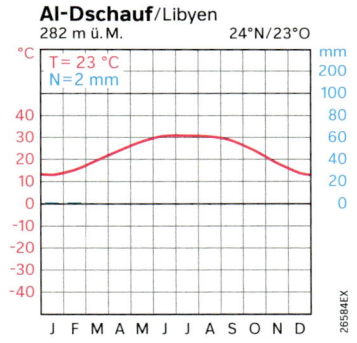

M8 *Klimadiagramm*

M9 *Im tropischen Regenwald*

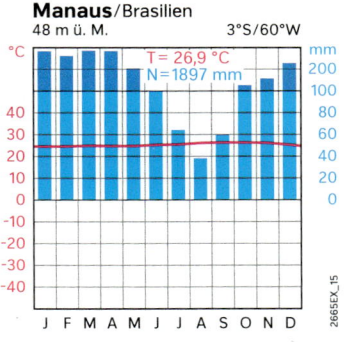

M10 *Klimadiagramm*

19

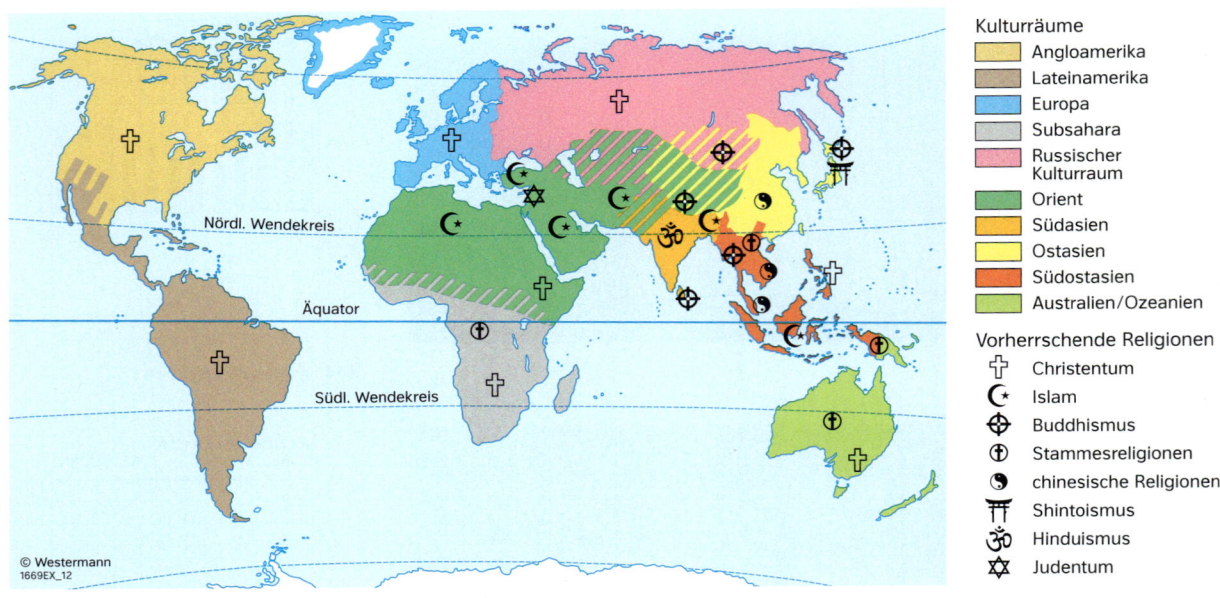

Kulturräume

- Angloamerika
- Lateinamerika
- Europa
- Subsahara
- Russischer Kulturraum
- Orient
- Südasien
- Ostasien
- Südostasien
- Australien/Ozeanien

Vorherrschende Religionen

- ✝ Christentum
- ☪ Islam
- ☸ Buddhismus
- Stammesreligionen
- ☯ chinesische Religionen
- ⛩ Shintoismus
- 🕉 Hinduismus
- ✡ Judentum

Nördl. Wendekreis

Äquator

Südl. Wendekreis

© Westermann
1669EX_12

M1 *Kulturräume der Erde*

Kulturelle Vielfalt auf der Erde

Auf der Erde leben rund 7,5 Milliarden Menschen. Sie alle machen aufgrund ihrer unterschiedlichen Lebensweisen die Erde bunt und vielfältig. Kirchen, Synagogen, Tempel, Moscheen, Pagoden sind ihre prunkvollen Gotteshäuser. Weltweit werden ca. 7000 verschiedene Sprachen gesprochen.

So wie für uns Kartoffeln nicht vom Speisezettel wegzudenken sind, können sich andere Menschen eine Mahlzeit ohne Reis, Mais oder auch Bohnen nicht vorstellen. Klänge von Panflöte, Dudelsack, Balalaika, Busuki, Didgeridoo oder Trommel bereichern früher wie heute viele Musikproduktionen.

www.geo.de/
geolino/15984-thma-
die-weltreligionen

> Neben der natürlichen Gliederung der Erde in Kontinente und Ozeane gibt es auch eine nach Besonderheiten der Lebens- und Wirtschaftsweise der Menschen: die Kulturräume der Erde (M1).
> Die zehn Großregionen reichen über bestehende Ländergrenzen hinaus und weisen gleiche oder ähnliche Merkmale auf. Kulturräume unterscheiden sich zum Beispiel hinsichtlich Religion, Sprache und Schriftzeichen, Wirtschaftsform, Ernährung und Kleidung, Struktur der Siedlungen und der Behausungen sowie der Sitten und Gebräuche. Dabei kommt der vorherrschenden Religion eine besondere Bedeutung zu. Ihre Glaubensregeln bestimmen oftmals viele Bereiche des Lebens der dort beheimateten Menschen.
> Die Grenzen der Kulturräume verlaufen fließend, in M1 sind die Übergangsgebiete schraffiert dargestellt.

M2 *Kulturräume – ein anderer Blick auf die Erde*

❶ Vergleiche die Einteilung der Erde nach Kontinenten mit der nach Kulturräumen.

❷ Ermittle mithilfe von Karten für drei Kulturräume die vorherrschenden Religionen und Sprachen (Atlas).

M3 *Schüler einer Klasse zeigen das Herkunftsland ihrer Familien*

Menschen aus anderen Kulturräumen

Die Kulturen der Erde durchmischen sich immer mehr. Durch Massentourismus in fremde Länder, den zunehmenden Welthandel und global tätige Unternehmen verändert sich der weltweite Arbeitsmarkt. Zudem verlassen immer mehr Menschen aus Armut und Not ihre Heimat.

Auch in deiner Schule oder Klasse lernen Schülerinnen und Schüler mit Migrationshintergrund. Das heißt, sie sind vor einigen Jahren nach Deutschland gekommen oder aber hier geboren. Die Sprachen und Traditionen ihrer Familien unterscheiden sich je nach Herkunftsland.

www.medico.de/fluchtursachen/
www.frieden-fragen.de (→ entdecken → Auf der Flucht)

M4 *New York, Popkultur*

M5 *Krakau, Wawel-Kathedrale*

M6 *Damaskus, Moschee*

❸ Ermittle Ursachen, weshalb Menschen ihre Heimat verlassen. Nutze dazu das Internet.

❹ Befrage Mitschüler bzw. Mitschülerinnen zu kulturellen Merkmalen ihres Herkunftslandes.

Unterschiedliche Lebens- und Wirtschaftsweisen

Manche Lebensgewohnheiten von Menschen aus anderen Kulturräumen erscheinen uns mitunter fremd und ungewöhnlich. Dabei lässt sich ihre Lebens- und Wirtschaftsweise oftmals aus der Kenntnis der kulturellen Merkmale und natürlichen Gegebenheiten ihrer Heimat oder Herkunft verstehen.

In regenreichen oder trockenen, warmen oder kalten Gebieten der Erde leben und wirtschaften die Völker sehr verschieden und kleiden sich auch anders. So bauen zum Beispiel die Menschen im subsaharischen Afrika ganz andere landwirtschaftliche Produkte an als wir. In Südasien wird das Leben in starkem Maß durch jahreszeitlich wechselnde Luftmassen sowie durch den Hinduismus geprägt. Im Orient dominieren das trockene Passatklima und der Islam.

www.unicef.de/in-
formieren/schulen/
kinder-der-welt

Wir leben in Kanada

Unsere Heimatstadt ist Vancouver. Sie liegt an der Pazifikküste und ist eine der schönsten Städte der Welt. In der Freizeit segeln wir und fahren Wasserski. Im Winter lieben wir besonders Snowboarden in den Rocky Mountains. Wir tragen in unserer High School eine Schuluniform. Pete lernt die deutsche Sprache, sein Bruder gewann bei den Olympischen Spielen 2010 eine Goldmedaille.

Ich lebe in Bolivien

Wir Aymaras sind die Nachfahren der indianischen Ureinwohner Lateinamerikas. Mit einfachen Mitteln bestellen wir unsere kargen Felder im Hochland der Anden. Die Kleinbauern helfen sich beim Kartoffellegen. Die Erträge an Kartoffeln und Mais reichen aber nicht, um unsere Familien zu ernähren. Unsere Väter arbeiten deshalb häufig auf den Feldern der Großgrundbesitzer oder in der Stadt.

❶ Ordne die fünf Berichte der Kinder dem Kulturraum zu, in dem sie leben (S. 20 M1, Atlas).

❷ Erläutere an einem Kulturraum, dass das Leben auf der Erde sowohl durch natürliche als auch kulturelle Merkmale geprägt wird.

Wir leben in Sibirien

Wir Brüder sind in Jakutsk am Fluss Lena zu Hause. Unser Vater arbeitet in den Wäldern der Taiga. Da durch die langen, kalten Winter das Holz langsam wächst, ist es sehr hart. Unser Bruder Pjotr hat Forstwirtschaft studiert und setzt sich für die Aufforstung ein. Unsere Familie ist sehr gläubig. Wir gehen regelmäßig in unsere russisch-orthodoxe Kirche.

Ich lebe auf der Insel Bali

Meine Heimat ist das Land Indonesien. Auf den Tausenden Inseln leben viele verschiedene Völker. Bali ist eine sehr schöne Insel mit Bergen, Sandstränden und tropischem Klima. Meine Familie lebt vom Reisanbau. Mit anderen Bauern arbeiten wir das ganze Jahr über auf unseren Terrassenfeldern. Damit der Reis gut wächst, ist Bewässerung ganz wichtig. An kleinen Hindu-Tempeln legen wir täglich Gaben für die Götter nieder.

Ich lebe im australischen Outback

Mein Name ist Goona-gulla, das bedeutet Himmel. Ich bin eine Aborigine, eine Ureinwohnerin. Mein Stamm wohnt im trockenen Zentrum des Kontinents. Der Uluru ist unser heiliger Berg, ihr Weißen nennt ihn Ayers Rock. Jährlich kommen viele Touristen hierher. Wir sind froh, dass er nicht mehr bestiegen werden darf. Mein Vater arbeitet als Naturpark-Ranger und berichtet gern über unsere Kultur.

❸ Nenne für drei Kulturräume die vorherrschende Religion und die Gotteshäuser (Atlas, Internet).

❹ Balalaika, Panflöte und Didgeridoo sind typische Musikinstrumente. Ordne sie Kulturräumen zu.

Erkundung vor Ort

Sie dient dazu, die Lebenswirklichkeit direkt und möglichst mit allen Sinnen zu erfahren. Insbesondere durch Befragungen und Beobachtungen können neue Erkenntnisse gewonnen werden.

Eine Erkundung von unterschiedlichen Kulturen in eurer Schule und eurem Heimatort kann dazu beitragen, Verständnis und Toleranz gegenüber anderen Kulturen und Lebensweisen zu entwickeln.

So geht ihr vor

Unterschiedliche Kulturen an unserer Schule

1. Befragt Mitschüler mit jeweils anderem kulturellem Hintergrund zu ihrem Leben.
2. Erkundet, ob es Beziehungen mit Partnerschulen in anderen Ländern und Austauschprogramme gibt.
3. Präsentiert eure Ergebnisse. Dazu könnt ihr Personen- und Ländersteckbriefe erstellen, Rollenspiele aufführen, Zeitungsartikel schreiben, eine Ausstellung gestalten und ein Fest der Kulturen organisieren.

www.plan.de/engagement-von-und-fuer-schulen/aktionen-fuer-schulen.html

So geht ihr vor

Unterschiedliche Kulturen in unserem Heimatort

1. Erkundet in eurer Schulumgebung bzw. euren Heimatorten die Lebensweisen von Menschen, die selbst oder deren Vorfahren aus anderen Ländern stammen.
2. Tragt zusammen und entscheidet, was ihr untersuchen wollt, zum Beispiel:
   - Herkunftsland
   - Sprache und Religionszugehörigkeit
   - Bräuche, Feste, Lieder und Tänze
   - Kleidung, Schmuck und Frisuren
   - Speisen und Getränke
   - Schule und Ausbildung
3. Legt fest, unter Nutzung welcher Methoden ihr zu den gesuchten Informationen gelangen wollt, zum Beispiel
   - Befragung oder Gespräch,
   - Fotografieren (nach Zustimmung).
4. Präsentiert eure Ergebnisse. Gestaltet dazu zum Beispiel ein
   - Poster,
   - Kulturprogramm,
   - Speisenbasar,
   - interkulturelles Fest.

M1 *Parade beim Karneval der Kulturen in Berlin*

M2 In *Berlin-Kreuzberg*

① Nehmt eine Erkundung zur kulturellen Vielfalt an eurer Schule und in eurem Heimatort vor. Diskutiert, inwieweit diese Kulturen eine Bereicherung für euer Leben sein können.

② Organisiert ein Projekt „Kulturelle Vielfalt an unserer Schule". Präsentiert eure Arbeitsergebnisse einem größeren Personenkreis, zum Beispiel auf einem „Fest der Kulturen".

Löse das Kreuzworträtsel. Übertrage es in dein Heft.

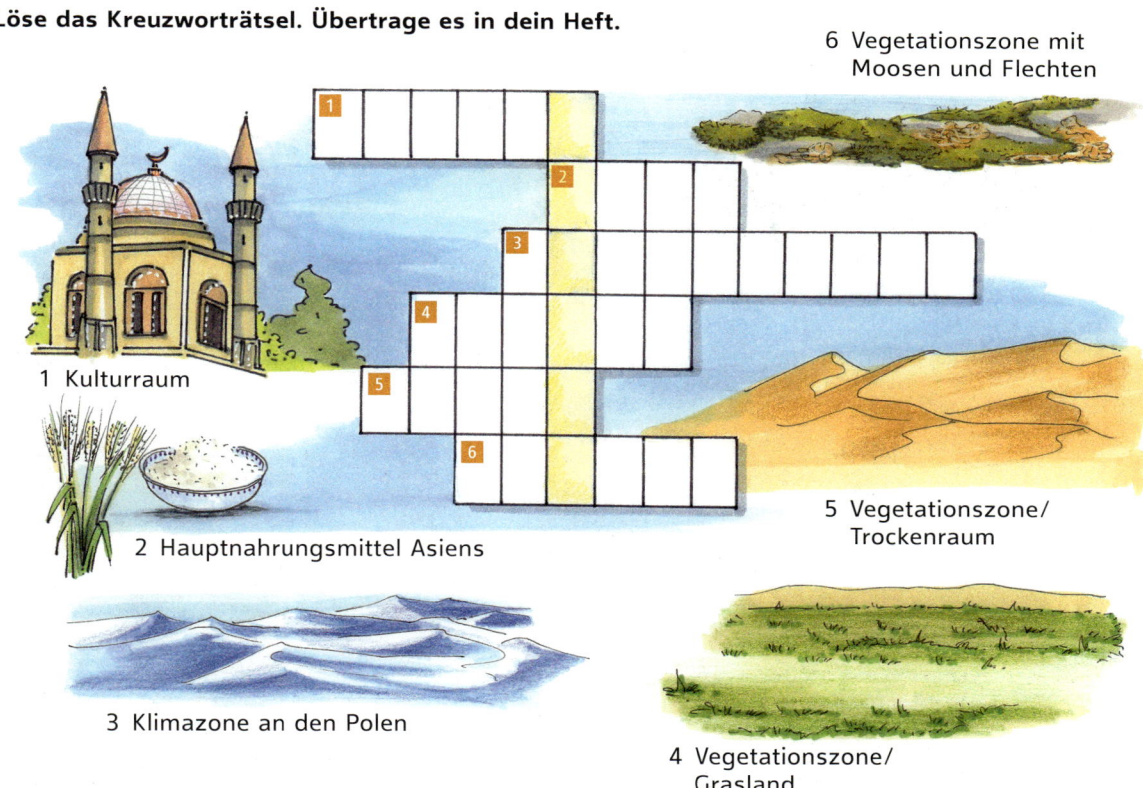

6 Vegetationszone mit Moosen und Flechten

1 Kulturraum

2 Hauptnahrungsmittel Asiens

3 Klimazone an den Polen

5 Vegetationszone/ Trockenraum

4 Vegetationszone/ Grasland

Kompetenz-Check

Hier sind die Kompetenzen aufgeführt, die du in diesem Kapitel erwerben konntest.

Schätze deinen erreichten Stand der Kompetenzentwicklung selbst ein:

😃 sehr gut   🙂 gut   😐 befriedigend   🙁 mangelhaft

Ich kann ...	😃	🙂	😐	🙁	Noch unsicher? Schlage nach auf S. ...
... die Erde in verschiedene Ordnungssysteme gliedern, Räume und Länder darin einordnen.					8
... den Aufbau des Gradnetzes der Erde beschreiben und mit seiner Hilfe die Lage geographischer Objekte bestimmen.					9
... mich mithilfe von Geocaching im Realraum orientieren.					12 – 13
... die Einteilung in Zeitzonen beschreiben und Zeitunterschiede auf der Erde ermitteln.					10 – 11
.... Bewegungen des Planeten Erde demonstrieren und die Folgen erläutern.					14 – 15
.... den Zusammenhang zwischen der Verbreitung von Beleuchtungs-, Klima- und Vegetationszonen erläutern.					14 – 17
... Klimadiagramme und Klimakarten auswerten.					18 – 19
... Merkmale von Kulturräumen nennen sowie das Leben und Wirtschaften der Menschen in unterschiedlichen Kulturräumen beschreiben und vergleichen.					20 – 23
... die kulturelle Vielfalt in meinem Lebensumfeld erkunden.					24

2 Trocken- und Konfliktraum Orient

In diesem Kapitel erwirbst du folgende Kompetenzen und wendest diese an:

– den Orient in verschiedene Ordnungssysteme einordnen,

– Geofaktoren in Trockenräumen analysieren, dabei Zusammenhänge erläutern,

– Maßnahmen zur Sicherung der Lebensgrundlagen erörtern,

– die Ressourcen Wasser und Erdöl/Erdgas als Wirtschafts- und Machtfaktor charakterisieren,

– eine problemorientierte Raumanalyse zu Ägypten durchführen, dabei

– ein Satellitenbild lesen.

M1 *Die Siedlung in der Oase Beni Abbes, Zentralsahara, Algerien*

Räumliche Orientierung

Die Region von Marokko bis zum Iran wird aufgrund naturräumlicher, historischer und kultureller Gemeinsamkeiten als Orient bezeichnet. Er erstreckt sich über zwei Kontinente und bildet das Bindeglied zwischen Europa, Asien und Afrika. Die Grenzen des Orients zu anderen Kulturräumen sind fließend. Es existieren weitere Einteilungen. Eine davon ist die in die Maghreb-Staaten, eine andere die in den Nahen Osten. Das Wort Maghreb leitet sich dabei aus dem Arabischen (Al-Maghrib = der Westen) ab. Als Raumbezeichnungen haben sich heutzutage auch die Begriffe arabische und islamische Welt etabliert.

Die Fläche des Orients beträgt etwa 13,5 Mio km². In den 23 Ländern, die zum Kulturraum gehören, wird überwiegend arabisch gesprochen.

Heute leben im Orient über 300 Mio. Menschen. Die meisten von ihnen bekennen sich zum Islam.

Im Staat Israel ist das Judentum die vorherrschende Religion. Als die Wiege und das Zentrum dreier Weltreligionen gilt die Stadt Jerusalem. Hier haben alle drei Religionsgemeinschaften, das Judentum, das Christentum und der Islam, in der Altstadt ihre heiligen Stätten. Für die Juden ist das die Westmauer (Klagemauer), der historische Rest ihres zerstörten Tempels. Mit der Grabeskirche verbinden die Christen Leben, Sterben und Auferstehung Jesu. Der Felsendom sowie die El-Aksa-Moschee zählen zu den wichtigsten Heiligtümern der Muslime. Verschiedene Gebiete des Orients zählen zu aktuellen Brennpunkten der Weltpolitik.

M1 *Die Lage des Orients*

Schon seit Jahrhunderten bestehen zwischen dem Orient und Europa enge kulturelle Beziehungen. Deshalb stammen zahlreiche Wörter, die wir heute verwenden, aus dem Arabischen: Algebra, Atlas, Haschisch, Kabel, Kaffee, Kamel, Kuppel, Kümmel, Matratze, Mumie, Sandale, Schachmatt, Sofa, Teppich, Zenit, Ziffer, Zimt.

M3 *„Orient" in Europa*

M2 *Orient – Gliederungen*

Trockengürtel – Wüsten, Halbwüsten

Brennpunkt der Weltpolitik

Entstehungsraum dreier Weltreligionen

Größte Erdölvorkommen der Erde

M4 *Ausgewählte Merkmale des Kulturraums Orient*

M5 *Imam Hussein Moschee in der irakischen Stadt Karbala – die südlich von Bagdad gelegene Stadt ist einer der wichtigsten schiitischen Wallfahrtsorte.*

ℹ Islam

Die Religion des Islam beeinflusst das Leben in den meisten Ländern des Orients.
Fünfmal am Tag betet ein Muslim und verneigt sich dabei in Richtung der heiligen Stadt Mekka. Im Fastenmonat Ramadan darf zwischen Sonnenaufgang und Sonnenuntergang nicht gegessen und getrunken werden. Einmal im Leben sollte jeder Muslim nach Mekka pilgern. Die wohlhabenden Muslime geben den Armen Almosen.

---

1 Beschreibe die Lage des Orients. Nutze auch das Gradnetz.

2 Erläutere die unterschiedlichen Einteilungen bzw. Gliederungen dieses Raumes.

3 Erkläre den Begriff Maghreb und ermittle die Maghreb-Staaten.

4 Nenne Merkmale, die den Orient im Vergleich zu anderen Kulturräumen charakterisieren.

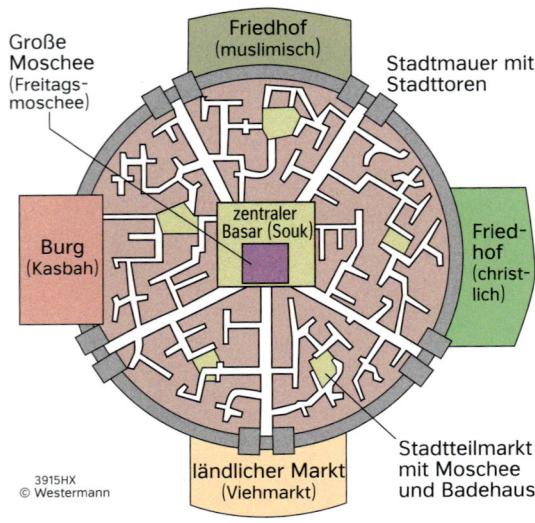

M1 *Modell der traditionellen orientalischen Stadt*

M3 *Ein orientalisches Wohnhaus von innen*

○ Quartiermoschee
▬ Hauptachse
▬ Zugangsgassen
▬ Sackgassen
⌐ Hauszugang
■ Innenhof

M2 *Sackgassenprinzip der orientalischen Stadt*

Die traditionelle orientalische Stadt

Es duftet nach Pfeffer, Minze, Rosenöl und Olivenseife. Überall liegen bunte Seidentücher und kunstvolle Schmiedearbeiten. Es herrscht ein geschäftiges Treiben in den verwinkelten Gassen. Der Basar (persisch) oder Souk (arabisch) ist bis heute das Geschäfts- und Handelszentrum orientalischer Altstädte. Das politische Zentrum und Sitz des Herrschers war die Kasbah (Burg). Von den Stadttoren führen breite Straßen in die Mitte der Stadt. Hier befindet sich die Moschee, der religiöse Mittelpunkt der Stadt.

Sie überragt mit ihren Minaretten (Türme für Gebetsrufer) die anderen Gebäude der Medina (Altstadt). In der Nähe der Moschee befinden sich der Basar, die Badehäuser (Hamams) und die Koranschulen (Madāris; Sing. Madrasa). Oft haben sich je nach Bevölkerungsgruppe eigene Wohnviertel entwickelt. Sie unterscheiden sich z. B. durch Familienherkunft, Sprache, Beruf oder Religion. Der Viehmarkt, Friedhöfe sowie Einrichtungen mit starken Geruchs- und Lärmbelästigungen befinden sich am Rand der Stadt oder vor der Stadtmauer.

Von außen in ein Haus hineinzusehen ist nicht möglich, denn die Außenwände besitzen keine Fenster. Das Familienleben spielt sich im Innenhof ab. Pflanzen und Bäume spenden hier Schatten und ein Brunnen sprudelt. Die Häuser bestehen meist aus Lehm, der sich nur langsam erwärmt und, mit Stroh gemischt, hervorragend isoliert. Die Dächer neigen sich ein wenig zum Innenhof hin, sodass die kühlere Nachtluft besser in den Hof absinkt.

M4 *Ein Wohnhaus im Orient*

❶ Beschreibe das Modell der traditionellen orientalischen Stadt. Vergleiche mit der Altstadt einer europäischen Stadt (Atlas).

❷ Erläutere Anpassungen an die klimatischen Bedingungen (vgl. S. 33, M3) am Beispiel eines orientalischen Wohnhauses.

M5 *In der Neustadt von Marrakech (Avenue Mohammed)*

Marrakech – die moderne Stadt

Im 19. Jahrhundert begann Marrakech sich zu wandeln. Um die Medina herum entstand ein moderner, weitläufiger Stadtteil mit geradlinigen und breiten Straßen, repräsentativen Plätzen und mehrstöckigen Wohnblöcken in einem mediterran-europäischen Stil. Jenseits der Stadtmauer entwickelte sich eine moderne City mit Büro- und Verwaltungsgebäuden, Hotels, Banken und Niederlassungen ausländischer Firmen.

Großhandel und Gewerbebetriebe wurden aus der Altstadt an Standorte entlang der Ausfallstraßen und Bahnlinien ausgelagert. Auch die reiche Oberschicht verließ die Medina und zog in komfortable Neubauten oder Villenviertel am Stadtrand. Die Altstadt hingegen wurde zum Auffangbecken einkommensschwacher Zuwanderer aus ländlichen Regionen. Der Tourismus führt heute zu einer Wiederbelebung der Altstadt.

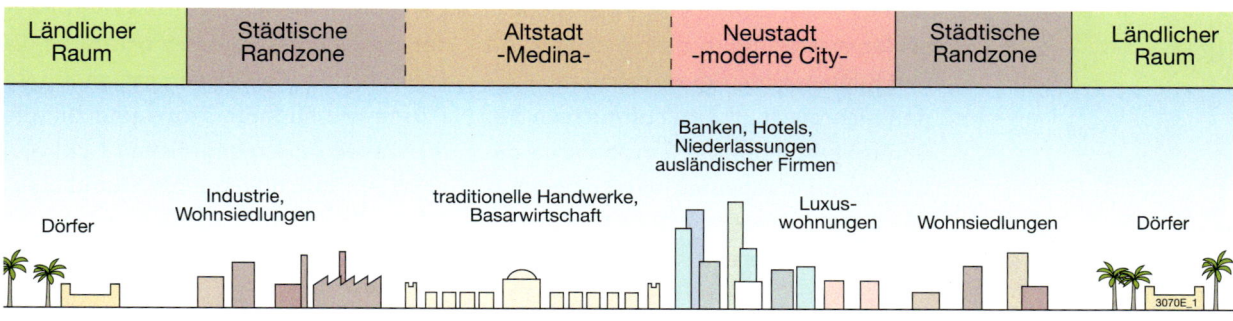

M6 *Schema der modernen islamischen Stadt*

❸ Stelle in einer Tabelle die Merkmale der orientalischen Altstadt und Neustadt gegenüber.

❹ Vergleiche die Neustadt von Marrakech (M5) mit einem Neubauviertel einer deutschen Stadt.

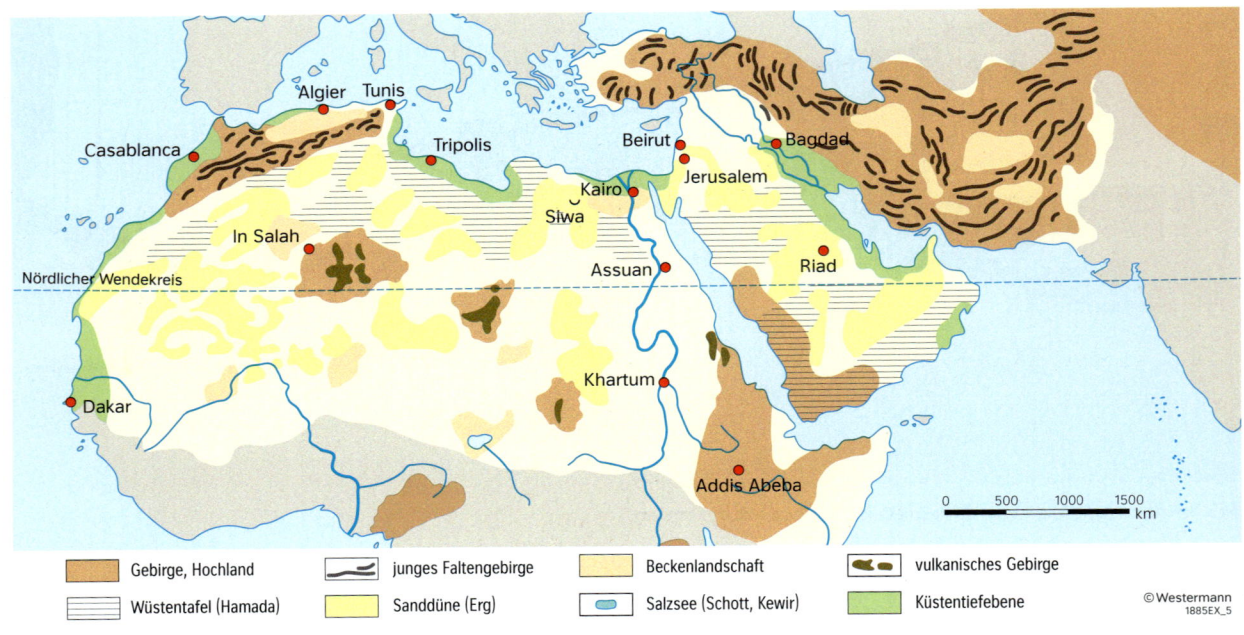

M1 *Oberflächenformen*

Legend:
- Gebirge, Hochland
- Wüstentafel (Hamada)
- junges Faltengebirge
- Sanddüne (Erg)
- Beckenlandschaft
- Salzsee (Schott, Kewir)
- vulkanisches Gebirge
- Küstentiefebene

© Westermann 1885EX_5

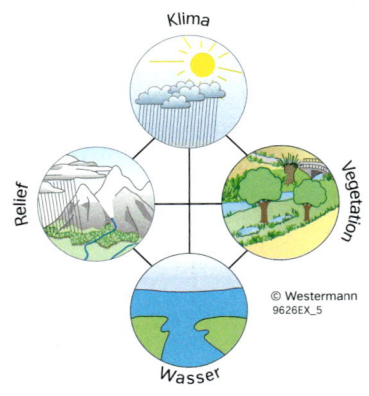

M2 *Zusammenhänge zwischen Geofaktoren*

Zusammenhänge zwischen Geofaktoren

Die Oberflächengestalt des Orients gliedert sich im Wesentlichen in die Küstenebenen, die küstennahen Gebirgsketten und in die Tafelländer im Binnenland. Höhen bis zu 4000 Meter erreichen das Atlasgebirge sowie die Gebirgsketten und Hochländer im Nahen Osten.

Der **Geofaktor** Relief hat einen entscheidenden Einfluss auf die Niederschlagsverteilung in dieser Region. An den Küstenseiten der Hochgebirge regnen sich die feuchten Luftmassen ab. Somit verstärken die Randgebirge die Gliederung in regenreichere Küstenebenen am Mittelmeer und in sehr trockene Gebiete im Inneren.

In Letzteren wird das Landschaftsbild von ausgedehnten Wüsten, Halbwüsten und Steppen geprägt. Sie gehören zu dem großen Trockengürtel der Erde. Die Ursache der Ausbildung ist die Lage weiter Teile des Orients in der trockenen Passatklimazone. Fast das ganze Jahr über herrschen hier infolge des ganzjährig wehenden trockenen Passatwindes hohe Tagestemperaturen. Es fallen nur geringe Niederschläge. Große Flüsse wie Euphrat, Tigris und Nil, die ihr Wasser aus regenreichen Gebirgen erhalten, durchfließen als Fremdlingsflüsse die Trockengebiete.

1. Beschreibe die Oberflächengestalt des orientalischen Naturraumes.

2. Erkläre, warum Passate in der Regel niederschlagsarm sind.

3. Erläutere Zusammenhänge zwischen Relief, Klima, Wasser und Vegetation.

4. Ordne den Orient in verschiedene Ordnungssysteme ein.

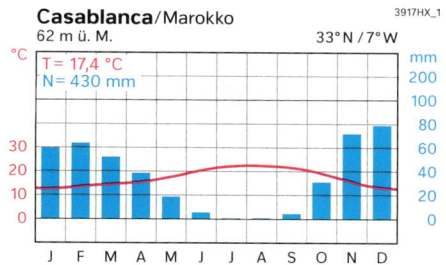

M3 *Klimadiagramm*

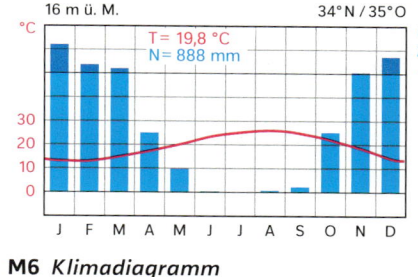

M6 *Klimadiagramm*

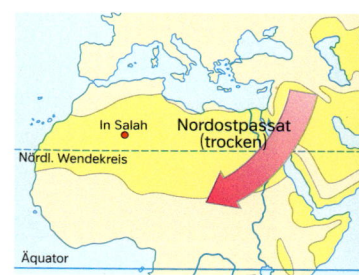

M9 *Passatwind*

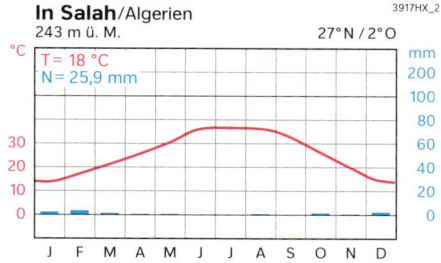

M4 *Klimadiagramm*

Aride Gebiete sind niederschlagsarm und trocken, sie weisen also Wassermangel auf. Hier verdunstet so viel Wasser, dass der ohnehin geringe Niederschlag völlig aufgebraucht wird.

In **humiden** (feuchten, niederschlagsreichen) Gebieten dagegen herrscht Wasserüberschuss. Es fällt mehr Niederschlag, als Wasser verdunstet.

M7 *Wasserhaushalt eines Gebietes*

M5 *Atlasgebirge*

M8 *Tabqa-Talsperre in Nordsyrien; Assad-Stausee*

5 Beschreibe die geographische Lage der Klimastationen (Atlas).

6 Vergleiche die Niederschlagsverteilung der drei Klimastationen und begründe die Unterschiede.

7 In den meisten Flüssen schwankt der Wasserspiegel stark. Erkläre.

8 Beschreibe das Klima von Riad (Atlas und S. 40) unter Nutzung der Begriffe arid und humid.

33

Hammada

Serir

Erg

Fels- und Blockwüste (Hammada)

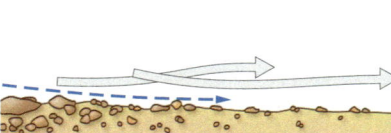
Kieswüste (Serir)

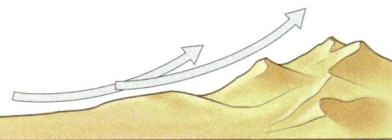
Sandwüste (Erg)

- - - → gelegentlich fließendes Wasser
⟹ Wind

© *westermann* 16292EX_3

M1 *Wüstenarten und ihre Entstehung*

Die „Gesichter" der Sahara

Die Sahara in Nordafrika ist mit neun Millionen km² die größte Trockenwüste der Erde. Der beständig wolkenlose Himmel verursacht eine starke Erwärmung am Tag und eine starke Abkühlung in der Nacht bis unter den Gefrierpunkt. Die hohen Temperaturschwankungen lassen das Gestein der Gebirge zerspringen. Durch diese Verwitterung wird das Gestein zu scharfkantigen Felsen zerkleinert. Sie prägen die Oberfläche der Felswüsten. Diese Wüstenart wird im Arabischen Hammada genannt. Der größte Teil der Sahara besteht aus Felswüsten, nur zehn Prozent sind von Kies bedeckt.

Kies entsteht, wenn die Felsen durch Verwitterung weiter zerkleinert werden. Dieser Vorgang wiederholt sich bis nur noch Sandkörner übrig bleiben. Kleinere Korngrößen können vom Wind abgetragen werden. Diese Sandkörner werden dabei über große Strecken hinweg transportiert. Wenn der Sand bei zu schwachem Wind, oft in Senken, abgelagert wird, entstehen Sandwüsten. Diese Wüstenart prägt meist das Bild, das wir von der Sahara haben: endlose Sandablagerungen mit gewaltigen Dünen. Aber nur ein geringer Anteil von 20 Prozent der Oberfläche der Sahara besteht aus Sand.

Gruppe	Durch-messer in mm
Fels/ Fels-brocken	> 63
Kies	2 – 63
Sand	< 2

M2 *Korngrößengruppen*

Aufgrund der andauernden Trockenheit ist die größte Wüste der Erde ein lebensfeindlicher und dünn besiedelter Raum. Nur gut angepasste Tiere und Pflanzen können in diesem Extremraum überleben. Dazu gehört das Arabische Kamel (siehe S. 35, M5). Die Samen von Wüstenpflanzen fallen in einen Trockenschlaf und keimen erst kurz nach den seltenen, aber wolkenbruchartigen Regenfällen. Trotz der ungünstigen Bedingungen nutzt der Mensch diesen Extremraum.

M3 *Trockenheit setzt Grenzen*

Wenn Gestein tagsüber durch intensive Sonneneinstrahlung stark erwärmt wird, dehnt sich das Gestein aus. Wenn das Gestein nachts durch die fehlende Wolkendecke stark abkühlt, zieht es sich wieder zusammen.
Der ständige Wechsel zwischen Ausdehnung und Zusammenziehen lässt Risse entstehen. Das Gestein kann zerspringen. Selbst große Gesteinsbrocken werden durch die Verwitterung gesprengt.

M4 *Wenn Steine zerspringen*

Das Wadi ist ein Trockental in den Wüstengebieten. Das Tal entstand in einer niederschlagsreicheren Zeit, in der die Sahara eine savannenähnliche Landschaft war. Das Tal führt in heutiger Zeit nur selten Wasser. Das Regenwasser kann aus Gebirgen stammen, die sich im Ursprungsgebiet des Wadis befinden. Weil das Wasser dann sehr schnell fließt und plötzlich kommt, ist der Aufenthalt in einem Wadi gefährlich.

M6 *Wenn Menschen in der Wüste ertrinken*

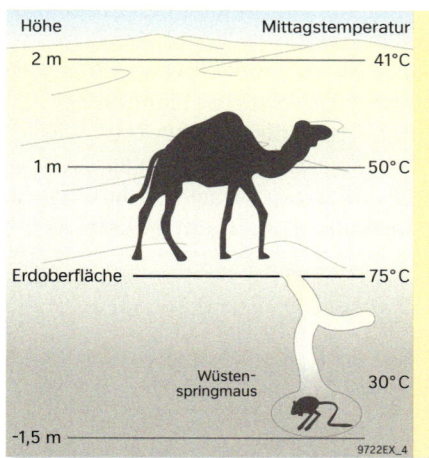

- Die tellergroßen Füße verhindern ein Einsinken im weichen Sand.
- Dicke Hornschwielen schützen die Füße vor der heißen Erde.
- Beim Einatmen wird die Luft in den Nasengängen um 10 °C gekühlt. Beim Ausatmen kondensiert die Atemluft an den Nasenwänden. Etwa ein Drittel ihrer Feuchtigkeit bleibt so im Körper.
- Das Dromedar kann Körperwasser bilden, ohne zu trinken: Durch die „Verbrennung" von 100 Gramm Fett aus dem Höcker erhält der Körper des Tieres 107 Gramm Wasser.

www.planet-wissen.de
(→Wüste)

M5 *Das Dromedar (auch Arabisches Kamel), ein Überlebenskünstler in der Sahara*

1 Erkläre die Entstehung der einzelnen Wüstenarten.

2 Begründe, weshalb sich die Wüstenarten allmählich verändern.

3 Das Klima der Wüste ist lebensfeindlich.
Beschreibe es und begründe.

4 Beschreibe, wie sich die Vegetation an die Trockenheit anpasst.

5 Informiere dich auch über die Anpassung von Tieren (Internet).

6 In der Wüste sollen mehr Leute ertrinken als verdursten.
Erkläre diesen Satz.

M1 *Frauen an einem Brunnen*

ℹ️ **Aquifer**
Grundwasserleiter, ein Gesteinskörper mit Hohlräumen, der geeignet ist, Grundwasser weiterzuleiten und in wirtschaftlich bedeutsamen Mengen abzugeben

Wasser – Schatz der Wüste

In einer Wüste, so auch in der Sahara, ist Wasser der kostbarste Schatz. Nur selten tritt es dort an die Oberfläche. In den Gebirgsketten liegen in schattigen Schluchten einige Quellen und Wasserbecken. Sie werden von gelegentlichen Regenfällen gespeist. Das meiste Wasser versickert jedoch in den sandigen, trockenen Böden und wird schließlich als Grundwasser gespeichert. Über wasserstauenden Schichten im Untergrund sammelt sich das Wasser. Dem Gefälle folgend findet das Wasser seinen Weg in weit entfernte Wüstenbecken.

Große Wasservorräte befinden sich in der Sahara auch in 1 000 bis 4 000 Metern Tiefe. Mithilfe von Satelliten geht man heute vom Weltraum aus auf Suche nach solchen Grundwasserspeichern, die man Aquifer nennt. Anhand von Radaraufnahmen können Hunderttausende von Quadratkilometern der Erdoberfläche nach Wasser abgesucht werden. Wird irgendwo Wasser vermutet, werden dort Testbohrungen durchgeführt. Die Trefferquote ist inzwischen sehr hoch. Ab 200 m Tiefe steigen aber die Kosten für die Bohrungen stark an.

Es ist das größte Grundwasserreservoir der nordöstlichen Sahara und der Welt. Auf einer Fläche von rund zwei Millionen km^2 umfasst es ein Volumen von 370 000 km^3. Mit dieser Menge könnte man Deutschland ca. 1 000 m unter Wasser setzen. Anteil an diesem Aquifer haben die Länder Libyen, Tschad, Ägypten und Sudan. Er unterteilt sich in mehrere Becken. Ein Großteil des Wassers stammt aus einer feuchteren Periode der Erdgeschichte vor 35 000 bis 15 000 Jahren in diesem Raum.
Genutzt wird das Wasser von mehreren Ländern. So zapft Libyen es über das Kufra-Becken an. Über ein riesiges unterirdisch verlegtes Pipelinesystem wird das Wasser bis an die Küste gepumpt. Hier dient es als Trinkwasser und für landwirtschaftliche Bewässerungsprojekte. In Ägypten speist das Wasser Oasen, Wüstenseen und Brunnen. Aber, wie lange werden die Vorräte reichen? Die Länder einigten sich deshalb 2013 auf ein gemeinsames Management der Wasserressourcen.

M2 *Nubischer Sandstein-Aquifer*

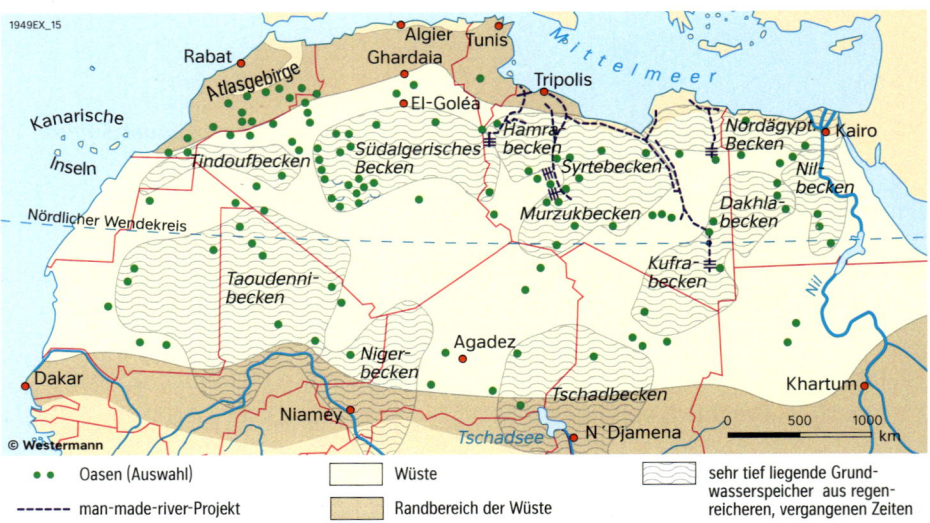

M3 *Oasen und Grundwasserspeicher in der Sahara*

Anpassung an die Trockenheit

Voraussetzung für eine agrarische Nutzung ist die naturräumliche Ausstattung einer Region, z. B. die Ausprägung von Klima, Boden, Relief und Wasser.

Im Orient, im Trockengürtel, stellt das Wasser den entscheidenden Faktor für die Landwirtschaft und die entsprechende Nutzungsart dar. Hier haben sich über Jahrtausende die Menschen an die natürlichen Verhältnisse angepasst und spezielle Formen der landwirtschaftlichen Nutzung entwickelt. Dies sind der Regen- und Bewässerungsfeldbau und die extensive Tierhaltung.

In den Küstenebenen am Mittelmeer, in der Türkei und im Westen und Norden des Irans fällt so viel jährlicher Niederschlag, dass Regenfeldbau, d. h. Ackerbau ohne zusätzliche Bewässerung, betrieben werden kann.

Das für den Bewässerungsfeldbau erforderliche Wasser stammt aus den natürlich vorkommenden unterirdischen Gewässern oder aus Flüssen.

Die an die Trockenheit im Orient optimal angepasste landwirtschaftliche Nutzungsart ist die extensive Weidewirtschaft, heute mehrheitlich als mobile Form betrieben.

M5 *Felder werden für den Weizenanbau vorbereitet*

M6 *Oase El-Kharga in der Libyschen Wüste (Ägypten)*

M7 *Ziegenherde in der Wahibawüste im Oman*

M4 *Der Fruchtbare Halbmond*

Nach Ende der letzten Eiszeiten war diese Region ein klimatisch günstiges Gebiet (trocken-warm). Sie entwickelte sich zu einem begehrten Siedlungsplatz, da die Voraussetzungen für eine gute Ernährungsgrundlage vorhanden waren.

Der Fruchtbare Halbmond gilt als die Wiege der Menschheit für Ackerbau und Viehzucht. Es wird befürchtet, dass infolge des Klimawandels zukünftig kein Regenfeldbau mehr möglich sein wird.

---

① Erläutere, warum in einer Wüste Wasser der kostbarste Schatz ist.

② Erkläre, warum es im Untergrund der Sahara Wasser gibt.

③ Begründe die länderübergreifende Wasserzusammenarbeit.

④ Nenne die landwirtschaftlichen Nutzungsarten. Ordne sie Regionen zu.

M1 *Wasserverteilung in einer Oase*

Dattelpalmen als Schattenspender

Getreide   Pfirsich-, Orangen-, Zitronenbäume   Gemüse

M3 *Stockwerkbau in einer Oase*

Bewässerungsfeldbau – Oasen in der Wüste

In der Wüste gibt es einige Stellen, an denen ausreichend Wasser zur Verfügung steht. Schon seit vielen Jahrtausenden konnten sich deshalb dort Menschen mitten in der lebensfeindlichen Wüstenumgebung ansiedeln.

Mithilfe eines angepassten Bewässerungssystems betreiben die Bewohner Ackerbau. Deshalb werden die **Oasen** von kleinen Kanälen durchzogen. Durch das Öffnen und Schließen von Schiebern wird das kostbare Wasser nach einem streng festgelegten Plan durch die Felder geleitet. Zusätzlich bilden die Dattelpalmen ein Dach. Ihre Blätter schützen vor der intensiven Sonneneinstrahlung und somit vor noch stärkerer Verdunstung.

Auch die Früchte der Dattelpalme sind für die Menschen in den Oasen wertvoll. Im Schatten der Palmen wachsen weitere Früchte wie Bananen oder Äpfel. Weiterhin bauen die Oasenbauern auch Getreide und Gemüse an. Durch die Bewässerung kann mehrmals im Jahr geerntet werden.

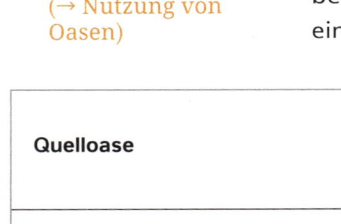

www.youtube.com
(→ Nutzung von Oasen)

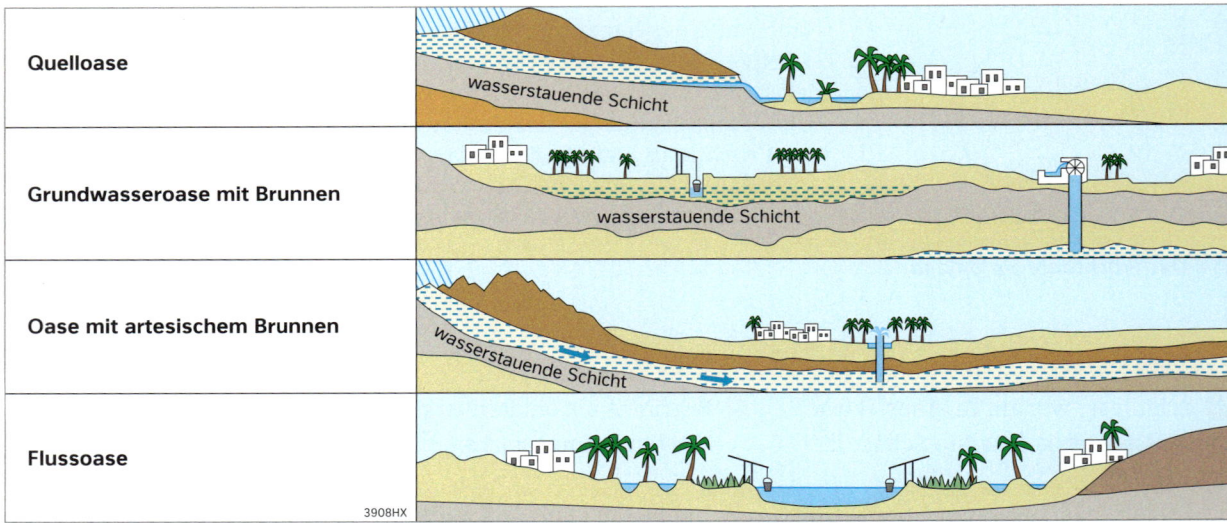

Quelloase	
Grundwasseroase mit Brunnen	
Oase mit artesischem Brunnen	
Flussoase	

M2 *Oasen und Grundwasserspeicher in der Sahara*

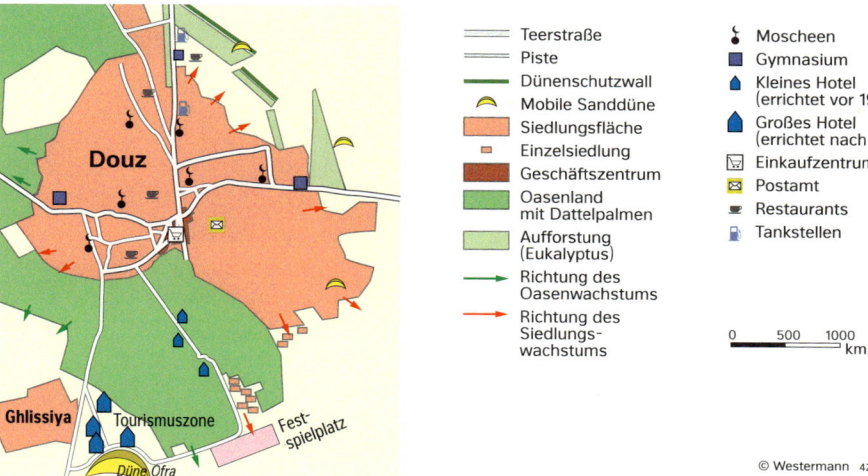

M4 *Die Oase Douz, Tunesien*

Teerstraße
Piste
Dünenschutzwall
Mobile Sanddüne
Siedlungsfläche
Einzelsiedlung
Geschäftszentrum
Oasenland mit Dattelpalmen
Aufforstung (Eukalyptus)
Richtung des Oasenwachstums
Richtung des Siedlungswachstums

Moscheen
Gymnasium
Kleines Hotel (errichtet vor 1987)
Großes Hotel (errichtet nach 1987)
Einkaufzentrum
Postamt
Restaurants
Tankstellen

0   500   1000 km

© Westermann 4241HX_1

M6 *Hotel in der Oase Douz*

Oasen im Wandel – das Beispiel der Oase Douz

Die tunesische Oase Douz liegt am Rand des östlichen Großen Ergs, etwa 100 Kilometer südwestlich der Stadt Gabes. Sie wird auch das „Tor zur Sahara" genannt. Douz ist eine Kleinstadt in der Wüste. Viele Jahrhunderte lebten die Menschen von der Landwirtschaft und von den ankommenden Karawanen. Douz war ein wichtiger Rastpunkt auf den Handelsrouten aus Süden und Westen.

Als Anfang des 20. Jahrhunderts die ersten Asphaltstraßen durch die Wüsten gebaut wurden, änderte sich das Leben in der Oase. Schnellere Lkw übernahmen den Transport von Waren. Schon bald lohnte sich deshalb der Gemüse- und Getreideanbau in der Oase nicht mehr, denn die Lebensmittel wurden günstig aus dem Norden des Landes herantransportiert. Viele Bauern spezialisierten sich deshalb allein auf die Produktion von Datteln. Diese konnten sie exportieren. Viele junge Menschen zogen in die Städte an der Mittelmeerküste um. Dort erhoffen sie sich besser bezahlte Arbeitsplätze und ein moderneres Leben.

„Früher kamen Hunderte Reisende zu uns, heute besuchen uns jährlich fast 400 000 Touristen. Viele von uns haben Arbeit in den Hotels gefunden. Die Jobs in der Tourismuswirtschaft sind für junge Leute interessanter als in der Landwirtschaft, weil sie dort mehr verdienen.

Sorgen bereitet mir der steigende Wasserverbrauch in unserer Oase. Wir Einheimischen verbrauchen pro Person durchschnittlich nur 120 Liter pro Tag, ein Tourist dagegen fast 700 Liter. Wir müssen immer tiefer ins Erdreich bohren, um Wasser zu fördern."

M5 *Eine Einwohnerin berichtet*

❶ Oasen – grüne Inseln in der Wüste.
  a) Beschreibe die vier Oasentypen.
  b) Erkläre, wie das Wasser in die Wüste und zu den Menschen gelangt.

❷ Erörtere Veränderungen des traditionellen Lebens in den Oasen und beurteile Vor- und Nachteile des Tourismus für die Oase.

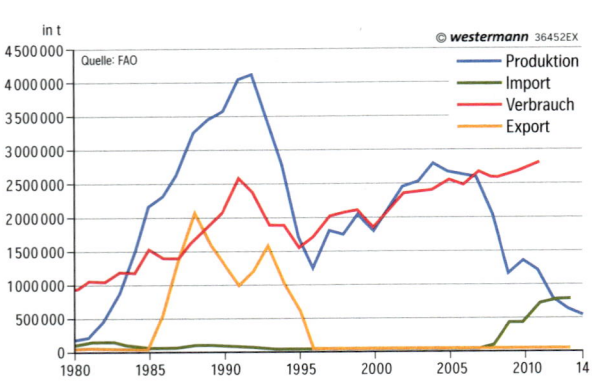

M1 *Produktion, Export, Import und Verbrauch von Weizen in Saudi-Arabien 1980–2014*

M4 *Kreisbewässerung in Saudi-Arabien*

Landwirtschaft in der Arabischen Wüste?

In den 1980er-Jahren entwickelte sich Saudi-Arabien zu einem der größten Weizenlieferanten weltweit. Das Besondere daran war, dass die Felder mitten in der Wüste angelegt wurden. Auf diese Weise gewährleistete man die Nahrungsversorgung des Landes. Die Bedingungen schienen optimal zu sein. Der Weizen wuchs ohne von Schädlingen bedroht zu werden bei dauerhafter Sonneneinstrahlung. Doch woher kam das Wasser?

Man glaubte, ausreichende Wasserreserven in Form von Grundwasser zu besitzen. Aus der Tiefe wurde es auf die Felder gepumpt. Saudi-Arabien entwickelte sich vom Weizenimporteur zum -exporteur. Auch die Viehhaltung wurde intensiviert. Auf der Al-Safi-Farm, einem klimatisierten Kuhstall, standen bald über 40 000 friesische Kühe und gaben pro Tag über 700 000 Liter Milch. Nachhaltig oder gar umweltschonend war diese Form von Landwirtschaft allerdings nicht. Genau wie der Weizenanbau benötigte die Tierhaltung riesige Mengen an Strom und Wasser, vielmehr als man ursprünglich angenommen hatte.

Letztendlich beschloss Saudi-Arabien seinen Bedarf an Weizen ab 2016 nun doch wieder durch Importe zu decken. Auch die Milchviehhaltung wurde wieder aufgeben.

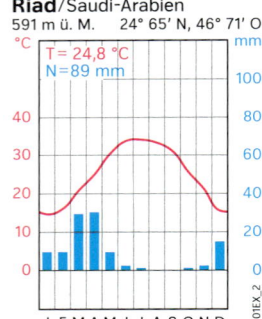

M2 *Klima im Trockengebiet (Riad)*

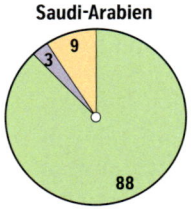

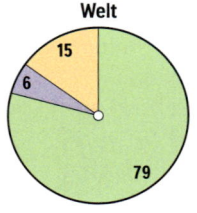

M3 *Wasserverbrauch nach Verwendung*

❶ Analysiere die Bedeutung der Bewässerungslandwirtschaft Saudi-Arabiens im globalen Vergleich. Beziehe dabei auch M2 ein.

❷ Beurteile die Landwirtschaftsprojekte Saudi-Arabiens unter ökologischen und ökonomischen Aspekten.

M5 *Karawane durch die Sahara*

M7 *Beladener Transporter*

Nomadismus – Veränderungen

Die bestens an die natürlichen Extrembedingungen des Trockengürtels angepasste landwirtschaftliche Nutzungsart ist der Nomadismus. Die Tuarag z. B. praktizierten diese extensive Viehwirtschaft über Jahrhunderte. Das Volk lebt am Rand der Sahara. Für den Ackerbau reicht der Niederschlag nicht aus, daher werden Ziegen, Schafe oder Kamele gehalten. Früher hatten die Menschen keinen festen Wohnsitz. Sie waren Nomaden, wohnten in Zelten und zogen mit ihren Tieren umher. War ein Weideplatz abgegrast, zogen die Großfamilien mit ihrem Hausrat weiter.

Dieses Leben ist vielen jungen Tuareg inzwischen zu beschwerlich geworden.

Sie wollen mehr Geld verdienen und ein besseres Leben führen. Deshalb arbeiten sie heute zum Beispiel im Tourismus, in Fabriken oder auf den Erdölfeldern, wo hohe Löhne gezahlt und gute Unterkünfte angeboten werden.

Die Entdeckung von Erdöl und Erdgas in der Sahara, in Algerien, Tunesien und Libyen hat das Leben der Küstenbewohner verändert.

Deshalb geben viele Oasenbauer ihre Felder auf und Nomaden verlassen ihre Stämme.

Auf den neu angelegten Straßen transportieren nun Pkw und Lkw Menschen und Waren. Kamelkarawanen sind nur noch selten unterwegs.

> „Meine Vorfahren haben noch Touristen auf Kamelen durch die Wüste geführt. Ich dagegen habe fünf Range-Rover. Damit kutschiere ich mit vier Angestellten Touristen in der Wüste umher. Wir fahren abseits der Straße über hohe Dünen. Die Touristen genießen die Fahrten und mein Verdienst ist gut. Viele Menschen meines Volkes hatten es satt, sich wegen des fehlenden Wassers an den Brunnen zu ärgern. So arbeitet mein großer Bruder heute in einer Ziegelei."

M6 *Ein Tuareg berichtet*

Kamel
- Tagesleistung: etwa 30 km
- Anzahl der Kamelführer pro 10 Kamele: 2 bis 3
- Last pro Tier: etwa 200 kg
- Verbrauch pro Tag: etwa 10 Liter Wasser

Lkw
- Tagesleistung: Piste: etwa 150 km; Straße: etwa 500 km
- Anzahl der Fahrer pro Lkw: 1
- Last pro Lkw: zwischen 5 und 20 Tonnen
- Verbrauch pro 100 km: 20 Liter Diesel

M8 *Transportleistungen von Kamel und Lkw im Vergleich*

❸ Die Tuareg waren früher ständig auf Wanderschaft. Erläutere, unter welchen Einflussfaktoren sich ihr Leben verändert hat.

❹ Begründe und bewerte den Bedeutungsverlust von Kamelen als Transportmittel. Vergleiche dazu vor allem mit dem Lkw.

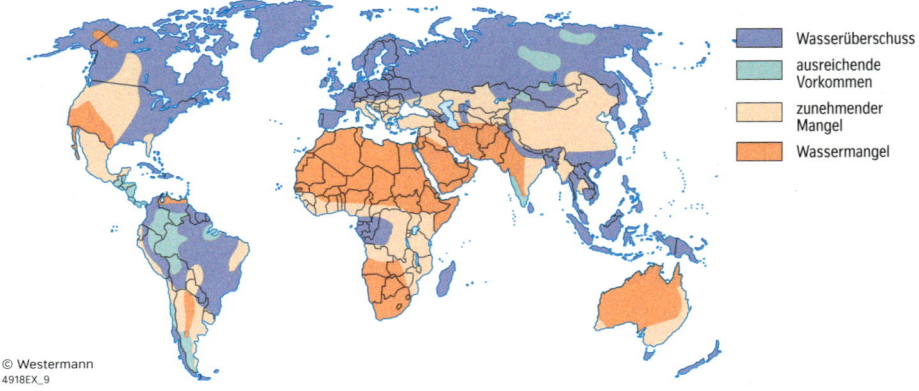

© Westermann
4918EX_9

Legende:
- Wasserüberschuss
- ausreichende Vorkommen
- zunehmender Mangel
- Wassermangel

M3 *Süßwasserverteilung auf der Erde*

M1 *Wird Wasser knapp?*

Land	Was-serverbrauch
USA	1 600
Australien	1 193
Ägypten	809
Saudi-Arab.	786
Deutschland	712
Norwegen	519
V. A. Emirate	511
Brasilien	318
Israel	305
Tschad	24

M2 *Wasserverbrauch (m³ pro Einw./Jahr)*

Die Wasserkrise verschärft sich

Nur etwa drei Tage kann ein Mensch ohne Wasser überleben. Süßwasser ist deshalb der wertvollste Rohstoff, den wir haben. Er ist jedoch nicht gleichmäßig auf der Erde verteilt und auch nicht unbegrenzt verfügbar. Gerade im Orient wird der Mangel an Wasser sehr deutlich. Von den 23 Staaten liegen 15 davon unterhalb der Wasserarmutsgrenze von 1 000 km³ erneuerbaren Trinkwassers pro Kopf und Jahr. Der Wassermangel wird sich in den nächsten Jahren noch verschärfen.

Die Gründe hierfür sind die Zunahme der Bevölkerung, der immer größer werdende Bedarf an Bewässerungsflächen in der Landwirtschaft und der steigende Lebensstandard.

Im Orient, wie überall auf der Erde, überschreiten Flussläufe oft Ländergrenzen. Das Wasser der größeren Flüsse Nil, Euphrat, Tigris und Jordan wird von mehreren Staaten genutzt. Dies führte in der Vergangenheit und führt noch heute zu Konflikten um die Wasserentnahme.

Konflikte zwischen Unter- und Oberanliegern von Flüssen entstehen meist im Zusammenhang mit Staudammprojekten am Oberlauf für Bewässerungslandwirtschaft und Elektrizitätsgewinnung, zum Beispiel:
- am Nil zwischen Ägypten und Sudan/Südsudan/Äthiopien (→ S. 57)
- an Euphrat/Tigris zwischen Irak/Syrien und der Türkei (→ S. 44/45)
- am Jordan zwischen Israel/Jordanien/Syrien/Libanon (→ S. 46/47)

Konflikte um die Nutzung nicht-erneuerbarer Grundwasser-Aquifer, zum Beispiel:
- um den Disi-Aquifer zwischen Saudi-Arabien und Jordanien (→ S. 43)
- um den Nubischen Sandstein-Aquifer zwischen Libyen und Ägypten (→ S. 36)

M4 *Beispiele für Wassernutzungskonflikte*

www.wwf.de/themen/suesswasser/wasserknappheit

1 a) Analysiere die globale Süßwasserverteilung und beschreibe die Wassersituation im Orient.

b) Erläutere Ursachen für Wassernutzungskonflikte im Orient (Text, M4). Suche betroffene Gebiete im Atlas auf.

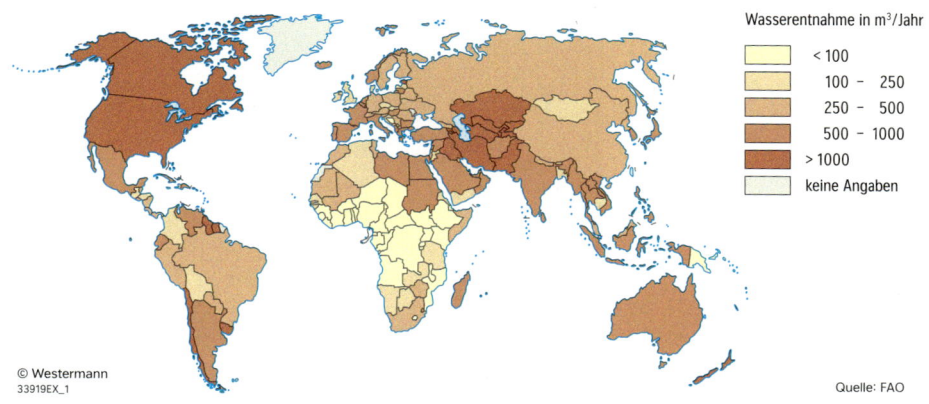

M5 *Süßwasserentnahme pro Einwohner 2015*

Regionales Konfliktfeld: Disi-Aquifer

Den Disi-Aquifer mit einem Volumen von etwa 18 Mrd. km³ teilen sich Saudi-Arabien und Jordanien, das lediglich einen Anteil von zehn Prozent daran besitzt. Durch die Nutzung des Grundwassers gelang es Saudi-Arabien in den 1980er-Jahren zu einem Weizenexporteur aufzusteigen (vgl. S. 40, M1). In der extrem trockenen und heißen Wüste war das eine gigantische Wasserverschwendung. Doch das durch Erdöl reiche Saudi-Arabien konnte sich ein solches Projekt finanziell leisten.

Jordanien verstand seinen Wasseranteil mehr als Ressource für die Trinkwasserversorgung der Hauptstadt Amman. Im Jahre 2009 begann das Land mit dem Disi-Water-Projekt. Seit 2013 wird aus dem Aquifer Wasser über eine Pipeline in das 325 km entfernte Amman gepumpt. Mit diesem Projekt kam es zwischen Jordanien und Saudi-Arabien zum Streit um die Wassernutzungsrechte, da auch die unterirdischen Abflussverhältnisse des Wassers unklar sind.

Wissenschaftler warnen auch vor einer Gefahr, denn durch natürliche Radioaktivität ist das Wasser belastet. In den Sedimentgesteinen kommen natürliches Uran und Thorium vor. Zu deren Zerfallsprodukten zählt Radium. Es kann über das Trinkwasser sowie durch mittels Bewässerung erzeugtes Gemüse in den Körper gelangen und Knochenkrebs auslösen. Millionen Menschen sind im Orient davon bedroht. Denn in allen Sandstein-Aquiferen dort herrschen wahrscheinlich ähnliche geologische Verhältnisse.

M6 *Konfliktfelder um zwischenstaatliche Wasserverteilung im Orient*

❷ Bewerte den Nutzungskonflikt zwischen Jordanien und Saudi-Arabien um das Grundwasser des Disi-Aquifers unter ökonomischen, ökologischen und sozialen Aspekten.

43

M1 *Südostanatolien-Projekt (GAP)*

M3 *Der Atatürk-Staudamm*

Das Südostanatolien-Projekt

Im Nahen Osten verfügt einzig die Türkei über ausreichende Wassermengen. Auf ihrem Gebiet entspringen die beiden Ströme Euphrat und Tigris. In ihrem Einzugsgebiet errichtete die Türkei ein System von 22 Staudämmen, 19 Wasserkraftwerken und 630 Kilometern Bewässerungskanäle, das sogenannte Südostanatolien-Projekt (türkisch abgekürzt GAP = Güneydogu Anadolu Projesi). Es ist eines der weltweit größten Bewässerungsprojekte. Mit ihm werden verschiedene Ziele verfolgt:

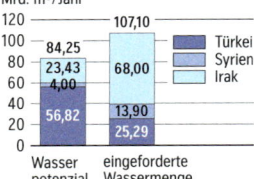

Gesamtwassermenge

Mrd. m³/Jahr

Wasserpotenzial: objektiv ermittelbare Wassermenge, die aus dem Einzugsgebiet von Euphrat und Tigris einschließlich der Zuflüsse im jeweiligen Land stammt und die Gesamtwassermenge des Hauptflusses bedingt, gemessen in m³ jeweils an der Landesgrenze.

Die **eingeforderte Wassermenge** ergibt sich aus dem vom jeweiligen Staat berechneten zukünftigen Wasserbedarf für alle geplanten Nutzungen.

M2 *Wasserpotenzial des Einzugsgebietes von Euphrat und Tigris und die von den Anrainern jährlich benötigten Wassermengen*

• Die überwiegend bäuerliche Bevölkerung dieser Region betreibt Regenfeldbau. In weiten Teilen ist auch noch die Weidewirtschaft vorherrschend. Mit dem Projekt soll genug Wasser für die Bewässerung von 1,7 Mio. ha brachliegendem Land bereitgestellt werden, um es intensiv landwirtschaftlich nutzen zu können. Das Herzstück ist der Atatürk-Staudamm. Wegen des neuen Stausees mussten 55 000 Menschen, überwiegend Kurden, ihre Dörfer und Felder verlassen.

• Es sollen ausreichende Mengen an billiger Energie erzeugt werden. Mit dieser Energie will man neue Industriebetriebe beliefern, die überwiegend landwirtschaftliche Produkte verarbeiten.

• Landwirtschaft und Industrie sollen dazu beitragen, dass zahlreiche neue Arbeitsplätze im bisher unterentwickelten Südosten der Türkei entstehen. Die zum Bestellen der großen Felder erforderlichen modernen Maschinen können sich nur Groß- und Mittelbauern leisten.

❶ Beschreibe Ziele, die mit dem Südostanatolien-Projekt verfolgt werden.

❷ Vergleiche das Wasserpotenzial von Euphrat und Tigris mit dem Wasserbedarf der Anrainerstaaten.

❸ Das GAP-Projekt wird unterschiedlich bewertet.
a) Erkläre die Aussage: „Das Brot des Einen ist der Durst des Anderen".
b) Erläutere die Notwendigkeit von Verhandlungen zwischen der Türkei und den Euphrat- und Tigris-Anrainerstaaten.

Konfliktsituationen – Ursachen

Das Aufstauen des Wassers in der Türkei sowie die Wasserentnahme für die türkische Land-wirtschaft haben zur Folge, dass Euphrat und Tigris in Syrien und im Irak nur noch eine geringe Menge Wasser führen. Hier trocknen dadurch viele Felder und Feuchtwiesen aus. Die Wasserminister der Länder fordern deshalb von der Türkei höhere Wasserabgaben.

„Seit es die Staudämme in der Türkei gibt, werden unsere Felder am Tigris nicht mehr so häufig überschwemmt. Das ist gut für uns", berichtet Lya aus einem Dorf im Irak. „Aber schlecht ist es, dass der Fluss jetzt insgesamt weniger Wasser zu uns bringt."

Als Tarik vor 25 Jahren das erste Mal zu seinem Arbeitsplatz in den Südosten der Türkei kam, war Landwirtschaft hier fast nicht möglich. Durch das trockene Klima wuchs kaum etwas auf den wenigen Feldern. Die Menschen lebten in großer Armut und es fehlten Arbeitsplätze.

„Besonders in den Sommermonaten kommt es vor, dass das Wasser in unserem Dorf nicht aus-reicht, um genügend Felder zu bewässern", sagt Lya. „Viele Menschen in unserem Dorf sind auch Fischer, sie fangen schon jetzt viel weniger als früher", erklärt sie.

„So schaffen wir viele Arbeitsplätze in der Türkei. Schon jetzt wird viel mehr Baumwolle angebaut, aus der in den Textilfabriken diver-se Kleidungsstücke hergestellt werden. Auch in Deutschland wird Kleidung aus der Türkei verkauft", schwärmt Tarik.

„Meine Familie hat Angst, dass noch weitere Stau-dämme gebaut werden und dann gar kein Wasser mehr bei uns ankommt. Wir haben erfahren, dass noch ein weiterer Staudamm geplant ist." Noch ist das GAP-Programm allerdings nicht abgeschlossen. Am Tigris, direkt an der Grenze zum Irak, wird derzeit ein weiterer Staudamm fertiggestellt – der Ilisu-Staudamm.
Dieses Projekt ist auch in der Türkei umstritten. Die Bewohner von über 190 Dörfern müssen umgesiedelt werden und auch eine antike Stadt versinkt in den Fluten des Stausees.

M1 *Wasserversorgung in Israel*

Israel – Wassernutzungsprobleme

Israels Staatsfläche besteht zu 60 Prozent aus Wüste. Im Jahre 1964 stellte der Staat die „Nationale Wasserleitung" fertig, ein 6 500 Kilometer langes Versorgungssystem aus Kanälen und Pipelines, das Wasser vom See Genezareth zur Versorgung Israels abzweigt. Libanon und Syrien reagierten darauf, indem sie Quellflüsse des Jordans umleiteten. Dies führte unter anderem zu Auseinandersetzungen, die 1967 im Sechstagekrieg mündeten.

In dessen Verlauf konnten die Israelis zwei lebenswichtige Wassereinzugsgebiete besetzen: große Teile des Jordans sowie die Grundwasservorkommen des Westjordanlandes. Seitdem bezieht Israel mehr als die Hälfte seines Wasserbedarfs aus Regionen, die außerhalb seiner international anerkannten Grenzen liegen.

In Israel ist man sich dieser Problematik bewusst. Zum einen sind Wassersparmaßnahmen von großer Bedeutung, z.B. der Einsatz der Tropfbewässerung in der Landwirtschaft. Zum anderen versucht man, gemeinsam mit den angrenzenden Staaten Projekte zur Wasserversorgung durchzuführen.

M2 *Tropfbewässerung*

Der Wasserspiegel des Toten Meeres sinkt jährlich um etwa einen Meter. Gründe dafür sind zum einen, dass das Wasser des Hauptzuflusses Jordan fast komplett abgepumpt wird (vgl. S. 47, M4). Zum anderen gewinnen Unternehmen wertvolle Mineralstoffe aus dem Totem Meer, indem sie das Wasser vollständig verdampfen lassen.

Zur Rettung des Toten Meeres vor dem Austrocknen haben sich Israel, Jordanien und die Palästinensische Autonomiebehörde auf den Bau eines „Friedenskanals" geeinigt. Wasser aus dem Roten Meer wird in einer Entsalzungsanlage in Akaba (Jordanien) zu Süßwasser verwandelt. Die übriggebliebene Salzlake soll über eine geplante Wasserleitung ins Tote Meer gepumpt werden.

M3 *Wasser für das Tote Meer*

① Beschreibe die Wasserversorgung Israels und auftretende Probleme.

② Die Tropfbewässerung ist eine Wassersparmaßnahme. Erläutere.

Norden Israels

Das Regenwasser wird zum Teil in über- und unterirdischen Becken gespeichert und über die 1964 fertiggestellte „Nationale Wasserleitung" (National Water Carrier) in den Süden Israels transportiert.

Westjordanland (Westbank)

Region mit rund 2 Mio. Einwohnern, davon etwa 230 000 jüdische Siedler in rund 200 Siedlungen.
Israelis sichern sich aufgrund ihrer militärischen und wirtschaftlichen Macht mehr Wasser als die Palästinenser. In vielen palästinensischen Dörfern ist die Wasserversorgung völlig unzureichend. Gründung einer palästinensischen Wasserbehörde, die das von Israelis zugestandene Wasser verteilt.

Jordantal

Verständigung über eine gemeinsame Nutzung des Grundwassers zwischen Israel und Jordanien.

Süden Israels

Unzureichendes Wasserangebot aus Regenwasser. Wasserverlust bei Wassertransport aus dem Norden Israels; mit staatlichem Geld bereitgestelltes Wasser für die Landwirtschaft ermöglicht die Bewässerung der Wüste; Export von landwirtschaftlichen Produkten.

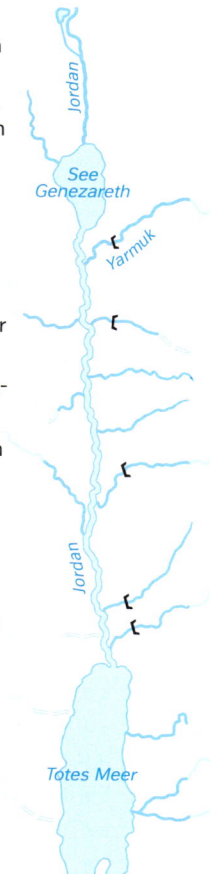

M4 *Streitpunkt Wasser*

Quellflüsse des Jordan

Grenzüberschreitende Gewässer. Anlage von Stauseen und Verständigung der Nachbarstaaten über gemeinsame Nutzung des Wassers.

See Genezareth

(Süßwasserspeicher)
Wasser wird fast ausschließlich von den Israelis verbraucht; drei Viertel des einfließenden Jordanwassers werden über die „Nationale Wasserleitung" in den Süden Israels gepumpt. Dramatische Absenkung des Wasserspiegels.

Yarmuk

Wasseraufteilung zwischen Syrien, Jordanien und Israel; gemeinsame Aufstau- und Speichermaßnahmen.

Jordan

Ökologisch belastetes Rinnsal. Fehlendes Wasser für Bewässerung in Jordanien. Vertrag (1994) zwischen Israel und Jordanien über die dem Fluss zu entnehmende Wassermenge.

Totes Meer

Wegen des geringen Wasserzuflusses Versalzung und Senkung des Grundwasserspiegels bei hoher Verdunstung. Abkommen zwischen Israelis, Jordaniern und den Palästinensern gegen Austrocknen des Toten Meeres.

M6 *Durch Wasserentnahme sinkt der Wasserspiegel des Toten Meeres jährlich um einen Meter.*

Fast 400 Meter unter dem Meeresspiegel erstreckt sich das Tote Meer. Neben seiner „Tieflage" besitzt der See noch eine weitere Besonderheit. Der Salzgehalt des Wassers ist außerordentlich hoch. Dicke Salzkrusten schwimmen an manchen Stellen auf der Gewässeroberfläche. Dies bedeutet, dass mehr Salz vorhanden ist, als sich im Wasser auflösen kann. In jedem Liter

sind durchschnittlich 300 Gramm Salze gelöst, in den Ozeanen dagegen nur rund 40 Gramm.

Lebewesen können bei einer solch hohen Salzkonzentration nicht existieren.

Beim Baden im Toten Meer kannst du nicht untergehen. Warum?

M5 *Am tiefsten zugänglichen Punkt der Erde*

Totes Meer	28,0
Rotes Meer	4,0
Mittelmeer	3,8
Atlantik	3,6
Indik	3,5
Pazifik	3,5
Nordsee	3,5
Ostsee	0,8

M7 *Salzgehalt in %*

---

3 Analysiere die Wassernutzungsprobleme am Jordan.

4 Der Wasserspiegel des Toten Meeres sinkt ständig. Erkläre.

M1 *Verwendung von Erdöl (Auswahl)*

M2 *Erdöl*

Erdöl und Erdgas – wichtige Rohstoffe

Ohne Erdgas wären viele Wohnungen im Winter kalt und zahlreiche Stromkraftwerke fielen aus. Gäbe es plötzlich kein Erdöl mehr, würde sich kein Auto oder Flugzeug bewegen. Auch die Fabriken könnten nichts mehr herstellen und im Supermarkt wären die Regale leer, weil niemand etwas anliefern kann. Plastikteile enthalten ebenfalls Erdöl, genauso wie unsere Kleidung und viele technische Geräte. Seit über 100 Jahren hat sich unsere Welt immer mehr von Erdöl und Erdgas abhängig gemacht.

Erdöl und Erdgas kommen in vielen Regionen der Erde vor. Dort lagern sie jedoch in unterschiedlichen Mengen und Qualitäten.

Die größten Lagerstätten befinden sich am Persischen Golf und am Arabischen Meer. Dieser „Ölfleck" verfügt z. B. über mehr als die Hälfte der weltweiten Erdölreserven. Heute gibt es kaum ein Land in der Region, das kein Erdöl und Erdgas fördert. Die Ressourcen sind aufgrund der niedrigen Förderkosten ein wichtiger Wirtschaftsfaktor. Da die Förderländer weniger Erdöl und Erdgas verbrauchen, als sie aus den Lagerstätten gewinnen, kann der Großteil der Rohstoffe exportiert werden.

Auch Deutschland importiert Erdöl aus den Golfstaaten. Das meiste kommt jedoch aus Russland, Großbritannien und Norwegen.

Der allergrößte Anteil des Erdöls gelangt heute mit großen Tankschiffen oder über Rohrleitungen (Pipelines) von der Förderstelle zum Verbraucher. Die Erdölmenge wird noch immer in Barrel (englisch für Fass) abgerechnet. Das Barrel war der Transportbehälter zu Beginn des Erdölzeitalters. Ein Barrel entspricht 158,987 Litern. Beim Erdgas ist die gebräuchlichste Mengeneinheit der Kubikmeter.

Aus einem Barrel Rohöl können in modernen Verarbeitungsanlagen (Raffinerien) mehr als 50 Liter Benzin, über 40 Liter Diesel, etwa 25 Liter Heizöl, etwa sechs Kilogramm Bitumen (z. B. zur Verwendung im Asphalt-Straßenbelag) und rund fünf Kilogramm Flüssiggas gewonnen werden.

M3 *Barrel, die Mengeneinheit für Erdöl*

1 Erdöl und Erdgas gehören zu den wichtigsten Rohstoffen der Welt. Begründe (Text).

2 Erkunde Gegenstände in deinem Klassenzimmer und zu Hause, die aus Erdöl hergestellt wurden.

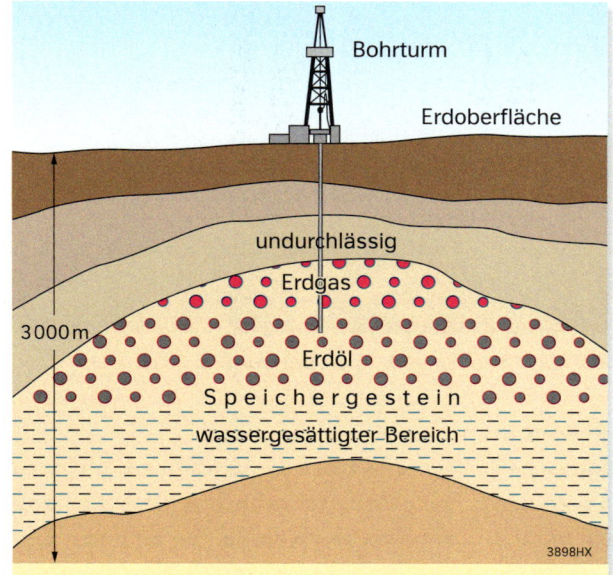

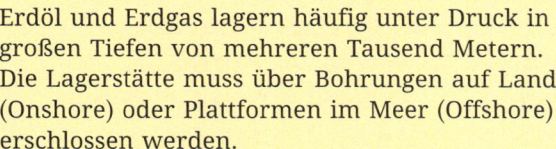

Erdöl und Erdgas lagern häufig unter Druck in großen Tiefen von mehreren Tausend Metern. Die Lagerstätte muss über Bohrungen auf Land (Onshore) oder Plattformen im Meer (Offshore) erschlossen werden.

Das Erdöl und das Erdgas haben sich in den Poren von Sedimentgesteinen angesammelt – wie in einem mit Wasser vollgesogenen Schwamm. Über dem Speichergestein liegt eine undurchlässige Gesteinsschicht, z. B. Schiefer, sodass das Erdgas nicht weiter nach oben aufsteigen kann. Da Erdöl eine geringere Dichte als Wasser hat, liegt es oberhalb der wasserführenden Schicht.

M4 *Erdöl- und Erdgaslagerstätten*

M6 *Erdölförderung mithilfe einer Pferdekopfpumpe*

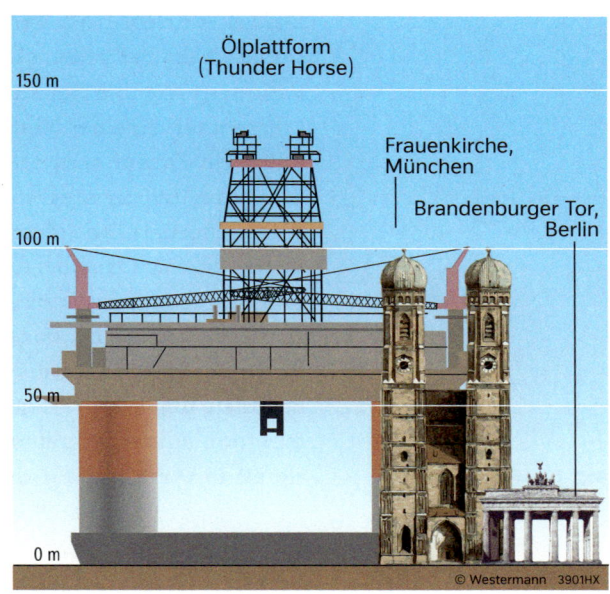

M7 *Größenvergleich Ölplattform*

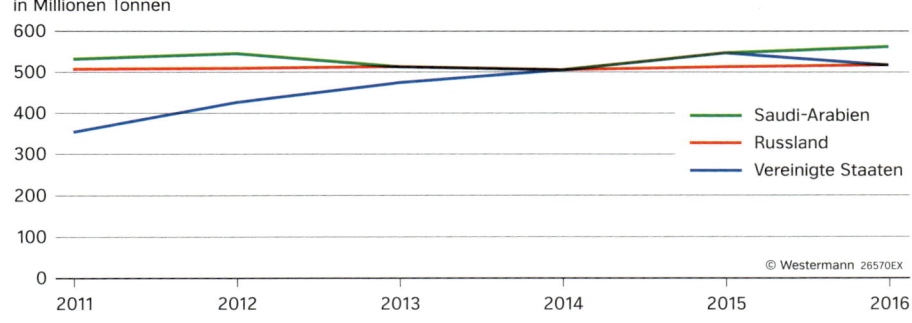

M5 *Entwicklung der Erdölförderung der drei größten Förderländer weltweit*

3 Nenne Staaten im Bereich des Persischen Golfes, die über Erdöl- bzw. Erdgaslagerstätten verfügen (Atlas).

4 Erkläre, wie eine Erdöllagerstätte durch den Menschen erschlossen werden kann.

M1 *Dubais Hafen um 1970*

M5 *Ein Hafenbereich in Dubai im Jahr 2016*

Dubai – Erdöl und Veränderungen

Dubai ist Teil der Vereinigten Arabischen Emirate (VAE) und hat sich in wenigen Jahrzehnten zu einer Metropole mit 2,8 Millionen Einwohnern entwickelt. Erdöl wurde 1966 entdeckt und wird seit 1969 exportiert. Nachdem Öl gefunden wurde, hat sich Dubai sehr schnell verändert. Die hohen Einnahmen aus dem Export führten dazu, dass immer mehr Hochhäuser, Bürogebäude, viele Villen und die U-Bahn auf riesigen, neu in Palmenform aufgeschütteten Inseln sowie Hotels in Dubai gebaut wurden.

Um die Arbeit zu bewältigen, mussten viele Arbeitskräfte aus dem Ausland angeworben werden. Sie kommen insbesondere aus asiatischen Ländern wie Bangladesh oder Pakistan. Weitere stammen aus Afrika.

Dubai ist nicht mehr allein vom Erdöl abhängig. Das ist gut für die Wirtschaft, denn die Gewinne werden heutzutage auch im Finanzbereich, mit Immobilien, in der Logistikbranche und im Tourismussektor erzielt. Der Flughafen von Dubai ist ein internationales Drehkreuz.

M2 *Lage von Dubai*

www.hallodubai.com

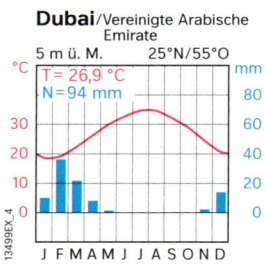

M3 *Klimadiagramm von Dubai*

Dubai-Stadt hat die Vision, eine der nachhaltigsten und glücklichsten Städte der Welt zu werden. Um dieses Ziel zu erreichen, verändert sich Dubai: Umweltschonende Gebäude werden geplant, Rad- und Gehwege gebaut, das U-Bahnnetz verbessert. Dubai baut den nachhaltigen Stadtteil „The Sustainable City" und plant weitere solche Bezirke, investiert in ein modernes Mülldeponie-Konzept und in energiesparende Lampen.

Auch der Dubai World Central Airport unterstützt die Nachhaltigkeitsziele von Dubai durch das Recyceln von Abfallstoffen und einen reduzierten Wasserverbrauch. Jedoch der enorme Flächenverbrauch des Flughafengeländes und die Notwendigkeit, alle Hallen aufgrund der hohen Temperaturen rund um die Uhr zu kühlen, machen es problematisch, die Nachhaltigkeitsziele zu erreichen.

M4 *Dubai setzt auf Nachhaltigkeit*

❶ Beschreibe die geographische Lage Dubais mithilfe des Atlas.

❷ Werte das Klimadiagramm Dubais aus (M3).

Flughafen

Einerseits baut Dubai seinen bisherigen internationalen Flughafen weiter aus, andererseits entsteht im Süden der Stadt der größte Flughafen der Welt (Dubai World Central Airport).

Hafen

Der Tiefseehafen Jebel-Ali-Port wurde künstlich angelegt und ist heute der größte im Nahen und Mittleren Osten und der neuntgrößte weltweit. Bis 2030 soll er der größte Containerhafen der Welt werden.

M6 *Wichtige Projekte für den Bereich Logistik in Dubai*

M9 *Indoor-Skihalle in Dubai*

Seit mehreren Jahren kommen immer mehr Touristen nach Dubai. Dadurch verdient das Emirat viel Geld. Es wurden nicht nur Freizeitanlagen wie eine Skihalle, ein Zoo, Golfplätze u. a. gebaut, sondern auch das höchste Gebäude und das erste Siebensternehotel der Welt. Dubai investiert viel Geld und verschuldet sich. Durch den Tourismus werden aber auch viele Arbeitsplätze geschaffen. Allerdings wird die Arbeit größtenteils von Gastarbeitern übernommen, und das unter teilweise sehr schlechten Arbeitsbedingungen. Besondere Verbote: Alkohol in der Öffentlichkeit, Homosexualität, kritische Äußerungen zu Religionsfragen, Kleidung, die nicht mindestens Knie und Schultern bedeckt.

M7 *Tourismus, Verbote*

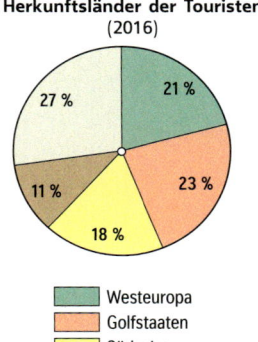

Herkunftsländer der Touristen (2016)

- 21 % Westeuropa
- 23 % Golfstaaten
- 18 % Südasien
- 11 % Nordafrika
- 27 % sonstige

© Westermann 36964EX

„Naturschützer beklagen in Dubai nicht nur den großen Flächenverbrauch durch die vielen Megaprojekte, sondern auch den hohen Energieverbrauch. Für die Einwohner der Stadt und für die Touristen kühlen Klimaanlagen permanent die Gebäude ab. Auch um Schnee für die Skihalle herzustellen, und für andere Touristenattraktionen, wird sehr viel Energie benötigt. Dafür darf seit 2015 Sonnenenergie ins Stromnetz eingespeist werden.
Auch der Wasserverbrauch ist in Dubai hoch. Nicht nur Golfplätze und andere Grünanlagen müssen aufwendig bewässert werden.
Einen besonders schwerwiegenden Eingriff in das Tier- und Pflanzenleben an der Küste stellen die künstlichen Palmeninseln dar – Naturschützer halten sie für höchst bedenklich."

M8 *Ein Reporter berichtet aus Dubai*

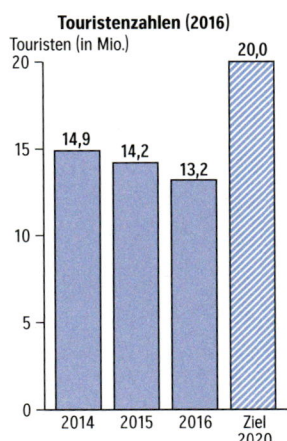

Touristenzahlen (2016)
Touristen (in Mio.)

2014	2015	2016	Ziel 2020
14,9	14,2	13,2	20,0

M10 *Statistiken zum Tourismus*

3 Erläutere, warum Dubai einen wirtschaftlichen Strukturwandel eingeleitet hat.

4 Stelle Beziehungen her zwischen: Erdölvorräten – Tourismus – Logistikbranche und Nachhaltigkeit.

M1 *Karikatur zum Erdölpreis*

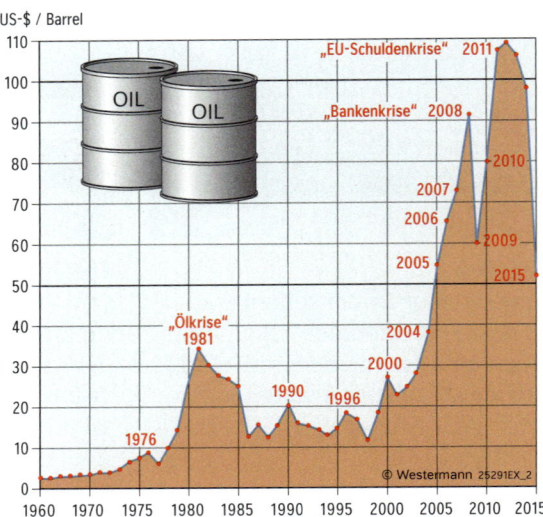

M3 *Entwicklung des Rohölpreises*

Konflikte durch Erdöl

Regionale Konflikte zwischen Ländern der Region und durch Einmischung ausländischer Staaten führten auch zu großen wirtschaftlichen Rückschlägen. Allein der Irak war zwischen 1980 und 2003 in drei Kriege verwickelt, die nicht zuletzt wegen des strategischen Rohstoffes Erdöl geführt wurden. Ebenso sind die gegenwärtigen kriegerischen Auseinandersetzungen im Nahen Osten zum Teil auch ein Erdölkonflikt. Auf das Erdöl aus dieser Region sind auch viele westliche Staaten angewiesen.

Einige Erdölförderländer auf der arabischen Halbinsel sind Mitglieder der OPEC (Organisation der erdölexportierenden Länder), die maßgeblichen Einfluss auf die Weltwirtschaft hat. Durch die Erhöhung bzw. Drosselung ihrer Fördermengen beeinflussen sie den Ölpreis auf allen internationalen Ölmärkten. Die Länder der OPEC hatten 2016 zusammen einen Marktanteil von etwa 40 %. Da diese Ländergruppe 70 % der bekannten Erdölreserven der Welt kontrolliert, wird die OPEC in Zukunft weiter an Bedeutung gewinnen.

Sitz: Wien
Ziel: Koordinierung der Erdölpolitik in den Förderstaaten und Stabilisierung der Weltmarktpreise
Mitglieder: Algerien, Angola, Libyen, Iran, Irak, Saudi-Arabien, Kuwait, VAE, Nigeria, Venezuela, Ecuador u.a.

M2 *Die OPEC*

❶ „Erdöl ist das Schmiermittel und ein Konfliktstoff der Weltwirtschaft". Erläutere die Aussage.

❷ Die OPEC hat Einfluss auf die Ölmärkte weltweit. Erkläre.

❸ Begründe, warum die Erdölwirtschaft starke Auswirkungen auf die Natur und die Menschen in der Golfregion hat.
Werte dazu S. 53, M4 aus.

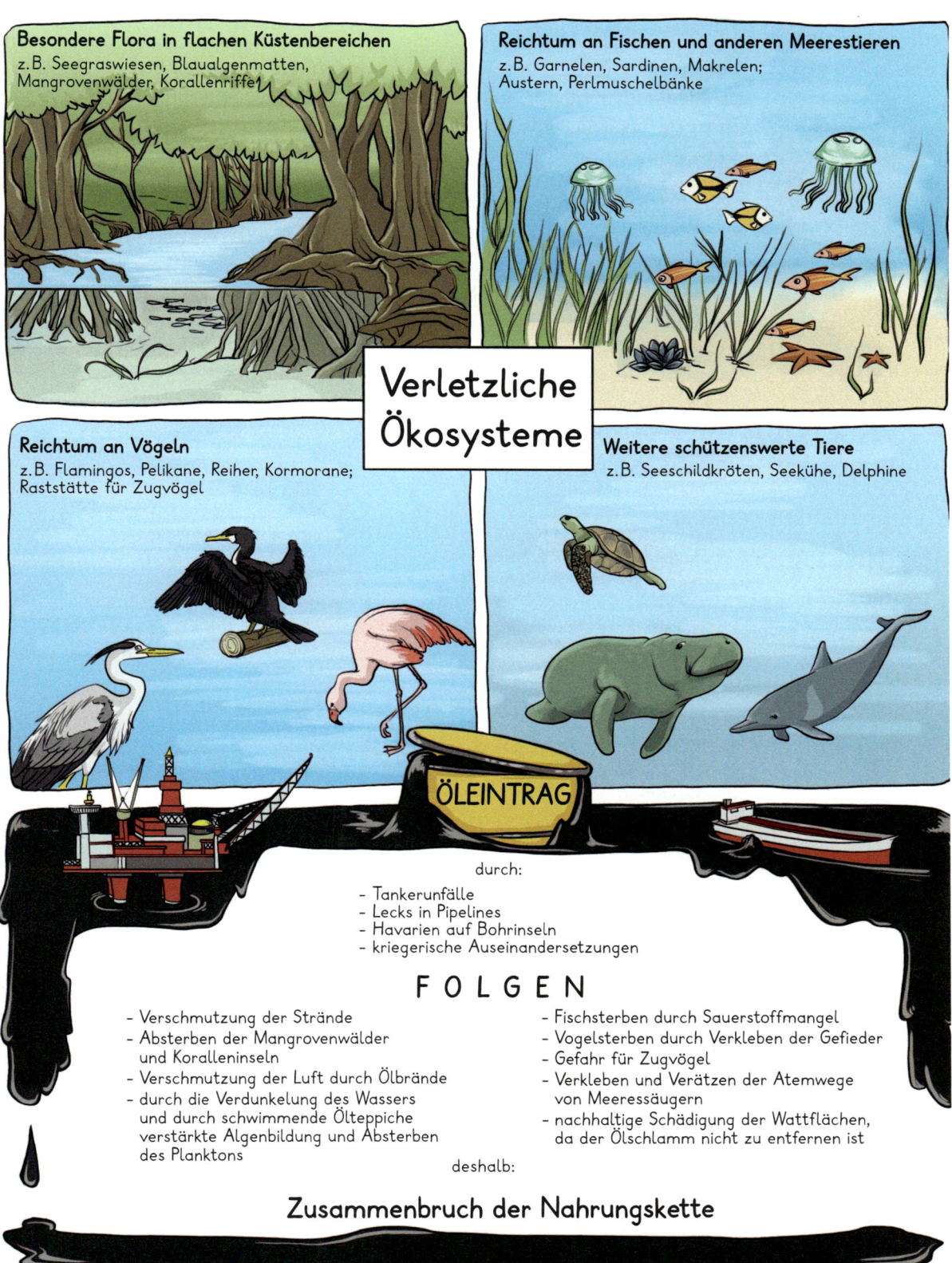

Besondere Flora in flachen Küstenbereichen
z.B. Seegraswiesen, Blaualgenmatten, Mangrovenwälder, Korallenriffe

Reichtum an Fischen und anderen Meerestieren
z.B. Garnelen, Sardinen, Makrelen; Austern, Perlmuschelbänke

Verletzliche Ökosysteme

Reichtum an Vögeln
z.B. Flamingos, Pelikane, Reiher, Kormorane; Raststätte für Zugvögel

Weitere schützenswerte Tiere
z.B. Seeschildkröten, Seekühe, Delphine

ÖLEINTRAG

durch:
- Tankerunfälle
- Lecks in Pipelines
- Havarien auf Bohrinseln
- kriegerische Auseinandersetzungen

FOLGEN

- Verschmutzung der Strände
- Absterben der Mangrovenwälder und Koralleninseln
- Verschmutzung der Luft durch Ölbrände
- durch die Verdunkelung des Wassers und durch schwimmende Ölteppiche verstärkte Algenbildung und Absterben des Planktons

- Fischsterben durch Sauerstoffmangel
- Vogelsterben durch Verkleben der Gefieder
- Gefahr für Zugvögel
- Verkleben und Verätzen der Atemwege von Meeressäugern
- nachhaltige Schädigung der Wattflächen, da der Ölschlamm nicht zu entfernen ist

deshalb:

Zusammenbruch der Nahrungskette

M4 *Folgen der Erdölwirtschaft für Natur und Mensch*

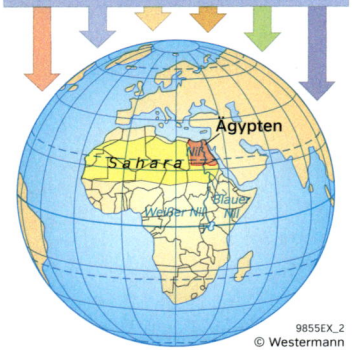

Einordnung des Landes
Lage, Fläche, Einwohner, politische Verhältnisse, geschichtliche Entwicklung

Naturraum
Klima, Vegetation und Tierwelt (Bios), Oberflächenformen (Relief), Gewässer, Boden

Bevölkerung
Bevölkerungsdichte, Bevölkerungsverteilung, Religion, Sprache, Tradition

Siedlungen

Wirtschaft
Industrie, Gewerbe, Bauwirtschaft, Land-, Forst- und Fischereiwirtschaft, Dienstleistungen

Verkehr
Straßen-, Schienen-, Luft- und Wasserverkehrswege

9855EX_2
© Westermann

M1 *Aspekte einer Raumanalyse*

Was ist eine Raumanalyse?

Auf der Erde gibt es über 190 Länder. Einige davon hast du schon im Geographieunterricht kennengelernt oder kennst sie aus dem Fernsehen, dem Internet. Andere hast du vielleicht schon im Urlaub bereist.

Informationen zu unbekannten Ländern kannst du im Geographieunterricht selbstständig beschaffen. Eine Raumanalyse ist dazu die geeignete Methode.

Mit ihr arbeitest du die prägenden Merkmale eines Landes heraus und stellst dabei Verflechtungen von Natur- und Humanfaktoren dar.

Für jede Raumanalyse gilt, dass eine problemorientierte Leitfrage formuliert wird, die am Ende der Untersuchung zu beantworten ist. Nicht alle Analyseaspekte (M1) sind dabei gleichrangig zu untersuchen.

So gehst du vor

1. Raumanalyse vorbereiten
- Wähle ein Land oder eine andere geographische Region aus.
- Formuliere eine Leitfrage und gliedere sie in Teilfragen.

2. Raumanalyse durchführen
- Sammle Materialien zu den verschiedenen Aspekten einer Raumanalyse (vgl. M1) mithilfe von Schulbuch, Atlas, Internet.
- Analysiere das Land im Sinne der Leitfrage.

3. Raumanalyse auswerten
- Fasse die Einzelergebnisse mit Bezug auf die Leitfrage zusammen, stelle dabei Zusammenhänge, (Wechsel-)Beziehungen dar.
- Prüfe, inwieweit ein Transfer auf andere Räume möglich ist.

4. Ergebnisse visualisieren und präsentieren
- vergleiche hierzu M2

Grundregel 1:
- Formuliere Ziele und beachte die Zielgruppe.

Grundregel 2:
- Formuliere die Kernaussagen kurz und verständlich.

Grundregeln für das Visualisieren und Präsentieren

Grundregel 3:
- Visualisiere die Sachverhalte mithilfe von Texten, Bildern, grafischen Darstellungen und anderen Medien.

Grundregel 4:
- Präsentiere deine Ergebnisse wirkungsvoll (sicheres Auftreten, freies und betontes Sprechen).

M2 *Was beim Visualisieren und Präsentieren zu beachten ist*

Leitfrage zur problemorientierten Raumanalyse von Ägypten:

„Ägypten – das ist der Nil."

Inwieweit trifft diese Aussage für das Leben und Wirtschaften in Ägypten zu?

Material 1: Einordnung des Landes

offizieller Name:	Arabische Republik Ägypten	höchster Punkt:	Mount Catherine 2 629 m
Fläche:	1 001 450 km²	Länge der Staatsgrenze:	2 610 km
davon Land:	995 450 km²	Einwohner:	97 Millionen (2018)
davon Wasser:	6 000 km²	Bevölkerungsdichte:	96,8 Einwohner/km²
Küstenlinie:	2 450 km	Bevölkerungswachstum:	2,5 % (2017)
Ackerfläche:	0,03 ha pro Person (Vergleich: Deutschland: 0,15 ha pro Person)	Amtssprache:	Arabisch
		Länderkennzeichen:	ET

M3 *Basisdaten*

Vor rund 4 500 Jahren hatten sich nicht nur in Ägypten, sondern auch in Mesopotamien, im Industal und im Nordosten Chinas frühe Hochkulturen entwickelt. Sie entstanden entlang der großen Flüsse Nil, Euphrat/Tigris, Indus und Huang He. Eine geschickte Nutzung des Wassers machte den Ackerbau und die Viehzucht ertrag- und erfolgreich. Auch dienten die Flüsse als Transportwege. Schiffe waren wichtige Verkehrsmittel. In allen Hochkulturen gab es eine Schrift. Diese war für die Verwaltung der einzelnen Reiche notwendig.
Eindrucksvolle Zeugen der ägyptischen Hochkultur sind die Pyramiden, die gewaltigen Grabstätten der ägyptischen Könige. Sie liegen am Rand der Niloase, dort, wo die Felder enden und die Wüste beginnt.

M4 *Ägypten – altes Kulturland*

Seit Längerem sind vor allem junge Menschen in Ägypten unzufrieden. Viele haben keine Arbeit. Die hohe Arbeitslosigkeit führte zu Protesten. Anfang 2011 wurde der langjährige Präsident gestürzt.
Die Ägypter sind verschiedener Meinung: Die einen wollen leben wie in Europa, die anderen eher traditionell. Beide Seiten wollen, dass Ägypten nach ihren Vorstellungen regiert wird. Gewaltsame Konflikte brechen immer wieder aus.
Der Tourismus als wichtigster Wirtschaftsbereich leidet darunter, denn viele Touristen entscheiden sich gegen einen Urlaub in einem Krisenland.

M5 *Ägypten – ein zerrissenes Land*

1 Beschreibe die geographische Lage Ägyptens. Ordne das Land in verschiedene Ordnungssysteme, auch in das Gradnetz, ein.

2 Charakterisiere das Land Ägypten. Orientiere dich am Merkmal Einordnung des Landes (S. 54, M1).

ℹ️ Geo- und Humanfaktoren

Geofaktoren
• Relief
• Klima
• Wasser
• Boden
• geologischer Bau
• Bios (Vegetation, Tierwelt)

Humanfaktoren
• Bevölkerung
• Wirtschaft (Industrie, Landwirtschaft, Dienstleistungen)
• Verkehr
• Kultur
• Geschichte

Material 2: Naturraumausstattung

Relief:	vgl. Seite 32, M1
Klima:	Mittelmeerküste: subtropisches Klima; nach Süden hin Übergang zu trockenem Passatklima
Vegetation:	Wüste: Vegetationsflächen auf Randbereiche des Nils und wenige Oasen beschränkt; entlang des Nils und im Nildelta Vorkommen von Dornsträuchern und Grasarten, Schilf sowie Akazien und Maulbeerbäumen
Wasser:	Nil: mit 6 671 km längster Fluss der Erde; Einzugsgebiet mit 2,87 Mio. km² achtmal größer als Deutschland; Quellflüsse: Weißer und Blauer Nil; Anteil an unterirdischen Wasservorräten (vgl. S. 36)

M1 *Geofaktoren*

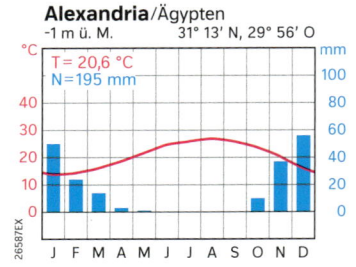

Alexandria/Ägypten
-1 m ü. M.   31° 13' N, 29° 56' O
T= 20,6 °C
N=195 mm

M4 *Klimadiagramm*

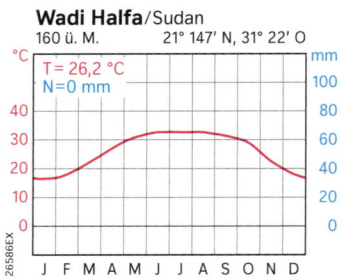

Wadi Halfa/Sudan
160 ü. M.   21° 147' N, 31° 22' O
T= 26,2 °C
N=0 mm

M5 *Klimadiagramm (Grenze Ägypten/Sudan)*

M2 *Vielfältige Nutzung*

Der Nil prägt das Leben und Wirtschaften Ägyptens. Von Assuan bis zum Mittelmeer erstreckt sich über 1 000 Kilometer eine der größten Flussoasen der Erde, die wie ein grünes Band die Wüste Sahara durchzieht. Entlang der Niloase leben 95 Prozent der Bevölkerung Ägyptens. Das Wasser des Nils versorgt Dörfer, große Städte wie Assuan und Kairo und bildet die Grundlage für die Landwirtschaft. Die Bauern (Fellachen) nutzen das Oasenland intensiv und haben ein verzweigtes Bewässerungssystem entwickelt. Besonders bedeutsam für gute Ernteerträge war darüber hinaus das Nilhochwasser im Sommer, das die Äcker mit Schlamm bedeckte. An der Mündung bildete sich durch diese Ablagerungen ein großes, fruchtbares, von vielen Flüssen und Seen durchzogenes Delta. So war es seit Jahrtausenden. Doch seit den 1970er-Jahren hat sich viel verändert.

M3 *Die Flussoase des Nils*

---

1 Analysiere die Naturraumausstattung Ägyptens unter Beachtung der Leitfrage.

Nutze dazu auch die Seiten zur naturräumlichen Ausstattung des Orients.

Material 3: Voraussetzung für die Wirtschaft

In der Zeit von 1960 bis 1971 wurde in der Nähe der Stadt Assuan ein gigantischer Staudamm gebaut. Hauptziel war einerseits die Ausdehnung der Bewässerungsfläche Ägyptens in die angrenzende Wüste. Andererseits konnten durch das zusätzliche Wasserangebot mehrere Ernten im Jahr erzielt werden. Die Ausweitung des Reis- und Baumwollanbaus belebte den Export und erbrachte Deviseneinnahmen. Zudem erlaubte der Staudamm durch eine geregelte Wasserführung eine ganzjährige Nil-Schifffahrt.

Der Bau eines Wasserkraftwerkes half, den gestiegenen Bedarf an elektrischer Energie zu decken und Gewerbebetriebe in Assuan anzusiedeln.

Mit dem Bau des Assuan-Staudammes haben sich aber auch zahlreiche neue Probleme für Mensch und Umwelt ergeben.

So wurden durch die Flutung des Stausees und den damit verbundenen Anstieg des Grundwassers historische Bauten und Wohnhäuser bedroht. Die für die Sicherung der Ernährung wichtigen Böden erhalten keinen fruchtbaren Nilschlamm mehr. Dadurch müssen die Bauern immer mehr teuren Dünger auf die Felder ausbringen. Zudem kommt es durch die ganzjährige Bewässerung und die starke Verdunstung zur Versalzung der Böden.

Das Wasser des Nils ist heute hart umkämpft. Rund 25 Kilometer vor der Grenze zum Sudan errichtet Äthiopien am Blauen Nil den größten Staudamm Afrikas. Er wird den Fluss bis zu einem über 250 Kilometer langen See aufstauen. Es ist zu befürchten, dass es zukünftig keine gerechte und vernünftige Nutzung des Nilwassers mehr für alle geben wird.

M6 *Nutzung des Nilwassers*

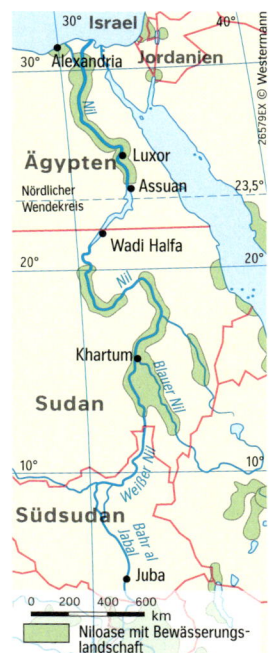

M8 *Einzugsgebiet des Nils*

M7 *Assuan-Hochstaudamm*

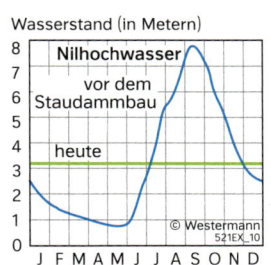

M9 *Der Wasserstand des Nils (bei Luxor)*

2 Analysiere die Bedeutung des Nils in Vergangenheit, Gegenwart und Zukunft für das Leben und Wirtschaften in Ägypten.

57

Material 4: Bevölkerung/Siedlungen

0 – 14	33,5
15 – 24	18,9
25 – 54	37,6
55 – 64	6,0
über 65	4,0

M1 *Altersstruktur Ägyptens in % (2017)*

www.youtube.com
(→ Neue Hauptstadt Ägyptens)

Ägypten ist mit 97 Mio. Einwohnern (2018) das arabische Land mit der höchsten Bevölkerungszahl. Die meisten Menschen leben im Niltal und Nildelta auf 4 % der Fläche des Landes. Weitere große Siedlungsflächen stehen nicht zur Verfügung, da die Wüsten, mit Ausnahme der wenigen Oasen, nicht bewohnbar sind. Trotz des begrenzten Raumes steigt Ägyptens Bevölkerungszahl.

M3 *Bevölkerungszahl und -verteilung*

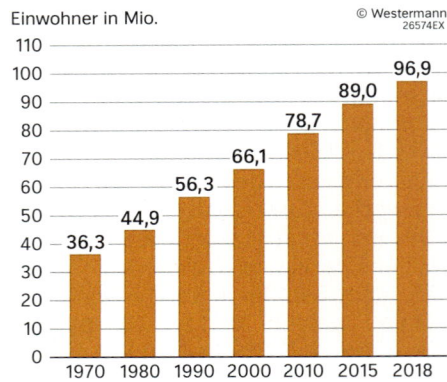

Einwohner in Mio.
© Westermann 26574EX

1970	1980	1990	2000	2010	2015	2018
36,3	44,9	56,3	66,1	78,7	89,0	96,9

M4 *Bevölkerungswachstum Ägyptens*

Hauptstadt Kairo

Insbesondere Kairo, auf Arabisch Al Quahira, die Siegreiche, platzt dabei aus allen Nähten. Hier leben etwa 20 % aller Ägypter und über 40 % der Stadtbevölkerung des Landes. Die Mega-Metropole ist mit ca. 18 Mio. Einw. eines der am dichtesten besiedelten Stadtgebiete der Welt. So leben in manchen Bezirken über 100 000 Menschen pro km² (Berlin: 3 948 Einw/km²).

Staub, Müll, verstopfte Straßen und Lärm belasten Kairo stark. Der Wohnraum reicht schon seit Jahrzehnten nicht mehr aus. Die Menschen bauen deshalb, ohne die Tragfähigkeit der Fundamente zu beachten, weitere Etagen auf Häuser oder wohnen auf Dächern oder in Holzhütten. Selbst auf verschiedenen Friedhöfen, in den Grabkammern ihrer Vorfahren, haben sich über eine halbe Million Menschen einquartiert. Es gibt dort Straßen, Geschäfte, Strom und Wasser.

Neue Stadtplanungen

Ägyptens Hauptstadt ufert immer mehr aus. An den Stadträndern entstehen laufend neue Wohngebiete, sodass fruchtbares, zur Ernährung der Bevölkerung dringend benötigtes Bewässerungsland verloren geht. Neue Konzepte der Stadtplanung sind gefragt.

So entsteht 45 Kilometer von der letzten Trabantenstadt Kairos entfernt die neue Verwaltungshauptstadt. Neben Regierungsgebäuden soll sie Platz für mindestens fünf Millionen Menschen bieten, die im Komfort einer modernen, vollklimatisierten, grün bepflanzten Weltstadt leben sollen.

Wer aber ein geringes Einkommen hat, der kann sich eine Wohnung dort kaum leisten. Er müsste einen Kredit aufnehmen und ihn dann 30 Jahre lang abstottern.

M2 *Hauptstadt Kairo*

❶ Zeige Folgen des starken Bevölkerungswachstums in Kairo auf.

❷ Recherchiere über die geplante neue Verwaltungshauptstadt.

100800-152-01
schueler.diercke.de

Material 5: Wirtschaft und Verkehr

Ägypten verfügt über eine Vielzahl von Bodenschätzen wie Erdöl/Erdgas, Eisenerz, Phosphate, seltene Erden oder Zink. Die Wirtschaft stützt sich insbesondere auf den Erdöl- und Erdgasexport und den Tourismus. Aufgrund des trockenen Klimas ist Ägypten der bedeutendste Produzent und Exporteur an extrafeinen Baumwollsorten und deren Verarbeitungsprodukten. Vom Baumwollanbau leben fast eine halbe Million Bauern. Wegen der geringen landwirtschaftlichen Nutzfläche und der ständig wachsenden Bevölkerung muss Ägypten landwirtschaftliche Produkte, insbesondere Weizen, importieren. Ein weiterer Devisenbringer des Landes ist der Tourismus. Besonders beliebt bei Touristen sind die vielen Zeugnisse der alten ägyptischen Hochkultur entlang des Nils sowie die Badeorte am Roten Meer.

M5 *Merkmale der Wirtschaft*

49,3%
25,3%
25,4%

■ Landwirtschaft
■ Industrie
■ Dienstleistungen

© Westermann 26575EX

M9 *Erwerbstätige 2017 nach Sektoren*

Ägyptens wichtigste Verkehrsträger sind das 7700 Kilometer lange Eisenbahnnetz, 23 zivile Flughäfen und die 3500 Kilometer langen schiffbaren Wasserwege. Auf Letzteren werden 25 % des Güterverkehrs abgewickelt.

Vor allem die größeren Orte im Niltal und Nildelta verbindet das Eisenbahnnetz. Das Straßennetz umfasst rund 70000 km, wobei die Hauptstraßen sehr gut ausgebaut sind. Die wichtigsten Transportmittel in den Städten sind Busse, Minibusse und Taxis. Auf dem Land kann man oft noch Eselskarren sehen.

Der Suezkanal – Welthandelsstraße

Neben dem Nil ist der 161 Kilometer lange Suez-Kanal von besonderer Bedeutung. Gebaut wurde er von 1859 bis 1869.

Er verbindet die Hafenstadt Port Said am Mittelmeer mit dem Hafen Suez am Roten Meer und ist eine der wichtigsten Einnahmequellen des Landes (ca. 8 % der Deviseneinnahmen des Landes aus Nutzergebühren).

Durch den Suez-Kanal gehen etwa 8 % des Welthandels. Um eine Zunahme des Schiffsverkehrs zu ermöglichen, wurde 2015 ein 37 km langer Wasserweg neu gegraben und parallel zum alten Kanal, eröffnet.

M6 *Verkehrsmittel und -netz*

M7 *Frachtschiffe im Suez-Kanal*

Nord-Ostsee-Kanal	29 202
Suez-Kanal	16 833
Panama-Kanal	13 114

M8 *Anzahl der Schiffspassagen (2017)*

Suez-Kanal	823
Panama-Kanal	327
Nord-Ostsee-Kanal	84

M10 *Tonnage in Millionen Tonnen (2017)*

✎ www.planet-wissen.de
(→Suezkanal)

---

3 Analysiere die Wirtschafts- und Verkehrsstruktur Ägyptens.

4 Begründe, warum der Suez-Kanal zu den wichtigsten Schiffsverbindungen der Erde gehört.

ⓘ Satellitenbild

Ein Satellitenbild ist eine durch Fernerkundungsdaten gewonnene Darstellung der Erdoberfläche, die aus dem Weltraum an Bodenstationen übermittelt wurde. Je nach Untersuchungsziel wird sie einer visuellen Interpretation unterzogen.

So gehst du vor

1. Ermittle den Namen des Satelliten, der die Aufnahme gemacht hat. Gib das Aufnahmedatum an.

2. Nenne den Titel des Satellitenbildes. Beachte: Häufig enthält dieser bereits Angaben zum abgebildeten Raumausschnitt.

3. Ordne den Raumausschnitt topographisch ein. Informiere dich dazu im Atlas über abgebildete Meere, Flüsse, Seen, Reliefmerkmale/Landschaften, Siedlungen. Im Ergebnis kann eine topographische Skizze entstehen.

4. Beschreibe den dargestellten Inhalt. Deute zunächst die abgebildeten Flächenfarben (zum Beispiel Grün = Vegetation). Stelle Zusammenhänge zwischen Bildelementen her und versuche, sie zu erklären.

M1 *Satellitenbild: Niltal mit Delta (Modis, 10.08.2000)*

M2 *Karte des Niltals*

❶ Lies das Satellitenbild vom Niltal (M1). Nutze dazu die Schrittfolge.

❷ Nenne Unterschiede zwischen dem Satellitenbild (M1) und der Karte (M2).

1. Ein Begriff muss raus

Suche in den Zuordnungen jeweils den Begriff, der nicht dazu passt.

a) Erdöl, Tanker, Dubai, Deltamündung, OPEC, Energieträger, Bohrturm

b) Dattelpalme, Assuan, Flussoase, Bewässerung, Staudamm, Pyramide

c) Totes Meer, Pipeline, Persischer Golf, Nil, Nassersee, Jordan, Euphrat

2. Hier haben sich Begriffe versteckt

Setze sieben Wörter zusammen:

Oase, Sand, Schlamm, Golf, Bild, Karawane, Wasser, Region, Sturm, Nil, Satelliten, Passat, Wind, Grund, Kamel

3.

Das Emirat Dubai macht sich fit für die Zeit nach dem Erdöl. Erläutere eingeleitete Maßnahmen. Begründe den Ausbau des Airports als ein internationales Luftfahrtdrehkreuz.

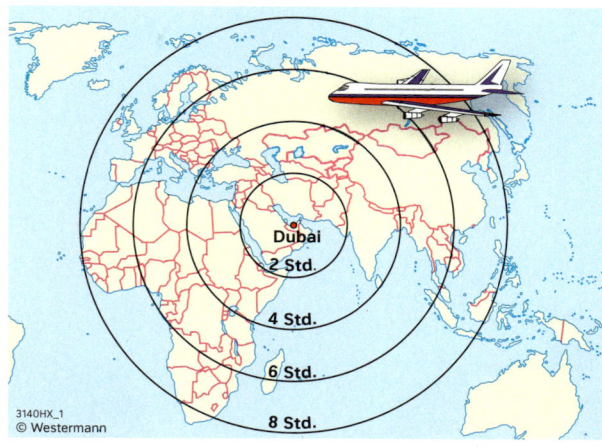

3140HX_1
© Westermann

Dubai – Drehscheibe im Luftverkehr

Kompetenz-Check

Hier sind die Kompetenzen aufgeführt, die du in diesem Kapitel erwerben konntest.
Schätze deinen erreichten Stand der Kompetenzentwicklung selbst ein:

 sehr gut   gut   befriedigend   ☹ mangelhaft

Ich kann ...	☺	☺	☺	☹	Noch unsicher? Schlage nach auf S. ...
... die Lage des Orients und seine Gliederung/en beschreiben.					28
... den Orient in verschiedene Ordnungssysteme einordnen.					28 – 35
... die kulturellen Merkmale des Orients charakterisieren					28, 30 – 31
... die Geofaktoren Relief, Klima, Wasser und Vegetation analysieren, dabei Zusammenhänge erläutern.					32 – 37
... Wüstenarten nennen und ihre Entstehung erklären.					34 – 35
... die dem Trockenraum angepassten Nutzungsarten analysieren und begründen					36 – 41
... die Bedeutung der Ressourcen Wasser und Erdöl/Erdgas als Wirtschafts- und Machtfaktoren an Beispielen aufzeigen					42 – 53
.... die Schrittfolge einer problemorientierten Raumanalyse benennen und anwenden.					54
... die Arabische Republik Ägypten analysieren, dabei Zusammenhänge bzw. Wechselbeziehungen zwischen Geofaktoren und dem Humanfaktor Mensch darstellen.					55 – 59
... ein Satellitenbild lesen.					60

3 Tropen/subsaharisches Afrika

In diesem Kapitel erwirbst du folgende Kompetenzen und wendest diese an:

– die Lage der Tropen und des subsaharischen Afrikas beschreiben,

– Geofaktoren der wechselfeuchten und feuchten Tropen analysieren und Zusammenhänge zwischen ihnen erläutern,

– die Nutzung der Savannen und tropischen Regenwälder sowie Folgen einer Übernutzung analysieren,

– eine Kausalkette zu Eingriffen des Menschen in den Naturhaushalt und deren Folgen anfertigen,

– Merkmale von Entwicklungsländern an Beispielen nachweisen,

– Statistiken und Karikaturen auswerten.

M1 *Passatwolken über einem Ackerbauerndorf in Uganda*

M1 *Kulturräume Afrikas*

M2 *Weite Grasländer – die Savannen*

Afrika südlich der Sahara

Der Kontinent Afrika nimmt insgesamt eine Fläche von rund 30 Mio. km² ein. Allein die Wüste Sahara erstreckt sich über 9 Mio. km². Sie stellt eine natürliche Grenze dar, die den Kontinent dazu auch kulturell in zwei Teile untergliedert. Während Nordafrika zum vorwiegend arabisch geprägten Kulturraum Orient gehört, entwickelte sich die Region südlich der Sahara relativ eigenständig. Sie wird heute aufgrund ihrer Lage als subsaharisches Afrika bezeichnet (vgl. Info).

Zum subsaharischen Afrika werden 49 Staaten gezählt. Neben den 42 auf dem Festland liegenden Ländern gehören auch Inselstaaten wie Madagaskar und die Seychellen dazu. Die Länder Afrikas verfügen über faszinierende Naturlandschaften und eine einzigartige Tierwelt, die jährlich tausende Touristen anlocken. Aber auch der Reichtum an Bodenschätzen und Energieressourcen sowie klimatische Voraussetzungen für den Anbau tropischer Kulturen bieten ein besonderes Potenzial für die Zukunft.

ⓘ Subsaharisches Afrika

Region Afrikas südlich der Sahara, auch Subsahara-Afrika genannt (lat. sub = unter); diese Bezeichnung ersetzt den früheren, aus der Kolonialzeit stammenden Begriff „Schwarzafrika" (nach der dunklen Hautfarbe der Einwohner und der damaligen Unkenntnis über das Kontinentinnere).

M3 *Olympiasieger aus Äthiopien*

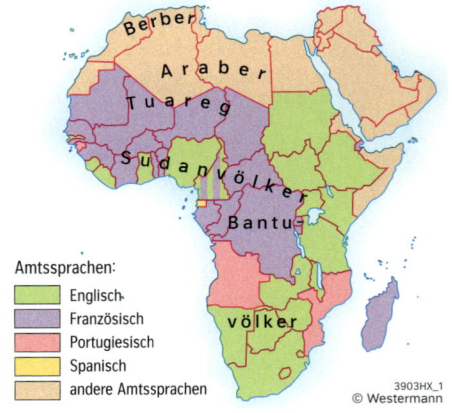

M4 *Völker und Sprachen*

---

❶ Beschreibe die Lage des subsaharischen Afrikas (Begrenzungen, Gradnetz).

❷ Vergleiche die Merkmale der Kulturräume, an denen der Kontinent Afrika Anteil hat.

 100800-146
schueler.diercke.de

M5 *In Freetown, der Hauptstadt von Sierra Leone*

	2018	2050
Europa	0,75	0,74
Asien	4,54	5,52
Amerika	1,01	1,12
Australien/Ozeanien	0,04	0,06
Afrika ges.	1,28	2,57
Welt	7,62	9,84

www.dsw.org, 04.03.2019

M8 *Weltbevölkerung (in Mrd.)*

Bevölkerung – jung und vielfältig

Im subsaharischen Afrika befinden sich die bevölkerungsreichsten Länder des Kontinents. Im Jahr 2017 lebten hier über eine Milliarde Menschen (1,02 Mrd.).

Da diese Region die jüngste Bevölkerung der Erde hat, weist sie im weltweiten Vergleich das höchste Bevölkerungswachstum auf. Nach Schätzungen der Deutschen Stiftung Weltbevölkerung (DSW) wird sich deshalb die Einwohnerzahl im subsaharischen Afrika bis 2050 mit 2,19 Mrd. Menschen mehr als verdoppeln.

Die Bevölkerung besteht aus vielen Völkern und Stämmen. Es werden über 2000 Sprachen und Dialekte gesprochen. Noch heute sind die Sprachen der ehemaligen Kolonialherren die Amts- und Schulsprachen. Die meisten Menschen sind Christen und Muslime oder Anhänger von Naturreligionen.

Ein Großteil der Bevölkerung lebt auf dem Land in traditionellen Siedlungen. Viele junge Menschen zieht es auf der Suche nach besseren Lebensbedingungen in die Städte oder ins Ausland.

M6 *Schule in Mali*

M7 *Diskothek in Nigeria*

❸ Analysiere die Bevölkerungsentwicklung der Erde (M8). Ordne das subsaharische Afrika ein.

❹ Informiere dich im Internet über ein im subsaharischen Afrika lebendes Volk. Berichte.

M1 *Westafrika im 14. und 15. Jahrhundert: die Reiche von Mali und Songhay*

M3 *Die Felsenkirchen von Lalibela, entstanden um das Jahr 1250 (Äthiopien)*

Raum mit langer Geschichte

In Afrika liegt die Wiege der Menschheit. Ausgrabungen von Knochen und Werkzeugen belegen das. Von hier aus besiedelte der anatomisch moderne Mensch weite Gebiete der Erde.

Andere archäologische Funde belegen, dass sich etwa ab dem 8. Jahrhundert Groß- und Königreiche entwickelten, wie das von Ghana, Ife, Benin und Groß-Simbabwe. Das Kaiserreich Abessinien im heutigen Äthiopien entstand bereits vor etwa 3000 Jahren.

Ab dem 15./16. Jahrhundert verloren viele Reiche an Bedeutung oder zerfielen später unter dem Einfluss europäischer Kolonialmächte.

Der wachsende Bedarf an Arbeitskräften in den Bergwerken und auf den Plantagen Amerikas führte von 1510 bis etwa 1860 zur Versklavung großer Teile der afrikanischen Bevölkerung. Der Kolonialismus fügte Afrika schweren Schaden zu – mit bis in die heutige Zeit reichenden Folgen.

www.planet-wissen. de/ (→ Afrika – Wiege der Menschheit)

www.gesichter-afrikas.de/kolonialismus-in-afrika.html

www.auswaertiges-amt.de (→ Afrikanische Union)

M2 *Ein Afrikaner verkauft Menschen an einen europäischen Sklavenhändler. Ein lohnendes Geschäft für beide (Radierung um 1820).*

M4 *Deutscher Kolonialbeamter in Togo (1885)*

1 Beschreibe die Verbreitung und Wanderung des „modernen" Menschen auf der Erde (Geschichte).

2 Erläutere die Folgen des Kolonialismus für die Entwicklung Afrikas.

M5 *Nahrungsmittelverteilung in Simbabwe*

M7 *Kindersoldaten auf Patrouille (Sierra Leone)*

Hoffnung trotz ernster Lage

„Armut und Hunger, Korruption, innerstaatliche Konflikte, Spannungen zwischen Volksgruppen, die Gefahr von zerfallenden Staaten und Krankheiten wie HIV/Aids oder Malaria sind auf keinem Kontinent so verbreitet wie in Afrika.“, heißt es in einer Mitteilung des Auswärtigen Amtes. Dieses Bild ist prägend für Subsahara-Afrika.

Trotz der Probleme gibt es Anzeichen von Fortschritt. Seit Beginn der 2000er-Jahre wächst das Pro-Kopf-Einkommen in ei-nigen Ländern stark an. Wo politische Stabilität und Rechtsstaatlichkeit herrschen, werden immer mehr afrikanische Unternehmer aktiv. Sie fördern die wirtschaftliche Entwicklung. Das wachsende Einkommen führt zur Herausbildung einer selbstbewussten Mittelschicht, die politische Mitbestimmung fordert.

Der Zusammenschluss von Ländern in gemeinsamen Organisationen, beispielsweise in der Afrikanischen Union, kann für ein friedliches Miteinander sorgen.

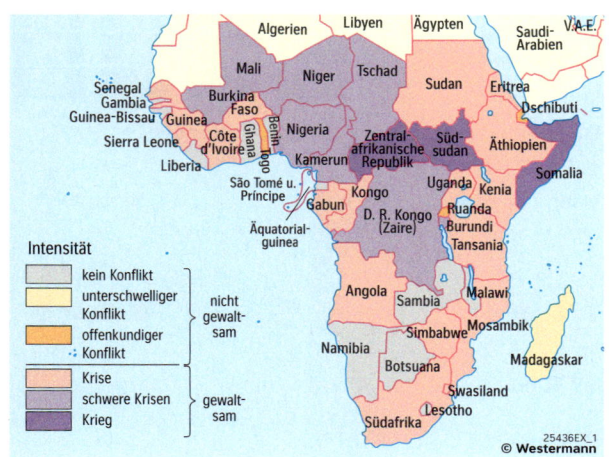

M6 *Konflikte im subsaharischen Afrika (2018)*

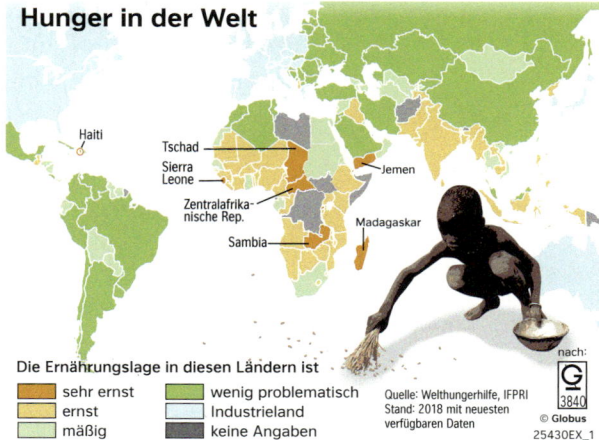

M8 *Hunger weltweit*

3 Nenne Probleme, vor denen das subsaharische Afrika steht. Werte dazu M5 bis M8 aus.

4 Zeige Wege und Maßnahmen auf, die Hoffnung auf eine fortschrittliche Entwicklung machen.

M1 *Tropenparadies in Brandenburg*

Tropical Island

Mitten in Brandenburg befindet sich die größte Tropenlandschaft Europas. Unter dem Dach einer gewaltigen, freitragenden Halle treffen die Asien-Pazifik-Region, Afrika und Südamerika aufeinander. Durch dicht bewachsenen tropischen Regenwald mit Wasserfall führt ein fast ein Kilometer langer Pfad. Ein Tropendorf mit sechs landestypischen Häusern aus Thailand, Borneo, Bali, Samoa, Kenia und der Amazonasregion vermittelt Eindrücke aus tropischen Urlaubsregionen.

🛈 Zenit

Die Sonne steht im Zenit, wenn sie genau senkrecht über einem Ort scheint. Dann entstehen keine Schatten. Zwischen den Wendekreisen ist das im Verlaufe eines Jahres zweimal der Fall.

Die Zone der Tropen

Tropen! Mit diesem Begriff verbinden wir Wärme, üppigen Pflanzenwuchs, exotische Früchte und paradiesische Strände. Die Zone der Tropen erstreckt sich zwischen den beiden Wendekreisen. Durch die Neigung der Erdachse werden bei der Drehung der Erde um die Sonne ab März mehr die Nord- und ab September mehr die Südhalbkugel beschienen. An den Breitenkreisen 23° Nord und 23° Süd wendet der Sonnenhöchststand (griech.: tropé = Umkehr, Sonnenwende). Da sich in den Tropen der Einfallswinkel der Sonnenstrahlung im Jahresverlauf kaum ändert, gibt es hier keine Jahreszeiten.

✎ www.youtube.com
(→ Die Tropen;
→ Passatzirkulation)

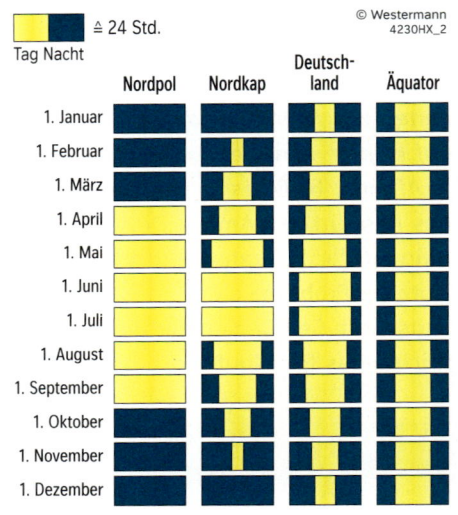

M3 *Tages- und Nachtlängen*

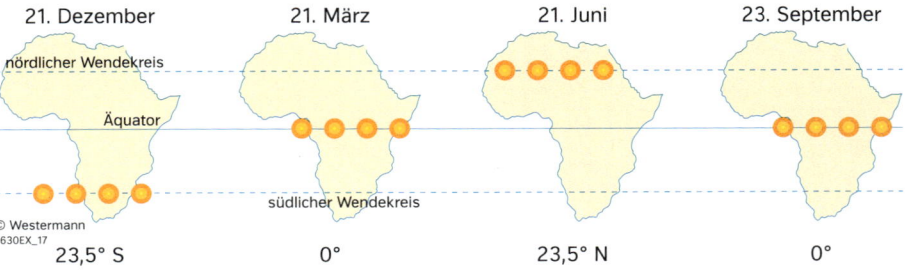

M2 *Das Wandern des Zenitstandes der Sonne im Jahresverlauf*

① Beschreibe die Lage der Tropen und den Jahresverlauf der Sonne. Nutze auch S. 14.

② Begründe, weshalb die Sonne bei uns in Deutschland niemals im Zenit stehen kann.

gemäßigte Luft	**Passatluft**	**Äquatorialluft**	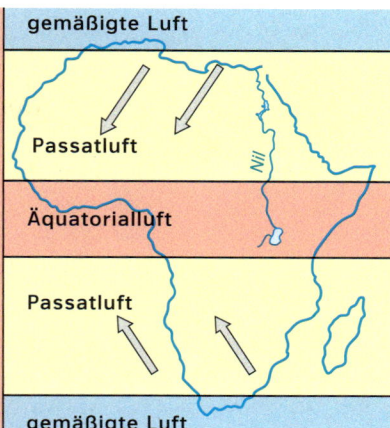
Merkmale: - kommt aus westlichen Richtungen - milde Temperaturen im Winter, kühle Temperaturen im Sommer - niederschlagsreich (humid)	Merkmale: - weht als Nordostpassat und als Südostpassat - ganzjährig hohe Temperaturen - trocken, wenn vom Festland kommend (arid) - feucht, wenn vom Meer kommend (humid)	Merkmale: - Eigenschaften der Luftmassen verändern sich im Jahresverlauf kaum - ganzjährig hohe Temperaturen - niederschlagsreich (humid) - nachmittags Starkregen und Gewitter	

9875EX_2
© Westermann

M4 *Luftmassen in Afrika*

Luftmassen prägen das Klima

In den Tropen werden die natürlichen Verhältnisse sehr stark von den vorherrschenden Luftmassen beeinflusst (M4). Ein bedeutender, rund um die Erde auftretender Wind ist der **Passat**. Er hat seinen Ursprung am Äquator. Dort steigt die warme, leichte Äquatorialluft auf. Dabei kühlt sie sich ab, sodass sich Wolken mit starkem Niederschlag bilden. Am Boden bleiben Tiefdruckgebiete zurück. In der Höhe weichen die Luftmassen vom Äquator nach Norden bzw. Süden aus. Ein Großteil sinkt dann im Bereich der Wendekreise wieder ab. Dadurch entstehen in diesen Regionen stabile Hochdruckgebiete. In der sich erwärmenden Luft lösen sich die Wolken auf, sodass kein Niederschlag fällt. Am Boden strömt die Luft durch das Luftdruckgefälle als Passatwind erneut zu den Tiefdruckgebieten am Äquator zurück. Diese Luftzirkulation wird Passatkreislauf genannt (M5).

M6 *Die Segelschifffahrt war in den Tropen auf die Passate angewiesen.*

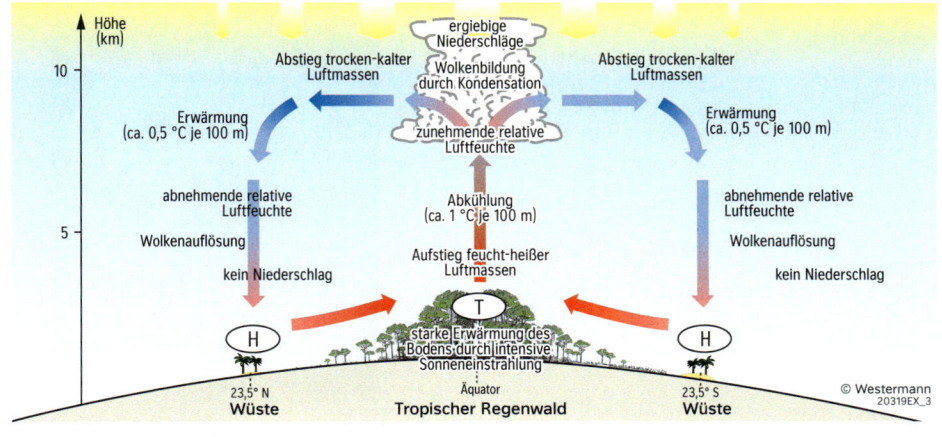

M5 *Passatkreislauf*

ⓘ Passat
ist ein beständig, aus nordöstlicher und südöstlicher Richtung wehender Wind; wurde und wird von Segelschiffen häufig zur Überquerung der Ozeane genutzt (franz.: passagé = Überfahrt).

❸ Nenne die in Afrika wirkenden Luftmassen und vergleiche deren Merkmale (M4).

❹ Erläutere mithilfe von M5 den Passatkreislauf und seine Folgen für das Klima.

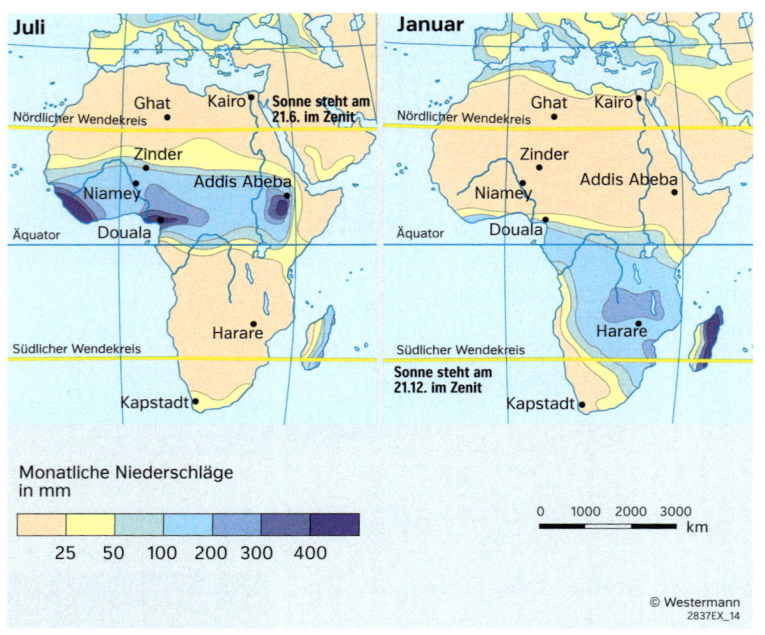

M1 *Niederschlagsverteilung in Abhängigkeit vom Zenitstand der Sonne*

(Kartenbeschriftung Juli/Januar)

Juli — Nördlicher Wendekreis, Ghat, Kairo, Sonne steht am 21.6. im Zenit, Zinder, Addis Abeba, Niamey, Äquator, Douala, Harare, Südlicher Wendekreis, Kapstadt

Januar — Nördlicher Wendekreis, Ghat, Kairo, Zinder, Addis Abeba, Niamey, Äquator, Douala, Harare, Südlicher Wendekreis, Sonne steht am 21.12. im Zenit, Kapstadt

Monatliche Niederschläge in mm

25 50 100 200 300 400

0   1000 2000 3000 km

© Westermann
2837EX_14

Klimazonen im subsaharischen Afrika

Wie du bereits weißt, verschieben sich mit dem Wandern des Zenitstandes der Sonne auch die Luftmassen und damit die Niederschlagsgebiete um einige Breitengrade in nördliche bzw. südliche Richtung (M1).

Dadurch entstehen die stetigen Klimazonen Äquatorialklima und Passatklima. In ihnen wirken das gesamte Jahr über dieselben Luftmassen. Dazwischen liegt das tropische Wechselklima. Es ist eine Zone, in der im Jahresverlauf die Luftmassen wechseln (M2).

Da die Temperaturunterschiede zwischen Tag und Nacht größer sind als im Jahresverlauf herrscht kein Jahreszeitenklima, sondern das Tageszeitenklima vor.

Klima- und Vegetationszonen	Luftmassen	Satellitenbild
❶ Passatklimazone Zone der Wüsten und Halbwüsten	ganzjähriges Wirken der trocken-heißen Passatluft	(Satellitenbild mit Orten: Algier, ❶ In Salah, Ghat, ❷, Niamey, Abéché, ❸ Douala, Eala)
❷ Zone des tropischen Wechselklimas Zone der Savannen • Dornstrauchsavanne • Trockensavanne • Feuchtsavanne	Wechsel der feucht-heißen Äquatorialluft (Sommer: Regenzeit) und der trocken-heißen Passatluft (Winter: Trockenzeit)	
❸ Äquatorialklimazone Zone des tropischen Regenwaldes	ganzjähriges Wirken der feucht-heißen Äquatorialluft	

M2 *Zusammenhänge zwischen Luftmassen – Klima – Vegetation*

❶ Vergleiche die Merkmale der in den Tropen wirkenden Luftmassen.

❷ Stelle Zusammenhänge zwischen Luftmassen – Niederschlag – Vegetation her.

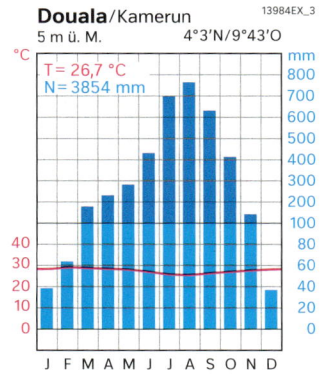

Douala/Kamerun   13984EX_3
5 m ü. M.   4°3'N/9°43'O
T= 26,7 °C
N= 3854 mm

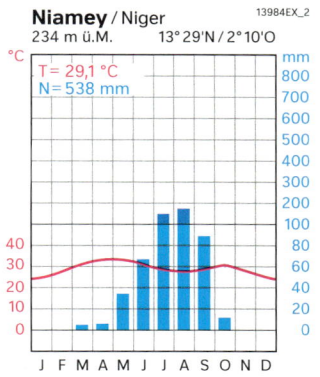

Niamey / Niger   13984EX_2
234 m ü.M.   13°29'N/2°10'O
T= 29,1 °C
N= 538 mm

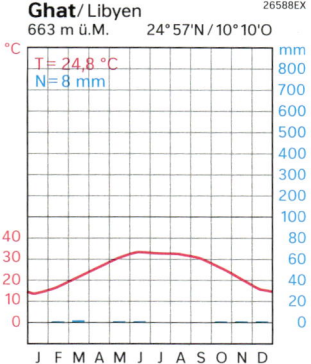

Ghat/ Libyen   26588EX
663 m ü.M.   24°57'N/10°10'O
T= 24,8 °C
N= 8 mm

M3 *Klimadiagramme*

So gehst du vor

1. Klimadiagramme lesen
- Nenne die Stationen und beschreibe deren Lage.
- Lies Daten zu den Klimaelementen Temperatur und Niederschlag ab.

2. Klimadiagramme auswerten
- Erläutere die Klimawerte unter Beachtung klimabestimmender Faktoren.
- Ordne die Klimastation in eine Klimazone begründet ein.

3. Klimadiagramme vergleichen
- Ermittle Gemeinsamkeiten, Ähnlichkeiten und Unterschiede der Klimadaten. Gehe dabei insbesondere auf die Jahresschwankungen der Temperatur und den Niederschlagsverlauf (Dauer von Trocken- und Regenzeiten) ein.
- Vergleiche den Einfluss klimabestimmender Faktoren (z.B. Luftmassen, Höhenlage).
- Ordne unter Nutzung von Karten und Bildern Klima- und Vegetationszonen zu.

www.wetter.de/klima/afrika-co1.html

www.klimadiagramme.de/all_af.html

M4 *Vegetation der Tropen*

3 Werte die Klimadiagramme von M3 aus und vergleiche sie. Nutze dazu die Schrittfolge.

4 Ordne die drei Abbildungen von M4 Klima- und Vegetationszonen zu.

M1 *Kalaharibecken (Botsuana)*

M3 *Hochland von Äthiopien*

Großlandschaften Afrikas

Das Relief Afrikas ist deutlich gegliedert. Typisch für die Oberflächengestalt des Kontinents ist die wechselnde Abfolge von Becken und Schwellen. Schwellen sind lang gestreckte Höhenzüge. Becken dagegen stellen Hohlformen dar, die meist von Schwellen eingeschlossen werden. So umrahmen Schwellen z. B. komplett das Kongobecken und das Kalaharibecken (M2). Verlaufen die Schwellen entlang der Küste, dann bezeichnet man sie als Randschwellen. Sie fallen oft steil zum Meer ab.

Im Osten Afrikas befindet sich das größte Grabenbruchsystem der Erde. Es erstreckt sich vom Norden der Arabischen Halbinsel über das Rote Meer bis nach Mosambik. Zahlreiche aktive Vulkane zeigen, dass in diesem Teil die Erdkruste in Bewegung ist (vgl. S. 73 und S. 109).

Typisch für das Hochland von Äthiopien sind die weiten Hochebenen in 2 000 bis 3 000 Meter Höhe. Diese Hochplateaus werden durch eingeschnittene Flusstäler, wie zum Beispiel das des Blauen Nils, unterbrochen. Zudem überragen Gebirgszüge die Hochflächen. Sie sind zum Teil mehr als 4 000 Meter hoch: Der Ras Daschan im Norden Äthiopiens erreicht 4 620 Meter. Der Ostafrikanische Graben verläuft quer durch diese Landschaft.

www.zdf.de/dokumentation/terra-x/ (→ Ostafrikanischer Graben)
www.kilimandscharo.ch/kilimandscharo.php

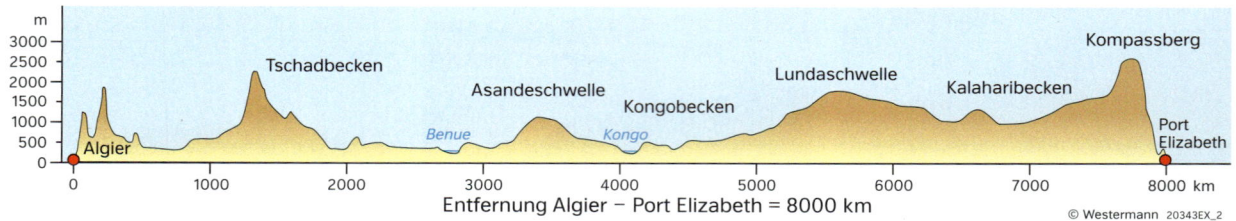

M2 *Nord-Süd-Profil durch Afrika*

---

❶ Belege, dass die Küsten und das Relief Afrikas einfach gegliedert sind. Vergleiche mit Europa.

❷ Beschreibe das Profil M2. Verfolge es in einer physischen Karte.

❸ Erläutere den Verlauf des Ostafrikanischen Grabenbruchsystems und seine Merkmale.

❹ Erläutere die Aussage: „Bei einem Aufstieg auf den Kilimandscharo erlebst du alle Klimazonen."

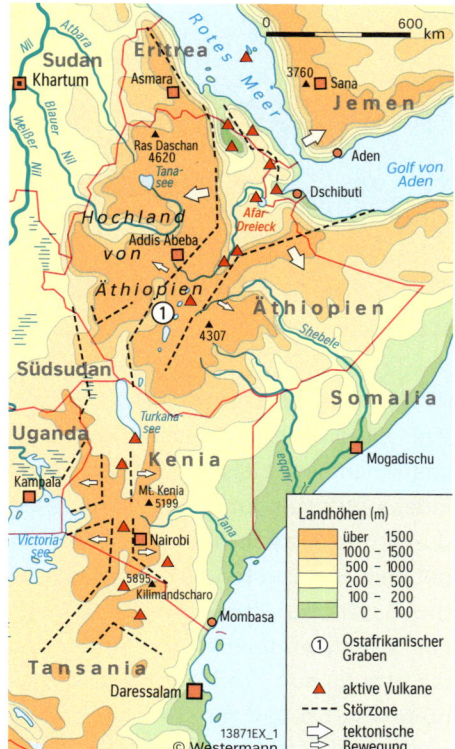

M4 *Ostafrikanisches Grabensystem*

Eine „Schramme" im Gesicht Afrikas

Im Osten Afrikas erstreckt sich über 6 000 km vom Sambesi im Süden bis zum Roten Meer das Ostafrikanische Grabenbruchsystem (s. auch S. 109).

Entlang dieser auseinander driftenden Erdkruste erheben sich zahlreiche Vulkane, sprudeln Geysire und Thermalquellen und bebt häufig die Erde.

M6 *Ostafrikanischer Grabenbruch (Kenia)*

Kilimandscharo – der höchste frei stehende Berg der Erde

Im Grenzgebiet zwischen Kenia und Tansania erhebt sich der mit 5 895 m höchste Berg Afrikas. Sein Gipfel besteht aus drei Vulkankegeln, von denen der Kibo noch nicht erloschen ist. Der Kilimandscharo ist ganzjährig von Schnee bedeckt. Jährlich besteigen ihn ca. 30 000 Touristen. Auf dem Weg nach oben müssen viele Klimazonen durchquert werden, so als würde man eine Wanderung von Zentralafrika bis an den Nordpol unternehmen.

Höhe (m)	T (°C)	N (mm)
5000	0	100
4000	5	600
3000	11	2000–3000
2000	15	1000–1700
1000	21	750–1000

SSW — NNO

Schnee- und Eisregion

Fels- und Schuttregion

Grasland

tropischer Regenwald

Trockensavanne — Sisal — Weizen — Mais — Kaffee — Bananen — Rinder

52745-093-2

M5 *Der Kilimandscharo – das „Dach Afrikas" mit Höhenstufung und Landnutzung*

M1 *Lastkahn auf dem Kongo*

M3 *Tschadsee*

Zusammenhänge zwischen Relief und Gewässernetz

Das Relief hat einen entscheidenden Einfluss auf das Gewässernetz Afrikas. An den Schwellen befinden sich viele Flussquellen. Die Wassermassen folgen danach dem Gefälle in die tiefer gelegenen Becken. Diese Becken sind die Sammelgebiete des Flusswassers. Es entstehen mitunter rundliche, flache Beckenseen wie der Tschadsee. Im Osten Afrikas fallen dagegen die lang gestreckten Seen wie der Turkanasee auf. Sie markieren den Verlauf des Ostafrikanischen Grabenbruchsystems und werden als Grabenseen bezeichnet.

Viele Flüsse entwässern auch in den Atlantischen oder Indischen Ozean. Einige Flüsse mussten sich dafür ihren Weg durch das Gestein der Randschwellen bahnen. Sie schufen sich enge Durchbruchstäler. In ihnen erhöht sich die Fließgeschwindigkeit und damit auch die abtragende Kraft des Wassers. An manchen Stellen müssen die Flüsse auch größere Höhenunterschiede überwinden. Sie stürzen dann als Wasserfall in die Tiefe. Die Victoriafälle des Sambesi zum Beispiel sind rund 1,7 Kilometer breit und 108 Meter tief (M4).

⊘ www.planet-wissen.de/
(→ Flüsse, Kongo)
www.wasserfall-wasserfaelle.de/
(→ Victoriafälle)

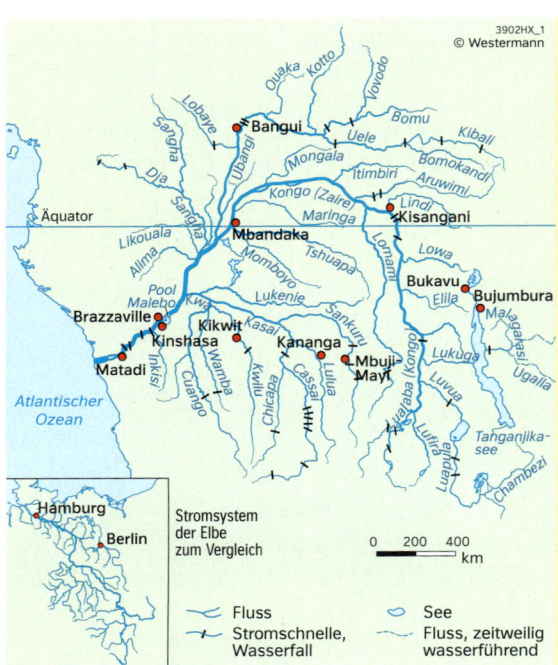

M2 *Das Stromsystem des Kongos*

Der Kongo ist der sechstlängste Fluss der Welt und der zweitgrößte hinsichtlich seiner Wassermenge. Im Gegensatz zum wasserreicheren Amazonas ist seine Abflussmenge gleichmäßig über das Jahr verteilt. Insgesamt sind der Kongo und seine Nebenflüsse auf etwa 14 500 Kilometern zwischen Kisangani und Kinshasa schiffbar. Der Fluss ist auch eine der weltweit größten Wasserkraftreserven.

Der Kongo wird in drei Abschnitte unterteilt:

1. Der Lualaba oder der Oberlauf beginnt in 1 550 Metern Höhe nahe der Grenze zu Sambia.

2. Jenseits der Stadt Kisangani nimmt der Lualaba den Namen Kongo an. Er erweitert sich gewaltig. In ihn münden mehrere Nebenflüsse. Der Kongo durchfließt dann bis Kinshasa und Brazzaville den Pool Malebo, einen 1 500 km² großen See.

3. Im Unterlauf des Kongos, südwestlich von Kinshasa, gibt es viele Stromschnellen (z. B. die Livingstonefälle). Das bräunliche Süßwasser des Flusses mündet bei Muanda in den Atlantischen Ozean.

M4 *Die Victoriafälle am Sambesi zwischen Simbabwe und Sambia*

Fluss	Länge (km)	Einzugsgebiet (km²)
Kongo	4374	3,8 Mio.
Nil	6671	2,8 Mio.
Niger	4184	2,1 Mio.
Sambesi	2763	1,3 Mio.
zum Vergleich:		
Elbe	1165	0,14 Mio.

M5 *Flüsse im Vergleich*

Im Nordwesten Botsuanas befindet sich eine durch den Fluss Okavango geschaffene, einzigartige Landschaft – das Okavangodelta. Es ist das weltgrößte Binnendelta. Hierbei handelt es sich um ein Flussdelta, welches im Landesinneren und nicht an der Meeresküste gebildet wurde. Die dadurch entstandene abflusslose Feuchtlandschaft im nördlichen Kalaharibecken ist durch eine enorme Vielfalt an Tieren und Pflanzen charakterisiert. Daher ist das Okavangodelta eine beliebte Tourismusregion für Safaris.

Das Wasser dieser Landschaft besitzt Trinkwasserqualität und wird deshalb als Wasserressource genutzt.

M6 *Am Turkanasee im Norden Kenias*

M7 *Im Okavangodelta*

① Erläutere das Zusammenwirken der Geofaktoren Relief und Wasser:
– Nenne je zwei Becken- und Grabenseen. Vergleiche ihre Merkmale.
– Beschreibe und begründe den Verlauf der subsaharischen Flüsse. Erläutere, weshalb sich viele Wasserfälle ausgebildet haben.

② Informiere dich über den zweittiefsten See der Erde, den Tanganjikasee. Erkläre, weshalb er 2017 zum „bedrohten See" erklärt wurde. Nutze dazu das Internet, z.B. www.globalnature.org/de/living-lakes/bedrohter-see-2017. Fertige einen Vortrag oder eine (digitale) Dokumentation an.

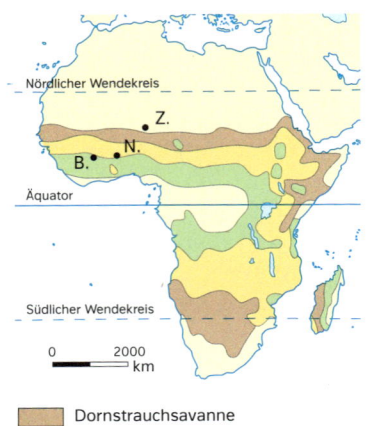

Nördlicher Wendekreis

Äquator

Südlicher Wendekreis

0 2000 km

© Westermann
2785EX_13

- Dornstrauchsavanne
- Trockensavanne
- Feuchtsavanne

M1 *Die Zone der Savannen in Afrika*

Savannen – Grasländer Afrikas

Zwischen der Wüste Sahara und den tropischen Regenwäldern am Äquator erstrecken sich ausgedehnte tropische Grasländer, Savannen genannt (span.: Savana = weite Ebenen).

Deren Vegetation besteht aus Gräsern und Kräutern sowie aus einzeln oder in Gruppen stehenden Sträuchern und Bäumen. Zu den bekanntesten Bäumen gehören der Baobab (Affenbrotbaum) und die Schirmakazie.

Lauftiere durchziehen die Grasländer in großen Herden. Zebras, Giraffen, Gnus und Gazellen wandern auf der Suche nach Weidegebieten immer dem Regen nach. Raubtiere wie Löwen, Leoparden und Geparden finden reichlich Beute.

In den wechselfeuchten Tropen herrschen ganzjährig hohe Temperaturen. Hinsichtlich der Niederschlagsverteilung stehen die Savannen abwechselnd unter dem Einfluss der trockenen Passatluft und der feuchten Äquatorialluft.

In der Trockenzeit leiden Pflanzen, Tiere und Menschen unter Wassermangel. Die Gräser verdorren, Büsche und Bäume werfen ihre Blätter ab. Die Savannen sind gelb. Wenn der Regen, oft begleitet von heftigen Gewittern, einsetzt, erwacht die Natur. Alles beginnt zu grünen. Die Menge der Niederschläge und die Dauer der Regenzeit nehmen in Richtung der Wendekreise ab. Dadurch haben sich drei Savannenarten ausgebildet.

Dornstrauchsavanne	Trockensavanne	Feuchtsavanne
Übergangsraum zur Wüste; hier liegt in Afrika die Sahelzone.	Raum zwischen Dornstrauchsavanne und Feuchtsavanne	Übergangsraum zum tropischen Regenwald
Pflanzen Dornsträucher/Dornbäume (Akazien), an einzelnen Stellen kniehoher Grasbewuchs	**Pflanzen** einzelne Bäume (Akazien, Affenbrotbäume), Sträucher, dichter, mannshoher Grasbewuchs	**Pflanzen** an Flüssen bereits Wälder, größere Sträucher, übermannshoher Grasbewuchs

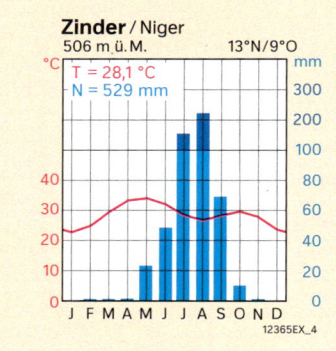	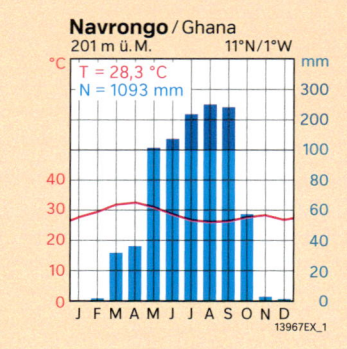	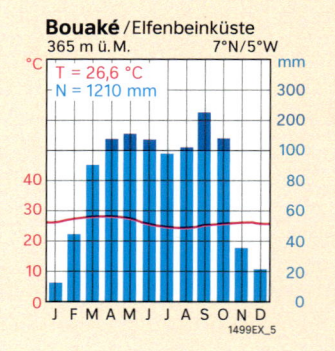

Zinder / Niger
506 m ü. M.   13°N/9°O
T = 28,1 °C
N = 529 mm
12365EX_4

Navrongo / Ghana
201 m ü. M.   11°N/1°W
T = 28,3 °C
N = 1093 mm
13967EX_1

Bouaké / Elfenbeinküste
365 m ü. M.   7°N/5°W
T = 26,6 °C
N = 1210 mm
1499EX_5

M2 *Savannenarten – Zusammenhänge zwischen Klima und Vegetation*

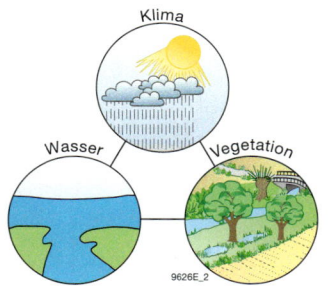

Der bis 30 m hohe Affenbrotbaum speichert Wasser, spendet Schatten und liefert vielfältig nutzbare Früchte. Aus nahezu allen Teilen werden Arzneimittel hergestellt.

M3 *Baobab (Affenbrotbaum)*

Die großen Wildtierherden und auch die „Big Five" sind bedroht. Ihre Bestände wurden durch Großwildjäger stark dezimiert. Naturparks wie die Serengeti dienen ihrem Schutz.

M5 *Im Naturpark Serengeti*

M6 *Zusammenhänge zwischen Klima – Wasser – Vegetation*

http://baobab.org/
www.planet-wissen.de/
(→ Südafrikas Nationalparks)

Der Etoscha-Nationalpark ist eines der bedeutendsten Wildschutzreservate der Erde. Er wurde 1907 gegründet, um den reichen Tierbestand vor der Ausrottung durch Jäger zu bewahren. Diese machten Geschäfte mit Elfenbein und Nashorn. Der Park wurde mit einem 1 640 km langen Zaun umgeben, sodass sich der Wildbestand erholen konnte.
Das Herz des Nationalparks bildet die Etoscha-Pfanne. Sie ist ein 5 000 km^2 großer, vegetationsloser Salzsee, der sich in der Regenzeit mit Wasser füllt. An seiner Südseite liegen rund 30 Quellen und Wasserlöcher. Hier versammeln sich Tausende Lauf- und Raubtiere, die von Touristen beobachtet werden können.

M4 *Etoscha-Nationalpark in Namibia*

🛈 **Nationalpark**
ist ein großflächiges Schutzgebiet mit besonders wertvoller Naturausstattung; die Natur soll sich möglichst ungestört und ursprünglich, durch den Menschen wenig beeinflusst, entfalten; zugleich sind Erholung und naturkundliche Bildung zu ermöglichen.

❶ Beschreibe, wie sich die Vegetation an das Klima angepasst hat.

❷ Vergleiche die drei Savannenarten. Stelle dabei Zusammenhänge zwischen Klima – Wasser – Vegetation her (M2, M6).

❸ Begründe die Notwendigkeit der Einrichtung von Nationalparks.

❹ Informiere dich über einen selbst gewählten Nationalpark in den Savannen Afrikas (Internet). Berichte darüber.

M1 *Landwirtschaftliche Nutzung*

ⓘ Subsistenzwirtschaft

Wirtschaftsweise in der Landwirtschaft; einfache Anbaumethoden, zumeist im Hackbau; die Produktion dient nahezu vollständig der Eigenversorgung der Familien.

http://westafrikaportal.de/nahrungsmittel.html

Savannen – Hauptagrarregion

Die Savannen zählen zu den bevölkerungsreichsten Gebieten im subsaharischen Afrika.

Sie sind zugleich wichtige landwirtschaftliche Nutzungsräume. In ihnen werden einerseits Produkte wie Hirse, Maniok oder Reis auf kleinen Feldern angebaut. Sie dienen so der Eigenversorgung der Familien, **Subsistenzwirtschaft** genannt (vgl. Info). Andererseits werden immer größere Flächen zur Produktion von Exportkulturen, z. B. Erdnüssen oder Baumwolle, genutzt (M1).

Feuerlandschaft Savanne

In der Trockenzeit bedrohen häufig Brände die Siedlungen und Ackerflächen. Neben natürlich ausgebrochenen Feuern, z. B. ausgelöst durch Blitzschläge, legen aber auch die Einwohner absichtlich Brände. Sie sind wichtig für den Nährstoffkreislauf: Tote Pflanzenteile verbrennen und liefern so Nährstoffe für den Boden. Dadurch können neue Gräser und Pflanzen nachwachsen. Diesen regelmäßig auftretenden Bränden haben sich viele Pflanzen angepasst.

M2 *Erdnussanbau*

M3 *Feuer in der Savanne*

❶ Ermittle Anbauprodukte zur Selbstversorgung der Einwohner und für den Export. Erkunde je eines genauer.

❷ In der Savannenlandschaft wird regelmäßig gezielt Feuer gelegt. Nenne Vor- und Nachteile.

M4 *Markt in Tata Somba, Benin*

M7 *Viehherden an einer Wasserstelle*

Wandern mit dem Regen

Die ausgedehnten Grasländer dienen seit Jahrhunderten auch zur Viehhaltung. Hirten ziehen mit ihren Ziegen-, Schaf- und Rinderherden über das Weideland.

Da die spärliche Vegetation relativ schnell abgegrast ist, müssen sie ihre Weideplätze immer wieder verlassen. Die Wanderhirten (Nomaden) folgen im Verlaufe eines Jahres mit dem Wechsel zwischen Regen- und Trockenzeiten festen Weiderouten mit Wasserstellen (M1, M7).

Mangelware Wasser und Holz

Frauen und Kinder verbringen einen Großteil des Tages damit, knappe Ressourcen zum Leben zu besorgen. So laufen sie mitunter kilometerweit, um aus Wasserlöchern zumeist verschmutztes Wasser zu beschaffen.

Auch Holz als Brennstoff und Baumaterial ist Mangelware. Die Umgebung von Dörfern ist zumeist abgeholzt. Immer häufiger werden auch grüne Äste oder junge Bäume abgeschlagen. Der Holzhandel auf Märkten in den Städten ist ein wichtiges Geschäft.

M8 *Solarkochtopf*

M5 *Wasserträger*

M6 *Feuerholzmarkt in Äthiopien*

❸ Begründe, weshalb die Hirten mit ihren Viehherden beständig zwischen Weideplätzen wandern müssen.

❹ Erläutere, wie die Ressourcenknappheit zu Problemen für das Leben und Wirtschaften der Menschen und die Natur führt.

M1 *Lagerplatz von Nomaden*

M4 *Folgen der Dürre*

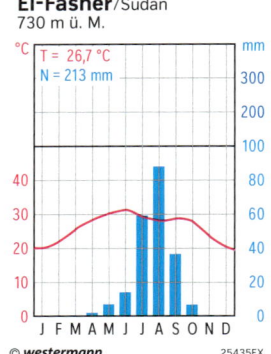

M2 *Klimadiagramm*

Sahel – ein gefährdeter Natur- und Lebensraum

Als Sahelzone wird die 200 bis 800 Kilometer breite Landschaft bezeichnet, die das Übergangsgebiet zwischen der Dornstrauchsavanne und der Wüste bildet (S. 78, M1).

Nomadisierende Wüstenbewohner gaben der Zone den Namen „El Sahil" (arabisch: Ufer). Für sie war das Gebiet ein rettendes „Ufer", weil sie hier Weidegebiete mit Wasserstellen für ihre Viehherden vorfanden.

Aber auch hier ist die Vegetation aufgrund der viele Monate währenden Trockenzeit (M2) sehr spärlich. Häufig fällt selbst in der Regenzeit kein Regen. Dann verdorren die Weiden, trocknen die Brunnen aus; die Menschen leiden Hunger. Die Sahelzone ist ein besonders durch Dürren gefährdeter Raum.

In Dürrejahren ziehen die Nomaden nicht weiter nach Norden, sondern bleiben am selben Ort. So frisst das Vieh alles kahl. Das Gras kann nicht nachwachsen. Es kommt zur Überweidung. Zudem sind die Herden zur Sicherung der Ernährung der wachsenden Bevölkerung immer größer geworden. Für ihre Tiere haben die Nomaden Brunnen gegraben. Durch die hohe Wasserentnahme sinkt der Grundwasserspiegel; die wenigen Sträucher und Bäume sterben ab. Dies führt zu Konflikten mit den Ackerbauern.

M5 *Typische Nomadenroute in Darfur*

Staat	Bevölkerung in Millionen					
	1970	1980	1990	2000	2010	2016
Burkina Faso	5,38	6,96	8,99	11,95	17,0	19
Mali	5,48	6,86	9,21	10,69	15,4	17,3
Niger	4,17	5,59	7,73	10,08	16,1	19,7
Tschad	3,7	4,5	6,0	8,3	11,7	13,2

M3 *Bevölkerungsentwicklung in Sahelländern*

❶ Beschreibe die Lage der Sahelzone und ihren verletzlichen Naturraum. Werte dazu auch M2 aus.

❷ Analysiere die Bevölkerungsentwicklung in ausgewählten Ländern der Sahelzone. Nutze dazu den Atlas und M3.

100800-151-05
schueler.diercke.de

M6 *Feldarbeit, Mali*

M8 *Hirsefeld*

Übernutzung durch Ackerbau

Am südlichen Rand der Sahelzone kann während der Regenzeit Hackbau betrieben werden. Die Hackbauern roden dann die spärliche Vegetation, verbrennen die Äste und Büsche und verwenden die Asche zur Düngung. Anschließend säen sie Hirse aus und hoffen auf Regen, der nicht jedes Jahr in ausreichender Menge zur Verfügung steht.

Wegen des Bevölkerungswachstums in der Sahelzone wurden die Anbauflächen ständig vergrößert. Sie dehnen sich inzwischen in Gebiete aus, die für den Ackerbau nicht geeignet sind.

Neben Hirse für den Eigenbedarf werden auch die Exportkulturen Erdnuss und Baumwolle angebaut.

... und Folgen

Aber schon nach wenigen Jahren gehen die Ernteerträge zurück. Der Boden ist ausgelaugt und die Bauern wandern weiter (Wanderfeldbau). Die natürliche Gras-, Busch- und Strauchvegetation wächst nicht mehr nach.

Wenn die Feldflächen dann verlassen werden, weil sie unfruchtbar geworden sind, tragen Wind und Wasser den schutzlosen Boden fort. Man spricht von Bodenerosion. Bleibt der Regen aus, durchziehen Trockenrisse den Boden. Eine kahle, nackte Wüste bleibt zurück. Man-made-desert oder **Desertifikation** sagen die Wissenschaftler dazu. Das ist die vom Menschen geschaffene Wüste. Der Lebensraum für Mensch und Tier wird immer kleiner.

ℹ Desertifikation

Vordringen der Wüste in dürregefährdete Räume; verursacht durch menschliche Eingriffe, vor allem durch Überweidung oder Absenkung des Grundwasserspiegels

www.desertifikation.de/

www.youtube.com/ (→ Die Sahelzone leidet)

M7 *Aus Ackerland wird Wüste*

M9 *Erosionsschluchten*

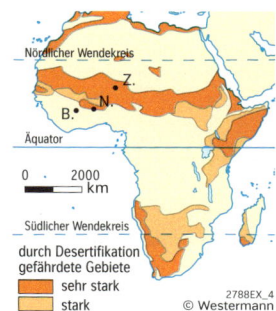

M10 *Desertifikation*

3 Erläutere Nutzungskonflikte zwischen nomadisierenden Viehhirten und Ackerbauern.

4 Beschreibe Ursachen und Folgen der Übernutzung durch Ackerbau. Beziehe dabei den Begriff Desertifikation ein.

Rettung für den Sahel?

Durch die häufig auftretenden Dürren sind die Menschen der Sahelzone auf Hilfe aus anderen Teilen der Erde angewiesen. Zur Lösung der Probleme reicht es aber nicht aus, in die Länder Hilfsgüter zu senden und diese in Flüchtlingslagern zu verteilen.

Um die Menschen nicht in eine ständige Abhängigkeit zu bringen, sind Eigeninitiative, Mitbestimmung und Mitverantwortung erforderlich. Für eine Erhaltung und weitere landwirtschaftliche Nutzung der Sahelzone ist Entwicklungszusammenarbeit unter dem Motto „Hilfe zur Selbsthilfe" bedeutsam.

www.sahel.de/
www.youtube.com/
(→ Der Mann der die Wüste aufhielt)

M4 *Verteilung von Hilfsgütern*

M1 *Bau von Steinwällen*

M2 *Erfolg der Arbeit*

Hoffnung durch Dämme

„Seit drei Jahren sehen wir wieder mit Optimismus in die Zukunft. Mit der Hilfe von Landwirtschaftsexperten haben wir gelernt, ‚Wasserbremsen' anzulegen. In den Abflussrinnen und Erosionsschluchten bauten wir aus Steinen und einem Drahtgeflecht Querriegel. Diese Steinwälle tragen zum Beispiel dazu bei, dass sich in der ausgewaschenen Schlucht im nun ruhigen Wasser die feinen Bodenbestandteile absetzen und der fortgespülte Boden ersetzt wird. Nach ein paar Jahren könnten wir auf der bislang unbrauchbaren Fläche ein neues Feld anlegen, das über mehrere Jahre gute Ernten verspricht.

An den Rand der Dämme wurden Bäume gepflanzt. Als der erste Regen einsetzte, säten wir Hirse und Bohnen. Drei Monate später hat die Ernte auch die Zweifler in unserem Dorf von dieser neuen Methode überzeugt.

Wir haben viel von unseren Beratern gelernt. Inzwischen haben in einem Gebiet von 6 000 km² über 330 000 Menschen neue Hoffnung gefunden. Wenn wir auch weiterhin Zuschüsse für Geräte, Saatgut und den Kauf junger Bäume bekommen, können wir in den nächsten Jahren noch mehr Anbauflächen zurückerobern. Nun können wir auch die Verbesserung der schulischen Ausbildung und der ärztlichen Versorgung in Angriff nehmen. Wir planen, unser Schulgebäude und die Krankenstation zu renovieren. So wollen wir auch den Kampf gegen Aids gewinnen."

M3 *Bericht aus Sanje, einem Dorf in Burkina Faso*

1 Ein Ausspruch der Bewohner der Sahelzone lautet: „Gebt uns keine Fische, sondern eine Angel zum Fischen". Erläutere, was damit gemeint ist.

2 Berichte über Erfolge im Dorf Sanje.

3 Stelle Zusammenhänge her zwischen Grundwasser – Wasserversorgung – Tiefbrunnen — Desertifikation. Nutze S. 83.

4 Fertige eine Kausalkette zu einem selbst gewählten Thema an.

Kausalketten helfen

Eine Kausalkette (lat: causa = Ursache) ist die grafische Darstellung von Ursachen eines Sachverhalts und seinen Folgen. Sie zeigt also auf, wie eine Sache von dem Zusammenwirken anderer Dinge abhängt: A muss passieren, damit B passiert. B muss passieren, damit C passieren kann, usw.

So gehst du vor

1. Markiere wichtige Begriffe/Aussagen.

2. Notiere die Begriffe oder Aussagen stichwortartig auf Zetteln.

3. Ordne nun die Zettel so, dass eine logische Folge (zum Beispiel Ursache – Wirkung) entsteht. Kennzeichne die Reihenfolge mit Zahlen.

4. Schreibe die Stichwörter nacheinander auf und verbinde die Aussagen mit Pfeilen. Diese haben die Bedeutung: „bewirkt", „hat zur Folge".

5. Sind mehrere Gründe für eine Wirkung verantwortlich, so verbinde die Aussagen mit einem Pluszeichen.

Tiefbrunnen mit Motorpumpen und Folgen

Mit Sorge blicken die Dorfältesten in den einzigen Brunnen, der sie und ihre Nachbarn in einem Umkreis von zehn Kilometern mit Wasser versorgt. Seit Jahren sinkt der Grundwasserspiegel beständig.
„In meiner Jugend förderten wir Wasser aus 20 Metern Tiefe. Heute müssen die Brunnen mindestens 60 Meter tief gegraben werden", sagt einer der Ältesten. „Wann wird unser Brunnen versiegen? Fehlt das Brunnenwasser, dann können wir unsere Pflanzen nicht bewässern und ohne Pflanzen droht eine Hungersnot. Die Dattel- und Gummibäume, die wir vor 20 Jahren pflanzten, beginnen bereits am Wassermangel zu leiden und tragen kaum noch Früchte. Wenn der Grundwasserspiegel weiter sinkt und die Büsche und Gräser vertrocknen, dann ist der Boden schutzlos und dem heißen Wüstenwind ausgeliefert.
Der Boden wird abgetragen; die Wüste dehnt sich aus.
Viele glauben, dass der Bau von Tiefbrunnen in benachbarten Dörfern und Kleinstädten für die Absenkung des Grundwasserspiegels verantwortlich ist. Die starken Motorpumpen fördern nämlich viel Wasser, mehr, als durch die Regenfälle nachfließen kann."

Grundwasserspiegel sinkt

Wasser fehlt

Hungersnot

Büsche und Gräser vertrocknen

Boden ist schutzlos dem Wind ausgeliefert

Boden wird abgetragen

Wüste dehnt sich aus

Bau von Tiefbrunnen

Motorpumpen fördern viel Wasser

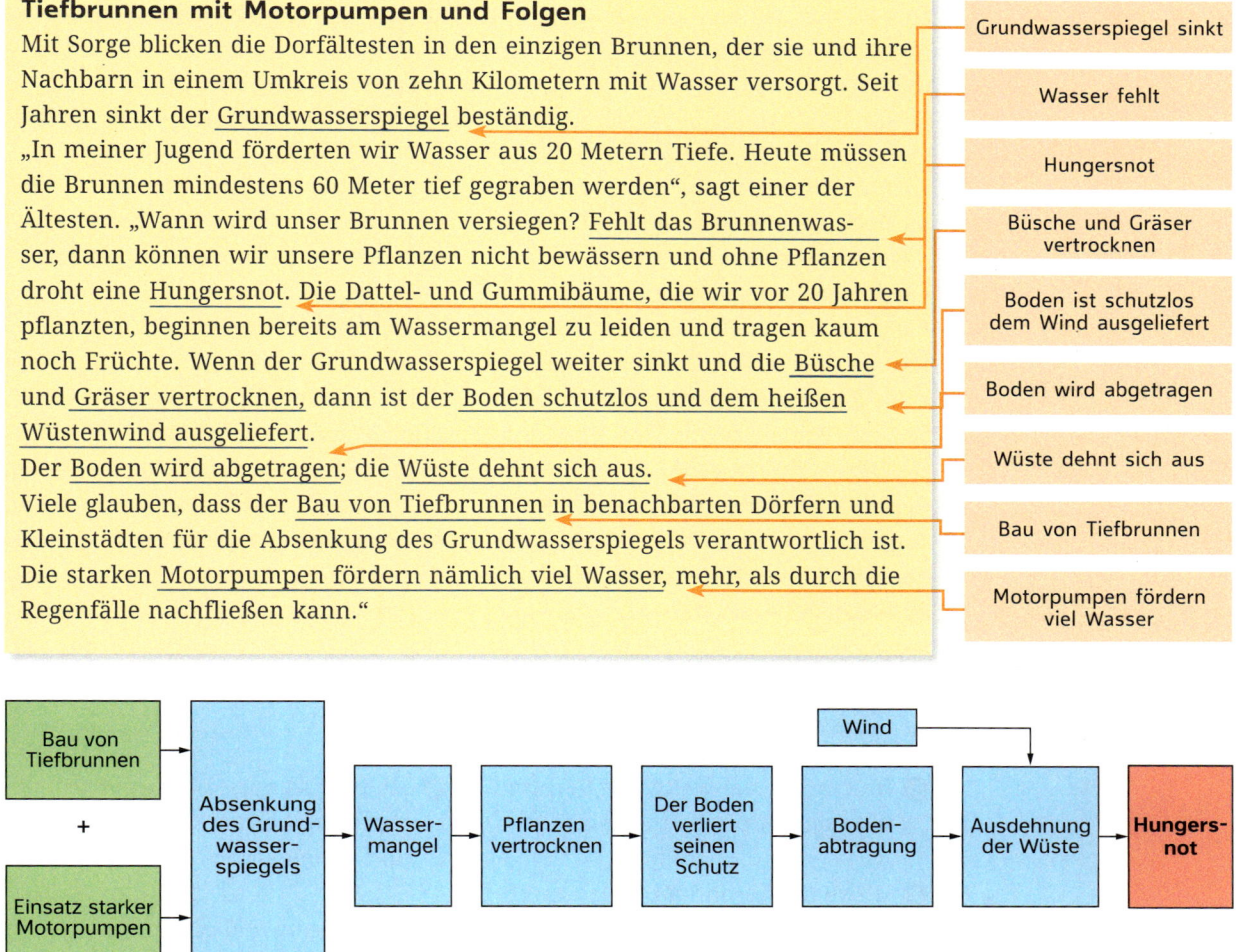

M5 *Kausalkette*

9197EX_5 © *westermann*

M1 *Zusammenhänge zwischen Geofaktoren*

M3 *Tropischer Regenwald in der D. R. Kongo; Berggorilla*

Im tropischen Regenwald

Die immergrünen Regenwälder der feuchten Tropen erstrecken sich beiderseits des Äquators bis etwa zehn Grad nördlicher und südlicher Breite. Im subsaharischen Afrika befinden sich ca. 24 Prozent des weltweiten Bestandes an tropischen Regenwäldern. Dabei ist das Kongobecken das größte zusammenhängende Regenwaldgebiet Afrikas. Aufgrund des Äquatorialklimas (M2) werfen die Bäume ihre Blätter im Verlaufe eines Jahres zu unterschiedlichen Zeiten ab; neue Blätter wachsen beständig nach. Dadurch erscheint der Wald immergrün. In den immerfeuchten Tropen herrscht Tageszeitenklima. Jeder Tag weist einen ähnlichen Wetterablauf auf: Nach intensiver Sonneneinstrahlung am Vormittag kommt es zu starker Wolkenbildung und heftigen nachmittäglichen Gewittern. Über den Bäumen hängen Nebelschwaden. Die Wälder sind für das Weltklima bedeutsam. Sie können klimaschädliches CO_2 aufnehmen.

Die tropischen Regenwälder weisen eine große Artenvielfalt auf. Sie beherbergen rund die Hälfte aller Tier- und Pflanzenarten der Erde. Durch das üppige, nahezu undurchdringliche Pflanzengewirr werden die Regenwälder auch „grüne Hölle" genannt. Aber sie sind erfüllt vom Gekreisch und Gesang vieler Tiere, die sich an die Vegetation angepasst haben: Affen schwingen sich von Ast zu Ast, der Waldelefant bricht sich durch das Unterholz; dazu bunte Vögel, zahlreiche Reptilien und Insekten. Besonders schützenswert ist der Berggorilla.

www.faszination-regenwald.de

www.abenteuer-regenwald.de/

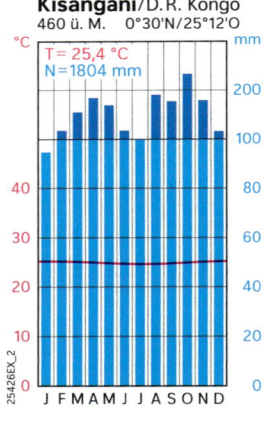

Kisangani/D. R. Kongo
460 ü. M.   0°30'N/25°12'O

T= 25,4 °C
N=1804 mm

M2 *Klimadiagramm Kisangani*

1 Beschreibe die weltweite Verbreitung der tropischen Regenwälder.

2 Weise die besondere Bedeutung der tropischen Regenwälder für das Klima und das Leben auf unserem Planeten nach.

3 Stelle Zusammenhänge zwischen den Geofaktoren Klima – Vegetation – Boden her.

4 „Der Regenwald ernährt sich selbst." Erkläre die Aussage.

Die tropischen Regenwälder sind eine wahre Schatzkammer. Sie liefern eine Vielzahl von Rohstoffen, die überall auf der Erde Verwendung finden. Neben Früchten und Gewürzen gehören dazu Kautschuk für die Gummiherstellung, tropische Edelhölzer und Öl der Kokos- und Ölpalmen. Viele Pflanzen haben eine heilende Wirkung. Aus ihren Wirkstoffen werden bei uns Arzneimittel gewonnen, z. B. Chinin gegen Malaria. Die Ureinwohner des Waldes, zu denen auch die Pygmäen und Bantu gehören, verfügen über ein umfangreiches Wissen über ihren Lebensraum und schützen ihn.

M4 *Schatztruhe der Natur*

Charakteristisch für den Regenwald ist ein Stockwerkbau aus verschieden hohen Sträuchern und Bäumen. Das dichte Blätterdach der oberen Baumschicht wird von bis zu 70 Meter hohen Bäumen überragt. Diese „Urwaldriesen" besitzen Brettwurzeln, die viele Meter hoch sind. Sie sorgen dafür, dass die riesigen Bäume standfest sind. Schlingpflanzen (Lianen) spannen sich von Baum zu Baum, Moose hängen herab und Orchideen blühen in voller Schönheit.

M5 *Stockwerkbau im tropischen Regenwald*

Der Boden des tropischen Regenwaldes lebt vor allem von abgestorbenen Pflanzenresten, die im feuchtwarmen Klima schnell vermodern. Blätter, Äste und umgestürzte Bäume werden von einem Heer von Kleinstlebewesen zerkleinert. Die dabei entstehenden Nährstoffe gelangen mit dem Regen in den Boden und werden von den Wurzeln der Pflanzen aufgenommen. 80 Prozent der Nährstoffe werden in kurzer Zeit an die Bäume zurückgegeben, 20 Prozent gehen im Boden verloren.
Die Mineralstoffe befinden sich also fast ununterbrochen in den Pflanzen und nicht frei im Boden. Deshalb wird von einem geschlossenen Nährstoffkreislauf gesprochen.

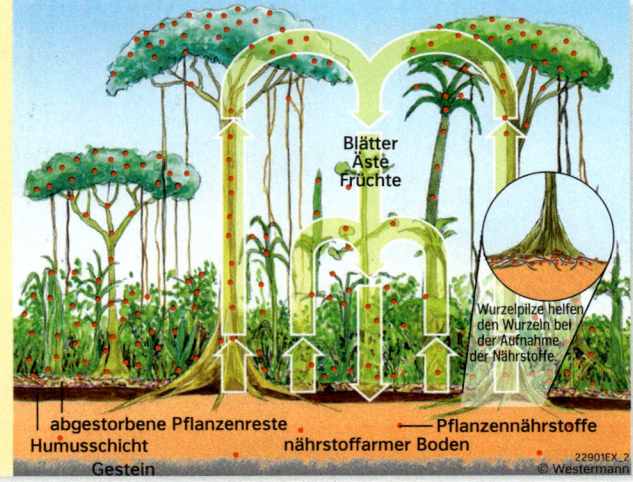

M6 *Dichte Wälder auf armen Böden – Nährstoffkreislauf im tropischen Regenwald*

85

M1 *In einem Dorf im Regenwald*

„Meine Vorfahren streiften durch den Regenwald, um Tiere zu jagen und Früchte zu sammeln. Um alle ernähren zu können, mussten sie auch Ackerbau betreiben. Vor Beginn der Regenzeit wurde eine kleine Waldfläche abgebrannt. Zwischen den verkohlten Baumstümpfen bohrten die Frauen mit dem Grabstock Löcher in den Boden, um Knollenfrüchte anzupflanzen. Die Asche lieferte Dünger für die Pflanzen. Wenn der Boden ausgelaugt war, zog unsere Sippe weiter und begann an einer anderen Stelle Hütten zu bauen und den Wald für ein Feld zu roden."

M3 *Bericht eines Stammesältesten*

Vom Wanderfeldbau …

Im tropischen Regenwald leben verschiedene Völker, die Brandrodung und Ackerbau betreiben. Sie roden und brennen Flächen im Regenwald ab. Darauf legen sie Felder an. Die Asche enthält Nährstoffe. Anbaufrüchte sind unter anderem Bananen, Mais und Knollenfrüchte.

Nach drei bis vier Jahren sind die Nährstoffe aufgebraucht. Es muss ein neues Feld angelegt werden. Liegt das neue Feld zu weit vom Dorf entfernt, verlegen die Menschen auch ihre Hütten.

Wenn der Wanderfeldbau kleinflächig ist, schadet er dem Regenwald nicht. Nach etwa 20 Jahren entwickelt sich auf dem aufgegebenen, brach liegenden Feld wieder ein neuer Wald.

… zum Dauerfeldbau

Heute leben viel mehr Menschen als früher im tropischen Regenwald. Sie alle müssen sich ernähren. Immer mehr Regenwald wird gerodet, um Felder anzulegen. Brach liegende Felder werden schon nach wenigen Jahren wieder bepflanzt. So kann sich der Wald nicht erholen. Aus einer angepassten Nutzung des Regenwaldes ist eine zerstörende geworden. Viele Bauern betreiben auch keinen Wanderfeldbau mehr, sondern Dauerfeldbau.

Oft werden riesige Flächen gerodet, um auf Plantagen (Info) Produkte für den Export anzubauen. Wenn diese großen Flächen brach liegen, kommt es zur großflächigen Erosion, auch wenn die Brache nur kurzzeitig ist.

www.natuerlich-online.ch/ (→ Wurzelbrot der Tropen) www.exotenfrucht.de

M2 *Brandrodung*

M4 *Hackbau in Zentralafrika*

M5 *Ölpalmplantage*

❶ Vergleiche den Wanderfeldbau mit dem Dauerfeldbau. Beachte dabei den Erhalt der tropischen Regenwälder.

❷ Informiere dich über die Bedeutung von Maniok für die Ernährung der Bevölkerung. Nutze dazu das Internet.

Plantagen – Produktion für den Export

In vielen Ländern des tropischen Regenwaldes gibt es Plantagen mit Flächen von mehreren Tausend Hektar. Sie gehören oft großen internationalen Firmen, die das nötige Geld haben, um Rodungen durchzuführen. Auf einer Plantage wird auf großen Flächen nur eine Nutzpflanze in Monokultur für den Export angebaut.

Wichtige Plantagenpflanzen sind Kakao, Kaffee, Ananas, Ölpalmen und Bananen. Monokulturen sind für Schädlinge und Krankheiten sehr anfällig. Die Ernte wird mit Pflanzenschutzmitteln gesichert, die sehr giftig sind. Sie verseuchen die Böden und das Grundwasser. Auch die Gesundheit der Plantagenarbeiter ist stark gefährdet.

ⓘ Plantage
ist ein landwirtschaftlicher Großbetrieb, in dem in Monokultur hochwertige Produkte für den Weltmarkt angebaut werden; zu ihr gehören Anlagen zur Aufbereitung oder Verarbeitung.

M9 *Kakaofrucht*

Regenwald nutzen – ohne zu zerstören

„Die Situation ist dramatisch! Viele Länder Zentralafrikas haben schon über die Hälfte ihrer Regenwälder verloren. Es wird ein wahrer Raubbau unseres Kontinents betrieben. Zum einen wird der Wald von Firmen zur Holzgewinnung und Anlage von Plantagen gerodet. Angesichts der wachsenden Bevölkerung roden aber auch viele landlose Bauern den Wald. Wir müssen zu einer nachhaltigen Wirtschaftsweise finden. Die Kleinbauern könnten Agroforstwirtschaft betreiben. Dabei werden nicht alle großen Bäume gerodet und es werden unterschiedliche Nutzpflanzen in Mischkultur angebaut, sodass der natürliche Stockwerkbau nachgeahmt wird. Es könnten auch Edelholzplantagen nachhaltig bewirtschaftet werden. Hier wird für jeden gefällten Baum ein neuer gepflanzt. Schließlich könnten die Menschen in Europa unseren Wald durch den Kauf von Holzprodukten aus nachhaltigem Anbau schützen."

M6 *Ein Experte für Landwirtschaft der Universität Lagos erzählt*

M7 *Mischkultur*

M8 *Agroforstwirtschaft*

---

③ Ermittle Pflanzen, die auf Plantagen angebaut werden (Atlas). Erörtere Vor- und Nachteile der Plantagenwirtschaft.

④ Erläutere die Anbaumethode der Agroforstwirtschaft (M8). Begründe die Nachhaltigkeit dieses Anbaus.

M1 *Fällung eines Urwaldriesen*

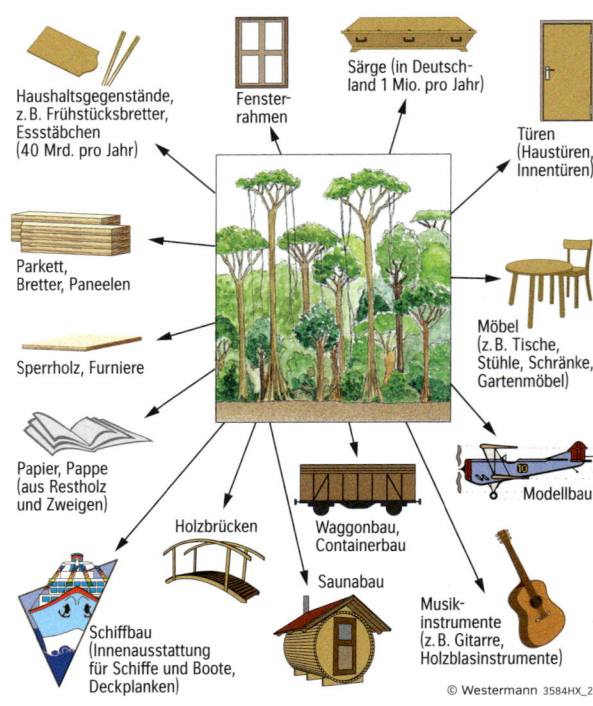

Haushaltsgegenstände, z.B. Frühstücksbretter, Essstäbchen (40 Mrd. pro Jahr)

Parkett, Bretter, Paneelen

Sperrholz, Furniere

Papier, Pappe (aus Restholz und Zweigen)

Fensterrahmen

Särge (in Deutschland 1 Mio. pro Jahr)

Türen (Haustüren, Innentüren)

Möbel (z.B. Tische, Stühle, Schränke, Gartenmöbel)

Modellbau

Holzbrücken

Waggonbau, Containerbau

Saunabau

Musikinstrumente (z.B. Gitarre, Holzblasinstrumente)

Schiffbau (Innenausstattung für Schiffe und Boote, Deckplanken)

© Westermann 3584HX_2

M2 *Verwendung tropischer Edelhölzer*

www.youtube.com/
(→ Kamerun holzt Regenwald ab)
www.regenwald.org/themen/tropenholz

Raubbau am Regenwald

Nicht nur Plantagen schaden dem Regenwald. Er wird auch durch Abholzung empfindlich gestört. Große Unternehmen betreiben planmäßigen Holzeinschlag. Zunächst werden Schneisen in den Wald geschlagen. Raupenschlepper schieben dann die flach wurzelnden, kleineren Bäume mühelos beiseite. Das Holz dieser Bäume ist für die Papierindustrie bestimmt. Die Urwaldriesen werden mit starken Motorsägen gefällt. Die Stämme werden zerteilt und zu den Häfen transportiert. Äste, Zweige und Rinde bleiben liegen und vermodern.

Naturschützer kontra Industrie

Naturschützer beklagen diesen Raubbau. Schwere Maschinen vernichten in der Umgebung eines gefällten Baumes die übrigen Pflanzen und schädigen den Boden. Wertvoller Wald geht durch den Wegebau verloren. Eigentlich müssten die Regenwälder weltweit unter Naturschutz gestellt werden.

Das sehen Vertreter der Holzindustrie ganz anders. Sie argumentieren so: Weil nur einzelne Bäume gefällt werden, bleibt der Schaden für den Wald gering. Durch den Verkauf des Holzes erhalten die armen Länder in den Tropen Geld.

1 Analysiere die vielfältigen Nutzungsmöglichkeiten für Edelhölzer aus tropischen Regenwäldern (M2).

2 Begründe, weshalb die Holznutzung im Regenwald oft als „Raubbau" bezeichnet wird. Erläutere Folgen für die Pflanzen- und Tierwelt und das Leben der Ureinwohner.

Regenwald und Elektronik

In einem Computer, Handy oder MP3-Player sind Metalle enthalten, die im Regenwald einiger Länder des subsaharischen Afrikas abgebaut werden. Wichtige Rohstoffe sind zum Beispiel Kobalt und Zinn. Deren Abbaugebiete befinden sich in der Provinz Katanga der D.R. Kongo und in Sambia. Sehr viele Kinder arbeiten in den Minen. In den Bergbauregionen des tropischen Regenwaldes aber kommt es zu weitreichenden Umweltproblemen. So werden für den Zinnabbau, aber auch zur Förderung von Bauxit riesige Waldflächen abgeholzt. Die im Umkreis der Minen lebenden Menschen müssen mit verschmutztem Wasser und verseuchten Böden leben. Durch die Zerstörung der Natur verlieren sie vielfach ihre Nahrungs- und Einkommensquellen.

M3 *Arbeiter in einer Kobaltmine bei Lubumbashi, D.R. Kongo*

Nachhaltige Forstwirtschaft

Um die tropischen Wälder zu erhalten, empfehlen Experten eine nachhaltige Forstwirtschaft. Das bedeutet, dass nicht mehr Bäume gerodet werden als nachwachsen können.

Viele Länder verbinden die Erlaubnis zum Baumfällen daher immer öfter mit der Auflage, dass vernichtete Wälder wieder aufgeforstet werden müssen. Anhand von Gütesiegeln (z. B. FSC) kann der Verbraucher erkennen, dass Holz aus nachhaltiger Waldnutzung stammt. Das bedeutet, dass bei der Holzernte ökologische Funktionen der Wälder (Wasserhaushalt, biologische Vielfalt) erhalten bleiben. Gesetze und traditionelle Rechte sollen beachtet werden. Ebenso wird für die Sicherheit der Waldarbeiter gesorgt und darauf geachtet, dass kein Holz verschwendet wird. Um die unberührten Regenwälder zu schützen, haben einige Länder Edelholzplantagen angelegt. Sie sollen helfen, die Nachfrage nach tropischen Edelhölzern (z. B. Teakholz) zu befriedigen, ohne dass primärer Regenwald abgeholzt werden muss.

 FSC

Der FSC (Forest Stewardship Council) ist eine Organisation, die das Ziel hat, nachhaltige Forstwirtschaft weltweit zu fördern.

❸ Erkunde in einem Baumarkt,
- welche Tropenhölzer angeboten werden,
- wozu sie verwendet werden können und
- ob sie ein Gütesiegel haben.

❹ Analysiert den Bergbau im tropischen Regenwald. Nutzt dazu auch den Atlas.

❺ Diskutiert Maßnahmen zu einer nachhaltigen Forstwirtschaft.

ℹ Entwicklungsland
ist ein Land, das im Vergleich zu einem Industrieland eine geringe wirtschaftliche und soziale Entwicklung aufweist; die Mehrheit der Menschen hat einen niedrigen Lebensstandard.

Die Welt – ungleich entwickelt

Die Länder der Erde weisen große Entwicklungsunterschiede auf. Während in Europa, Nordamerika und Ostasien Industrieländer überwiegen, gehören die Staaten Lateinamerikas, Asiens und vor allem Afrikas zu den rund 140 Entwicklungsländern. Obwohl in ihnen drei Viertel aller Menschen der Erde leben, erbringen sie aber nur ein Fünftel der Weltwirtschaftsleistung.
Entwicklungsländer sind durch folgende Merkmale gekennzeichnet:

✎ www.sos-kinderdoerfer.de/aktuelles/sos-geschichten/afrika

Bevölkerung	Wirtschaft
hohes Bevölkerungswachstum, hohe Geburtenanzahl je Frau, geringe Lebenserwartung, Ungleichheit der Geschlechter, zunehmende Verstädterung, unzureichende Ernährung (Hunger, Unterernährung), hohe Analphabetenrate; schlechte medizinische Versorgung; soziale Ungleichheiten	geringer Industrialisierungsrad, geringe Produktivität, Landwirtschaft dominierender Erwerbszweig, Arbeit im informellen Sektor, weit verbreitete Kinderarbeit, schwach ausgebaute Infrastruktur, starke Exportabhängigkeit von einzelnen Produkten, Monowirtschaft
Politische Verhältnisse	Umwelt
schlechte Regierungsführung, häufig Auseinandersetzungen (Militärputsche, Bürgerkriege), hohe Verschuldung, Korruption	umweltbelastende Ressourcennutzung (Bergbau, landwirtschaftliche Übernutzung), verarbeitende Industrie zumeist ohne Umweltschutzmaßnahmen

M1 *Merkmale von Entwicklungsländern*

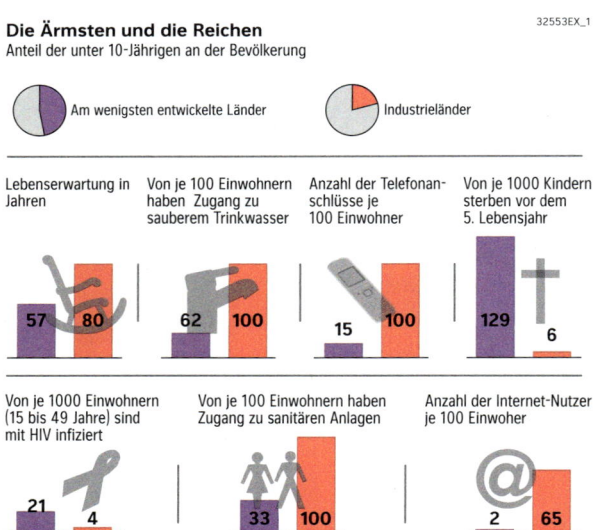

M2 *Kennzeichen von Entwicklung und Unterentwicklung*

M3 *Industrie- und Entwicklungsländer im Vergleich*

❶ Vergleiche Industrie- und Entwicklungsländer (M1, M3).

❷ Erläutere die Bedeutung von Statistiken im Geographieunterricht.

100800-275
schueler.diercke.de

Statistiken und ihre Bedeutung

In Zeitungen, im Fernsehen wie auch im Internet werden Informationen häufig mittels Statistiken veranschaulicht. Mit ihrer Hilfe können auch viele Aussagen über Länder und Regionen getroffen werden. Dabei finden verschiedene Darstellungsarten Verwendung: Tabellen, Kreis-, Linien-, Balken- oder Säulendiagramme. Der Vorteil von Statistiken in Diagrammform ist das schnelle Erfassen der bildlichen Darstellung. Der Vorteil von Tabellen dagegen liegt in der übersichtlichen Auflistung von Zahlenmaterial. In Statistiken wird mit absoluten Zahlen und relativen Zahlen (meist Prozentangaben) gearbeitet.

So gehst du vor

1. Einstieg
Gib den Titel der Statistik an und – wenn angegeben – Quelle/Jahr. Nenne die Darstellungsart.

2. Lesen und Auswerten
Lies einzelne Daten und Informationen aus der Statistik ab. Beachte dabei die verwendeten Maßeinheiten. Vergleiche einzelne Daten und formuliere eine Gesamtaussage.

3. Vergleichen
Vergleiche die Daten verschiedener Statistiken miteinander. Zeige dabei Gemeinsamkeiten, Unterschiede oder Entwicklungen auf.

Land	BNE/Ew. (in US-$)
Burundi	280
Malawi	320
Zentralafr. Rep.	188
Liberia	370
Madagaskar	400
Gambia	430
Mosambik	480
Sierra Leone	490
Togo	540
Afghanistan	580

M6 *Die zehn ärmsten Staaten der Erde auf Grundlage des Bruttonationaleinkommens (Quelle: Weltbank 2018)*

Afrika südlich der Sahara	12	Lateinamerika und die Karibik	86
Ozeanien	30	Nordafrika und Westasien	89
Zentral- und Südasien	37	Europa und Nordamerika	99
Ost- und Südostasien	59	Australien und Neuseeland	100

M4 *Anteil der Bevölkerung, die zum Kochen saubere Brennstoffe und Technologien verwendet (2014, in %, Quelle: Vereinte Nationen 2017)*

35761EX_1

Länder mit niedrigem und mittlerem Einkommen	Zugang zu sauberem Wasser (in % der Bevölkerung)	Zugang zu sanitären Einrichtungen (in % der Bevölkerung)	Kindersterblichkeit unter 5 Jahren (je 1 000 Kinder)	Besuch weiterführender Schulen (in % der entsprechenden Altersgruppe)	Gesundheitsausgaben (pro Kopf in US-Dollar*)
Afrika südlich der Sahara	68	30	83	33	200
Südasien	92	45	53	59	234
Naher Osten und Nordafrika	93	90	25	69	712
Ostasien und Pazifik	94	75	18	76	626
Lateinamerika und Karibik	95	83	18	76	1 087
Europa und Zentralasien	97	86	17	88	1 174
zum Vergleich: Länder mit hohem Einkommen	100	99	6	92	5 193

*umgerechnet mit Kaufkraftparitäten

jeweils letzter verfügbarer Stand

Quelle: Weltbank 2016 © Globus 11472

M5 *Entwicklungsunterschiede*

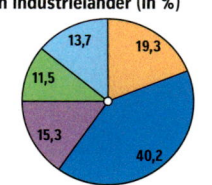

Export der Entwicklungsländer in Industrieländer (in %)
13,7 · 19,3 · 11,5 · 15,3 · 40,2

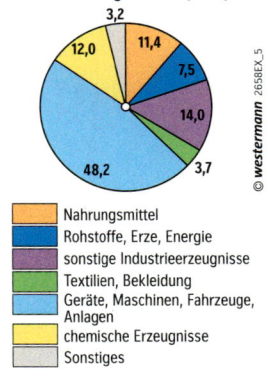

Export der Industrieländer in Entwicklungsländer (in %)
3,2 · 11,4 · 12,0 · 7,5 · 14,0 · 48,2 · 3,7

© westermann 2658EX_5

- Nahrungsmittel
- Rohstoffe, Erze, Energie
- sonstige Industrieerzeugnisse
- Textilien, Bekleidung
- Geräte, Maschinen, Fahrzeuge, Anlagen
- chemische Erzeugnisse
- Sonstiges

M7 *Handel zwischen Arm und Reich*

3 Weise mithilfe der Statistiken nach, dass die Staaten im subsaharischen Afrika zu den Entwicklungsländern gehören. Vergleiche mit anderen Regionen der Erde.

Staudamm in Mosambik   *Im Gewächshaus*   *Erdölhafen in Nigeria*

Wirtschaft mit Problemen

Rohstoffe bilden das wirtschaftliche Rückgrat der meisten Länder des subsaharischen Afrikas. Neben Bodenschätzen verfügen sie über einen großen Reichtum an natürlichen Ressourcen wie Holz und Wasser. Das Klima eignet sich in weiten Teilen zum Anbau von global begehrten landwirtschaftlichen Produkten.

Aber das subsaharische Afrika ist eine wirtschaftlich schwache Großregion. Hier werden meist nur die ersten Arbeitsschritte einer Produktionskette vollzogen. Dazu zählen der Abbau von Bodenschätzen und die Herstellung von Agrarprodukten. Die gewinnbringende industrielle Weiterverarbeitung geschieht anderswo.

Viele Menschen arbeiten im sogenannten informellen Sektor oder betreiben Subsistenzwirtschaft. Die Länder produzieren zu wenig hochwertige Exportgüter. Oft wird mehr als die Hälfte des Gesamtexports mit einem oder zwei Exportgütern bestritten. Das sind in der Regel Bergbau- und Agrarprodukte. Ist die weltweite Nachfrage danach gering, geht der Export zurück und die Einnahmen der Länder sinken. Auch ein weltweites Überangebot führt zu sinkenden Preisen auf dem Weltmarkt. Die Gründe für die wirtschaftliche Schwäche sind vielfältig. Ein Grund ist das koloniale Erbe vieler Staaten. Auch die schwach ausgebildete Infrastruktur wirkt sich negativ aus.

www.bpb.de/internationales/afrika/afrika/
www.fairtrade-deutschland.de/
www.bmz.de/de/laender_regionen/subsahara/index.html

Land	BIP/Kopf (2017, in US-$)	Anteile am BIP (Bruttoinlandsprodukt) in %			Lebenserwartung (Jahre, 2016)	Zugang zu Trinkwasser (in %, 2015)	Kinder pro Frau (2016)
		Landwirtschaft	Industrie	Dienstleistungen			
Äthiopien	786	37	21	42	65	39	4,2
Benin	832	26	23	51	61	67	5,0
Kenia	1 507	36	19	15	67	58	3,9
D.R. Kongo	457	21	33	46	60	42	6,1
Namibia	5 209	7	31	62	64	79	3,4
Nigeria	1 969	21	19	60	53	67	5,5
Südafrika	6 160	2	29	69	63	85	2,5
Deutschland	*39 463*	*0,7*	*30,5*	*68,8*	*81*	*100*	*1,5*

M1 *Entwicklungsmerkmale von Ländern im subsaharischen Afrika (Quelle: Fischer Weltalmanach 2019)*

❶ Beschreibe die Wirtschaft des subsaharischen Afrikas (Atlas).

❷ Zeige Vorteile von Fairtrade am Beispiel des Kakaoanbaus auf.

Tourismus in Tansania

Bananenernte in Uganda

Goldwäsche in Côte d'Ivoire (Elfenbeinküste)

Weltweite Zusammenarbeit

Etwa eine Milliarde Menschen auf der Welt lebt in extremer Armut. Ein wichtiges Instrument der Armutsbekämpfung ist die Entwicklungszusammenarbeit. Sie ist mehr als eine wohltätige Hilfe für Arme, denn sie will die Menschen befähigen, sich selbst aus ihrer Armut zu befreien.

Entwicklungszusammenarbeit leistet aber auch einen Beitrag für unsere eigene Zukunft. Durch die enge Verflechtung der Weltwirtschaft bleibt heute kein Land unberührt von den Krisen in anderen Ländern und Regionen. Wer Sicherheit, Frieden und Umweltschutz will, muss sich um weltweite Zusammenarbeit bemühen. Die Entwicklungszusammenarbeit allein wird die Armut in der Welt nicht beseitigen, sie kann aber helfen, die Armut und die Zahl der Konflikte zu verringern.

Fairer Handel gegen Kinderarbeit

Kakaobohnen sind der wichtigste Rohstoff für die Herstellung der weltweit begehrten Schokolade. Rund 90 Prozent des verarbeiteten Kakaos werden in Familienbetrieben auf kleinen Feldern angebaut. Die Kleinbauern erzielen dafür oft nur einen geringen Preis, der weit unter dem Marktwert liegt. Kinder müssen insbesondere bei der Ernte mithelfen und schwere Arbeit leisten. Dabei erleiden sie häufig Verletzungen wie Schnittwunden, Insektenstiche, Schlangenbisse.

Durch international geförderten fairen Handel erhalten die Kleinbauernfamilien einen Mindestpreis für ihren Kakao. Sie schließen sich in Kooperativen zusammen und halten Umweltauflagen ein. So können sie auf Kinderarbeit verzichten. Von zusätzlichen Fairtrade-Prämien werden Schulen gebaut.

Das Siegel für fairen Handel

ℹ️ **Fairtrade-Siegel**
Es ist auf Tausenden Produkten zu finden: Obst und Gemüse, Nüssen, Süßwaren, Weinen, Blumen, Baumwollprodukten.

www.brot-fuer-die-welt.de/themen/fairer-handel/

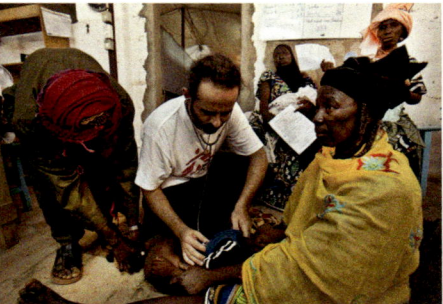

M2 „Ärzte ohne Grenzen"

M3 Kind bei der Kakaoernte

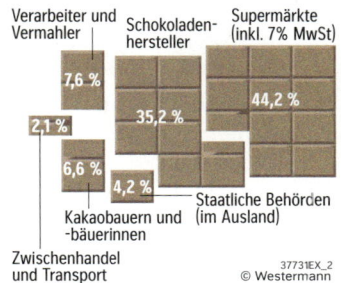

Verarbeiter und Vermahler	Schokoladenhersteller	Supermärkte (inkl. 7% MwSt)
7,6 %	35,2 %	44,2 %
2,1 %		
6,6 %	4,2 %	

Kakaobauern und -bäuerinnen

Staatliche Behörden (im Ausland)

Zwischenhandel und Transport

37731EX_2
© Westermann

M4 Kostenanteile des Rohkakaos in einer Tafel Schokolade

❸ Begründe die Notwendigkeit von Entwicklungszusammenarbeit.

❹ Analysiere ein selbst gewähltes Entwicklungsprojekt (Internet).

Benin

Fläche: 114 763 km²
Einwohner: 11,18 Mio.
Bev.dichte: 97 Ew./km²
Stadtbevölkerung: 45 %
Hauptstadt: Porto Novo
(0,26 Mio. Ew.)
Sprachen: Französisch,
60 Ethnien
Länderkennzeichen: BEN

4640E

M1 *Steckbrief (2017)*

www.liportal.de/
benin

www.cottonmadein-
africa.org/de/ueber-
uns/afrikanische-
baumwolle#

Benin – das Leben hängt an der Baumwolle

In Benin dreht sich alles um die Baumwolle. Die weißen Wattebüschel bestimmen hier das Leben. Die Weltbank hatte in den 1960er-Jahren Ländern wie Benin, Burkina Faso oder Mali den Anbau von Baumwolle empfohlen, da der weltweite Bedarf ständig wuchs und man sich von dem Verkauf der Baumwolle auf dem Weltmarkt hohe Einnahmen für die armen Länder versprach.

So lebt heute jeder dritte Einwohner Benins von diesem Rohstoff. Doch seit den 1970er-Jahren ist der Preis für Baumwolle auf dem Weltmarkt immer weiter gefallen. Die Einnahmen schwinden.

Die Folge ist, dass sich die etwa 15 Millionen westafrikanische Baumwollpflanzer im „Würgegriff des Weltmarktes" befinden. Es geht ihnen wie vielen Menschen in weltweit etwa 50 Ländern, die vom Export von Rohstoffen leben müssen.

Die Einnahmen würden sich erhöhen, wenn sie die Baumwolle weiterverarbeiten könnten, zum Beispiel durch die Herstellung von T-Shirts, Hemden oder Handtüchern. Doch dazu fehlt es oft an Geld. Der Aufbau einer Textilindustrie steht noch ganz am Anfang.

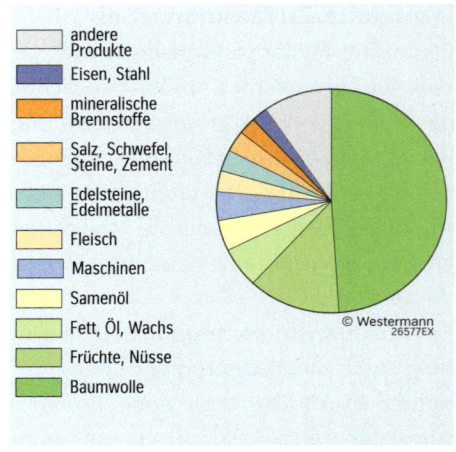

andere Produkte
Eisen, Stahl
mineralische Brennstoffe
Salz, Schwefel, Steine, Zement
Edelsteine, Edelmetalle
Fleisch
Maschinen
Samenöl
Fett, Öl, Wachs
Früchte, Nüsse
Baumwolle

© Westermann
26577EX

M3 *Exportprodukte von Benin (2017)*

Baumwollanbau
Temperatur: 25 °C – 27 °C
Niederschlag: 300 – 450 Millimeter/Jahr
Wachstumszeit: 120 – 150 Tage

geerntete Baumwolle
Die Baumwolle wird für die Weiterverarbeitung bzw. den Export gesammelt und dann in Säcke gefüllt.

Textilfabrik
Aus „Wollbällen" werden Fäden gedreht und später daraus Kleidungsstücke produziert.

M2 *Vom Baumwollstrauch zum T-Shirt*

❶ Ermittle Anbaugebiete von Baumwolle (Atlas). Begründe deren Lage unter Nutzung der Anbaubedingungen.

❷ Baumwolle wird oft als „weißes Gold" bezeichnet. Erörtere, ob dieser Beiname auch heute noch passend ist.

Äthiopien – Anbau für den Export

Rund 73 Prozent aller Erwerbstätigen Äthiopiens sind in der Landwirtschaft tätig. Deren Produktivität ist aber sehr gering. Mehr als fünf Mio. Menschen sind aufgrund von Dürren ständig oder zeitweise von Hunger bedroht und auf Nahrungsmittelhilfen angewiesen.

Viele Äthiopier finden Arbeit beim Anbau und bei der Ernte der Exportkultur Kaffee. Der äthiopische Hochlandkaffee ist aufgrund seiner exzellenten Qualität weltweit bei Kaffeehändlern sehr geschätzt. Er wächst kaum auf Plantagen. Deshalb bauen ihn die Kleinbauern in Einzelsträuchern zusammen mit Hirse und Mais an seinem ursprünglichen Standort im Wald an. Auf großen Plantagen wird Kaffee als Monokultur angebaut. Diese sind weitgehend mechanisiert. Nur die Ernte erfolgt noch in Handarbeit. Da Kaffeekirschen nicht gleichzeitig reif sind, kann mehrfach geerntet werden.

Erfolge durch Kooperativen und Fairtrade 21

In der Sidama Region liegt die zweitgrößte Kaffeeproduzentenvereinigung Äthiopiens. Über 70 000 Kleinbauern schlossen sich 2001 zu der Sidama Union zusammen. Sie bestellen ihre Kaffeefelder wie einen Garten in Siedlungsnähe: Die Pflanzen stehen nicht so dicht, die Ausbreitung von Schädlingen wird nachhaltig bekämpft.

Jährlich werden 10 000 Tonnen hochwertige Bio-Arabica-Bohnen produziert. Ihre Ernte vermarkten die Kleinbauern seit 2003 unter dem Fairtrade-Siegel, wodurch ihnen ein Mindestpreis gesichert ist.

Ihre Arbeits- und Lebensbedingungen haben sich seitdem deutlich verbessert. Sie nutzen die Fairtrade-Prämien z. B. zum Bau von Schulen, Straßen und Lagerhäusern sowie zur Elektrifizierung.

Äthiopien

Fläche:	1,10 Mio km²
Einwohner:	104,9 Mio.
Bev.dichte:	95 Ew./km²
Stadtbevölkerung:	20 %
Hauptstadt:	Addis Abeba
	(3,3 Mio. Ew.)
Sprachen:	Amharisch,
	80 Ethnien, Italienisch,
	Arabisch
Länderkennzeichen:	ETH

4639E

M5 *Steckbrief (2017)*

www.liportal.de/
aethiopien

www.fairtrade-
deutschland.de/
produkte-de/
(→ Kaffee, Äthiopien)

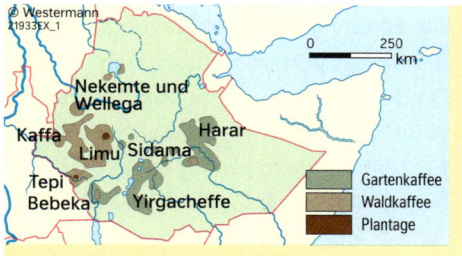

Kaffeeanbauregionen in Äthiopien

Kaffeestrauch

Die meisten Kaffeeanbauländer der Erde liegen im sogenannten „Kaffeeanbaugürtel". Er erstreckt sich von ca. 2 500 km nördlich bis 2 800 km südlich des Äquators. Hier findet die Kaffeepflanze ideale Wachstumsbedingungen: Temperaturen zwischen 18 °C und 25 °C und 1 000 bis 2 000 mm Niederschlag pro Jahr. Die Heimat des Kaffeebaumes ist das äthiopische Hochland. Äthiopien ist der fünftgrößte Kaffeeexporteur der Erde. Aber auch die Äthiopier selbst konsumieren in großen Mengen dieses Genussmittel.

M4 *Kaffee – ein weltweit begehrtes Genussmittel*

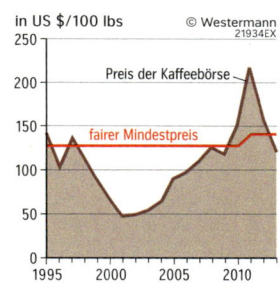

M6 *Weltmarkt- und Fairtrade-Mindestpreis für gewaschenen Arabica-Kaffee*

3 Ermittle Kaffeeanbauländer der Erde. Begründe deren Verbreitung unter Beachtung der Anbaubedingungen.

4 Zeige Wege auf, wie die Probleme einer Monowirtschaft, wie hier auf der Grundlage von Kaffee, gemindert werden können.

Nigeria

Fläche: 923 768 km^2
Einwohner: 190,89 Mio.
Bev.dichte: 207 Ew./km^2
Stadtbevölkerung: 49 %
Hauptstadt: Abuja
(1,94 Mio. Ew.)
Sprachen: Englisch,
430 Ethnien
Länderkennzeichen: NGA

M1 *Steckbrief (2017)*

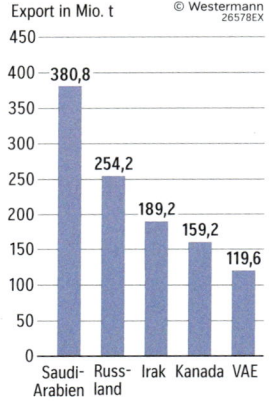

M2 *Größte Erdölexporteure weltweit (2016)*

www.liportal.de/
nigeria/ueberblick/
www.planet-wissen.
de/technik/energie/
erdoel/

M3 *Bewachung einer Pipeline*

Nigeria – Monowirtschaft Erdöl

Nigeria ist mit 191 Millionen Einwohnern das bevölkerungsreichste Land Afrikas. Es ist zudem ein Vielvölkerstaat, dessen Bevölkerung sich aus 430 Ethnien (Volksgruppen) zusammensetzt.
Nigeria ist heute der sechstgrößte Erdölexporteur der Welt. Im Jahr 1958 fanden ausländische Unternehmen im Nigerdelta Öl. Bis zu diesem Zeitpunkt wurden vorwiegend landwirtschaftliche Produkte wie Kakao und Palmöl exportiert. Heute stammen rund 95 Prozent der Exporterlöse aus dem Ölgeschäft, die zudem gut 80 Prozent der Staatseinnahmen bilden. Die Wirtschaft Nigerias ist einseitig auf das Erdöl ausgerichtet. Man spricht von **Monowirtschaft**.

Die Erdölförderung in Nigeria ist mit großen Umweltschäden verbunden (z.B. dem Austritt von Erdöl an Förderlöchern oder beschädigte Pipelines), sodass in vielen Gebieten weder Landwirtschaft noch Fischfang mehr möglich sind. Die Einnahmen aus dem Erdölsektor kamen und kommen überwiegend ausländischen Konzernen, den reichsten Nigerianern und Großprojekten in Industrie sowie Infrastruktur zugute. Die Mehrheit der Bevölkerung profitiert davon nicht und lebt meist von der landwirtschaftlichen Produktion zum Eigenbedarf sowie der Arbeit im informellen Sektor. Rund 84 Prozent der Bevölkerung leben unter der Armutsgrenze von 1,9 US-Dollar pro Tag.

Das Nigerdelta ist ein Gewirr aus Flussarmen, bewachsen mit Mangroven und Wald. Aber die Natur ist zerstört. In der Luft hängen Rauchschwaden, der morastige Boden ist geschwärzt vom Öl, das Trinkwasser ungenießbar. Grund dafür sind gut versteckte illegale Raffinerien, in denen Männer Benzin, Diesel und Kerosin herstellen. Obwohl seit 1984 verboten, fackeln sie Gas ab und zapfen illegal Pipelines an. Sie wollen am Reichtum Nigerias Anteil haben. Aber die Bauern und Fischer verlieren durch verseuchte Böden und zerstörte Fischbestände ihre Lebensgrundlagen.

M4 *„Private" Erdölraffinerie*

1️⃣ Analysiere die Bedeutung von Erdöl für die Wirtschaft Nigerias. Nutze dazu auch den Atlas und das Internet.

2️⃣ Erläutere, warum die Erdölförderung Probleme für die Natur und einen Großteil der Bevölkerung mit sich bringt.

M5 *Strand in Mombasa*

Kenia – begehrtes Tourismusziel

Neben der Produktion landwirtschaftlicher Erzeugnisse wie Tee, Kaffee, Kakao oder Obst ist der Tourismus ein wichtiger Wirtschaftsfaktor für Kenia. Jährlich besuchen rund 1,3 Millionen Touristen das Land. Die Urlauber erwartet eine gut ausgebaute touristische Infrastruktur und eine vielfältige Natur: palmenbewachsene Sandstrände, weite Grasländer, Vulkane und Seen im Ostafrikanischen Grabenbruch. Besonders begehrt sind Safaris in den Nationalparks. Das bringt aber auch Probleme mit sich. Die Safari-Fahrzeuge zerstören die Grasnarbe. Die traditionelle Lebensweise der zum Teil noch nomadisierenden Volksgruppen verändert sich.

Kenia

Fläche: 591 971 km²
Einwohner: 49,70 Mio.
Bev.dichte: 84 Ew./km²
Stadtbevölkerung: 26 %
Hauptstadt: Nairobi
(3,13 Mio. Ew.)
Sprachen: Swahili, Englisch, 40 Ethnien
Länderkennzeichen: KEN

M8 *Steckbrief (2017)*

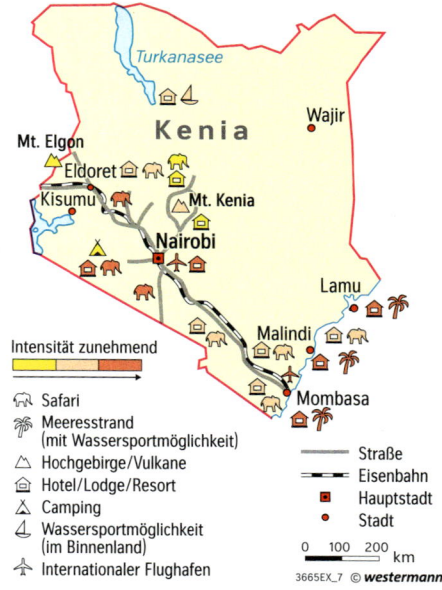

M7 *Tourismuseinrichtungen in Kenia*

Mombasa/Kenia
55 m ü. M.

T = 26,2 °C
N = 1191 mm

M9 *Klimadiagramm*

„Meine Leute wussten nichts von Profit, Tourismus oder Großwildparks. Erst mit dem Massentourismus begannen die negativen Folgen für Mensch und Umwelt. Wir werden nur noch als Objekte betrachtet, die man für Trinkgelder fotografieren sowie arbeiten und tanzen lassen kann. Aufgeputzt in Aufmachungen, die früher nur für besondere Anlässe reserviert waren, bieten unsere jungen Leute den Touristen gegen Trinkgeld Dienste an. Statt in die Schule zu gehen, tragen auf diese Weise schon Kinder zum Haushaltseinkommen bei."

M6 *Bericht des Stammesältesten K. Kenyaga*

www.liportal.de/
kenia/

https://keniaurlaub.
org/

3 Analysiere, weshalb Kenia ein beliebtes Urlaubsziel ist. Zeige die vielfältigen möglichen Tourismusarten auf.

4 Diskutiert Vor- und Nachteile des Massentourismus für die Einwohner Kenias.
Begründet Umweltprobleme.

Rep. Südafrika

Fläche: 1,22 Mio. km²
Einwohner: 56,7 Mio.
Bev.dichte: 47 Ew./km²
Stadtbevölkerung: 66 %
Hauptstadt: Pretoria
(2,9 Mio. Ew.)
Sprachen: Zulu, Xhosa,
Afrikaans, Englisch
Länderkennzeichen: ZAF

M1 *Steckbrief (2017)*

M4 *Kapstadt*

Palladium	2
Eisenerz	6
Gold	7
Diamanten	7
Kohle	7
Wein	8
Orangen	7

M2 *Stellung in der Weltwirtschaft (2016/17)*

Schwarze	79,6 %
Coloureds*	9,1 %
Weiße	8,8 %
Asiaten	2,5 %
*schwarze und weiße Vorfahren	

M3 *Bevölkerungszusammensetzung*

Republik Südafrika – wirtschaftliche Vielfalt

Südafrika ist das wirtschaftlich erfolgreichste Land des Kontinents. Gründe dafür liegen in der guten Ausstattung mit Bodenschätzen wie Gold, Platin, Diamanten, Eisen-, Vanadium-, Chrom- und Manganerzen. Die Rohstoffe werden teils im Land verarbeitet und teils exportiert. Das trifft auch für Nahrungsmittel zu.

Die Bereiche Telekommunikation, Energie und Transport sind gut entwickelt. Südafrika baut zudem seine touristischen Angebote laufend aus.

Die Provinz Gauteng mit dem Großraum Johannesburg-Tshwane (Pretoria) ist das bedeutendste Bergbau-, Industrie- und Dienstleistungszentrum des Landes. Hier wird fast die Hälfte der Industrieproduktion des Landes erwirtschaftet. Die Landwirtschaft ist zweigeteilt: Hochproduktive Farmen und Plantagen sowie die Wein- und Obstgüter werden vor allem von Weißen bewirtschaftet. Die schwarze Bevölkerung betreibt meist Landwirtschaft für den Eigenbedarf.

Südafrika machte lange als das Land der Apartheid Negativschlagzeilen. Die Menschen wurden nach ihrer Hautfarbe getrennt. Schwarze besuchten schlechter ausgestattete Schulen, nutzten gesonderte Bereiche an Stränden und in Verkehrsmitteln, saßen nicht gemeinsam mit Weißen auf Parkbänken und hatten kein Wahlrecht. Sie wohnten in Homelands oder am Stadtrand in Townships. 1994 endete per Gesetz die Apartheid mit einem Regierungswechsel. Jedoch muss das Miteinander neu gestaltet werden.

M5 *Apartheid*

❶ „Die Republik Südafrika nimmt eine Sonderstellung in Afrika ein." Erörtere diese Aussage (Beachte: Natur, Wirtschaft).

❷ Analysiere die Zusammensetzung der Bevölkerung. Diskutiert Auswirkungen der Apartheid.

M6 *Johannisburg – Siedlung Bloubosrand grenzt an die Township Kya Sands*

Er war ein führender Anti-Apartheid-Kämpfer und der erste schwarze Präsident des Landes.

M11 *Nelson Mandela*

Das größte Schutzgebiet Südafrikas wurde bereits 1898 gegründet. Über rund 2 000 km angelegte Straßen gehen mehr als 1 Mio. Touristen jährlich auf Tiersafari.

M7 *Krüger-Nationalpark*

Seit 350 Jahren werden im Kapland hervorragende Weine angebaut. Die längste Weinroute der Welt führt von Kapstadt nach Port Elizabeth.

M9 *Weinanbau*

www.liportal.de/
suedafrika

www.kinderwelt-reise.de/kontinente/
afrika/suedafrika

www.zdf.de/kinder/
logo/
(→ Republik Südafrika)

Die Produktion von Fahrzeugen ist mit rund 36 000 Arbeitsplätzen ein wichtiger Industriebereich. Auch deutsche Fahrzeughersteller wie VW und BMW sind hier vertreten.

M8 *Automobilindustrie*

„Schon von weitem sehen wir goldgelbe Schlammhalden, dunklere Abraumhalden und Fabrikanlagen der Goldmine „Vaal Reef". Am Eingang erfolgt eine Belehrung, keine Steine aufzuheben. Schnell sind wir in 3 000 Meter Tiefe angelangt. Wir haben Druck auf den Ohren. Die Temperatur beträgt 32 °C, die Luft ist staubig. Dank der Belüftungsanlagen sind die Bedingungen aber gerade noch erträglich. Bergmann zu sein ist schwer, auch wenn Geräte heute die Arbeit erleichtern. Das goldhaltige Gestein wird nach dem Hauen nach oben transportiert und weiterverarbeitet. Für fünf Gramm Gold muss man eine Tonne Gestein fördern. Ob dieser Aufwand in der Glitzerwelt bekannt ist? Beim Verlassen der Goldmine werden wir mit dem Detektor kontrolliert, alle waren ehrlich."

M10 *Bericht von einem Besuch in einer Goldmine*

So gehst du vor

1. Schritt: Orientierung
- Verschaffe dir einen Überblick und ordne die Karikatur einem Thema zu.
- Achte nun auf alle Details und leite ab, welche Zusammenhänge dargestellt bzw. gemeint sind.

2. Schritt: Beschreibung
- Beschreibe den dargestellten Sachverhalt. Achte auf Personen, Gegenstände und Handlungen sowie auf Gestaltungsmittel (Zeichnung, Text, gegebenenfalls Bildunterschrift).

3. Schritt: Erklärung
- Erkläre, wen oder was die Personen, Gegenstände oder Handlungen darstellen bzw. symbolisieren sollen.

4. Schritt: Wertung
- Lege dar, welche Personen, Handlungen oder Zustände aufgegriffen werden und was der Karikaturist aussagen und bewirken will.
- Prüfe, ob die kritische Sicht berechtigt und aktuell ist oder ob sie Fehler (z. B. unzulässige Verallgemeinerungen) enthält.
- Stelle dar, wie die Karikatur auf dich wirkt und welche Gedanken sie bei dir hervorruft.

🛈 Karikatur
Die Karikatur ist eine als Spott- oder Zerrbild zu verstehende künstlerische Darstellung. Ihr Ziel ist es, gesellschaftliche und wirtschaftliche Zustände, Ereignisse und Personen zu kritisieren. Als Stilmittel setzt der Karikaturist die Übertreibung ein. Dabei führt er komplizierte Zusammenhänge auf ein Kernproblem zurück. Der Betrachter muss sich ein Urteil und eine eigene kritische Meinung bilden.

Auf dem Bild wird der reiche Norden (Industrieländer) dem armen Süden (Entwicklungsländer) gegenübergestellt. Auf einer kleinen Insel sitzt ein älterer Herr gemütlich im Liegestuhl und lässt es sich offensichtlich gut gehen. In einiger Entfernung steht eine Masse von Menschen, getrennt durch einige Meter Meer.

Durch die kleine Insel mit der einen Person wird verdeutlicht, dass es viel weniger reiche Menschen auf der Erde gibt als arme. Der Mann auf der Insel staunt und fragt die zu ihm schauenden Menschen: „Ist was?" Das heißt, dass er sich nicht vorstellen kann, was diese von ihm wollen. Daran will der Karikaturist zeigen, dass sich die reichen Länder wenig um die Probleme der armen Länder kümmern und sich nicht in die armen Menschen hineinversetzen können. Für den Mann ist es so normal, wie es ist.

M1 *Catharina hat eine Auswertung zur Karikatur geschrieben.*

Werte die Karikaturen aus. Nutze dazu die Schrittfolge.

M2

M3

Kompetenz-Check

Hier sind die Kompetenzen aufgeführt, die du in diesem Kapitel erwerben konntest.
Schätze deinen erreichten Stand der Kompetenzentwicklung selbst ein:

😃 sehr gut   🙂 gut   😐 befriedigend   🙁 mangelhaft

Ich kann ...	😃	🙂	😐	🙁	Noch unsicher? Schlage nach auf S. ...
... die Beleuchtungsverhältnisse in der tropischen Zone erläutern.					68, 14
... Merkmale des Klimas der wechselfeuchten und immerfeuchten Tropen analysieren, ... dabei Klimadiagramme auswerten und vergleichen.					70, 15 71, 18
... die Lage des subsaharischen Afrikas sowie ausgewählte Aspekte der historischen Entwicklung und Bevölkerung beschreiben.					64 – 67
... Relief und Gewässernetz des subsaharischen Afrikas analysieren.					72 – 75
... die Geofaktoren Klima, Wasser, Vegetation und Boden in den wechsel- und immerfeuchten Tropen analysieren und Zusammenhänge erläutern.					76 – 77 84 – 85
... die vielfältige Nutzung der Savannen und des tropischen Regenwaldes erläutern und Folgen einer Übernutzung für Mensch und Natur analysieren					78 – 81 86 – 89
... eine Kausalkette zu Eingriffen des Menschen in den Naturhaushalt und deren Folgen anfertigen und anderen begründend vorstellen.					83 – 85
... Merkmale von Entwicklungsländern erläutern und an ausgewählten Ländern nachweisen.					90 – 91 94 – 99
... Statistiken auswerten und vergleichen.					91
... Karikaturen auswerten.					100
... Maßnahmen zum Schutz der Natur und zur Sicherung von Lebensbedingungen erörtern und Schlussfolgerungen für das eigene Handeln ziehen.					82, 87, 89

4 Endogene Prozesse und exogene Kräfte

In diesem Kapitel erwirbst du folgende Kompetenzen und wendest diese an:

– den Schalenbau der Erde und Plattenbewegungen beschreiben,

– Zusammenhänge zwischen Vorgängen an Plattenrändern und Reliefformen erläutern,

– Profilskizzen auswerten,

– Tätigkeiten exogener Kräfte beschreiben,

– aktuelle Naturereignisse lokalisieren, Auswirkungen und Schutzmaßnahmen aufzeigen,

– ausgewählte Gesteine in Hauptgruppen einordnen und vergleichen.

M1 *Petrohue Wasserfall vor dem Vulkan Osorno, Chile*

❶ Die tiefste Bohrung in die Erde

Auf der Halbinsel Kola, im Nordwesten Russlands, bohrten Wissenschaftler 1989 12,26 km in die Tiefe. Doch diese Bohrung konnte nicht die Erdkruste durchdringen. Die deutsche Tiefenbohrung zur Erkundung der Erde bei Windisch-Eschenbach (Bayern) wurde 1995 bei einer Tiefe von 9101 Metern eingestellt.

Der Aufbau der Erde

Jules Verne, ein französischer Schriftsteller (1828 bis 1905), gilt als Mitbegründer der Science-Fiction-Literatur. Eine spannende Abenteuergeschichte schrieb er 1864. Sie handelt davon, dass zwei Abenteurer zum Mittelpunkt der Erde vordringen wollen. Dazu klettern sie in einen erloschenen Vulkan, der sich auf Island befindet. Aufsehen erregte Jules Verne damals mit seiner Erzählung, da zu der Zeit nur die ersten Meter der Erde in die Tiefe erforscht waren. Heute wissen wir, dass seine Helden bei zehn Kilometer Tiefe schon nicht mehr leben würden, denn dort herrschen 300 Grad Hitze. Und die Temperatur nimmt alle 100 Meter noch um drei Grad zu.

Bisher konnten die Wissenschaftler mit Bohrungen aber nur bis in etwa zwölf Kilometer Tiefe vordringen (Info). Dennoch gibt es recht genaue Vorstellungen vom Aufbau der Erde.

Mithilfe von künstlich erzeugten Erdbebenwellen entdeckten Forscher, dass sich diese in bestimmten Tiefen verlangsamten oder ihre Geschwindigkeit anstieg. Die Ursache dafür ist in der veränderten Dichte des dort vorhandenen Gesteins zu suchen. Auch der Aggregatzustand (z.B. von fest zu flüssig) oder die stoffliche Zusammensetzung ändern sich manchmal. So entdeckten die Wissenschaftler den Schalenbau der Erde (M1).

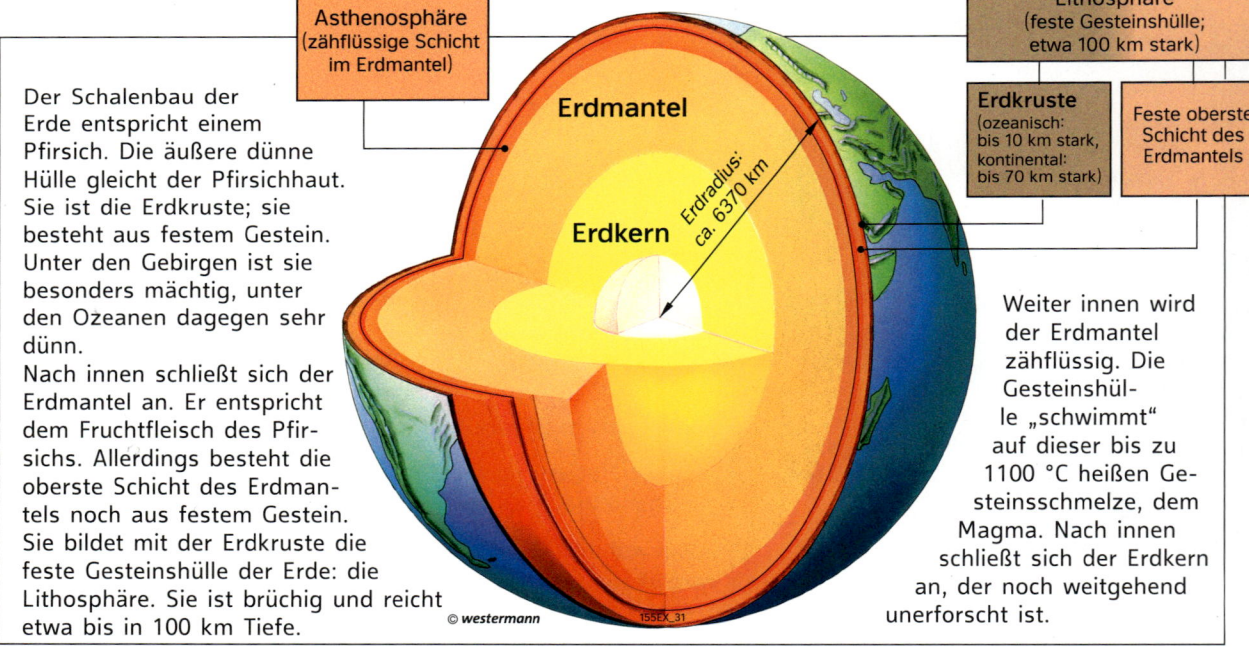

Der Schalenbau der Erde entspricht einem Pfirsich. Die äußere dünne Hülle gleicht der Pfirsichhaut. Sie ist die Erdkruste; sie besteht aus festem Gestein. Unter den Gebirgen ist sie besonders mächtig, unter den Ozeanen dagegen sehr dünn.
Nach innen schließt sich der Erdmantel an. Er entspricht dem Fruchtfleisch des Pfirsichs. Allerdings besteht die oberste Schicht des Erdmantels noch aus festem Gestein. Sie bildet mit der Erdkruste die feste Gesteinshülle der Erde: die Lithosphäre. Sie ist brüchig und reicht etwa bis in 100 km Tiefe.

Asthenosphäre (zähflüssige Schicht im Erdmantel)

Erdmantel

Erdkern

Erdradius: ca. 6370 km

Lithosphäre (feste Gesteinshülle; etwa 100 km stark)

Erdkruste (ozeanisch: bis 10 km stark, kontinental: bis 70 km stark)

Feste oberste Schicht des Erdmantels

Weiter innen wird der Erdmantel zähflüssig. Die Gesteinshülle „schwimmt" auf dieser bis zu 1100 °C heißen Gesteinsschmelze, dem Magma. Nach innen schließt sich der Erdkern an, der noch weitgehend unerforscht ist.

© westermann

M1 *Der Schalenbau der Erde*

❶ Beschreibe Methoden, die die Geowissenschaftler nutzen, um den Aufbau der Erde zu erforschen.

❷ Beschreibe den Schalenbau der Erde und erläutere, warum der Mensch das Erdinnere bislang nur „angeritzt" hat.

100800-240
schueler.diercke.de

Das Aussehen der Erde verändert sich

Geowissenschaftler vergleichen die Erde mit einer Recyclinganlage. Bekannt ist, dass Material aus dem Erdinneren an einer Stelle der Erdoberfläche austritt und an einer anderen wieder im Erdinneren verschwindet. **Endogene** (erdinnere) Prozesse bewirken diesen Zusammenhang. Ein solcher besteht auch zwischen endogenen Vorgängen und dem Wirken **exogener** (erdäußerer) Kräfte. So heben sich infolge endogener Prozesse Gebirge heraus.

Erdäußere Kräfte wirken auf sie ein, lassen Gestein zerfallen, transportieren es weiter und lagern es an anderer Stelle wieder ab.

Welche Prozesse laufen im Erdinneren ab? Welche Auswirkungen haben sie und das Wirken exogener Kräfte auf die Erdoberfläche und für den Menschen? Das alles ist Inhalt dieses Kapitels.

Tropische Wirbelstürme (Hurrikan, Taifun) können vor allem in Küstengebieten durch Sturmfluten und hohe Windgeschwindigkeiten große Schäden anrichten.

Ein Gletscher ist ein Strom aus Eis, der sich langsam bewegt und dabei den Untergrund durch das transportierte Material schleift und poliert.

Durch Erdbeben am Meeresgrund können Riesenwellen, sogenannte *Tsunamis*, ausgelöst werden, die eine große Zerstörungskraft besitzen.

Auch die *Schwerkraft* trägt ihren Teil bei: Sie beeinflusst z. B. den Materialtransport von Flüssen, Felsstürzen oder Murenabgängen.

Erdbeben entstehen durch ruckartige Bewegungen in der starren Erdkruste, die wenige Sekunden dauern.

Gebirge entstehen, indem sich Erdplatten aufeinander schieben und auffalten. Dieser Prozess dauert Millionen Jahre.

Vulkanausbrüche sind Naturereignisse, die mit ihren Explosionen, Ascheregen und Lavaströmen Menschen bedrohen, Siedlungen zerstören.

25127EX_2
© Westermann

M2 *Endogene Prozesse und exogene Kräfte*

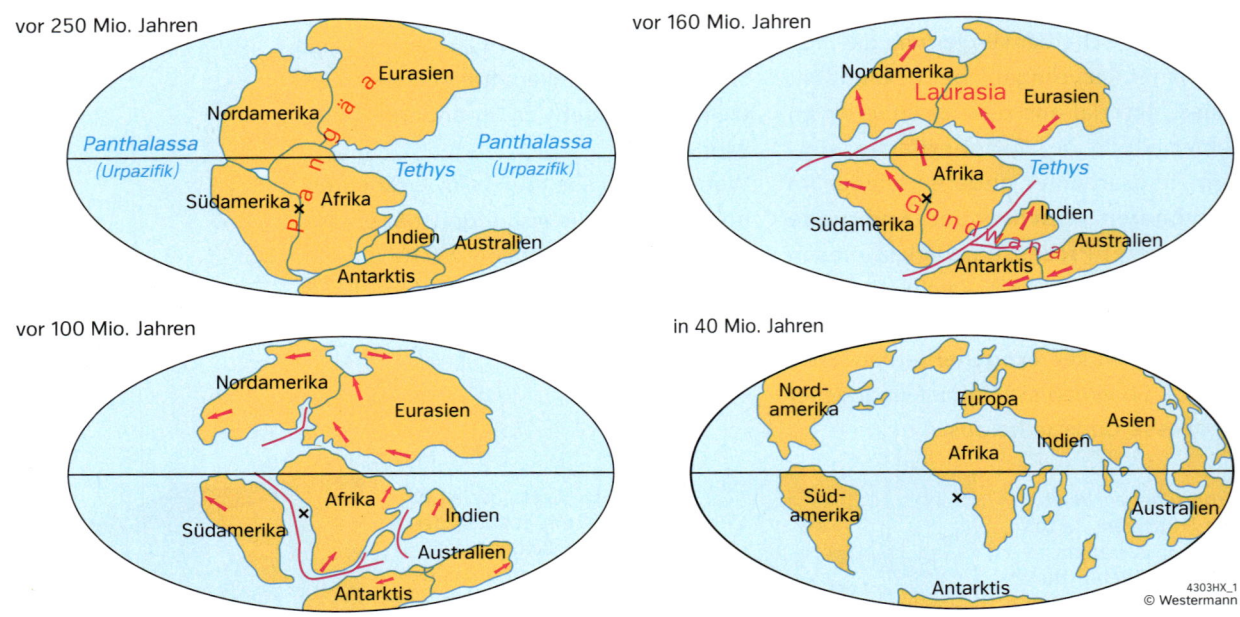

vor 250 Mio. Jahren

Eurasien
Nordamerika
Panthalassa (Urpazifik)
Pangäa
Panthalassa (Urpazifik)
Tethys
Südamerika × Afrika
Indien Australien
Antarktis

vor 160 Mio. Jahren

Nordamerika
Laurasia
Eurasien
Afrika Tethys
Südamerika Gondwana Indien
Australien
Antarktis

vor 100 Mio. Jahren

Nordamerika
Eurasien
Afrika ×
Südamerika
Indien
Australien
Antarktis

in 40 Mio. Jahren

Nord-amerika
Europa
Asien
Afrika Indien
Süd-amerika ×
Australien
Antarktis

4303HX_1
© Westermann

M1 *Lage der Kontinente zu unterschiedlichen Zeiten*

Kontinente auf Wanderschaft

6. Januar 1912: Jahreshauptversamm-lung der Geologischen Vereinigung in Frankfurt am Main:

„Alles Schiebung, … Fieberfantasien" rufen die Teilnehmer in den Saal. Gerade hat Alfred Wegener seinen Vortrag über die Herausbildung von Kontinenten und Ozeanen beendet.

Warum waren die anderen Wissenschaftler, insbesondere Geologen, so aufgebracht?

youtube.com, →Wandernde Kontinente

„Wenn wir eine Weltkarte betrachten, so fällt auf, dass die Ränder der Westküste Afrikas und der Ostküste Südamerikas wie zwei Puzzleteile aussehen, die man aneinanderschieben kann!" – Alfred Wegener (1912)

M2 *Alfred Wegeners Theorie von der Kontinentalverschiebung*

Wegener hatte behauptet, dass es vor vielen Millionen Jahren auf der Erde nur eine einzige Landmasse, einen Urkontinent (Pangäa), gegeben haben soll. Dieser sei im Laufe von Millionen Jahren zerbrochen. Seither würden diese Kontinente als Schollen auf einer Gesteinsschmelze des Erdinneren umherschwimmen. Diese Bewegungen bezeichnete Alfred Wegener als Kontinentaldrift.

Als eine Begründung dafür führte er an, dass an der Ostküste von Südamerika und an der Westküste von Afrika gleich alte Gesteine und gleiche Tier- und Pflanzenreste gefunden wurden. Die führenden Geologen hielten Wegener damals für einen Märchenerzähler. Er konnte die Ursachen, die Motoren für die Bewegungen nicht nennen. Erst viel später, in den 1960er-Jahren, wurde Wegeners These der Kontinentalverschiebung zur Theorie der **Plattentektonik** weiterentwickelt. Seine Ideen waren dafür bahnbrechend.

100800-242-01
schueler.diercke.de

Ein neues Bild der Erde

In den 1940er-Jahren begannen Wissenschaftler, die Ozeanböden zu erforschen. Dabei machten sie unerwartete Entdeckungen: Auf dem Grund der Meere erstrecken sich zwischen den Kontinenten über Tausende Kilometer hinweg riesige Gebirge, mittelozeanische Rücken genannt.

Dort tritt aus tiefen Spalten Lava aus, die sich zu beiden Seiten der Spalten ablagert. Es bildet sich ständig neues Gestein, neuer Ozeanboden. Untersuchungen zeigten, dass das Gestein in wachsender Entfernung von den Spalten immer älter wurde. Breitet sich hier der Meeresboden aus?

Diese Frage wurde schließlich durch die Forschung bestätigt und Wegeners Theorie von der Kontinentalverschiebung zur Theorie der Plattentektonik weiterentwickelt.

Sie liefert den Schlüssel zum Verständnis von Veränderungen, denen der Planet Erde unterworfen ist.

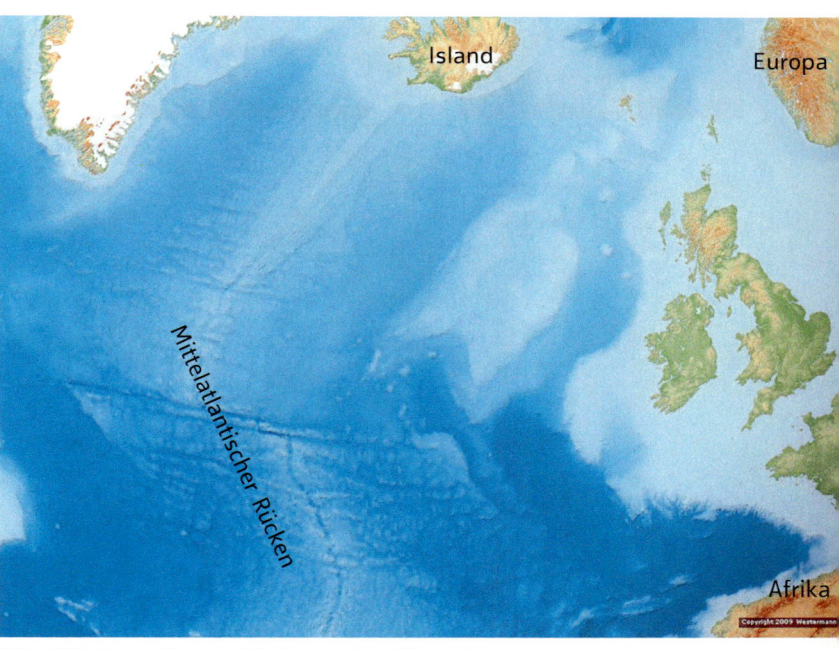

M4 *Mittelatlantischer Rücken – Satellitenbild*

ℹ „Erstaunliches"

An den mittelozeanischen Rücken sind „steinerne Türme" zu finden, aus denen schwarzer Rauch ausströmt. Die Schlote sind Austrittsöffnungen von bis zu 400 Grad heißen Wassers.

www.youtube.com
(→Schwarze Raucher: Erzfabriken der Tiefsee)

Die Lithosphäre, die Gesteinshülle der Erde, ist entlang von Plattengrenzen in große und kleine Platten zerbrochen.

Diese bewegen sich auf der verformbaren Asthenosphäre voneinander weg, aufeinander zu oder aneinander vorbei. Als wesentliche Antriebskräfte gelten Konvektionsströme im oberen Erdmantel, wobei auch andere Auffassungen dazu heute diskutiert werden.

Die Theorie der Plattentektonik beschreibt also, dass sich das Mosaik scheinbar starrer Platten in ständiger Veränderung befindet.

Bedeutsame geologische Prozesse laufen an den Plattengrenzen ab: Neue Erdkruste entsteht, taucht an anderen Stellen in Subduktionszonen wieder in die Tiefen des Erdmantels hinab, um dort wieder vollständig aufgeschmolzen zu werden. Im Zusammenhang damit entstehen und vergehen Ozeane, bilden sich, verbunden mit starkem Vulkanismus und **Erdbeben**, **ozeanische Rücken**, **Tiefseegräben**, vulkanische Inselbögen und Faltengebirge.

M3 *Aussagen der Theorie der Plattentektonik*

M5 *Island – die Naht zwischen Europa und Amerika*

---

1 Bereite ein Referat vor zum Thema: „Von der Kontinentaldrift zur Theorie der Plattentektonik".

2 Ermittle Inseln, die wie Island Gipfel von mittelozeanischen Rücken sind (Atlas).

4 Plattenbewegungen und Folgen

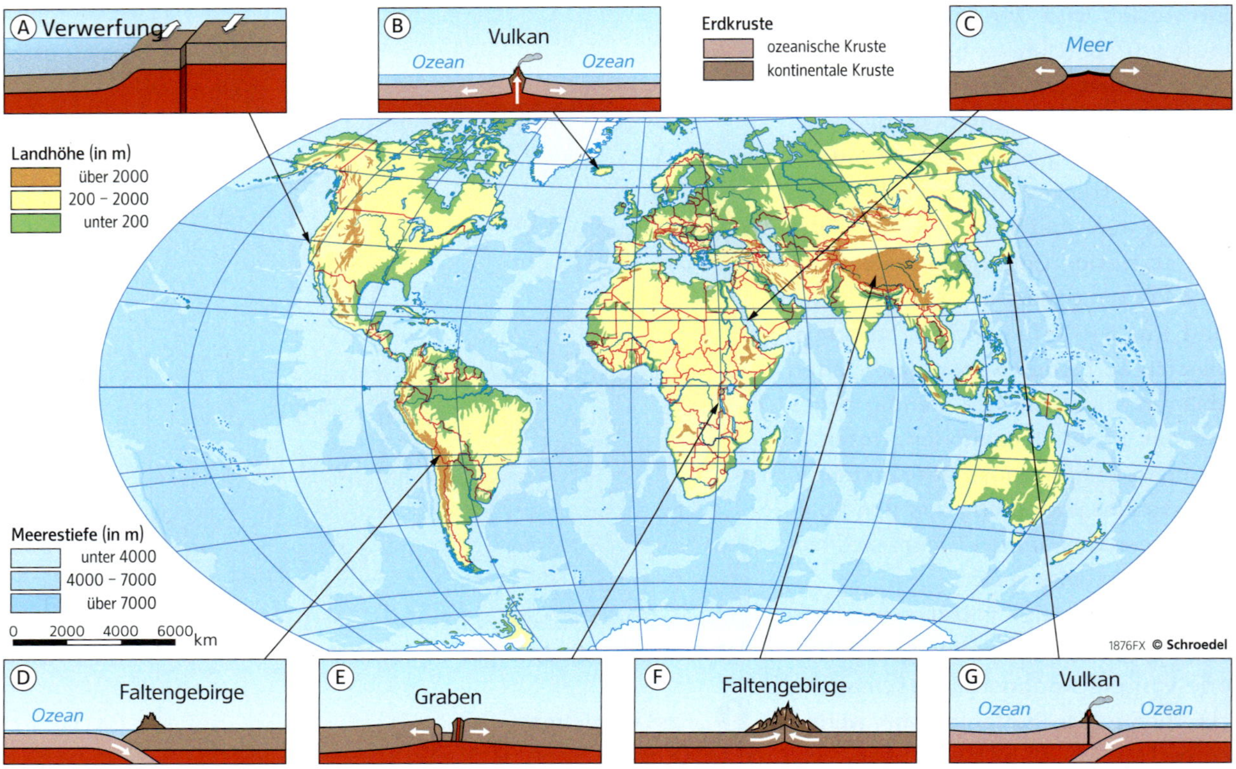

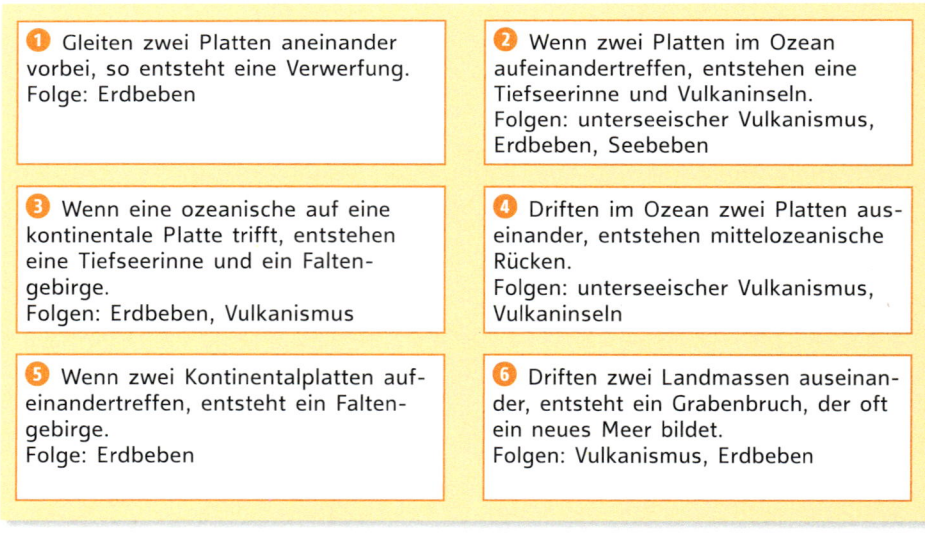

M1 ***Bewegungsrichtungen von Platten und deren Folgen***

1 Gleiten zwei Platten aneinander vorbei, so entsteht eine Verwerfung.
Folge: Erdbeben

2 Wenn zwei Platten im Ozean aufeinandertreffen, entstehen eine Tiefseerinne und Vulkaninseln.
Folgen: unterseeischer Vulkanismus, Erdbeben, Seebeben

3 Wenn eine ozeanische auf eine kontinentale Platte trifft, entstehen eine Tiefseerinne und ein Faltengebirge.
Folgen: Erdbeben, Vulkanismus

4 Driften im Ozean zwei Platten auseinander, entstehen mittelozeanische Rücken.
Folgen: unterseeischer Vulkanismus, Vulkaninseln

5 Wenn zwei Kontinentalplatten aufeinandertreffen, entsteht ein Faltengebirge.
Folge: Erdbeben

6 Driften zwei Landmassen auseinander, entsteht ein Grabenbruch, der oft ein neues Meer bildet.
Folgen: Vulkanismus, Erdbeben

M2 ***Reliefmerkmale als Folgen der Plattentektonik***

1 Platten können Ozeane, Kontinente oder beides tragen. Ermittle je ein Beispiel (M1, Atlas).

2 Ordne die Beschreibungen 1 bis 6 und die regionalen Beispiele M3 den Abbildungen in M1 zu.

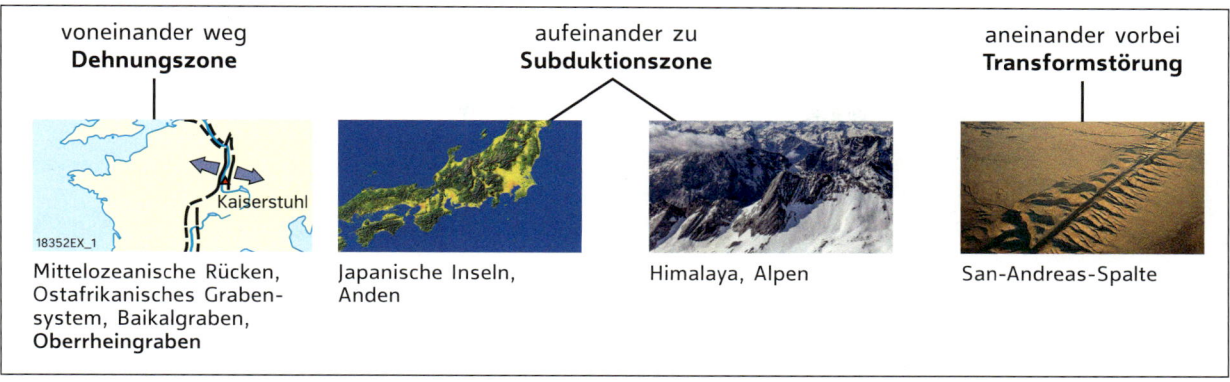

voneinander weg **Dehnungszone**	aufeinander zu **Subduktionszone**	aneinander vorbei **Transformstörung**
Mittelozeanische Rücken, Ostafrikanisches Graben-system, Baikalgraben, **Oberrheingraben**	Japanische Inseln, Anden	Himalaya, Alpen	San-Andreas-Spalte

M3 *Plattenbewegungen und regionale Beispiele*

… voneinander weg: Kontinente zerbrechen

Die mittelozeanischen Rücken stellen eine Dehnungszone dar, in der ständig neue Erdkruste entsteht. Ein weiteres Beispiel für eine Dehnungszone ist das Auseinanderbrechen eines Kontinents. Das kann aktuell am Ostafrikanischen Grabenbruchsystem verfolgt werden.

Infolge einer erhöhten Wärmezufuhr durch Wärmebeulen (engl. Hot Spots) aus dem Erdmantel wölbt sich hier die Erde auf. Verbunden ist dies mit einem Aufreißen der Erdoberfläche. Spalten und Gräben (z. B. der Rote-Meer-Graben) und Vulkane bilden sich.

In der äthiopischen Afar-Senke können Forscher direkt an der Erdoberfläche Vorgänge beobachten, die sonst unter dem Meer in mehreren tausend Metern Tiefe ablaufen. Im Jahre 2005 öffnete sich hier plötzlich die Erde. Innerhalb weniger Wochen entstand ein gewaltiger Riss im Boden, etwa vier Meter breit, 60 Kilometer lang und bis zu 100 Meter tief. Zahlreiche Bodenspalten sind inzwischen hinzugekommen. In der Afar-Senke bewegen sich die Afrikanische und die Arabische Platte voneinander weg. Magma steigt auf und bildet basalthaltigen Ozeanboden. In rund zehn Millionen Jahren wird das Rote Meer den Graben überflutet haben. Ein neuer Ozean entsteht.

In der Afar-Senke

In die weltweiten Plattenbewegungen ist auch der Oberrheingraben einbezogen. Es wird vermutet, dass sich hier die Afrikanische Platte nach Norden und die Eurasische nach Süden bewegt. An den Rändern des Oberrheingrabens driften Schwarzwald und Vogesen auseinander. In Jahrmillionen könnte Europa hier auseinanderbrechen und ein neuer Ozean entstehen.

M4 *„Afrika reißt auseinander"*

❸ Lokalisiere die Afar-Senke und erläutere die Aussage: „Afrika reißt immer mehr auseinander".

❹ Entwickelt einen Versuch zu Bewegungen an den Plattengrenzen. Filmt und präsentiert ihn.

M1 *Der Vulkan Fujisan*

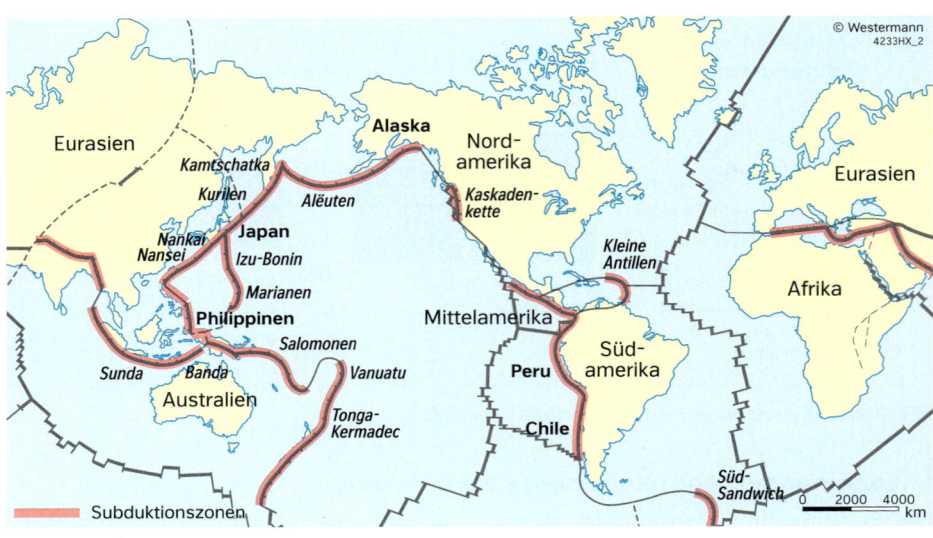

© Westermann
4233HX_2

— Subduktionszonen

M3 *Die Lage der Subduktionszonen*

... aufeinander zu: Inselbögen entstehen

Entlang der mittelozeanischen Rücken entsteht ständig neuer Ozeanboden. Die Oberfläche der Erde vergrößert sich aber nicht. Demzufolge muss Erdkruste irgendwo im Erdmantel wieder verschwinden. Diesen Vorgang bezeichnet man als Subduktion (lat.:sub=unter, ducere=schieben).

Dies spielt sich an den Plattengrenzen ab, an denen Platten aufeinander zu driften. Eine Subduktion vollzieht sich fast ausschließlich bei ozeanischer Kruste, da die kontinentale wegen ihrer geringeren Dichte nicht abtauchen kann. Der Abtauchprozess einer Platte unter eine andere ist ein langer und komplizierter Prozess. Die abtauchende Platte kann dabei den Rand der Platte mit in die Tiefe ziehen. So entstehen Tiefseegräben. In Spalten dringt Magma bis an die Plattenoberfläche vor und baut Vulkane auf. Passiert das weit vor einer Küste, baut sich der Vulkan zunächst unter dem Meeresspiegel auf. Im Laufe der Zeit erhebt sich dann ein Bogen vulkanischer Inseln über die Meeresoberfläche. Dazu gehören die japanischen Inseln, die Philippinen und die Sunda-Inseln. Subduktionszonen sind Schauplätze von Vulkanausbrüchen, Erd- und Seebeben.

M2 *Die Entstehung von Inselbögen am Beispiel der japanischen Inseln*

❶ An einigen Stellen der Erde entsteht ständig neue Erdkruste, an anderen Stellen muss sie wieder abgebaut werden. Erläutere.

❷ Beschreibe die Entstehung von Inselbögen mithilfe der Begriffe Subduktionszone, Tiefseegraben, Vulkane, Inselbogen, Erdbeben.

... aufeinander zu: Tiefseegräben und Faltengebirge entstehen

Die Anden Südamerikas sind das längste Gebirge der Erde, das durch Subduktionsvorgänge an einem aktiven Plattenrand entstanden ist. Im Gegensatz zur Bildung von Inselbögen taucht hier eine ozeanische Platte direkt vor einem Kontinent nach unten ab.

Vor etwa 150 Millionen Jahren trennten sich Südamerika und Afrika. Seitdem bewegt sich die Südamerikanische Platte im Westen jährlich um etwa 2 cm gegen die Nazca-Platte. Beim Zusammenstoßen beider Platten weicht die schwerere ozeanische nach unten aus. Beim Abgleiten wird sie zermahlen, aufgeheizt und in größerer Tiefe wieder aufgeschmolzen.

In der Subduktionszone bildete sich über sehr lange geologische Zeiträume der Atacamagraben aus. Durch den Druck beider Platten wurde dort abgelagertes Material untermeerisch zusammengeschoben und aufgefaltet. Magma drang dabei in Gesteinsspalten empor und es entstanden Vulkane.

Das Herausheben des Gebirges setzte im Tertiär ein. Gleichzeitig begann die Abtragung.

Die Subduktion ozeanischer Kruste dauert heute noch an. Dabei entstehen beim Abtauchen und Aufschmelzen große Spannungen in der Erdkruste. Erdbeben gewaltigen Ausmaßes sind die Folge.

www.lexas.de (→Der Atacamagraben)

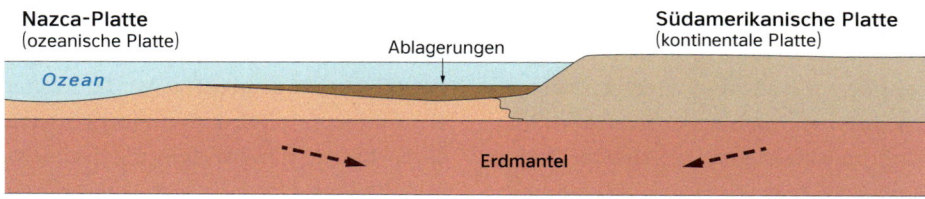

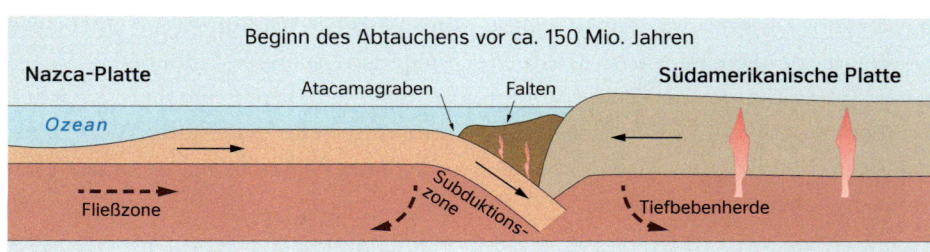

M4 *Abschnitte der Faltengebirgsbildung der Anden*

ⓘ Die Anden – eine erzreiche Region
Beim Aufschmelzen der ozeanischen Kruste entstanden in verschiedenen Tiefen unterschiedliche metallhaltige Gesteinsschmelzen. Sie drangen an Spalten und Brüchen in den Gesteinskörper ein. Es gibt zahlreiche Lagerstätten, z. B. von Kupfer, Silber, Gold, Blei und Zink.

❸ Beschreibe die Entstehung der Anden und erläutere das Vorkommen von Muschelabdrücken im Gestein in großer Höhe.

❹ Rund um den Pazifischen Ozean erstreckt sich der „Ring of Fire". Erläutere, warum sich dort Vulkane und Erdbeben häufen.

M1 *Auf dem Weg zum höchsten Berg im Himalaya – dem Mount Everst (8848 m)*

M2 *Gefaltete Gesteinsschichten im Himalaya*

... aufeinander zu: Ein Faltengebirge entsteht

Der Himalaya ist ein Faltengebirge und das Gebirge mit den höchsten Gipfeln der Erde.

Vor ca. 200 bis 60 Millionen Jahren

Zunächst existierte nur der Urkontinent Pangäa. Er zerbrach vor etwa 200 Millionen Jahren. Seitdem driftet die kontinentale Indisch-Australische Platte als ein Teilstück davon nordwärts in Richtung kontinentaler Eurasischer Platte. Zwischen ihnen befindet sich zunächst ein Ozean. Dieser wird immer weiter eingeengt, da die ozeanische Kruste in einer Subduktionszone wieder in den Erdmantel versinkt. Die im Ozean abgelagerten Sedimente werden zusammengeschoben und gefaltet.

Vor ca. 60 Millionen Jahren bis heute

Es kommt zum Frontalzusammenstoß der kontinentalen Krustenteile beider Platten. Dabei wird der Südrand der eurasischen Platte stark angehoben und bildet heute das Hochland von Tibet. Die oberen Gesteinsschichten im Grenzbereich beider Erdplatten werden weiter zusammengefaltet und emporgepresst. Noch heute schiebt sich die Indisch-Australische Platte ca. einen Millimeter pro Woche in die Eurasische hinein. Die Folge sind schwere Erdbeben.

Jährlich wächst der Himalaya zwischen vier und zehn Millimeter, wird aber durch das Wirken exogener Kräfte nicht höher.

ℹ️ Die Alpen

Die Alpen sind ähnlich wie der Himalaya entstanden. Vor rund 55 Millionen Jahren stießen zwei Kontinentalplatten, die Afrikanische und die Eurasische Platte, aufeinander. Die Faltung und Heraushebung des Gebirges begann. Noch heute heben sich die Alpen um 1,8 bis 2 Millimeter pro Jahr und wandern im Jahr um 0,5 Millimeter nordwärts.

> **Nepal 25.04. und 12.05.2015:** Erdbeben der Stärken 7,8 und 7,2 der Richterskala erschüttern Nepal. Es sterben mehr als 9000 Menschen, über 22000 werden verletzt. Binnen einer Minute wurden unzählige Dörfer zerstört, Felsstürze und Lawinen donnerten in die Täler. Die Spannung im Untergrund hatte sich mehr als 500 Jahre aufgebaut, jetzt entlud sie sich. Die Hauptstadt Kathmandu verrutschte dabei um drei Meter nach Süden, der Mount Everest um drei Zentimeter nach Südwesten.

1 Beschreibe die Entstehung des Himalaya. Vergleiche mit der Entstehung der Anden und der Alpen.

2 Der Himalaya und andere Hochgebirge werden trotz ständiger Hebung nicht höher. Begründe.

Eine Profilskizze auswerten

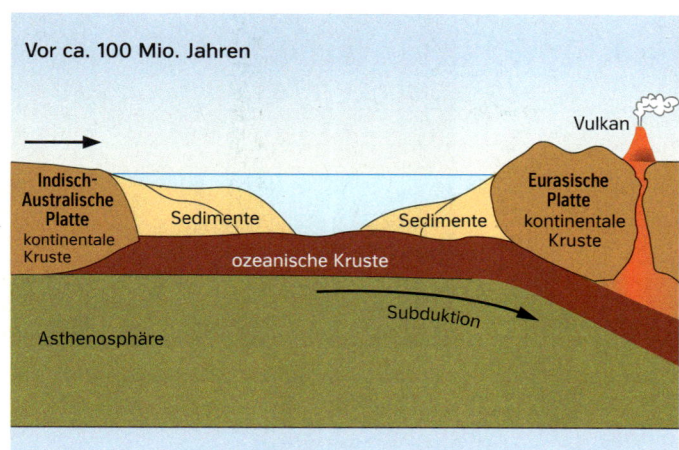

Vor ca. 100 Mio. Jahren

Vulkan

Indisch-Australische Platte kontinentale Kruste

Eurasische Platte kontinentale Kruste

Sedimente   Sedimente

ozeanische Kruste

Subduktion

Asthenosphäre

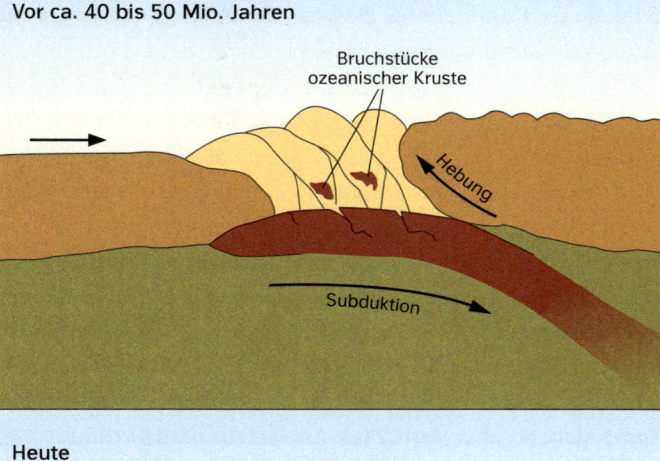

Vor ca. 40 bis 50 Mio. Jahren

Bruchstücke ozeanischer Kruste

Hebung

Subduktion

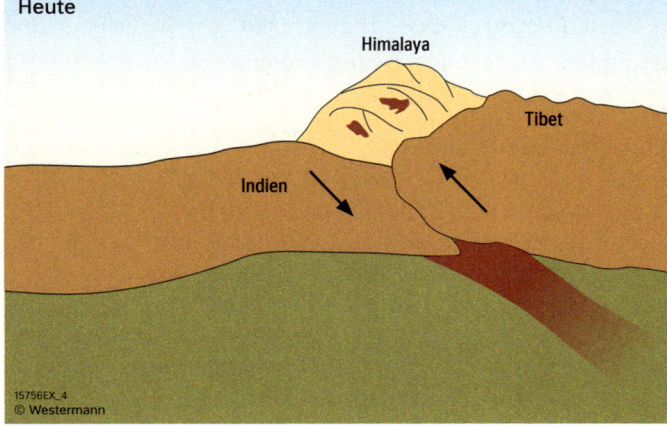

Heute

Himalaya

Tibet

Indien

15756EX_4
© Westermann

M3 *Profilskizzen: Entstehung des Himalaya*

Profilskizze

Eine Profilskizze ist die zeichnerische Darstellung eines Schnittes durch einen Teil der Erdkruste. Sie dient zur Veranschaulichung
- von Oberflächenformen (geomorphologisches Profil),
- von den Lagerschichten der Gesteine (geologisches Profil) oder
- der Aufeinanderfolge der Bodenschichten (Bodenprofil).

Profilskizzen können auch in einer Serie auftreten. Dann stellen sie zum Beispiel Entwicklungen oder Veränderungen in verschiedenen Zeitabschnitten dar.

So gehst du vor

Lesen einer Profilskizze

1. Nenne das Thema der Profilskizze oder der Profilskizzenfolge.

2. Ermittle den Ausschnitt der Erdkruste.

3. Beschreibe die Inhalte. Beziehe dabei die Legende und die Beschriftungen ein.

Auswerten einer Profilskizze

4. Erläutere die Vorgänge und deren Wirkungen. Gehe dabei auf Ursachen ein und stelle Zusammenhänge her.

5. Zeige bei Profilskizzenfolgen die Entwicklungen und Veränderungen auf.

6. Fasse die Ergebnisse der Auswertung zusammen.

---

3 Werte die Profilskizzenfolge zur Entstehung des Himalaja aus. Orientiere dich dabei an der Schrittfolge.

4 Vergleiche die Profilskizze des Himalaya heute mit der der Anden auf S. 111, M4.

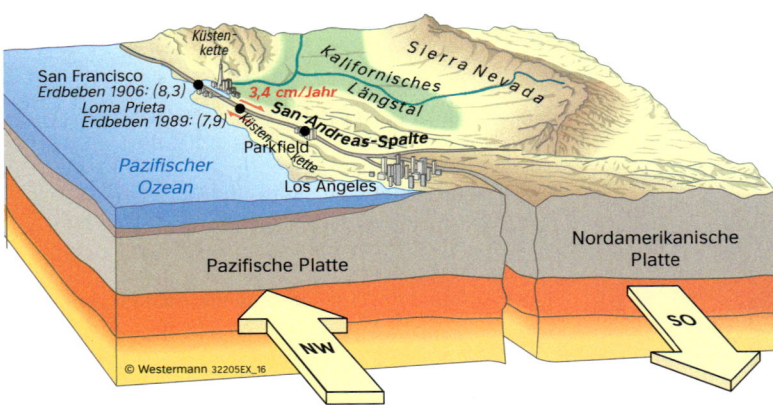

M1 *Bewegung der Lithosphärenplatten in Kalifornien (8,3 und 7,9 Erdbebenstärke nach der Richterskala)*

M3 *Versetzte Zäune nach einem Beben*

... aneinander vorbei: Die San-Andreas-Verwerfung

Im Westen Kaliforniens driften seit Millionen Jahren die Pazifische und die Nordamerikanische Platte aneinander vorbei. Die Plattengrenze ist die San-Andreas-Spalte.

Verfolgen kann man sie direkt an der Erdoberfläche. Sie verläuft über 1 200 Kilometer durch kleine Ortschaften und große Städte, unter Staudämmen hindurch und quert Pipelines und Schnellstraßen. Von der Plattenverschiebung zeugen versetzte Baumreihen, Risse in Gebäuden oder Brücken.

Die Verschiebung vollzieht sich nicht gleichmäßig. Bei ihren Bewegungen verhaken sich die Plattenränder.

Große Spannungen entstehen dabei in der Erdkruste, die sich irgendwann ruckartig entladen. Dann bebt die Erde. Im Jahre 1906 rückte die Pazifische Platte entlang eines 430 Kilometer langen Abschnittes in nur einer Minute sechs Meter vorwärts. San Francisco wurde dabei fast vollständig zerstört.

An der San-Andreas-Spalte gibt es jährlich etwa 1 500 kleine und große Beben. Im Jahre 2014 erreichte ein Beben Werte von über 6 auf der Richterskala. Seit langem waren dies hier die stärksten Erdstöße. Anzeichen deuten darauf hin, dass „The Big One" in den nächsten drei Jahrzehnten kommen wird. (vgl. S. 115)

www.vulkane.net/erdbeben/san-andreas-verwerfung.html

Stärke	Auswirkungen des Erdbebens
unter 3,5	kaum spür-, nur messbar
3,5 – 5,4	spürbar, verursacht aber meist keine Schäden
bis 6	im Allgemeinen keine Schäden an normalen Bauwerken, kann aber großen Schaden an schlechter Bausubstanz auslösen
6,1 – 6,9	zerstörerisch im Umkreis von 100 Kilometern
7,0 – 7,9	großes Erdbeben, richtet großräumig ernsthafte Schäden an
8 und darüber	gewaltiges Erdbeben, richtet ernsthafte Schäden im Umkreis von mehreren 100 Kilometern an

M2 *Richterskala – 1935 von C. F. Richter und B. Gutenberg entwickelt*

1 Begründe, warum die Städte San Francisco und Los Angeles irgendwann aneinander vorbeidriften werden.

2 Erdbeben und Vulkanausbrüche treten an Plattenrändern auf. Beschreibe und erkläre den Zusammenhang.

100800-207
schueler.diercke.de

M4 *Messhütte mit Laserapparatur*

M7 *Wann kommt „The Big One"?*

Auf Spurensuche nach dem Superbeben „The Big One" reisen Erdbebenforscher nach Parkfield (vgl. M1).

Das ländliche Parkfield nennt sich „Earthquake City", denn der Ort liegt direkt an der San-Andreas-Spalte. Beide Platten der Erdkruste Kaliforniens sind entlang des Grabens in dauernder Bewegung. So kann Parkfield eine lange Geschichte von Erdbeben vorweisen: 1875, 1881, 1901, 1922, 1934 und 1966, also durchschnittlich alle 20 Jahre. Mit einem groß angelegten Experiment in Parkfield wollen Seismologen seit den 1970er-Jahren erstmals den Puls des Bebens untersuchen und mithilfe eines exakten Messsystems den Zeitpunkt eines schweren Erdbebens möglichst genau voraussagen. Um die Gefahr vorzeitig zu erkennen, wurden die Hügel und Felder rings um Parkfield mit Hunderten empfindlicher Meßgeräte, mit Seismographen, Bebenfühlern, Kriechmessgeräten und Wassermeldern gespickt. Sie funken jede Regung im Boden in ein geologisches Forschungszentrum bei San Francisco. Dort werten Computer die Messdaten in Sekundenschnelle aus.

M5 *Parkfield, CA – Earthquake City*

www.youtube.com
(→Kommt jetzt Big one)

Duane Hamann ist Lehrer der kleinen Schule von Parkfield. Als begeisterter Hobby-Seismologe hat er sich der Erdbebenmessung verpflichtet. Mit einer Laserkanone geht er den Erdbewegungen um Parkfield nach. Die Laserapparatur ist in einer Messhütte auf einem Hügel untergebracht. Dieser liegt auf der amerikanischen Platte. Mit Laserlicht vermisst Hamann dreimal in der Woche das Land. Dazu richtet der Forscher den Laserstrahl auf mehrere Spiegel, die auf Hügeln auf der Pazifischen Platte stehen. Die Zeit, die der Lichtstrahl von der Quelle zu den Spiegeln und zurück benötigt, wird drahtlos ins Forschungszentrum übermittelt. Die Lasermessung ist sehr genau und erfasst geringste Abweichungen. Vergleichsmessungen geben Hinweise auf Bewegungen zwischen den beiden Platten an der San-Andreas-Spalte.

M6 *Duane Hamann – der Hobby-Seismologe*

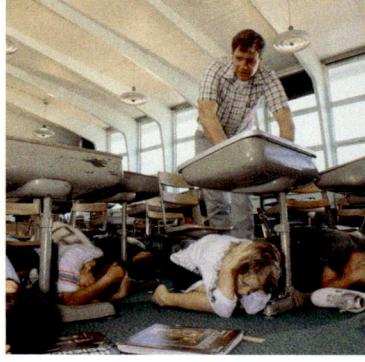

M8 *Der Lehrer Duane Hamann trainiert mit Schülern das Verhalten bei Erdbeben im Klassenraum der Schule von Parkfield.*

3 Erläutere, warum Erdbebenforscher auf der Suche nach dem Superbeben nach Parkfield reisen.

4 Beschreibe, wie der Hobby-Seismologe Hamann mit einer Lasermessung Erdbeben auf die Spur kommt.

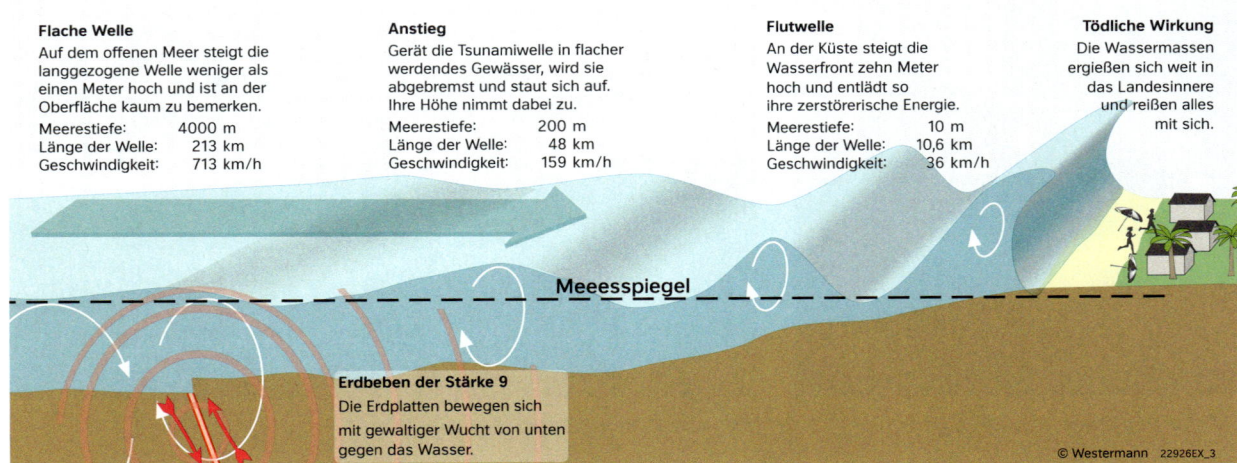

Flache Welle
Auf dem offenen Meer steigt die langgezogene Welle weniger als einen Meter hoch und ist an der Oberfläche kaum zu bemerken.

Meerestiefe:	4000 m
Länge der Welle:	213 km
Geschwindigkeit:	713 km/h

Anstieg
Gerät die Tsunamiwelle in flacher werdendes Gewässer, wird sie abgebremst und staut sich auf. Ihre Höhe nimmt dabei zu.

Meerestiefe:	200 m
Länge der Welle:	48 km
Geschwindigkeit:	159 km/h

Flutwelle
An der Küste steigt die Wasserfront zehn Meter hoch und entlädt so ihre zerstörerische Energie.

Meerestiefe:	10 m
Länge der Welle:	10,6 km
Geschwindigkeit:	36 km/h

Tödliche Wirkung
Die Wassermassen ergießen sich weit in das Landesinnere und reißen alles mit sich.

Meeesspiegel

Erdbeben der Stärke 9
Die Erdplatten bewegen sich mit gewaltiger Wucht von unten gegen das Wasser.

© Westermann　22926EX_3

M1 *Entstehung und Ausbreitung eines Tsunamis*

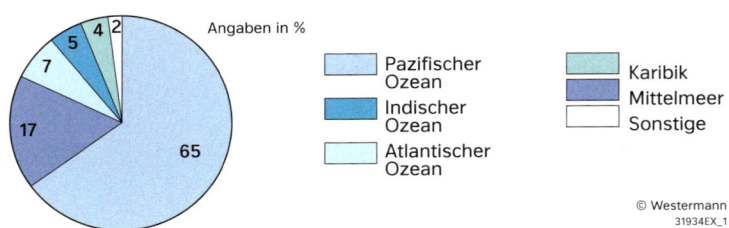

Angaben in %

2
4
5
7
17
65

Pazifischer Ozean
Indischer Ozean
Atlantischer Ozean
Karibik
Mittelmeer
Sonstige

© Westermann
31934EX_1

M2 *Weltweite räumliche Verteilung von Tsunamis (seit 2000 v. Chr.)*

Erdbeben entstehen so spontan, dass die Bevölkerung nicht davor gewarnt werden kann. Bei Tsunamis ist dies hingegen möglich. Dazu messen Drucksensoren am Meeresboden alle Veränderungen der Meereshöhe. Diese Informationen werden an Tsunami-Warnzentren an der Küste weitergeleitet. Bei Gefahr wird die Bevölkerung umgehend über die Medien informiert, sodass sie sich in Sicherheit bringen kann. Im besonders gefährdeten Pazifik existieren mehrere Tsunami-Warnzentren.

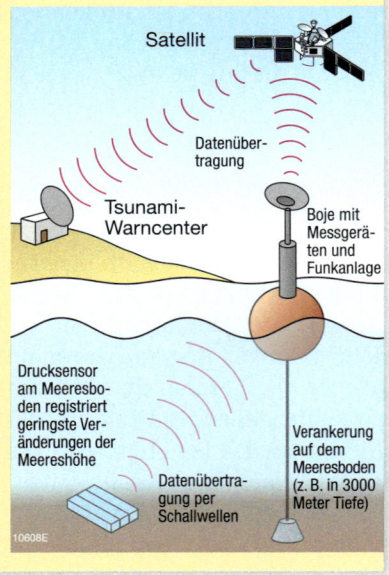

Satellit
Datenübertragung
Tsunami-Warncenter
Boje mit Messgeräten und Funkanlage
Drucksensor am Meeresboden registriert geringste Veränderungen der Meereshöhe
Datenübertragung per Schallwellen
Verankerung auf dem Meeresboden (z. B. in 3000 Meter Tiefe)
10608E

M3 *Tsunami-Frühwarnsysteme retten Leben*

Monsterwellen und Folgen

Tsunamis sind riesige Flutwellen. Sie werden meist durch Seebeben ausgelöst. Das bei einem Seebeben über dem Epizentrum liegende Wasser wird innerhalb weniger Sekunden emporgehoben. Von diesem Wasserberg breiten sich kreisförmig Wellen aus. Im offenen Meer sind diese Wellen nicht als gefährlich erkennbar. Sie sind kaum einen Meter hoch, können aber bis zu 800 km/h schnell sein.

Erst im flachen Wasser der Küsten schieben sich die Wassermassen zu einem Tsunami auf, denn die flachen Küstenbereiche bremsen die Wellen. Sie erreichen hier Höhen bis zu 40 Meter. Gelangt die Riesenwelle an Land, überschwemmt sie mit etwa 30 km/h die flachen Küstenabschnitte. Sie zerstört alles, was ihr in den Weg kommt. Dem Eintreffen eines Tsunamis geht meistens ein schneller starker Abfall des Meeresspiegels voraus. Dieses Zeichen bedeutet, schnell in höher gelegene Gebiete zu flüchten.

❶ Beschreibe die Entstehung eines Tsunamis und erkläre die zerstörerische Wirkung der Flutwelle.

❷ Nenne Küstengebiete auf der Erde, die an einem Tsunamiwarnsystem interessiert sein könnten (Atlas).

100800-252, 100800-253
schueler.diercke.de

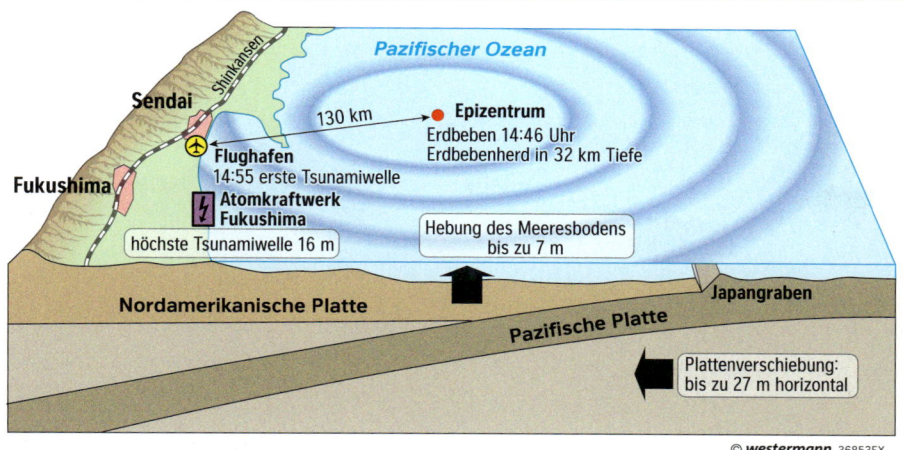

M7 *Warnschild*

M4 *Ein Erdbeben (Seebeben) erschütterte am 11. März 2011 den Boden des Pazifischen Ozeans. Es war das stärkste je in Japan registrierte Beben.*

Eine Riesenwelle nach einem Seebeben

Der 11. März 2011 war zunächst ein ganz normaler Tag in Japan. Dann, um 14.45 Uhr, ereignete sich am Meeresboden vor der Küste das bislang schwerste Erdbeben (Seebeben).

Es löste eine bis zu 20 Meter hohe Flutwelle aus, einen Tsunami. Mit ungeheurer Wucht überflutete er weite Küstenregionen der japanischen Insel Honshu. Die Wassermassen rissen auch im Hinterland alles mit.

Das Seebeben und der Tsunami forderten 23 000 Menschenleben. 10 000 Häuser wurden zerstört, 500 000 beschädigt. 1,4 Millionen Haushalte hatten keinen Zugang zu sauberem Trinkwasser mehr. Tausende Menschen mussten über Monate in Notunterkünften leben.

In den Atomkraftwerken von Fukushima kam es zu Explosionen. Gefährliche radioaktive Strahlung trat aus. Ganze Regionen mussten evakuiert werden. Viele Menschen können nie wieder in ihre Heimatorte zurückkehren.

Der Begriff kommt aus dem Japanischen und bedeutet „große Welle im Hafen". Geprägt haben ihn japanische Fischer, die beim Fischfang draußen nichts bemerkten, aber bei der Rückkehr ihren Heimathafen zerstört vorfanden.

M5 *Begriff Tsunami*

M6 *Ein Tsunami trifft bei Natori auf die japanische Küste (2011).*

3 Erläutere die Entstehung des Tsunamis vor der Küste Japans im Jahre 2011 und seine Folgen.

4 Recherchiere im Internet, wie die Lebenssituation für die Bewohner des Küstenabschnittes heute ist.

M1 *Vulkanausbruch – ausfließende Lava auf Hawaii*

www.planet-wissen.de
(→ Vulkane)

www.youtube.com
(→ Vulkantypen)

Vulkane – Verbindung zum Erdinneren

Rund um den Pazifischen Ozean liegt die geologisch aktivste Zone der Erde, der Pazifische Feuerring. Hier kommt die Erde nicht zur Ruhe. Entlang der 40 000 Kilometer langen Plattengrenzen des Pazifiks reihen sich 475 aktive Vulkane und 70 Prozent aller aktiven und erloschenen Vulkane der Erde aneinander. Durch die hohen Temperaturen im oberen Erdmantel schmilzt das Gestein und steigt als Magma mit Gasen angereichert bis an die Erdoberfläche.

Die an der Erdoberfläche ausgetretene Gesteinsschmelze wird Lava genannt. Alle Begleiterscheinungen, die mit dem Aufstieg und Austritt des Magmas verbunden sind (z. B. Geysire), werden als Vulkanismus bezeichnet. Vulkanausbrüche können verheerende Folgen für die Menschen haben. Diese reichen von Sachschäden bis zu Todesopfern. Durch den Ausstoß riesiger Mengen Asche können Vulkanausbrüche sogar Klimaveränderungen bewirken. Vulkanismus bringt aber nicht nur Gefahren, sondern auch Vorteile für den Menschen.

- Auf Island wird die Erdwärme zur Energieversorgung, zum Beheizen von Wohnhäusern, Schwimmbädern und Gewächshäusern genutzt.
- Auf vulkanischen Aschen und Lava bilden sich fruchtbare Böden.
- In der Nähe von Vulkanen sind oft Bodenschätze wie Gold oder Uran zu finden. Vulkanische Gesteine werden häufig als Baumaterial genutzt.

erloschene ältere Vulkane   aktiver junger Vulkan
zunehmendes Alter

Lithosphärenplatte
(mit Bewegungsrichtung)

© Westermann
3061HX_1

stationärer Hot Spot

schnellere Bewegung   Erdkruste
sehr langsame Bewegung   Erdmantel

M2 *Der Hotspot-Vulkanismus*

❶ Erläutere die Überschrift: Vulkane – Verbindung zum Erdinneren.

❷ Beschreibe, wie Vulkane entstehen.

❸ Begründe, dass Vulkane Probleme, aber auch Nutzen für die Menschen, die am Vulkan leben, bringen. Vgl. hierzu auch S. 119.

M3 *Vulkan Popocatépetl Mexiko*

M5 *Höchste Gefahrenstufe am Merapi*

Vulkane lassen sich auch im Hightech-Zeitalter nicht wirklich beherrschen. Die einzige Art, mit den feuerspeienden Bergen zu leben, ist eine rechtzeitige Vorhersage eines Ausbruchs.

Am *Popocatépetl* in Mexiko zum Beispiel, einem der aktivsten Vulkane weltweit, wird besonders viel in Frühwarnsysteme investiert. Der Vulkan liegt nur 70 km von der 30 Mio.-Metropole Mexiko-Stadt entfernt. Bei einem Ausbruch könnte allein durch Asche das Kanalsystem der Stadt zusammenbrechen, der Flugverkehr blockiert werden und könnten Gebäude einstürzen. Die Menschen rund um den „El Popo" mussten dies schon mehrmals erfahren.

Am Popocatépetl wurde ein Warnsystem installiert, das mithilfe von GPS funktioniert. Messgeräte sind zwischen 3 500 und 4 600 m Höhe aufgestellt. Sie funktionieren wie Bewegungsmelder über die innere Aktivität des Vulkans. Die aufgezeichneten Daten werden an das Katastropheninstitut in Mexiko-Stadt übermittelt und dort ausgewertet.

Der 3 000 Meter hohe *Merapi* ist ein sehr aktiver Vulkan. Er liegt ganz in der Nähe von Yogyakarta, auf der indonesischen Insel Java.

Wenn sich ein Ausbruch andeutet, stehen monatelang schwarze Rauchwolken über dem Berg und es regnet Asche und viele Gesteinsbrocken. Die Hänge des Vulkans Merapi sind sehr fruchtbar und werden bis in große Höhen landwirtschaftlich genutzt. In ständiger Sorge vor einem Vulkanausbruch leben die in unmittelbarer Nähe wohnenden Menschen. Deshalb wird am Vulkan ständig von Vulkanologen gemessen: die Neigung der Hänge, unmerkliche Erschütterungen, die Zusammensetzung der Lava oder austretende Gase. Wird die höchste Gefahrenstufe erreicht, müssen die Bewohner ihr Wohngebiet verlassen.

M4 *Warnsysteme für Vulkane*

> Jedes Jahr geht unser Dorfältester auf den Vulkan, um die Geister zu ehren. Sie schützen uns vor einem Ausbruch des Merapi.

M6 *Schutz vor dem Merapi*

www.wissen.de/vulkan-katastrophen

---

4 Erläutere, mittels welcher Maßnahmen Wissenschaftler versuchen, Vulkanausbrüche besser vorhersagen zu können.

5 Auf Island brach 2010 der Vulkan Eyjafjallajökull aus. Informiere dich im Internet über die Auswirkungen auf große Teile Europas.

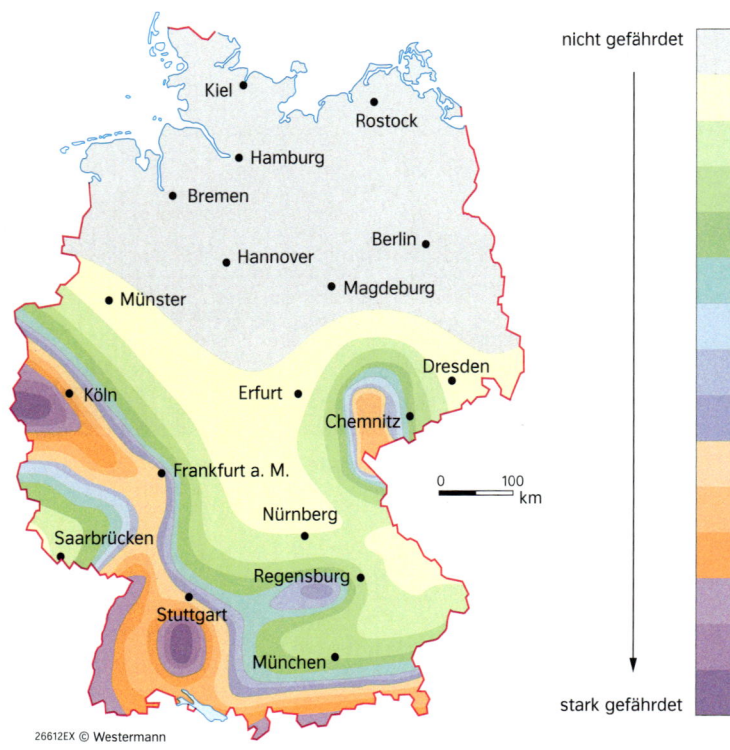

nicht gefährdet

stark gefährdet

26612EX © Westermann

M1 *Erdbebengefährdung in Deutschland*

Erdkruste in Deutschland in Bewegung?

Deutschland ist in sechs Erdbeben-Risikozonen aufgeteilt (M1). Der größte Teil des Landes gilt als sicher. Mitteldeutschland gehört auch dazu.

Das Vogtland jedoch ist eine seismisch sehr aktive Region. Hier kommt es öfter im Jahr zu sogenannten Schwarmbeben. Sie bleiben meist unter 3,5 der Richterskala, sind spürbar und verursachen kleinere Schäden. Vulkanische Aktivitäten im oberen Erdmantel könnten die Ursache dafür sein. In der Nähe von Halle und von Leipzig ereigneten sich 2015 und 2017 Erdbeben der Stärke 3,2 bzw. 3,0. Hier gilt eine geologische Störung in der Tiefe des Erdinneren als Ursache. Im Raum Halle-Leipzig muss zukünftig die Erdbebensicherheit der neu zu bauenden Gebäude nachgewiesen werden. Sie haben einen Erdbebencheck zu bestehen.

Der Oberrheingraben gehört zu den seismisch stark gefährdeten Regionen in Deutschland (M1). Die Bewegungen der Gesteinspakete am Oberrhein sind vielfältig. Die Mittelgebirge auf beiden Seiten des Oberrheingrabens heben sich und driften 0,6 mm pro Jahr auseinander: der Pfälzerwald und die Vogesen nach Westen sowie der Odenwald und der Schwarzwald nach Osten.

Das Gebiet zwischen den Randgebirgen sinkt dagegen um 0,7 mm pro Jahr ein. Das geschieht seit Beginn der Erdneuzeit vor rund 65 Mio. Jahren. Die älteren und jüngeren Gesteinspakete sinken treppenförmig an „Verwerfungen" ab, das heißt entlang von tiefen Rissen, Spalten und Bruchlinien der Lithosphäre. Sie wurden dabei in kleinere Gesteinsblöcke (Bruchschollen) zerlegt. Wahrscheinlich ist, dass die Lithosphäre dort, wo heute der Rhein fließt, einmal ganz auseinanderreißen wird. Es würde ein Meer entstehen, das so breit wäre wie das Rote Meer. Allerdings dürften bis dahin viele Millionen Jahre vergehen.

www.erdbeben-news.de/erdbeben-deutschland

M2 *Oberrheingraben – in jeder Richtung in Bewegung*

❶ Beschreibe die Erdbebengefährdung in Deutschland (M1) und nenne Ursachen dafür.

❷ Entwickle eine Zukunftsvision für das Gebiet am Oberrheingraben. Begründe und präsentiere sie.

100800-053-02
schueler.diercke.de

Deutschlands „Feuerland" – die Eifel

In Deutschland gibt es keine aktiven Vulkane mehr – aber viele Berge, Hügel, Seen und Steinbrüche, die von vergangener vulkanischer Tätigkeit zeugen. Die Deutsche Vulkanstraße verbindet auf rund 280 Kilometern viele GEO-Highlights der Vulkanlandschaft Eifel. Vor 11 000 Jahren rumorte es in der Eifel zum letzten Mal. Damals entstanden dort auch Maare. Aufsteigendes heißes Magma kam mit Grundwasser in Berührung, das sofort verdampfte. Dabei dehnte sich das Wasser explosionsartig aus. Bei diesen Explosionen entstanden runde tiefe Krater, die sich im Laufe der Zeit mit Wasser füllten. Auch Gesteinsmaterial und Asche rissen diese Explosionen mit in die Luft. Die feine Asche und Steine wurden in der Landschaft verteilt und bedeckten sie meterdick. Heute wird dieses Gesteinsmaterial an vielen Stellen abgebaut und zu Baustoffen verarbeitet.

M4 *Dauner Maar*

Die Vulkaneifel ist heute ein attraktives Touristenziel. Entlang der Deutschen Vulkanstraße sind auch Kaltwassergeysire zu bestaunen, ein Zeichen dafür, dass die Erde unter der Eifel auch heute noch nicht zur Ruhe gekommen ist. Alle 40 bis 45 Minuten schießt der „Brubbel" bei Daun in einer Fontäne nach oben.

VULKANPARK
natürlich einzigartig ...

www.deutsche-vulkanstrasse.com

Auf einem erloschenen Vulkan in der Eifel wurde im 11. Jahrhundert die Nürburg, 60 Kilometer nordwestlich von Koblenz gelegen, errichtet. Rund um die Burg liegt heute eine bekannte Rennstrecke, der „Nürburgring". Er wurde im Jahre 1927 eingeweiht. Geographische Vorteile waren für die Standortwahl ausschlaggebend: Hierzu zählen vorhandene Hochflächen und Täler, Steigungen und Gefälle als ideale Voraussetzungen für eine Rennstrecke mit großen Höhenunterschieden. Hinzu kam die geringe Besiedlung.
In jedem Jahr finden hier viele Motorsport- und Musikevents statt. Besucher können die Rennstrecke auch selbst testen.

M3 *Motorspaß in der Eifel*

M5 *Der Nürburgring*

3 „Der Eifel-Vulkanismus ist definitiv erloschen". Nimm Stellung zu dieser Aussage.

4 Sammle Etiketten von Mineralwasserflaschen. Ermittle, woher das Wasser kommt (Internet).

M1 *Kalksteinfigur am Dresdner Zwinger*

Formung der Erde von außen

Wind, Sonne, Wasser und Eis formen die Erdoberfläche. Sie sind exogene Kräfte. Sie wirken von außen auf die Erdoberfläche ein: entweder plötzlich, etwa bei Überschwemmungen, oder für das menschliche Auge unmerklich langsam in Tausenden oder gar Millionen von Jahren. Veränderungen der Erdoberfläche zeigen sich sowohl an kleinen Formen (z. B. Erosionsrinnen auf einem Acker nach starken Regenfällen) als auch an großen Formen (z. B. Dünen in der Wüste). Bäche und Flüsse schaffen flache oder tief eingeschnittene Täler und Meere steile oder flache Küsten. Gletscher haben die Täler in den Alpen ausgehobelt und geformt. Starker Wind wirbelt Milliarden kleinster Bodenteilchen auf, wirkt dann wie ein Sandstrahlgebläse und formt Felsen, die wie Pilze aussehen.

Die Veränderung der Erdoberfläche erfolgt so:

Verwitterung zersetzt das Gestein. Dann beginnt die Erosion (Abtragung) des verwitterten Materials, zum Beispiel Boden, oder des Gesteins, das zum Beispiel durch Frost zerkleinert wurde. Das erodierte Material wird transportiert und anderswo abgelagert. Die Ablagerung nennt man Sedimentation.

Auch der Mensch kann heute eine exogene Kraft sein.

M2 *Oberflächenformen der Erde, durch Wasser, Eis, Sonne, Wind und Schwerkraft geschaffen*

❶ Ordne die Fotos A bis F den exogenen Kräften Wasser, Eis, Wind, Sonne und Mensch zu.

❷ Stelle dar, wie exogene Kräfte die Umgebung deines Heimatortes geformt haben.

Der Permafrost in den Polargebieten ändert sich. Betroffen sind aber nicht nur die Festlandsgebiete in der polaren und sobpolaren Klimazone. Auch in den Hochgebirgen gibt es Permafrost. Er taut an und beginnt langsam zu verschwinden. Die Gletscher schmelzen und das hat Konsequenzen. Das Eis ist nämlich wesentlich fester, wenn es kälter ist. Nun erwärmt sich das Eis aber. Ab einer Temperatur über minus 1,5 Grad wird es beweglich. Zunächst verformt es sich im Untergrund. Dann beginnen sich die Felsen zu bewegen. Schließlich kommt es zu Felsabbrüchen.

Auch die Zugspitze ist betroffen. Kontrollen des Permafrosts weisen darauf hin, dass es zu einem Bergsturz kommt. Die schmelzenden Gletscher legen Geröll frei, das leicht ins Rutschen kommen kann. Bald wird es die „heile Bergwelt" nicht mehr geben.

M3 *Der Hochkogel – Felssturz wird erwartet*

Die „Lange Anna" ist das Wahrzeichen der Insel Helgoland. Ihr haben exogene Kräfte so stark zugesetzt, dass der 47 m hohe, isoliert dastehende Felsen aus Buntsandstein einsturzgefährdet ist. Die Brandung des Meeres hat den Felssockel unterspült. Der Buntsandstein ist porös und bröckelt immer mehr ab. Vor allem die hellen Schichten sind nicht so fest wie die roten und deshalb besonders anfällig gegen die Verwitterung.

Starke Winde blasen lose Sandkörner aus den Felswänden fort. Feuchtigkeit, die in das Gestein eindringt und im Winter zu Eis gefriert, sprengt Felsbrocken ab. Es ist nur noch eine Frage der Zeit, bis der rund 27 000 t schwere Felsen durch die Erosion des Wassers und des Windes sowie durch die Frostsprengung in sich zusammenbricht. Bis 1860 war die „Lange Anna" über eine natürliche Felsbrücke mit Helgoland verbunden. Diese Verbindung wurde damals jedoch durch eine Sturmflut zerstört.

M4 *Exogene Kräfte haben die Nordseeinsel Helgoland geformt.*

Material:
– eine leere Plastikflasche
– Wasser
– Gefrierschrank oder Gefrierfach im Kühlschrank

Durchführung:
Miss den Umfang einer leeren Plastikflasche. Fülle die Plastikflasche bis an die obere Kante mit Wasser. Schraube sie zu und lege sie in einen Gefrierschrank.
Nimm die Flasche nach einem Tag heraus und miss wieder den Umfang.

M5 *Versuch zur Frostsprengung*

3 Durch exogene Kräfte kann der Buntsandsteinfelsen „Lange Anna" einmal zusammenstürzen. Erkläre.

4 Führe den Versuch M5 durch. Schlussfolgere auf die Verwitterung des Felsens „Lange Anna".

M1 *Im Elbsandsteingebirge*

Exogene Kraft Wasser: Täler entstehen

Entlang eines Flusses von der Quelle zur Mündung gibt es unterschiedliche Talformen. Sie wurden im Verlauf von Jahrtausenden durch das fließende Wasser geschaffen. Ein Fluss trägt Gesteinsmaterial ab und schneidet sich so in den Untergrund ein. Ob die Täler tief oder flach, breit oder eher eng sind, hängt von verschiedenen Faktoren ab. Bei der Talbildung wirken Faktoren wie Gefälle, Fließgeschwindigkeit, Wassermenge und Gesteinshärte zusammen. Ihre Ausprägung entscheidet über die Stärke von Abtragung, Transport und Ablagerung von Gesteinsmaterial in den einzelnen Flussabschnitten und somit über die entstehenden Talformen.

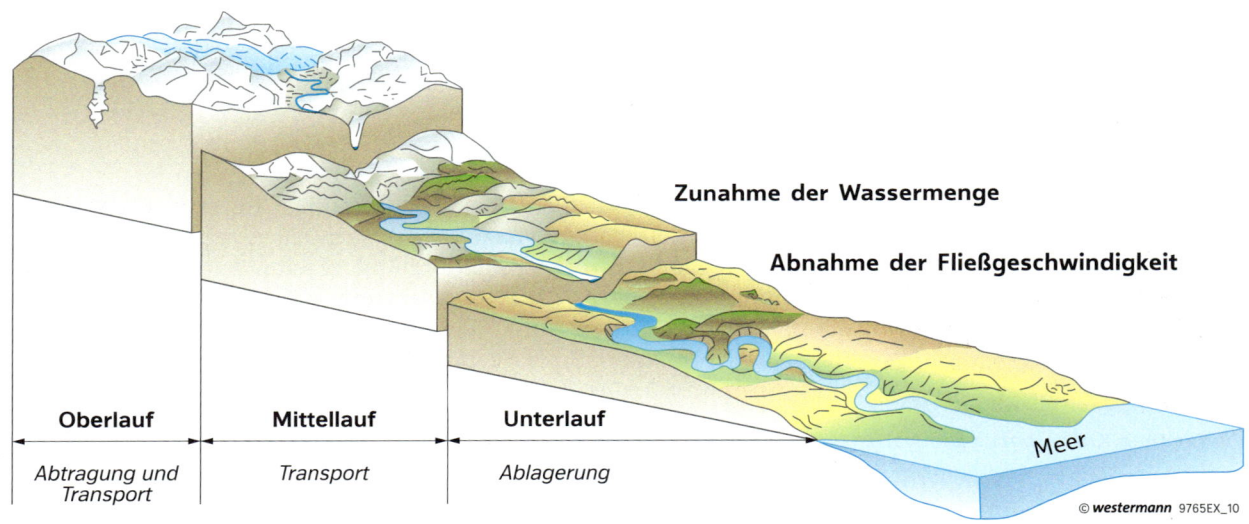

Zunahme der Wassermenge

Abnahme der Fließgeschwindigkeit

Meer

Oberlauf	Mittellauf	Unterlauf
Abtragung und Transport	*Transport*	*Ablagerung*

© **westermann** 9765EX_10

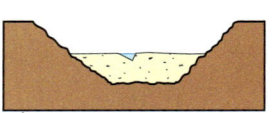

Kerbtal

- im Oberlauf des Flusses (Fluss trägt ab)
- steile Talhänge
- sehr schmale Talsohle

Klamm

- im Oberlauf des Flusses (Fluss trägt ab)
- sehr steile Talhänge
- Fluss nimmt oft gesamte Talsohle ein

Sohlenkerbtal

- im Mittellauf des Flusses (Wechsel der Ablagerung und Abtragung)
- mäßig geneigte Talhänge
- flache, breite Talsohle

Muldental

- im Unterlauf (Fluss lagert ab)
- abgerundete Talhänge
- flache, breite Talsohle

© **westermann** 9623EX_13

M2 *Längsprofil eines Flusses und Merkmale einzelner Talformen*

Vom Menschen verursacht?

Besonders im Frühjahr können unsere Flüsse die gewaltigen Wassermassen nach starken Regenfällen oft nicht mehr aufnehmen und treten über die Ufer. Teilweise kommt es zu verheerenden Überschwemmungen. Als ein Verursacher stellt sich vielfach der Mensch heraus. Früher wurden die ebenen Talböden, die unmittelbar an Flüsse grenzten, nicht bebaut. Diese natürlichen Auen konnten große Wassermassen wie ein Schwamm zurückhalten und bei Trockenheit wieder abgeben. Doch heute sind nur noch weniger als 20 Prozent der Auen erhalten. Ein Großteil der Uferbereiche wurde für Siedlungen, Landwirtschaft und Straßenbau genutzt. Vielfach zwängen Deiche die Flüsse in ein enges Flussbett.

M5 *Hochwasser in Sachsen-Anhalt im Juni 2013 (Fischbeck/Elbe)*

Extreme Wetterlagen mit starken Niederschlägen und feuchtere Winter nehmen in Deutschland und Mitteleuropa zu. Auch die Schneemassen in den Bergen schmelzen schneller ab. Als eine wesentliche Ursache gilt der Klimawandel.

Im Sommer 2018 kam es in verschiedenen Regionen in Deutschland zu heftigen Unwettern. Teilweise gingen 100 Liter Regen pro m^2 nieder. Auf solche Regenmengen sind die wenigsten Gemeinden in Deutschland vorbereitet.

M3 *Starkregen nimmt zu*

Hochwasserschutzmaßnahmen

Umgestaltung der Flussläufe	Aufforstung von Wäldern
Entsiegelung von Flächen	Polder als Rückhaltebecken

M4 *Hochwasserschutzmaßnahmen*

www.planet-wissen.de/natur/gebirge/schluchten/index.html

youtube.com, Suchbegriff Hochwasserkatastrophen

1 Erkläre, wie durch das Zusammenwirken von unterschiedlichen Faktoren die Talformen (M2) entstehen.

2 Erläutere, wie der Mensch zum Entstehen von Hochwasserkatastrophen beiträgt.

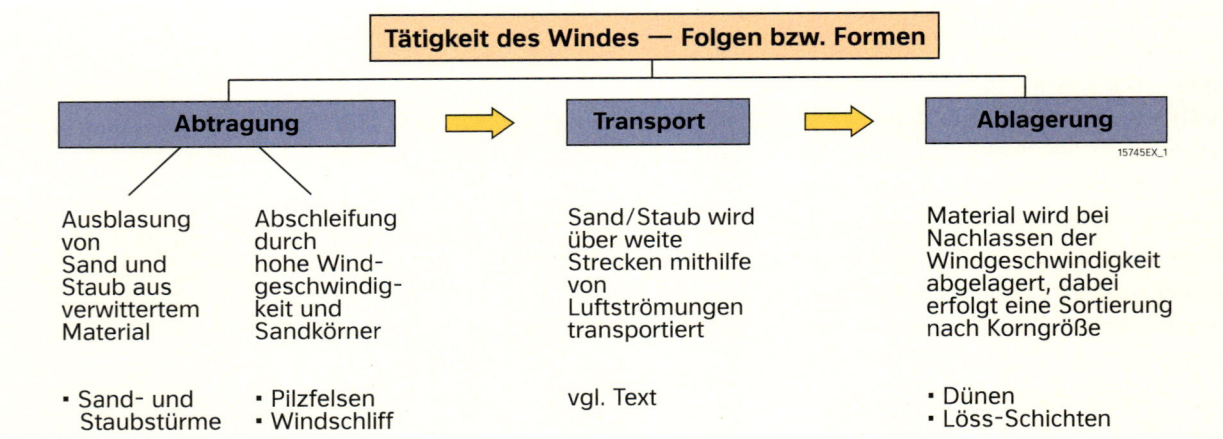

Tätigkeit des Windes — Folgen bzw. Formen		
Abtragung ⇨	**Transport** ⇨	**Ablagerung**

15745EX_1

Abtragung

Ausblasung von Sand und Staub aus verwittertem Material

Abschleifung durch hohe Windgeschwindigkeit und Sandkörner

- Sand- und Staubstürme
- Pilzfelsen
- Windschliff

Transport

Sand/Staub wird über weite Strecken mithilfe von Luftströmungen transportiert

vgl. Text

Ablagerung

Material wird bei Nachlassen der Windgeschwindigkeit abgelagert, dabei erfolgt eine Sortierung nach Korngröße

- Dünen
- Löss-Schichten

M1 *Schema zur Tätigkeit des Windes*

M2 *Sanddünen bedrohen landwirtschaftliche Nutzflächen*

M3 *Ein Sandsturm geht über eine Stadt in Tunesien hinweg*

Wind greift an und verändert

Überall dort auf der Erde, wo der Boden keine schützende Pflanzendecke hat oder nicht dauerhaft feucht ist, kann der Wind angreifen. In M1 sind die unterschiedlichen Tätigkeiten des Windes und Formen bzw. die Auswirkungen dargestellt.

So bilden sich gewaltige Staubstürme in der Sahara oder in den anderen trockenen Gebieten der Erde. Bis auf 4 000 m wird das feine Material hochgewirbelt, sodass z. B. der gelbe Staub der Sahara mit Luftströmungen über das Mittelmeer, die Alpen bis nach Nordeuropa, sogar um den ganzen Erdball gelangen kann. Wenn sich auf den Kanarischen Inseln der Himmel gelb-braun färbt, wissen die Bewohner, dass sich eine Staubwand aus Afrika nähert, die alles einhüllen wird. Die Hand ist nicht mehr vor den Augen zu sehen, die Augen brennen und man kann kaum atmen. Der Flugverkehr auf den Inseln muss dann eingestellt werden.

1. Beschreibe Ergebnisse des Wirkens der exogenen Kraft Wind.

2. Wiederhole das Thema „Die Entstehung von Löss in Deutschland am Ende der Eiszeit".

3. Erläutere die Entstehung einer Nehrungsküste.

4. Informiere dich über Gefährdungen an Steilküsten (Internet). Berichte.

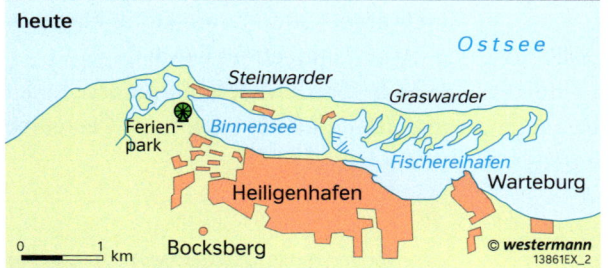

M4 *Veränderungen der Küstenlinie bei Heiligenhafen*

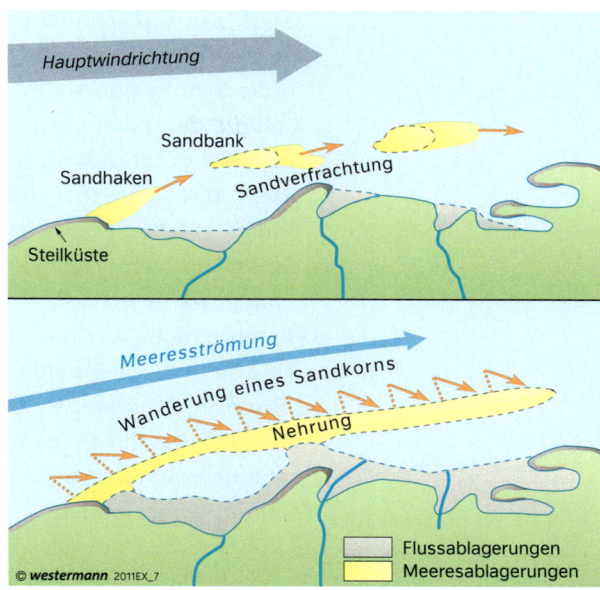

M6 *Entstehung einer Haff- und Nehrungsküste*

Wind und Wasser gestalten Küsten

Neben Wasser und Eis kann der Wind im Zusammenwirken mit der Meeresströmung Küstenlandschaften gestalten. An der Ostseeküste im Bereich von Heiligenhafen (Schleswig-Holstein) kann man erkennen, wie dadurch in der Vergangenheit die Küstenlinie verändert wurde (M4). Eine west-östliche, küstennahe Meeresströmung entsteht durch die hier vorherrschenden Westwinde. Sie zerstört nach und nach das ins Meer hineinragende Land. Vor Buchten, in denen sich die Wasserbewegungen beruhigen, wird das Material abgelagert.

Es werden zunächst unter dem Wasserspiegel liegende Sandbänke aufgebaut. Wachsen diese über den Wasserspiegel hinaus, greift der annähernd küstenparallel wehende Wind an. Es kommt zur Dünenbildung. Wind und Meeresströmung transportieren die Sandkörner, sodass Sandhaken und dann Nehrungen entstehen. Weitere durch das Zusammenspiel des Windes und des Wassers gebildete Küstenformen sind die Steil- und die Flachküste. An Steilküsten können z. B. Brandungswellen das Gestein aushöhlen, wodurch es zu Abbrüchen kommen kann.

ⓘ Nehrung
ist ein schmaler Strandstreifen, der durch Verfrachtung von Sand durch einen überwiegend küstenparallel wehenden Wind entsteht und ehemalige flache Buchten (Haffs) vom Meer abtrennt.

✎ www.ruegen.de/
service/vorsicht-
steilkuesten

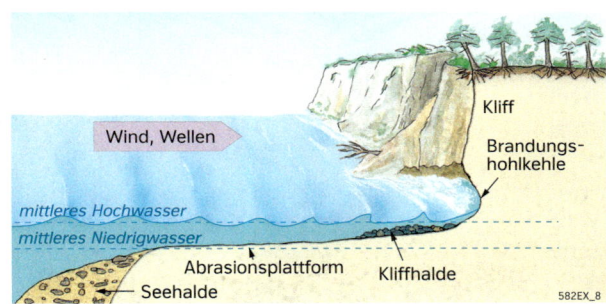

M5 *Steilküste*

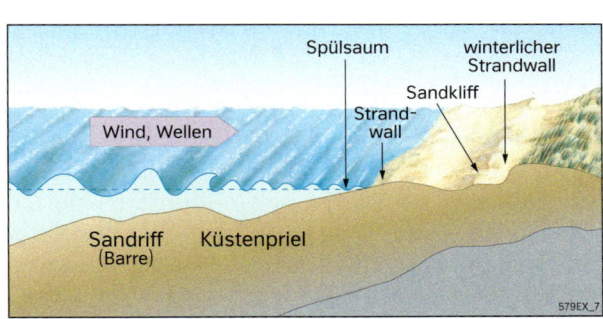

M7 *Flachküste*

Gesteine entstehen und zerfallen

Nora brachte neulich einen Stein mit in die Schule, den sie in den Ferien im Gebirge gefunden hatte. „Der Stein ist im Meer entstanden", behauptet sie. „Nein, das kann aber nicht sein", sagt Franka, „Steine entstehen doch, wenn ein Vulkan ausbricht." Johannes meint: „Steine waren schon immer da, seit es die Erde gibt." Wer hat recht?

Die Erdkruste ist vor etwa 4,6 Milliarden Jahren entstanden. Seitdem sind die Gesteine verschiedenen Kräften ausgesetzt gewesen und haben sich dadurch ständig umgewandelt.

Die Gesteine an der Erdoberfläche werden durch Wasser, Wind, Frost und Wurzeln zerkleinert und zerfallen. Diesen Vorgang nennt man Verwitterung. Die dabei entstehenden kleineren Steine werden durch Wasser, Eis oder auch den Wind abgetragen (Erosion). Auf diese Weise können ganze Gebirge mit mehreren 1 000 Metern Höhe abgetragen und eingeebnet werden.

Je nach ihrer Entstehung unterscheidet man drei große Gruppen von Gesteinen (M1).

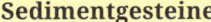

www.youtube.com
(→ Gesteinskreislauf)

Magmatische Gesteine

Sie entstehen aus geschmolzenem Gestein aus dem Erdinneren. Bleibt diese Gesteinsschmelze (Magma) in größeren Tiefen der Erdkruste oder im Erdmantel stecken, kühlt sie langsam ab. Durch diese langsame Abkühlung bilden sich große Kristalle, die mit bloßem Auge gut sichtbar sind. Es bildet sich ein Tiefengestein. Gelangt das Magma bis an die Erdoberfläche und erstarrt als Lava recht schnell, so bilden sich sehr kleine Kristalle, die kaum mehr einzeln zu erkennen sind. Die Gesteine sehen dadurch einfarbig aus und werden als Ergussgestein bezeichnet.

Sedimentgesteine

Sie werden auch Ablagerungsgesteine genannt, denn sie entstehen aus Gesteinsmaterial, das durch Verwitterung zerkleinert, transportiert und in großen Senken oder im Meer abgelagert wird. Das zunächst noch nicht verfestigte Lockersediment wird unter dem Druck der darüber abgelagerten Schichten verfestigt. Da sich das abgelagerte Gesteinsmaterial im Laufe der Zeit immer wieder verändert, sind bei Sedimenten meistens farblich leicht unterschiedliche Schichten zu erkennen.

Metamorphe Gesteine

Wenn Gesteine in große Tiefe absinken, werden sie einem hohen Druck und hoher Temperatur ausgesetzt. Sie können dann entweder völlig schmelzen und wieder zu Magma werden oder sie werden nur in ihrer Struktur umgewandelt, was als Metamorphose bezeichnet wird. Die Kristalle werden durch den hohen Druck umgeformt. Metamorphe Gesteine zeigen oft wellenförmige Bänder.

M1 *Gesteinsgruppen*

M2 *Basalt*

M3 *Sandstein*

M4 *Marmor*

Granit	Basalt	Kalkstein	Marmor
• grobkörniges und hartes magmatisches Tiefengestein • besteht vorwiegend aus den Mineralien Feldspat, Quarz und Glimmer • *Vorkommen:* Harz, Fichtelgebirge, Bayerischer Wald • *Nutzung:* Pflastersteine, Grabsteine, Treppen, Fassadenverkleidung	• dichtes, dunkelgraues bis schwarzes, sehr hartes Ergussgestein • als Fels oft säulenartig ausgebildet • *Vorkommen:* Rhön, Erzgebirge, Oberpfalz • *Nutzung:* Schotter, Wärmeschutz, Brandschutz	• fein- bis grobkörniges Sedimentgestein • häufig mit eingeschlossenen Pflanzen und Tierresten • *Vorkommen:* Nördliche Kalkalpen • *Nutzung:* Bodenbeläge, Fensterbänke, Fassadenverkleidung	• körniges Umwandlungsgestein, hervorgegangen aus Kalkstein • unterschiedliche Farbgebung abhängig von den einzelnen Beimengungen • *Vorkommen:* Fichtelgebirge • *Nutzung:* Fassadenverkleidung, Bodenbeläge, Fensterbänke, Grabsteine

M5 *Gesteine: Arten, Vorkommen und Nutzung*

Der Königsstuhl ist ein Teil der Rügener Kreidefelsen im Nationalpark Jasmund. Er liegt 118 Meter über dem Meeresspiegel und ist die bekannteste Kreidefelsformation Deutschlands. Der Königsstuhl besteht aus einem sehr reinen und feinkörnigen Kalkstein. Dabei hat das Calciumcarbonat (Kalk) eine geringe Festigkeit. Die Kreide entstand vor rund 70 Millionen Jahren aus organischen Materialien wie Algen, Muschel- und Schneckenschalen. Nach dem Absterben sanken die Überreste der Organismen auf den Meeresboden und wurden von Sedimenten überdeckt. Dabei wurden die Reste verfestigt. Deshalb gehört die Kreide in die Gruppe der marinen Sedimentgesteine. In der Kreide können auch Fossilien, z.B. Donnerkeile (Reste von urzeitlichen Tintenfischen), enthalten sein.

M6 *Königsstuhl*

1813 war Leipzig Schauplatz der Völkerschlacht. Die verbündeten Heere Russlands, Preußens, Österreichs und Schwedens errangen dabei den entscheidenden Sieg über Napoleon und dessen Alliierte auf deutschem Boden. Mit dem 1913 eingeweihten Denkmal sollen die Gefallenen dieser Schlacht geehrt werden. Das Völkerschlachtdenkmal zählt mit 91 Metern Höhe zu den größten Denkmälern Europas. Es wurde aus Beton und rund 26 000 Beuchaer Granitporphyr-Natursteinblöcken errichtet. Der Granitporphyr zählt zu den magmatischen Gesteinen.

M7 *Völkerschlachtdenkmal*

1. Ordne die Gesteine in M2 bis M7 ihrer Gesteinsgruppe zu: Sedimentgestein, metamorphes Gestein und magmatisches Gestein.

2. Gesteine durchlaufen einen „Lebenskreislauf". Beschreibe die Reise eines Sandkorns von der Erdoberfläche bis ins Erdinnere (Text S. 128).

3. Lokalisiere die in M5 aufgeführten Gebiete (Vorkommen) im Atlas. Beschreibe ihre Lage.

M2 *Kiesabbau*

Gesteine – wichtig für die Wirtschaft

Jeder Einwohner in Deutschland „verbraucht" an einem einzigen Tag über 20 kg an Steinen und Erden. Gemeint sind damit sowohl die in Steinbrüchen abgebauten Natursteine wie Basalt, Granit, Sandstein oder Marmor, Lockergesteine wie Sand und Kies als auch die sogenannten Bindemittel wie Gips, Kalkstein, Mergel oder Quarzsand. Die Nutzung dieses Materials gab sogar einer ganzen Epoche, der Steinzeit, ihren Namen.

Verbrauch eines Menschen an Rohstoffen im Laufe seines Lebens	in Tonnen
Sand und Kies	307
Braunkohle	158
Mineralöl	116
Steinkohle	67
Steinsalz	12
Kaolin	4
Kalisalz	3,4
Schwefel	0,2

M1 *Rohstoffverbrauch eines Menschen*

Keine anderen Rohstoffe werden in so großen Mengen gebraucht wie Kies und Sand. Ihre Verwendung ist sehr vielfältig. Schotter wird genutzt als Untergrund für Bahnanlagen, Straßen, Rohrleitungen und Kabel. Sand, Kalk und Mergel sind Rohstoffe für die Herstellung von Zement und Beton. Gießereien brauchen sehr viel Sand für Gussformen. Quarzsand ist ein wichtiger Zuschlagstoff für die Glasindustrie. Kalk und Marmor, sehr fein gemahlen, bilden Rohstoffe für die chemische Industrie (Dünger, Kosmetika), Metallurgie und Papierindustrie.

Steine und Erden sind nicht unendlich verfügbar. Somit ist auch die Bauwirtschaft gefordert, ökologische Verfahren zu entwickeln, um nachhaltig mit den Ressourcen umzugehen. Wenn beispielsweise ein Gebäude abgerissen wird, trennt man die verschiedenen Stoffe und zerkleinert die Steine in verschiedene Schottergrößen. Sie können dann wieder genutzt werden.

Ein weiteres Beispiel stellt die Glasindustrie als einer der wichtigsten Abnehmer von Spezialsanden dar: Im Behältermarkt werden bereits Recyclingquoten von rund 90 Prozent erreicht.

---

1 Berechne, wie viele Kilogramm Steine und Erden du in deinem Leben statistisch bis jetzt schon verbraucht hast.

2 Informiere dich in deinem Umfeld über Abbrucharbeiten von Häusern und die Nutzung von Bauabfällen.

Sachsen-Anhalt – „steinreich"

Rund 220 Steine- und Erdenbetriebe gibt es in Sachsen-Anhalt. Besonders bedeutende Lagerstätten sind die von Kiesen und Kiessanden, Hartgesteinen (z.B. Quarzporphyr), Kalksteinen, Quarzsanden und Tonen. Sie bilden für eine leistungsfähige Bau- und Glasindustrie die Basis. Sachsen-Anhalt besitzt daneben noch reiche Vorkommen am Sedimentgestein Braunkohle im Mitteldeutschen Braunkohlenrevier. Abgebaut wird der Rohstoff im Tagebau Profen im Süden des Landes und dient als Brennstoff für Heizkraftwerke. Deutschland will mittelfristig aus der Braunkohle aussteigen.

Für das Mitteldeutsche Braunkohlenrevier rechnet man, dass noch bis etwa 2038 der Abbau erfolgen kann.

M3 *Abbau von weißem Quarzsand*

Kostbarer Sand

Der Bedarf an Sand und Kies hat sich im Laufe der letzten Jahrzehnte enorm erhöht. In so gut wie allen Bereichen des täglichen Lebens findet man Sand. Sowohl in Kosmetikartikeln, Displays, Elektronikteilen als auch in Fahrzeugen ist Sand anzutreffen. Im Bauwesen spielt er von jeher eine Schlüsselrolle. Ob Straßen oder Häuser gebaut werden sollen – ohne Sand geht nichts. Aus diesem Grund ist Sand aus unserem Leben nicht fortzudenken. Der Jahresverbrauch an diesem grundlegenden Material ist insbesondere in der Baubranche sehr hoch. Sand wird z.B. beim Verputzen, zum Anmischen von Mörtel und Beton oder für die Herstellung von Estrichböden gebraucht. Der Preis für Bausand steigt unaufhörlich. Das Material ist so kostbar, weil es knapp ist. Eine Tonne gewaschener Bausand kostet ca. 30 Euro. Warum nimmt man nicht den Sand aus den Wüsten der Erde? Davon gibt es doch mehr als genug. Sand ist nicht gleich Sand. Die Körner des Wüstensandes sind durch den Wind geglättet und weisen eine unzureichende Oberflächenhaftung auf. Weil sich die Sandkörner aus der Wüste nicht ineinander verhaken können, sind sie für die Weiterverarbeitung ungeeignet. Eine aus Wüstensand gebaute Straße würde schnell zerbröseln. Also baggert man aus dem Meeresgrund, aus Seen oder Flüssen Sandmassen hervor. Das ist aufwendig und teuer. Inzwischen wird aber intensiv geforscht, um Wüstensand als Baumaterial nutzbar zu machen.

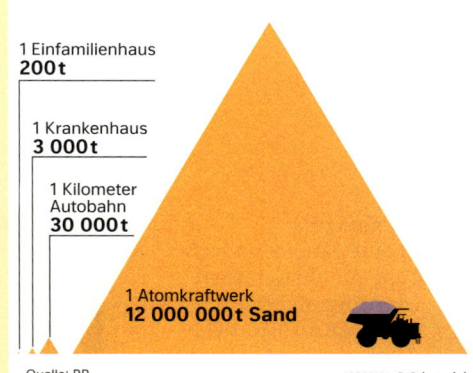

1 Einfamilienhaus
200 t

1 Krankenhaus
3 000 t

1 Kilometer Autobahn
30 000 t

1 Atomkraftwerk
12 000 000 t Sand

Quelle: BR

10265HX © Schroedel

M4 *So viel Sand benötigt man für …*

✐ www. planet-wissen.de

Suchbegriff: Sand der unterschätzte Rohstoff

❸ Erkunde Vorkommen, Abbau und Verwendung von Steinen und Erden in deiner Heimatregion. Berichte darüber.

❹ Erläutere die Aussage eines Bauunternehmers: „Heutzutage ist Sand fast kostbarer als Gold oder Wasser".

M1 *Die Astronauten von Apollo 11 brachten Mondgestein zur Erde mit.*
Warum waren keine Sedimentgesteine unter den Proben zu finden?

So gehst du vor

1. **Sammelt auf Erkundungsgängen, Wanderfahrten oder im Urlaub Steine und notiert den Fundort.**

2. **Untersucht die Steine:**
   - Betrachtet den jeweiligen Stein und beschreibt seine Farbe.
   - Ritzt den Stein mit einem Taschenmesser und stellt fest, wie weich oder hart er ist.
   - Schätzt das Gewicht, indem ihr verschiedene Steine gleicher Größe in die Hand nehmt.
   - Zusatz: Beschreibt die Größe der zu erkennenden Mineralien.
   - Fasst eure Beobachtungen zusammen und versucht, mithilfe von M2 oder eines Gesteinsbestimmungsbuches, den Namen des Steins zu ermitteln.

3. **Vergleicht Gesteine:**
   - Wählt je einen Stein aus den verschiedenen Gesteinsgruppen aus.
   - Vergleicht sie hinsichtlich ihrer Entstehung und ihrer Verwendungsmöglichkeiten (vgl. auch M 5, S. 129).

ⓘ Gestein
ist eine Sammelbezeichnung für ein Gemisch von Mineralkörnern, Gesteinsbruchstücken, Gesteinsschmelzen oder Rückständen von Organismen

Minerale
sind alle natürlich gebildeten chemischen Substanzen der Erdkruste, die eine bestimmte Zusammensetzung und eine charakteristische Kristallstruktur aufweisen

M2 *Gesteinskasten*

❶ Suche und sammle Steine in deiner näheren Umgebung. Beachte dabei Hinweisschilder sowie den Gesundheits- und Umweltschutz.

❷ Ermittle, ob es in deiner Schule einen Gesteinskasten gibt. Vergleiche zwei Gesteine. Nutze die Schrittfolge.

1. Platten in Bewegung
Beschreibe die Driftarten.
Nenne dabei entstehende Oberflächenformen mit je einem Beispiel.

2. Wasser schafft Täler
Benenne die Talformen.
Ordne sie den Flussabschnitten
Ober-, Mittel- und Unterlauf zu.

a)
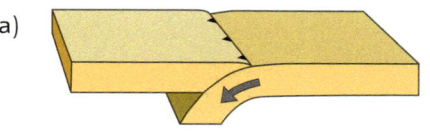

1)

b)
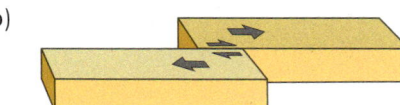

2)

c)
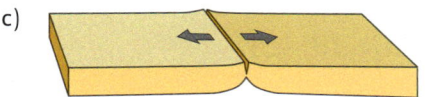

3)
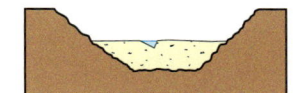

Kompetenz-Check

Hier sind die Kompetenzen aufgeführt, die du in diesem Kapitel erwerben konntest.
Schätze deinen erreichten Stand der Kompetenzentwicklung selbst ein:

☺ sehr gut   ☺ gut   😐 befriedigend   ☹ mangelhaft

Ich kann ...	☺	☺	😐	☹	Noch unsicher? Schlage nach auf S. ...
... den Schalenbau der Erde und Plattenbewegungen beschreiben.					104, 106–107
... Vorstellungen zur zukünftigen Kontinentaldrift entwickeln und mit Simulationen vergleichen.					106, 109
... Zusammenhänge zwischen Vorgängen an Plattenrändern und Reliefformen erläutern.					108-114
... Profilskizzen auswerten.					113, 111, 124
... Tätigkeiten exogener Kräfte beschreiben und die damit verbundene Umgestaltung der Erdoberfläche erläutern.					122–127
... das Zusammenwirken endogener Vorgänge und der Tätigkeit exogener Kräfte an Beispielen auch aus dem eigenen Lebensraum aufzeigen.					105, 128
... Naturereignisse beschreiben, Maßnahmen zum Schutz vor Naturkatastrophen zusammenstellen und in einem Poster darstellen.					115–119
... Gefährdungen Deutschlands durch Naturereignisse beurteilen und Ergebnisse mediengestützt vorstellen.					120–121
... Gesteinsgruppen und ihre Entstehung beschreiben.					128–129
... ausgewählte Gesteine mithilfe von Handstücken untersuchen, vergleichen und in Hauptgesteinsgruppen einordnen.					132
... die Bedeutung und Nutzung von Gesteinen erläutern, dabei Gesteine und deren Verwendung im Nahraum erkunden.					130–131

5 Raumausstattung von Ost-, Südost- und Südasien

In diesem Kapitel erwirbst du folgende Kompetenzen und wendest diese an:

– die Naturraumausstattung von Ost-, Südost- und Südasien analysieren,

– geologische und klimatische Gefahren begründen und Schutzmaßnahmen aufzeigen,

– die Bevölkerungsverteilung und -entwicklung beschreiben,

– thematische Karten auswerten,

– mithilfe von Statistiken den wirtschaftlichen Entwicklungsstand von Ländern vergleichen.

M1 *Tokio mit dem Vulkan Fuji*

Russland
Mongolei
Nordkorea
Südkorea
Japan
China
Pakistan
Nepal Bhutan
Bangladesch
Indien
Myanmar
Laos
Taiwan
Thailand
Vietnam
Kambodscha
Philippinen
Sri Lanka
Malediven
Brunei
Malaysia
Singapur
Indonesien
Osttimor
© Westermann   1669EX_10

Südasien
Ostasien
Südostasien

M1 *Räumlicher Überblick*

Kulturelle Merkmale

Die Räume Ost-, Süd- und Südostasien weisen viele gemeinsame kulturelle Merkmale auf.

So verfügen die drei Kulturräume über eine besonders hohe Bevölkerungszahl, die auch auf kulturelle und religiöse Traditionen zurückzuführen ist.

Zur Sicherung ihrer Ernährung dient seit Jahrtausenden Reis als Hauptnahrungsmittel. Mit dem Reisanbau, der Pflege und Ernte sind zahlreiche rituelle Handlungen verbunden.

Die dominierende Religion der drei Kulturräume ist der Buddhismus.

Millionen von Menschen gehören aber auch dem Hinduismus und dem Islam an. Viele religiöse Bauwerke sind bekannte Sehenswürdigkeiten, die zum Weltkulturerbe erklärt wurden. Dazu zählen zum Beispiel der Minakshi-Tempel in Indien, die Große Mauer in China, die Tempel in Angkor in Kambodscha oder die Tempelanlage Borobodur in Indonesien.

Minakshi-Tempel; Madurai, Indien

Vielfalt an Speisen

Inderin

Angkor Wat

Buddhistische Mönche

❶ Ordne den drei Kulturräumen Ost-, Süd- und Südostasien je zwei Länder zu.

❷ Nenne kulturelle Merkmale der Regionen.

MERKMALE DER KULTURRÄUME

Ostasien

Der Kulturraum Ostasien hat eine lange, eigenständige Tradition. Die prägende Religion in diesem Raum ist der Buddhismus. Überall in Ostasien ist der Einfluss Chinas zu erkennen: in der Schrift, Architektur, Kunst und in den Lebensgewohnheiten. Diese werden vor allem vom Konfuzianismus, einer aus China stammenden Morallehre, bestimmt. Sie enthält Regeln für das Zusammenleben der Menschen.

In Ostasien ist Reis nicht nur ein Nahrungsmittel, sondern ein Kulturelement.

Südasien

Das Leben der Menschen wird in dieser Region vor allem durch den Hinduismus, aber auch den Islam und Buddhismus geprägt. Die Menschen leben in einer sozialen Rangordnung, die Kastensystem genannt wird. Im Norden Indiens entstand vor etwa 2 500 Jahren der Buddhismus. Diese Weltreligion breitete sich von hier bis nach Ost- und Südostasien aus.

Zu den kulturellen und die Landschaft prägenden Merkmalen Südasiens gehören der Reis- und Teeanbau.

Südostasien

Der Kulturraum weist eine große kulturelle und religiöse Vielfalt auf. In Südostasien gibt es Hunderte Volksgruppen, die etwa 1 500 Sprachen sprechen. Schon früh entwickelten sich bedeutende Handelsplätze. Menschen aus dem Orient und aus Südasien kamen hierher und siedelten sich an. Deshalb leben hier Anhänger von drei Weltreligionen: Buddhisten, Muslime und Christen. In Indonesien leben die meisten Muslime außerhalb des Orients. Charakteristisches Kulturelement ist der Reisanbau.

Statue des Gelehrten Konfuzius

Teeernte auf Sri Lanka

Schüler in Thailand

M1 *Am Mt. Everest im Himalaya (Nepal)*

M3 *Oberflächengestalt von Ost-, Süd- und Südostasien*

www.youtube.com
(→ Tonle Sap See)

Vielgestaltiges Relief

Die Oberflächengestalt von Ost-, Süd- und Südostasien ist sehr vielgestaltig. Im Westteil befinden sich die gewaltigsten Erhebungen der Erde. Der Himalaya mit seinem höchsten Berg, dem Mount Everest, gehört zum europäisch-asiatischen Faltengebirgsgürtel.

An den Küsten und an den großen Flüssen erstrecken sich fruchtbare Tiefländer. Ost- und Südostasien sind durch ausgedehnte Inselbögen gekennzeichnet. Sie stellen das Ergebnis von Bewegungen mehrerer Erdplatten dar. Oft treten Vulkanausbrüche, Erd- oder Seebeben auf.

M2 *Der Mekong in Vietnam*

Gewässer

Die großen Ströme, die die drei Regionen durchfließen, gehören zu den gewaltigsten der Erde. Ihre Wassermassen transportieren viel Schlamm, sodass **Aufschüttungsebenen** und Deltamündungen entstanden sind.
Der Tonle Sap See in Kambodscha ist das größte Binnengewässer Südostasiens. An seinen Ufern leben die Menschen noch heute in schwimmenden Dörfern.

❶ Analysiere die Oberflächenformen und das Gewässernetz Ost-, Südost- und Südasiens.

❷ Stelle Zusammenhänge zwischen Relief und endogenen Prozessen dar.

Unruhiger Raum

Ost-, Süd- und Südostasien werden häufig von Naturereignissen heimgesucht. Vulkanausbrüche, Erd- und Seebeben, damit verbundene Tsunamis, Wirbelstürme und Überschwemmungen infolge von Starkregen richten schwere Schäden an. Viele Menschen verlieren dabei ihr Leben.

Japan, die Philippinen und Indonesien liegen auf dem „Ring of Fire", dem pazifischen Feuerring. Auf den Philippinen liegen etwa 50, auf Japan 77 tätige Vulkane. Das Land mit den meisten aktiven Vulkanen ist Indonesien. Ein Drittel der dort vorhandenen 300 Feuerberge spuckt immer wieder Gas, Asche oder Lava aus. Im Januar 2018 kam es gleichzeitig in mehreren südostasiatischen Ländern zu Vulkanausbrüchen: auf den indonesischen Inseln Bali und Sumatra, auf Papua-Neuguinea und den Philippinen.

M4 *Folgen eines Erdbebens*

M5 *Überschwemmung (Bangladesch)*

Das Jahr ohne Sommer

Im Jahr 1815 explodierte auf der Insel Sumbava/Indonesien der Gipfel des 3 960 Meter hohen Vulkans Tambora.

Es war eine der größten Naturkatastrophen der Erde. Aus dem Vulkanschlot wurden bis zu 160 Kubikkilometer Lava und Asche geschleudert. Die Eruptionssäule stieg auf über 40 km hoch. Ein Aerosolschleier (Tröpfchen aus Schwefelsäure und Wasser) verteilte sich über den ganzen Erdball. Er sorgte für schwere Klimaturbulenzen, dichte Wolken ließen die Sonnenstrahlen noch im nächsten Jahr kaum durch. Missernten, Hungersnöte und auch eine Cholera-Epedemie waren weltweit die Folgen.

Der lauteste Knall der Welt

Knapp 70 Jahre später, im Jahre 1883, explodierte der Vulkan Krakatau. Weil kurz vorher ein Unterseekabel vor Indonesien verlegt worden war, verbreitete sich die Nachricht fast in Echtzeit. Die Eruptionen zerstörten fast die gesamte Insel. Der Knall der Explosionen war noch in etwa 4 000 km Entfernung zu hören. Druckwellen liefen mehrfach um den gesamten Globus. Die Menschen, auch in Europa, klagten noch Monate später über sinkende Temperaturen. Über 40 Meter hohe Tsunamis überrollten die Küsten der benachbarten Inseln. Sie brachten mehr als 38 000 Menschen den Tod.

Anak-Krakatau („Kind des Krakatau")

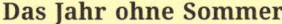 www.wetter.tv/de/news/1816-das-jahr-ohne-sommer

③ Nenne die verschiedenen Naturereignisse, die Ost-, Südost- und Südasien bedrohen.

④ Ordne sie den asiatischen Räumen zu, begründe ihre Verteilung und beschreibe Auswirkungen.

M1 *Bambuswald in China*

polare Klimazone
- Polarklima

subpolare Klimazone
- subpolares Klima

gemäßigte Klimazone
- 1 kühles Kontinentalklima
- 2 sommerheißes Kontinentalklima mit Frühjahrsregen
- 3 Ostseitenklima

subtropische Klimazone
- subtropisches Ostseitenklima

Zone des tropischen Wechselklimas
- tropisches Wechselklima

Äquatorialzone
- Äquatorialklima

Klimate der Hochgebiete
- Hochgebirgsklima
- Trockengebiete

© Westermann

M3 *Klimazonen*

Klima und Vegetation

Ost-, Süd- und Südostasien haben infolge ihrer gewaltigen Nord-Süd-Ausdehnung Anteil an allen Klimazonen der Erde. Er reicht von der gemäßigten Klimazone im Norden bis zum Äquatorialklima im Süden. Im Westen Ostasiens und im Norden Südasiens bildeten sich aufgrund der großen Höhenlage Hochgebirgsklimate aus. Hier befinden sich auch ausgedehnte Wüsten. Im nördlichen Teil Ostasiens sind an den Küsten sommergrüne Laub- und Mischwälder zu finden.

Der südliche Teil dagegen ist durch Hartlaubgehölze der Subtropen geprägt.
Südasien und Südostasiens werden hauptsächlich von Savannen und tropischen Regenwäldern eingenommen. Diese natürliche Vegetation ist jedoch kaum noch vorhanden, da sie Siedlungen und landwirtschaftlichen Nutzflächen weichen musste. Die tropischen Regenwälder sind durch Abholzung zur Förderung von Bodenschätzen und für Palmölplantagen stark bedroht.

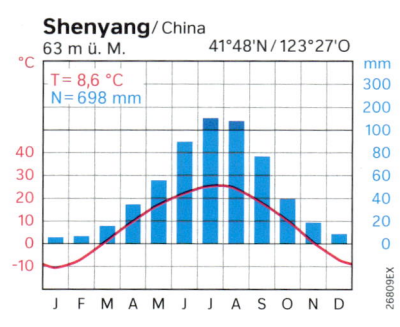

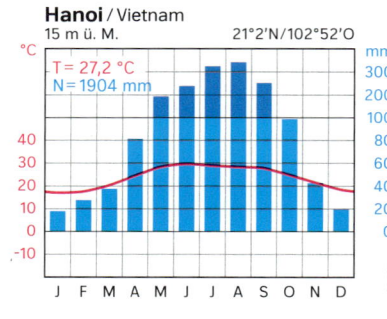

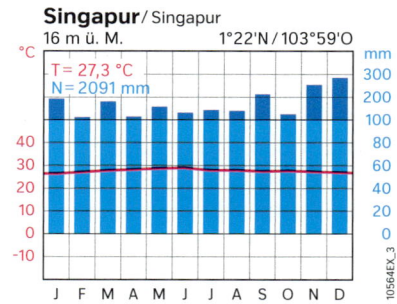

M2 *Klimadiagramme*

① Ordne die Klimadiagramme in M2 den Klimazonen zu. Begründe deine Entscheidung.

② Beschreibe und erkläre die Vielfalt der Vegetation in Ost-, Südost- und Südasien.

M4 *Kinder begrüßen den Regen in Indien*

M6 *Erdrutsch nach Monsunregen in Taiwan*

Der Monsun prägt das Leben und Wirtschaften

Der **Monsun** ist Teil der großen Windgürtel der Erde. Er wirkt vor allem in Südasien, auch in Teilen Ost- und Südostasiens und entsteht im Wesentlichen durch die unterschiedliche Erwärmung von Land und Meer.

Das Wort Monsun kommt vom arabischen „mausim" und bedeutet so viel wie Jahreszeit. Gemeint sind die jahreszeitlich wechselnden tropischen Winde, die im Sommerhalbjahr vom Meer zum Land und im Winterhalbjahr vom Land zum Meer wehen (M5).

Der regenbringende Sommermonsun ist für Natur und Mensch nach langer Trockenzeit ein Geschenk. Doch manchmal tritt er zu früh und zu heftig auf. Überschwemmungen mit katastrophalen Auswirkungen sind die Folge. Oder er kommt zu spät und bringt nur wenig Regen. Dann kann erst mit Verzögerung gepflanzt und gesät werden. Eine schlechte Ernte ist die Folge. Der wechselnde Monsun hat auch Einfluss auf den Tourismus. Als Haupreisezeit gilt daher die Zeit von November bis zum Februar.

ⓘ Innertropische Konvergenz (ITC)
Sie ist eine Tiefdruckrinne in Äquatornähe. Hier treffen der NO- und der SO-Passat aufeinander. Durch die starke Quellbewölkung kann es zu kräftigem Niederschlag kommen. Mit den Jahreszeiten verlagert sich die ITC. Sie folgt dem Zenitstand der Sonne.

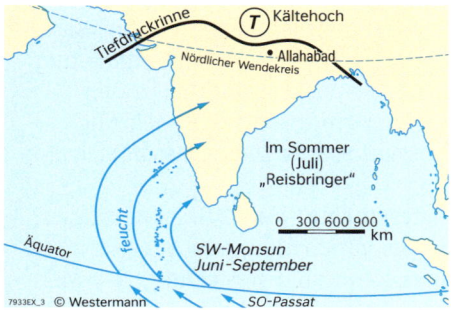

M5 *Der Monsun im Sommer und im Winter*

www.youtube.com
(→Monsun-einfach-erklärt)

③ Erkläre die jahreszeitliche Änderung der Niederschlagsverhältnisse. Nutze dazu den Text und M5.

④ Erläutere an Beispielen, wie der Monsun das Leben und Wirtschaften der Menschen prägt (Internet).

M1 *Zerstörungen nach dem Taifun „Megi" auf den Philippinen*

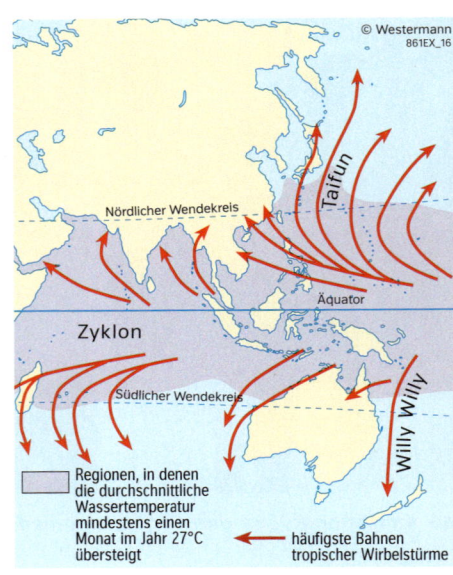

M2 *Zone von Wirbelstürmen*

ⓘ Bezeichnungen von Wirbelstürmen

Taifune haben ihre Bezeichnung vom chinesischen Begriff für Wind „taifung" erhalten.
Aus der Sprache der Ureinwohner Australiens stammt der Begriff „Willy Willy".
Zyklone (aus dem Griechischen „der Kreis") nennt man die Wirbelstürme, die über dem Indischen Ozean entstehen.
Der Sturmgott der Mayas „Hunraken" war Namensgeber für die Hurrikans.

www.wissen.de/Natur
(→Tropischer Wirbelsturm)

Tropische Wirbelstürme – Energie pur

Zwischen Juli und November werden die Küstenregionen Süd-, Ost- und Südostasiens von tropischen **Wirbelstürmen** heimgesucht. Man nennt sie dort Zyklone oder Taifune. Sie entstehen über den tropischen Meeren nördlich und südlich des Äquators, wo die Wasserflächen an der Oberfläche mindestens 26 °C Wassertemperatur aufweisen.

Die zu Beginn noch harmlosen Tiefdruckwirbel saugen über dem Meer die feuchtwarme Ozeanluft an und reißen sie in einer Spirale bis zu 20 Kilometer in die Höhe.
In der Mitte des Wirbels liegt das wolkenlose und nahezu windstille „Auge" des Sturms. Um dieses Auge kreisen die Wirbel mit Windstärken von bis zu 350 km/h.

Mit dem Flugzeug durch einen Taifun
Die Vorhersage von Wirbelstürmen und ihrer wahrscheinlichen Zugbahnen ist für die Bevölkerung in den gefährdeten Regionen lebensnotwendig. Satelliten, die „Augen aus dem All", erkennen einen Wirbelsturm schon in seiner Entstehungsphase. Mit Spezialflugzeugen fliegen Wissenschaftler in den riesigen Tiefdruckwirbel hinein, um Windgeschwindigkeit und -richtung, Größe des Auges und den Luftdruck zu messen. Solche Daten lassen sich nur im Zentrum des Wirbelsturmes erheben.
Wenn die Flugzeuge in einen dieser „Monsterstürme" hineinfliegen, müssen sie durch schwere Turbulenzen. Dann wird es ganz ruhig. Das Auge des Sturmes ist erreicht. Jeder Einsatz ist sehr riskant, aber notwendig, um Menschen Leid zu ersparen und vielen sogar das Leben zu retten.

❶ Erkläre, wie Wirbelstürme entstehen und warum Wissenschaftler in das „Auge" eines Sturmes fliegen.

❷ Ermittle Städte in den asiatischen Regionen, die in Zugbahnen der Wirbelstürme liegen (Atlas).

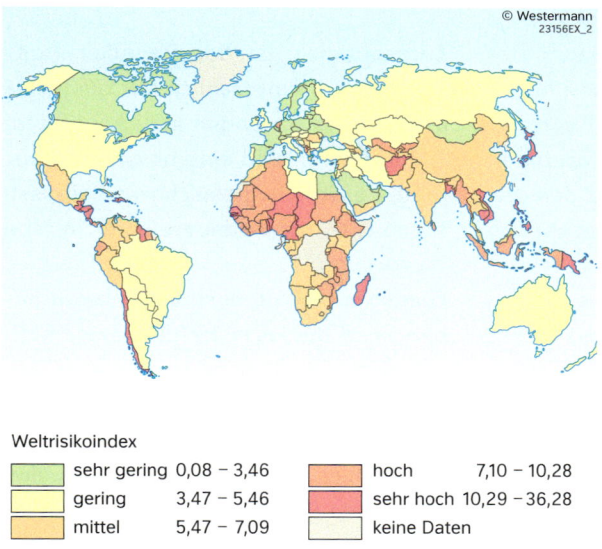

Weltrisikoindex

sehr gering	0,08 – 3,46	hoch	7,10 – 10,28
gering	3,47 – 5,46	sehr hoch	10,29 – 36,28
mittel	5,47 – 7,09	keine Daten	

M3 *Weltrisikobericht (2018)*

Jedes Jahr verfasst der Verein „Bündnis Entwicklung Hilft" einen Weltrisikobericht. Darin kommt zum Ausdruck, dass sich jedes Naturereignis, ob Erdbeben oder Tsunami, Wirbelsturm oder Überschwemmung, zur Katastrophe entwickeln kann. Abhängig ist das zum einen von der Stärke des Naturereignisses selbst und zum anderen von den Lebensverhältnisse der Menschen in den betroffenen Regionen. Entscheidend sei zudem, ob es Möglichkeiten gibt, schnell zu reagieren und zu helfen. Es zeigt sich immer wieder, dass dort, wo die Menschen im Fall eines extremen Naturereignisses wissen, was zu tun ist, höhere Überlebenschancen bestehen.

M5 *Einschätzung durch den Weltrisikobericht*

Gefahrenpotenzial und Schutzmaßnahmen

Naturereignisse wie Erdbeben, Vulkanausbrüche, Überschwemmungen oder Wirbelstürme sind nicht zu verhindern. Aber der Mensch kann die Folgen minimieren. Bangladesch installierte 1991 nach einem Zyklon ein weitreichendes Frühwarnsystem und beschloss Programme für die Vorbereitung auf Katastrophen und Evakuierungen. Ähnliche Maßnahmen haben die Philippinen und Indonesien ergriffen.

Nepal nahm für die von Erdbeben bedrohten Gebiete Risikokartierungen vor. In der Schule werden die Kinder und Jugendlichen auf das Verhalten bei Erdbeben vorbereitet. Das gilt für alle gefährdeten Länder. Den besten Schutz aber bietet erdbebensicheres Bauen.

www. misereor.de
(→Weltrisikobericht)

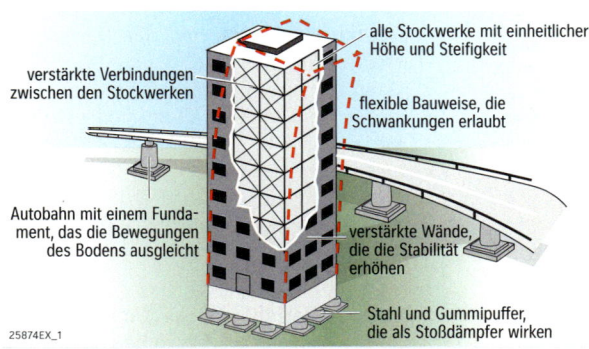

M4 *Erdbebensicheres Bauen*

M6 *Schutzübungen*

❸ Analysiere das Weltrisiko für Naturkatastrophen. Erkläre die weltweiten Unterschiede.

❹ Erläutere Maßnahmen, die verhindern können, dass Naturereignisse zu Katastrophen werden.

Länder	Einwohner (in Mio.)
China	1 394
Indien	1 371
USA	328
Indonesien	265
Brasilien	209
Pakistan	201
Nigeria	196
Bangladesch	166
Russland	147
Mexiko	131

Quelle: DSW Länderdatenbank

M1 *Die 10 bevölke-rungsreichsten Länder der Welt (Mitte 2018)*

Bevölkerung – ein Überblick

In Asien leben rund 60 Prozent der Weltbevölkerung. Die Bevölkerung ist ungleich über den Kontinent verteilt. Unter den zehn bevölkerungsreichsten Ländern der Erde sind fünf aus den drei Regionen Ost,- Süd- und Südostasien (M1).

In den letzten Jahrzehnten ist es in den meisten Ländern zu einem starken Bevölkerungswachstum gekommen. Zwar ist dieses Wachstum schwächer geworden, doch es ist auch nicht abzusehen, dass die Bevölkerung in diesen Ländern schrumpfen könnte. Die Ursachen dafür sind vielfältig. Zum einen sind es die im Vergleich zu vielen westlichen Ländern hohen Geburtenraten.

Zum anderen ist das Bevölkerungswachstum hauptsächlich auf gestiegene Lebenserwartungen zurückzuführen. Gründe dafür sind eine bessere Ernährung, bessere hygienische Verhältnisse sowie eine umfassendere medizinische Versorgung.

Ebenso wie das Industrieland Japan haben auch die wirtschaftlich erstarkten ost- und südostasiatischen Staaten Singapur, Südkorea, Thailand und Malaysia rückläufige bzw. stagnierende Bevölkerungszahlen. Charakteristisch für die drei asiatischen Räume ist eine starke Zuwanderung von jungen Menschen vom Land in die Städte. Unter diesen Städten befinden sich große Metropolen der Erde (M3).

2000	87
2010	126
2020	160

M2 *Städtische Bevölke-rung Indonesiens in Mio.*

Jakarta – Hauptstadt Indonesiens

In der bevölkerungsreichsten Metropole Südostasiens leben rund 13 Millionen Menschen. Seit mehreren Jahrzehnten erlebt die Stadt einen wahren Bevölkerungsboom.

Im Vergleich zu anderen Megastädten ist Jakarta eine der Städte mit den höchsten Wachstumsraten der Bevölkerung. Das hat die städtische Infrastruktur schon jetzt an ihre Grenzen gebracht.

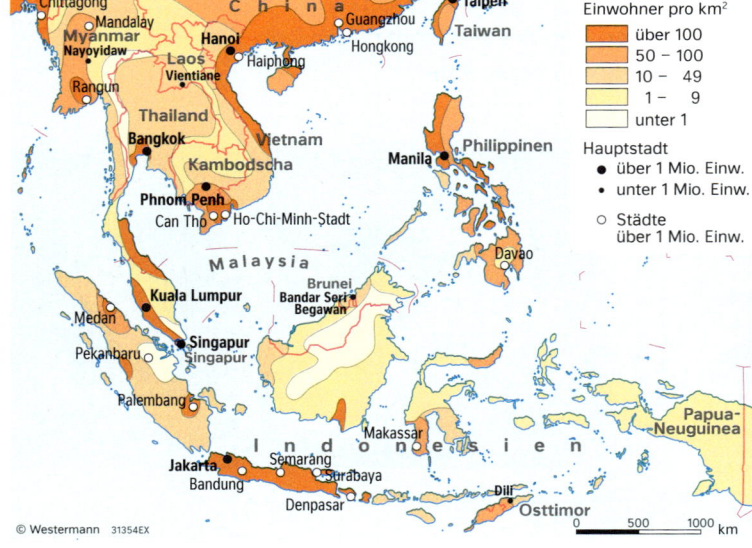

M3 *Bevölkerungsverteilung in Südostasien*

Methode: Thematische Karte auswerten

So gehst du vor

Lesen
1. Nenne das Thema und den dargestellten Raum.
2. Ermittle Lage, Größe des Raumes.
3. Ordne den Raum in Ordnungssysteme ein.
4. Lies die Legende und ermittle die Bedeutung der Signaturen.
5. Beschreibe die räumliche Verteilung der Flächensignaturen.

Auswerten
6. Stelle Zusammenhänge dar. Vergleiche mit einer physischen oder anderen thematischen Karte.
7. Fasse die Ergebnisse zusammen.

❶ Werte Karten zur Bevölkerungsverteilung aus (M3 , Atlas).

❷ Begründe das hohe Bevölkerungswachstum und das der Städte.

100800-274, 100800-275
schueler.diercke.de

Land	Einw. (in Mio, 2017)	BNE je Einw. (in US-$) 2017	Städtische Bevölkerung (in %) 2017	Alphabetisierungsrate (in %) 2007–2016 m w		Anteile am BIP (in %) 2017 Landwirtschaft	Industrie	Dienstleistungen
Bangladesch	164,7	4040	36	76	70	15	28	57
China	1394,4	16760	58	97	93	8	41	51
Indien	1339,2	7060	34	79	59	17	29	54
Indonesien	264,0	11900	55	97	94	15	40	45
Japan	126,8	45470	94	k.A.	k.A.	1	29	70
Rep. Korea	51,5	38260	83	k.A.	k.A.	2	39	59
Laos	6,9	6650	41	67	50	20	32	48
Malaysia	31,6	28650	76	95	91	8	36	56
Malediven	0,4	15350	48	99	99	3	24	73
Pakistan	197,0	5830	40	69	44	25	19	56
Singapur	5,6	90570	100	99	95	0	26	74
Thailand	69,0	17090	53	95	91	8	36	56
Vietnam	95,5	6450	35	96	91	18	36	46

Quelle: Fischer Weltalmanach 2019

BNE = Bruttonationaleinkommen, jährlich von den Bürgern eines Staates erbracht, bei Angabe je Einwohner geeignet zum Vergleich des wirtschaftlichen Entwicklungsstandes von Staaten

BIP = Bruttoinlandsprodukt, volkswirtschaftliche Gesamtleistung eines Staates, oft mit dem Anteil der Wirtschaftsbereiche

k.A.: keine Angabe, keine Daten vorliegend

M4 *Statistische Daten zu ausgewählten Ländern Ost-, Südost- und Südasiens*

Wirtschaftlicher Entwicklungsstand

Die Großregion Ost-, Südost- und Südasien gilt seit den 1980er-Jahren als Wachstumspol der Weltwirtschaft. Viele Länder tragen mit ihrer Produktion zum stetig wachsenden Welthandel bei.

Dennoch weisen die meisten Länder noch Merkmale von Entwicklungsländern auf. Besonders bedeutsam für die Entwicklung der Großregion sind China und Indien. Sie gehören zu den **Schwellenländern**, da sie aufgrund ihrer wachsenden Wirtschaft an der Schwelle zu den Industrieländern stehen. Das führende **Industrieland** ist Japan.

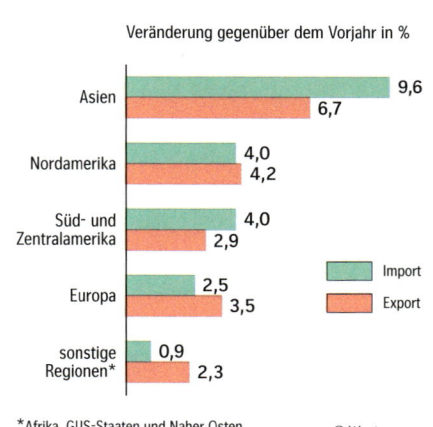

Veränderung gegenüber dem Vorjahr in %

*Afrika, GUS-Staaten und Naher Osten

© Westermann 26611EX

M5 *Entwicklung des Welthandels – Vergleich der beteiligten Regionen 2017*

ⓘ **Industrieland** ist ein entwickeltes Land mit hohem Pro-Kopf-Einkommen, starkem Außenhandel und vielen Beschäftigten in Industrie und Dienstleistung.

Schwellenland ist ein Land mit hohem Wirtschaftswachstum und starkem sozialen Gefälle zwischen Stadt und Land, wichtiger Markt und Exportland.

❸ Ordne die in M4 angegebenen Länder den Regionen Ost-, Südost- und Südasien zu.

❹ Werte die statistischen Daten aus. Nutze dazu die Schrittfolge von S. 91.

❺ Nenne je zwei Industrie-, Schwellen- und Entwicklungsländer. Begründe.

❻ Fertige zu zwei Ländern Kreisdiagramme zum Anteil der drei Wirtschaftsbereiche am BIP an.

145

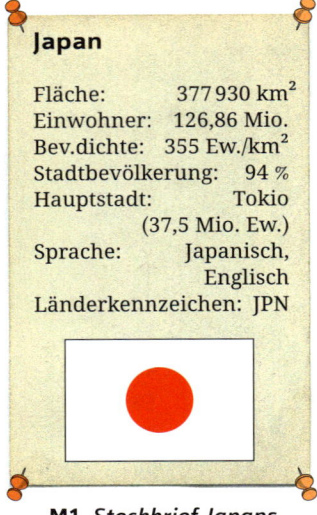

Japan

Fläche: 377 930 km^2
Einwohner: 126,86 Mio.
Bev.dichte: 355 Ew./km^2
Stadtbevölkerung: 94 %
Hauptstadt: Tokio
(37,5 Mio. Ew.)
Sprache: Japanisch,
Englisch
Länderkennzeichen: JPN

M1 *Steckbrief Japans*

Japan – Risikogebiet und Raumnot

Das Land gehört zu den vier größten Inselstaaten der Erde. Die Hauptinseln Hokkaido, Honshu, Shikoku und Kyushu sind gebirgig, bewaldet und vulkanischen Ursprungs. Pro Monat gibt es etwa 70 Erdbeben der Stärke 4 und höher. Starke klimatische Gegensätze zwischen dem Nord- und Südteil und auch zwischen Ost und West prägen das Land.

Ursachen dafür sind in der gewaltigen Nord-Süd-Ausdehnung von 3 000 Kilometern, der Reliefgestaltung, dem Einfluss von warmen und kalten Meeresströmungen sowie dem Wirken des außertropischen Monsuns zu suchen. Da nur ein Viertel Japans zur Besiedlung geeignet ist, konzentrieren sich Siedlungen, Infrastruktur und Industrie in den Küstenregionen.

Neues Land aus dem Meer

Seit Jahrzehnten betreiben die Japaner Neulandgewinnung, um der Raumenge zu begegnen. Dafür werden Erdmassen aus dem Bergland abgetragen und im Meer wieder aufgeschüttet. Diese Maßnahmen rentieren sich wegen der extremen Bodenpreise. Auf den Neulandflächen liegen riesige Industriekomplexe.

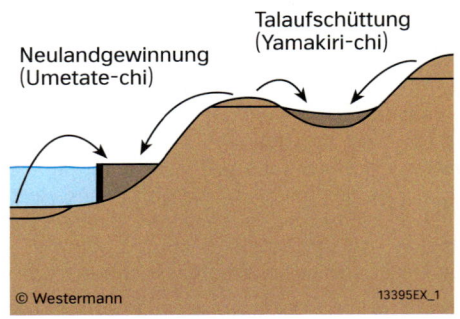

M3 *Doppelte Landgewinnung*

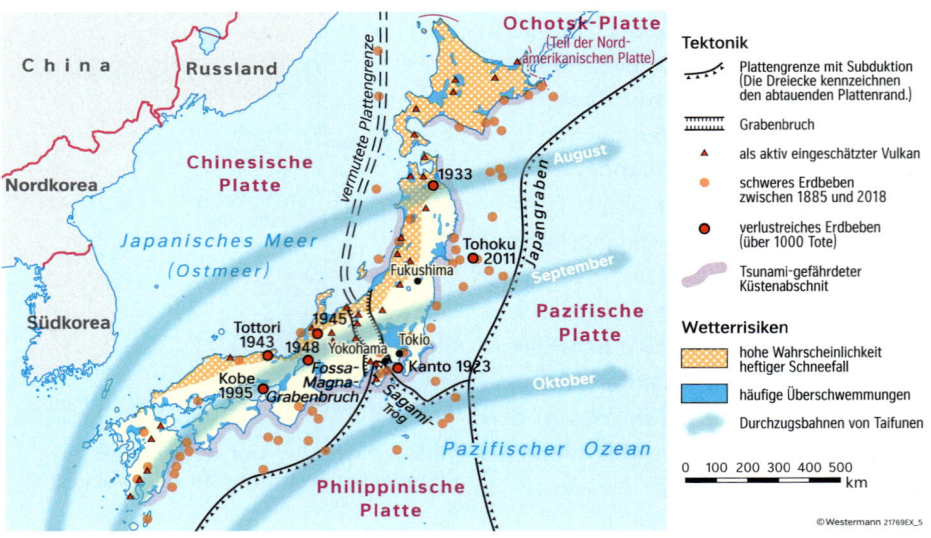

M2 *Risikogebiet Japan*

❶ Erläutere, dass Japan ein geologisches und klimatisches Risikogebiet ist. Erkläre die Ursachen.

❷ Begründe, warum Japan Neuland gewinnen muss. Erkläre den Vorgang der „doppelten" Landgewinnung.

100800-192-01, 100800-192-02
schueler.diercke.de

Japan – Bevölkerungsprobleme

Das Industrieland Japan ist schon heute mit einem Durchschnittsalter von über 40 Jahren das „älteste" Land der Erde. Im Jahre 2030 wird fast ein Drittel der Bevölkerung älter als 65 Jahre sein. Zudem nimmt die Bevölkerungszahl in den nächsten Jahrzehnten immer mehr ab. Der Bevölkerungsrückgang und die Alterung der Gesellschaft stellen das Land vor gravierende Probleme. An deren Lösung wird bereits heute gearbeitet. So reformierte Japan im Jahre 2011 das Rentensystem, wobei ein Kernpunkt die Erhöhung des Rentenalters von 60 auf 65 Jahre war. Des Weiteren kommen aus der Wirtschaft, insbesondere dem IT-Bereich und dem Pflegedienst, Forderungen, dem Arbeitskräftemangel durch eine verstärkte Einwanderung zu begegnen.

www.countrymeters. info/de/Japan

Mit ungewöhnlichen Stellenanzeigen wird schon jetzt um ältere Arbeitskräfte geworben: „Gesucht werden arbeitswillige Menschen über 60".
In vielen Orten wird über eine Zusammenlegung von Schulen und Altersheimen nachgedacht. Damit soll das gegenseitige Verständnis der Generationen gefördert werden.
Auch Autohersteller stellen sich zunehmend auf die älter werdenden Arbeitskräfte ein: „Wir werden in Zukunft altersverträgliche Arbeitssitze am Fließband in unserer Fabrik haben". (Nach Zeitungsberichten)

Japanische Seniorin (103) bei der Arbeit

Japan – Veränderungen in der Jugendkultur

Wie kaum in einem anderen Land bestimmt die Schulbildung die Lebenschancen. Wer in der Schule versagt, muss im Beruf in einer untergeordneten Stellung arbeiten.
Es beginnt mit der Aufnahmeprüfung für einen „guten", leistungsorientierten Kindergarten. Dort werden regelmäßig Prüfungen abgelegt. Die Kinder „pauken" Grundbegriffe der englischen Sprache und Computerkenntnisse.
Nur mit einem ausgezeichneten Abschluss an einer guten Oberschule hat man die Chance, die Aufnahmeprüfung an einer angesehenen Universität zu schaffen.

In japanischen Schulen sind Schuluniformen Pflicht. Der Einzelne soll nicht aus dem Kollektiv hervorstechen. Was zählt, sind traditionelle Werte wie Harmonie, Gehorsam und Unterordnung. Viele Jugendliche halten diese Wertevorstellungen allerdings für veraltet.
So entstand eine Vielzahl von Jugendtrends, die schrill und bunt sind. Sie haben wenig mit den Werten der Eltern oder Großeltern zu tun. Das Internet bietet eine gute Möglichkeit, dem Schulalltag zu entkommen. In keinem anderen Land verbringen Kinder und Jugendliche mehr Zeit im Netz.

3 Erläutere, mit welchen Maßnahmen Japan auf das wachsende Durchschnittsalter reagiert.

4 Setze dich mit den Wertevorstellungen der Japaner auseinander. Vergleiche mit deinen.

M4 *Japanische Comic-Figur*

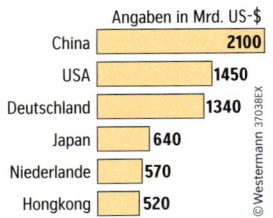

M1 *Exportländer 2016*

Angaben in Mrd. US-$

China	2100
USA	1450
Deutschland	1340
Japan	640
Niederlande	570
Hongkong	520

© Westermann 37038EX

Wirtschaftsmacht Japan

Japan gehört zu den führenden Weltwirtschaftsmächten. Seine Industrie ist vielseitig leistungsfähig und seine Produkte sind international sehr konkurrenzfähig. Der japanische Staat investierte stark in die Infrastruktur, um so leistungsfähige Transport- und Kommunikationswege zu schaffen. Japan ist ein rohstoffarmes Land und muss seinen Rohstoffbedarf durch umfangreiche Importe decken. Dabei kommt Rohöl hauptsächlich aus den Golfstaaten, die anderen Rohstoffe liefert vor allem Australien.

Japanische Unternehmen in den Bereichen der Eisen- und Stahlproduktion, der Computer- und Unterhaltungselektronik und der Automobilindustrie gehören zur Weltspitze. Der Gewinn aus dem Verkauf von Autos, Computern oder Digitalkameras ist so hoch, dass die Ausgaben für Rohstoffimporte bislang kaum eine Rolle spielen. Außerdem konnten immer mehr neue Absatzmärkte in vielen Ländern der Welt gewonnen werden. Daneben entstanden viele Produktionsstandorte japanischer Firmen im Ausland.

M2 *Roboter Pepper*

Roboter im Alltag des Menschen

Die Entwicklung von Robotern ist seit jeher ein viel beachtetes Thema. Robotertechnik ist zum Schlüssel wirtschaftlichen Wachstums geworden. Nun nimmt sie im wahrsten Sinne des Wortes Gestalt an. Japan belegt dabei einen der oberen Plätze und ist ein gefragter Anbieter. Beispielhaft ist der von der Firma „SoftBank" produzierte Roboter mit dem Namen Pepper. Er hat nicht nur eine menschenähnliche Gestalt, er erkennt sogar menschliche Gefühle. Pepper analysiert Mimik und Stimme des Menschen, was ihn zur Kommunikation befähigt. Zukünftig ist geplant, Roboter in allen Lebensbereichen einzusetzen und in den Alltag des Menschen zu integrieren. In Deutschland wird z.B. sehr ernsthaft über den Einsatz von Pflegerobotern nachgedacht.

www.youtube.com
(→pepper)

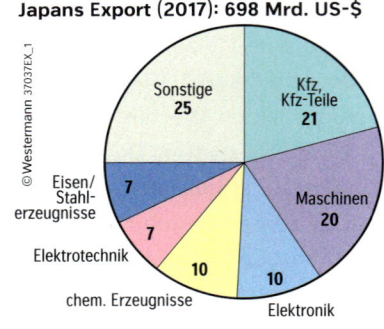

Japans Export (2017): 698 Mrd. US-$

- Kfz, Kfz-Teile 21
- Maschinen 20
- Elektronik 10
- chem. Erzeugnisse 10
- Elektrotechnik 7
- Eisen/Stahlerzeugnisse 7
- Sonstige 25

© Westermann 37037EX_1

M3 *Export Japans*

Japans Import (2017): 671 Mrd. US-$

- Brenn- und Schmierstoffe 32
- Elektronik 12
- Maschinen 8
- Nahrungsmittel 8
- chem. Erzeugnisse 8
- Rohmetalle 6
- Textilien 4
- Kfz, Kfz-Teile 1
- Sonstige 21

37045EX_1

M4 *Import Japans*

❶ Japan ist trotz Raumenge und Rohstoffarmut ein hochentwickeltes Industrieland. Erläutere Ursachen.

❷ Notiere Produkte „Made in Japan", die bei dir zu Hause im Gebrauch sind.

Japan – Sicherung der Ernährung

Aufgrund der natürlichen Gegebenheiten sind lediglich 14 Prozent der Fläche des Landes landwirtschaftlich nutzbar. Das wichtigste Agrarprodukt ist Reis. Hiermit kann sich Japan überwiegend selbst versorgen. Daneben verfügt das Land über reiche Meeresressourcen, wobei das Meer oft als der „Acker Japans" bezeichnet wird.

Die Japaner essen Fisch gern roh und so frisch wie möglich. Da der Fischbestand sehr stark zurückgegangen ist, versprechen Fischfarmen Abhilfe. Auch Seetang, Algen, Perlmuscheln und Austern werden in Meeresfarmen produziert.

Schon seit Jahren ist Japan auf Nahrungsmittelimporte angewiesen und gilt heute als weltgrößter Nahrungsmittel- und Futtermittelimporteur. Von allen Industrieländern hat das Land die niedrigste Selbstversorgungsrate.

Das Hauptproblem der japanischen Gesellschaft, die Überalterung, hat auch die Landwirtschaft erreicht. Heute bewirtschaften mehr als 60 Prozent der über 65-Jährigen die Reisfelder. Ihre Kinder sind längst in die Stadt gezogen. Eine feste Stelle ist für sie wesentlich attraktiver als die Arbeit als Bauer. Vorstellbar ist, auch in der Landwirtschaft Roboter einzusetzen.

M6 *Reisverkauf*

Zukunft der Landwirtschaft?

Japan versucht in den nächsten Jahren, seine Landwirtschaft zu modernisieren, um die Selbstversorgungsquote zu erhöhen und sie weltmarktfähig zu machen. Dabei setzen die Japaner auf Hightech und ihre Städte.

Beides wird im Vertical Farming vereint. Die Rahmenbedingungen sind in Japan dafür ideal. Der Verstädterungsgrad liegt weit über 90 Prozent und das technologische Know-how ist vorhanden.

Mittlerweile gibt es über 400 Hightech-Gemüse-Fabriken. Neben den „grünen Vorreitern" gehören auch Elektronikkonzerne wie Fujitsu, Toshiba und Panasonic zu den Hightech-Farmern oder entdecken Vertical Farming als lukrative Marktlücke.

Die Ernährung von morgen wird also durch die Stadt gesichert. Das Wetter spielt kaum noch eine Rolle. Der Mensch wird von der Natur unabhängig.

www.asienspiegel.ch (→Ernährungssicherheit Japan)

Vertical Farming

In Hochhäusern werden Indoor-Plantagen mit optimalen Wachstumsbedingungen eingerichtet, sodass mehrere Ernten im Jahr möglich sind. In den Plantagen herrscht beispielsweise ein erhöhter Kohlendioxidanteil in der Luft, um die Photosynthese anzuregen. Leuchtdioden erzeugen das Licht, das Pflanzen benötigen. Optimierte Wasserkreisläufe sorgen für einen effizienten Wassereinsatz u.a.m. Die Transportwege sind kurz, da der Anbau mitten unter den Abnehmern erfolgt.

M5 *Salatproduktion mit Highly Energized Fluorescent Light in einer Urban Farm in Japan*

❸ Japan kann sich nur mit Reis selbst versorgen. Erläutere Ursachen für Nahrungsmittelimporte.

❹ Sicherung der Ernährung – Verstädterung – technologisches Know-how. Beschreibe Zusammenhänge.

ⓘ Tigerstaaten

Als Tigerstaaten werden Länder Ost- und Südostasiens bezeichnet, die sich im Übergang vom Entwicklungs- zum Industrieland befinden. Man bezeichnet sie auch als Schwellenländer oder NIC's (Newly Industrialized Countries). Kennzeichen sind u. a. ein großes Wirtschaftswachstum und ein hoher Anteil am weltweiten Export.

M2 *Wirtschaftszentrum Singapur*

www.planet-wissen.de
(→Vietnam)
www.auswärtiges-amt.de

(→Malaysia, Wirtschaft)

Kleine Staaten – große Sprünge

Vor einigen Jahrzehnten zählten Taiwan, Südkorea, Hongkong (heute als Sonderverwaltungsregion zu China gehörend) und Singapur noch zu den Entwicklungsländern. Die große Entfernung zu den Weltmärkten und der Rohstoffmangel waren keine guten Voraussetzungen für eine positive wirtschaftliche Entwicklung. Inzwischen haben sie jedoch bedeutsame Industrien aufgebaut und sich auch im Dienstleistungssektor profiliert.

Grundlagen dafür waren die Übernahme westlicher Technologien, strenge Arbeitsdisziplin und großer „Bildungshunger". Heute belegen die Tigerstaaten auf dem Weltmarkt vor allem bei Pkw, Computern und Heimelektronik Spitzenplätze.

Das liegt daran, dass sie Produkte preiswerter anbieten können, da ihre Firmen aufgrund niedriger Löhne, geringerer Steuerlasten sowie günstigerer Energie- und Transportkosten billiger produzieren.

Der Sog dieser Entwicklung hat auch eine Reihe ihrer Nachbarländer erfasst. Die wirtschaftliche Entwicklung des ost- und südostasiatischen Raumes lässt sich durch das „Modell der Fluggänse" darstellen. Es zeigt, dass wirtschaftlich aufstrebende Länder sich zwar alle in die gleiche Richtung bewegen, aber in verschiedenen Staffeln. Das Modell ist umstritten, weil dabei Ursachen und Voraussetzungen für die wirtschaftliche Entwicklung nicht immer berücksichtigt sind.

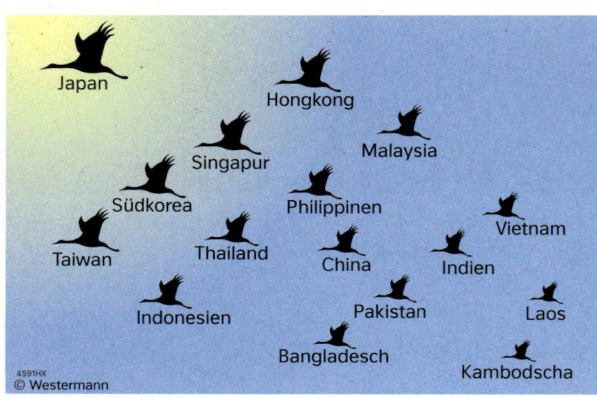

M1 *Das Modell der Fluggänse*

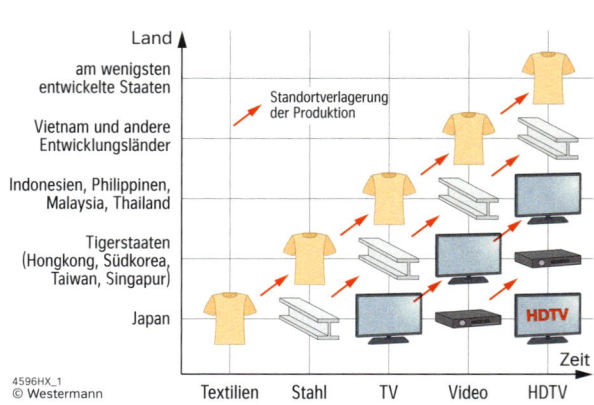

M3 *Verlagerung der Produktion*

100800-193-03
schueler.diercke.de

Malaysia – ein Schwellenland

Malaysia besteht aus 13 Bundesstaaten. Sie befinden sich sowohl auf der Malaiischen Halbinsel (Westmalaysia) mit der Hauptstadt Kuala Lumpur als auch auf der Insel Borneo (Ostmalaysia). In den letzten Jahrzehnten erlebte vor allem Westmalaysia einen rasanten wirtschaftlichen Aufstieg. Einen großen Anteil daran besitzen Sonderwirtschaftszonen, in denen sich zahlreiche Hightech-Unternehmen angesiedelt haben. Malaysia ist ein exportorientiertes Land.

Seine wichtigsten Exportgüter sind elektronische Erzeugnisse (Mikrochips), Kautschuk, daneben natürliche Öle (insbesondere Palmöl) und petrochemische Erzeugnisse. Der wichtigste Handelspartner ist China, gefolgt von Singapur. Mit einem Anteil von rund drei Prozent ist Deutschland das wichtigste europäische Lieferland Malaysias. Daneben haben etwa 350 deutsche Unternehmen Niederlassungen in Malaysia, so z. B. Konzerne wie Infinion, BASF und Volkswagen.

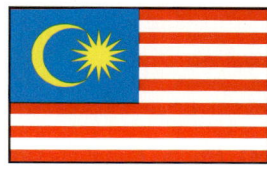

M7 *Flagge Malaysias*

Das EU-Parlament strebt an, dass ab dem Jahr 2021 der Bestandteil Palmöl in Biokraftstoffen verboten wird. Dieses Vorhaben zog eine Demonstration von Plantagenbauern im malaysischen Kuala Lumpur nach sich. In Malaysia leben mehr als 650 000 Kleinbauern vom Ölpalmenanbau. 80 Prozent des weltweit benötigten Palmöls exportieren Malaysia und Indonesien. 13 Prozent des in Malaysia gewonnenen Palmöls gehen an Deutschland. Die Produktion von Palmöl ist nur durch die Rodung der Regenwälder möglich. Laut malaysischem Plantagenminister sind mittlerweile zwar 50 Prozent der verbliebenen tropischen Regenwälder unter Schutz gestellt. Doch ob und wie dieser Schutz gewährleistet wird, ist fraglich

M4 *Nutzen und Schaden des Ölpalmenanbaus*

M5 *Ernte auf einer Palmölplantage*

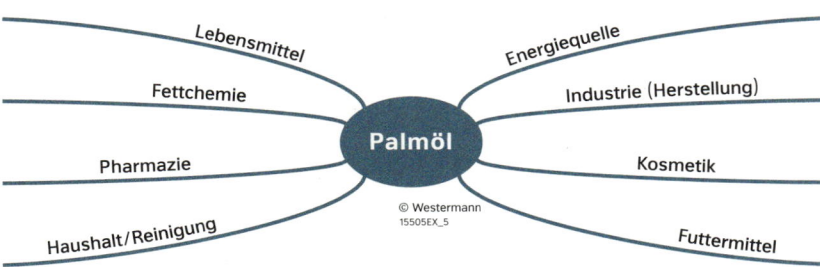

M6 *Mindmap zur Nutzung von Palmöl*

① Beschreibe das Modell der Fluggänse und begründe mögliche Abweichungen in der Realität.

② Erläutere, inwieweit M3 das Modell widerspiegelt.

③ Vergleiche die statistischen Daten Malaysias mit denen von Laos (S. 145, M4).

④ Analysiere den Palmölboom unter den Aspekten der Nachhaltigkeit.

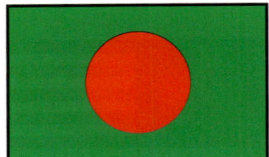

M1 *Flagge Bangladesch*

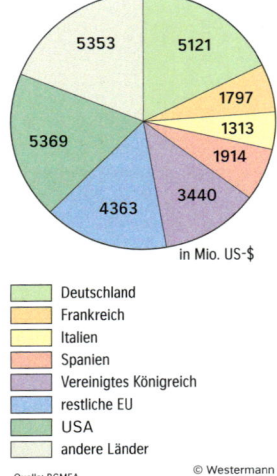

5353
5121
1797
1313
1914
5369
3440
4363

in Mio. US-$

- Deutschland
- Frankreich
- Italien
- Spanien
- Vereinigtes Königreich
- restliche EU
- USA
- andere Länder

Quelle: BGMEA

© Westermann
36254EX

M2 *Bangladesch: Zielländer der Bekleidungsexporte 2015/16*

M3 *Textilfabrik in Bangladesch mit kontrollierten Sozial- und Umweltstandards*

Bangladesch – Niedriglohnland

Neben Industrie- und Schwellenländern gibt es im asiatischen Raum zahlreiche Länder mit einem geringeren Entwicklungsstand (vgl. auch S. 145).

Sie zählen oft zu Niedriglohnländern. Zu ihnen gehört Bangladesch, aber auch Kambodscha, Pakistan, Sri Lanka und Myanmar gehören dazu.

Für Bangladesch z. B. ist die Produktion von Textilien und Kleidung ein wichtiger Devisenbringer und gilt auch als Motor wirtschaftlicher Entwicklung.

Billige schicke Kleidung für uns?

Beim Kauf eines T-Shirts blickst du sicher auch auf den Preis. Bei einem Schnäppchen für fünf, 10 oder 15 Euro findest du auf dem Etikett vielleicht das Herstellungsland Bangladesch. Wenn du so ein T-Shirt kaufst, dann kann es von einem Unternehmen produziert sein, das geringe Löhne zahlt und Umweltstandards missachtet. Zahlreiche ausländische Konzerne haben aber inzwischen auch mit Gewerkschaften Sozialverträge abgeschlossen.

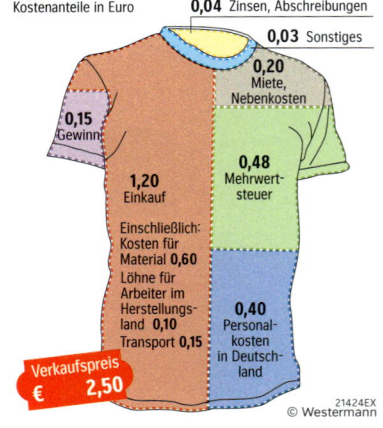

Kostenanteile in Euro

0,04 Zinsen, Abschreibungen

0,03 Sonstiges

0,20 Miete, Nebenkosten

0,15 Gewinn

1,20 Einkauf

Einschließlich:
Kosten für
Material **0,60**
Löhne für
Arbeiter im
Herstellungsland **0,10**
Transport **0,15**

0,48 Mehrwertsteuer

0,40 Personalkosten in Deutschland

Verkaufspreis
€ **2,50**

21424EX
© Westermann

M4 *Anteile der Kosten eines T-Shirts*

- Mit bewusster Kaufentscheidung Verantwortung übernehmen
- Internationale Organisationen und Labels (z. B. zur Ausbildung von Frauen, gegen Kinderarbeit) unterstützen
- Bündnis für nachhaltige Textilien nutzen
- Transparenz, Information in Geschäften verlangen
- Auf billige Kleidung verzichten
- Weniger kaufen, Verschwendung vermeiden
- Auf Gütesiegel (z. B. ökologische Standards) achten
- Verbraucherportale nutzen, sich informieren

M5 *Das kann jeder von uns tun!*

❶ Erörtere den Widerspruch: Niedriglohnland – Motor einer wirtschaftlichen Entwicklung.

❷ Ermittle von dreien deiner T-Shirts das Herstellungsland. Recherchiere Löhne und Arbeitsbedingungen.

M8 *Flagge Malediven*

www.lexas.de
(→Republik
Malediven)

M6 *Die Malediven im Indischen Ozean – Hauptinsel Malé*

Republik Malediven – Licht und Schatten

Die Malediven sind eine Inselkette, die aus 19 Inselgruppen besteht. Sie liegen südwestlich von Indien und Sri Lanka im Indischen Ozean. Von den ca. 2000 Koralleninseln sind rund 200 von Einheimischen bewohnt, 90 sind reine Touristeninseln.

Das Fortbestehen des Inselreiches ist infolge des Klimawandels bedroht. Die höchste natürliche Erhebung liegt nur etwa 2,5 Meter über NN.

Wenn der Meeresspiegel um einen Meter steigen sollte, dann verschwinden ca. 80 Prozent des Inselparadieses im Meer. Die Malediven versuchen dem entgegenzuwirken und vergrößern einen Teil ihrer Inseln. Mit Sand vom Meeresboden werden diese, so wie die Lagune nordöstlich der Hauptstadt Malé, aufgeschüttet. Danach entstanden dort Straßen, Versorgungsnetze und Gebäude für 50000 Bewohner.

M9 *Einheimische Fischer*

Entwicklungsland Malediven

Die Malediven gehören zu den Staaten Asiens mit enormen wirtschaftlichen Fortschritten in den letzten Jahrzehnten. Die meisten Bewohner aber haben immer noch ein geringes Einkommen. Die Basis der Wirtschaft bildet der Tourismus, der mehr als 60 Prozent der Deviseneinnahmen des Landes erbringt. Fischfang und -verarbeitung sind nach dem Tourismus der zweitwichtigste Wirtschaftszweig. Fast alle Nahrungsmittel müssen importiert werden.

M7 *Tauchurlaub auf den Malediven*

❸ Beschreibe die geographische Lage und die Gliederung der Malediven.

❹ Erläutere die Überschrift: Republik Malediven – Licht und Schatten.

Land	Produktion in Mio. t
China	211,1
Indien	158,8
Indonesien	77,3
Bangladesch	52,6
Vietnam	43,4
Brasilien	10,6
Pakistan	10,4
USA	10,2
Welt	741,0

M1 *Reisanbauländer (2017)*

M2 *Reisterrassen in China*

 **Anbauformen von Reis**

Nassreis
Pflanze steht bis zur Ernte im knietiefen Wasser; hohe Erträge bei großem Material- und Arbeitseinsatz; 2 bis 3 Ernten pro Jahr.

Trockenreis
benötigt nur Regenwasser, aber eine hohe Luftfeuchtigkeit; kann auch im Gebirge angebaut werden; anspruchslos, eine Ernte pro Jahr, wenig ertragreich.

 www.planet-wissen.de
(→Reis)

Reis ernährt die Welt

Honda, eine japanische Automarke, bedeutet „Hauptreisfeld" und Toyota wird mit „Reiches Reisfeld" übersetzt. Die Menschen in Thailand begrüßen sich mit „Heute schon Reis gehabt"? In Nepal ist eine Reiszeremonie besonders wichtig: Das erste Kind bekommt zum ersten Mal feste Nahrung, eben Reis.

Mehr als 90 Prozent der Weltreisproduktion entfallen auf die asiatischen Staaten. Hier ist eine Mahlzeit ohne Reis nicht vorstellbar. Mitunter ist er sogar das einzige Nahrungsmittel. Während jeder Deutsche etwa drei Kilogramm Reis pro Jahr isst, verzehren die Einwohner der drei asiatischen Regionen zwischen 70 und 165 Kilogramm pro Jahr.

In China wurde Reis schon vor mehr als 7 000 Jahren angebaut. Für einen ertragreichen Nassreisanbau ist die Zufuhr von Wasser Grundvoraussetzung. So sind für die Produktion einer Tonne Reis 3 000 bis 5 000 Liter Wasser erforderlich. Rund 80 Prozent der Weltreisernte werden mithilfe von Bewässerungsmaßnahmen erzeugt.

Reis – Quelle des Lebens
Das Denken und Handeln der Menschen ist fest verbunden mit Reis. Er wird als Geschenk Gottes bezeichnet. Anbau, Pflege und Ernte sind mit zahlreichen Riten verbunden. Vergleichbar mit dem Lebenslauf eines Menschen werden die Abschnitte des Wachstums der Reispflanze von Feiern begleitet. Nur in der Gemeinschaft eines Dorfes sind die Bauern in der Lage, Bewässerungssysteme anzulegen sowie die Pflege und Verarbeitung des Reises zu bewältigen. Sie unterhalten auch Tempel sowie Gebets- und Opferstelen auf den Reisfeldern.

❶ Die Kulturräume Ost-, Süd- und Südostasiens werden auch als „Reiserdteil" bezeichnet. Erläutere.

❷ Erarbeite eine multimediale Präsentation zum Hauptnahrungsmittel Reis.

1. Analysiere die Erntezeiten für Reis (M3). Vergleiche ausgewählte Länder und erläutere unter Beachtung der Anbaubedingungen von Reis die Unterschiede.
2. Die Reispflanze kann sehr vielseitig genutzt werden. Begründe diese Aussage mithilfe von M4.

Reiskörner: Nahrungsmittel, Reismehl, Reiswein, Bier, Schnaps, Stärke
Reiskleie: Viehfutter
Reisstärke: Tapetenkleister, Wäschestärke, Kosmetika
Reisöl: Seife, Kerzen
Reisstroh: Dachdeckung, Hüte, Matten, Schuhe, Papier, Besen, Einstreu

M4 *Verwendung der Reispflanze*

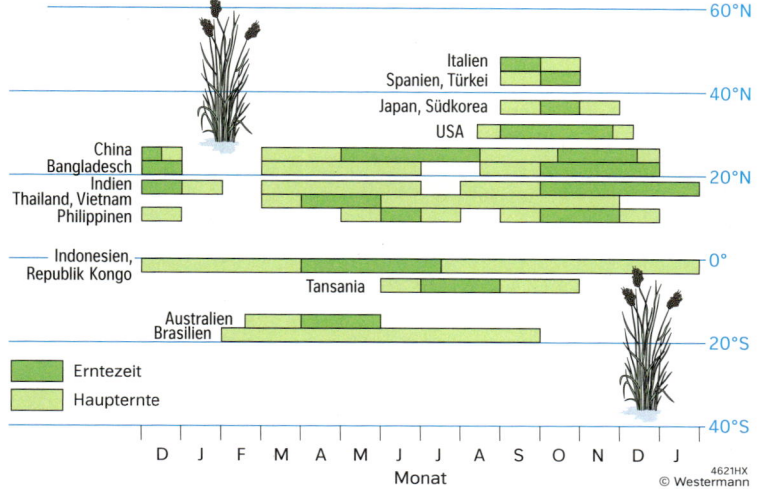

M3 *Erntezeiten für Reis in verschiedenen Ländern der Erde*

Kompetenz-Check

Hier sind die Kompetenzen aufgeführt, die du in diesem Kapitel erwerben konntest.
Schätze deinen erreichten Stand der Kompetenzentwicklung selbst ein:

☺ sehr gut   ☺ gut   😐 befriedigend   ☹ mangelhaft

Ich kann …	☺	☺	😐	☹	Noch unsicher? Schlage nach auf S. …
… Ost-, Südost- und Südasien als Räume kultureller Vielfalt beschreiben.					136–137
… die Naturraumausstattung der drei Regionen analysieren.					138–142
… Zusammenhänge zwischen Reliefgestaltung und geologischen Prozessen herstellen.					138–139
… das geologische und klimatische Gefahrenpotenzial begründen und Schutzmaßnahmen aufzeigen.					139, 143
… die Bevölkerungsverteilung und -entwicklung beschreiben, dabei eine thematische Karte auswerten.					144
… die Bedeutung von Reis als Nahrungsmittel darstellen.					154
… den wirtschaftlichen Entwicklungsstand von Ländern vergleichen und an Beispielen nachweisen, dabei Statistiken nutzen.					145, 150–153
… Japan als hochentwickeltes Industrieland charakterisieren.					146–149
… sich mit Möglichkeiten zur Verbesserung von Arbeits- und Lebensbedingungen in Niedriglohnländern auseinandersetzen, dabei das eigene Konsumverhalten reflektieren.					152

6 China und Indien - aufstrebende Wirtschaftsräume

In diesem Kapitel erwirbst du folgende Kompetenzen und wendest diese an:

– China und Indien in räumliche Ordnungssysteme einordnen,

– kulturelle Merkmale der beiden Länder beschreiben,

– die Naturraumausstattung analysieren, dabei Karten- und Profilskizzen anfertigen,

– die Bevölkerungsentwicklung analysieren,

– die Bedeutung der Landwirtschaft zur Ernährungssicherung erläutern,

– wirtschaftliche Strukturen und Prozesse von China und Indien analysieren, dabei Texte auswerten.

M1 *Die Sonderwirtschaftszone Shenzhen im Perlflussdelta*

China

Fläche:	9,6 Mio. km²
Einwohner:	1,394 Mrd.
Bev.dichte:	145 Ew./km²
Stadtbevölkerung:	58 %
Hauptstadt:	Peking
	(19,6 Mio. Ew.)
Sprachen:	Chinesisch,
	Minderheiten
Länderkennzeichen:	CHN

M1 *Steckbrief (2017)*

M2 *In der Verbotenenen Stadt in Peking*

📀 www.planet-wissen.
de
(→China)
www.college-con-
tact.com/china/kul-
turelle-besonderheit

China – ein altes Kulturland

Land des Drachen, so nannten die Völker der an China angrenzenden Länder schon vor Jahrhunderten ihren großen Nachbarn. Sie brachten damit ihre Bewunderung zum Ausdruck, zeigten aber zugleich auch ihre Furcht vor dessen Stärke.

Über Jahrtausende regierten chinesische Kaiser als „Söhne des Himmels" in weiten Teilen Ostasiens.

Mehr als 5 000 Jahre kann die chinesische Geschichte zurückverfolgt werden. Schon früh bauten die Chinesen Dämme an den großen Strömen. Sie terrassierten ihre Felder im Lössland, bewässerten sie und verwendeten schon früh eiserne Pflugschare.

Lange vor den Europäern konnten sie Seide, Porzellan, Schießpulver und Stahl herstellen. Schon vor 2 000 Jahren schrieben die Chinesen auf Papier und erfanden wenig später den Buchdruck. Alle diese Erfindungen wurden als Staatsgeheimnisse sorgsam gehütet. Deshalb gelangten sie erst sehr spät nach Europa oder mussten dort neu erfunden werden (z. B. Buchdruck im 15. Jahrhundert, Porzellan im 18. Jahrhundert).

Chinesische Geographen entwickelten Messgeräte, so das Seismoskop und den Kompass. Von den Meisterleistungen chinesischer Baukunst zeugen die Große Mauer und die Verbotene Stadt (Kaiserpalast) in Peking.

Schon am Ende des Mittelalters gab es in China Millionenstädte mit prächtigen Bauten und ein gut ausgebautes Straßennetz.

❶ Beschreibe die geographische Lage Chinas und miss die Nord-Süd- und Ost-West-Ausdehnung. Vergleiche mit Europa.

❷ Weise nach, dass China ein altes Kulturland ist. Beschreibe dabei kulturelle Besonderheiten (Internet).

 100800-188-02
schueler.diercke.de

Kulturmerkmale

Die chinesische Schrift – „eine Kunst für sich"

Die chinesische Schrift entwickelte sich aus einer Bildschrift, die anfangs vereinfachte Abbilder der Umwelt darstellte. Heute umfasst sie rund 50 000 Schriftzeichen – drei- bis fünftausend davon muss ein Schüler beherrschen, um lesen zu können.

1958 wurden die Schriftzeichen vereinfacht und ihre Jahrtausende lang übliche senkrechte Anordnung auf Zeilen von rechts nach links umgestellt.

Li beim Erlernen der Schriftzeichen

Sonne	☉			ri
Mond				yuè
Mensch				rén
Baum				mù

M3 Die Chinesische Mauer (221 v. Chr. – 15. Jh. n. Chr., Schutzwall gegen Mongolen)

M6 Seidenproduktion mithilfe von Seidenraupen – eine chinesische Erfindung

M4 Tonkrieger in der Nähe von Xian – die Figuren sind über 2000 Jahre alt

In China gibt es keine starken religiösen Bindungen. Der Konfuzianismus, der das Handeln vieler Chinesen prägt, ist in erster Linie eine Lehre des Zusammenlebens. Im Mittelpunkt stehen Ideale der Menschlichkeit und der Rechtschaffenheit. Dabei spielen Familiendisziplin, Unterordnung unter die Gemeinschaft sowie Respekt vor den Eltern und Vorgesetzten eine große Rolle. Das Streben nach Harmonie und Ordnung in den zwischenmenschlichen Beziehungen ist im Konfuzianismus Chinas so wichtig wie es Treue und Gehorsam sind.

M5 Konfuzianismus

M1 *Straße in Peking*

Kleine Kaiser (Xiao Huand), so werden die Einzelkinder oft genannt. Sie werden von den Eltern und Großeltern sehr verwöhnt, sind aber gleichzeitig einem starken Erwartungsdruck ausgesetzt.

M2 *Einzelkinder in China*

Ein Blick zurück

Ein altes chinesisches Sprichwort besagt, Kinder sind das größte Glück auf Erden. Aus der historischen Erfahrung in China ist das richtig, denn Kinder sind hier traditionell dafür verantwortlich, ihre Eltern im Alter zu versorgen. Trotz hoher Geburtenraten ist aber die Bevölkerung Chinas über Jahrhunderte kaum gewachsen. Ursache war die hohe Kindersterblichkeit.

Im Jahre 1949 betrug die Bevölkerungszahl etwa 540 Millionen. Infolge der politischen Stabilität, verbesserter Ernährung und medizinischer Versorgung sank ab 1949 die Kindersterblichkeit. Gleichzeitig stieg die Einwohnerzahl enorm an. Man sprach damals von einer „Bevölkerungsexplosion". Eine Ausnahme waren die Jahre 1958 bis 1962, in denen eine verfehlte Wirtschaftspolitik zu einer Hungerkatastrophe führte.

Die „Ein-Kind-Politk"

Anfang der 1980er-Jahre wurde die Schwelle zu einer Milliarde Einwohnern überschritten. Es stellte für China eine enorme Herausforderung dar, so vielen Menschen Nahrung, Bildung, Arbeitsplätze, Wohnraum und eine funktionierende Infrastruktur zur Verfügung zu stellen.

Die chinesische Regierung verordnete ihrem Volk daher 1980 die Ein-Kind-Politik. Familien mit nur einem Kind erhielten zahlreiche Vergünstigungen. Wurde jedoch ein zweites Kind geboren, drohten empfindliche Strafen.

Diese Politik führte unter anderem zu einer zunehmenden Überalterung der Bevölkerung, zu einem Mangel an Personen im arbeitsfähigen Alter und somit auch zum Fehlen finanzieller Mittel, um zukünftig alle Renten bezahlen zu können.

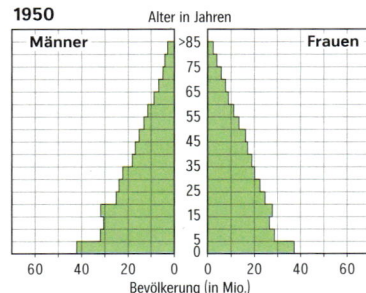

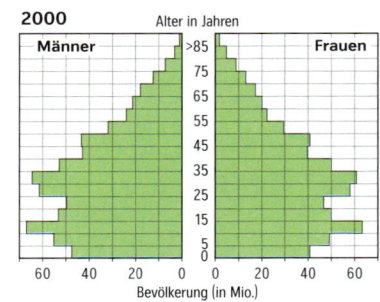

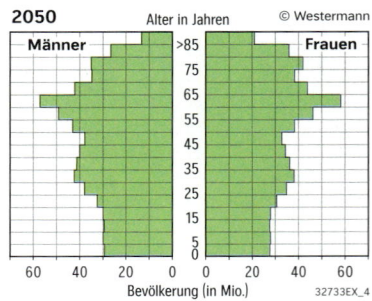

© Westermann

32733EX_4

M3 *Bevölkerungsdiagramme*

M4 *Schüler auf Exkursion*

M6 *Senioren in einem Park in Peking*

Neuer Kurs in der Bevölkerungspolitik

Nach über drei Jahrzehnten hat China im Oktober 2015 die umstrittene Ein-Kind-Politik aufgehoben. Bevölkerungswissenschaftler hatten Alarm geschlagen, weil die Bevölkerung schrumpft und zunehmend vergreist. Somit steht China vor neuen, großen Problemen. Die jetzt geltende Zwei-Kind-Politik hat aber noch nicht zur demographischen Entspannung geführt. Warum?

„Die meisten Familien in China haben nur ein Kind, weil weitere Kinder ein zu hohes finanzielles Risiko darstellen. Schon für eine Familie mit nur einem Kind ist die Gefahr einer Verschuldung sehr groß, da eine schulische und universitäre Ausbildung sowie eventuell zusätzlich benötigte Nachhilfestunden mit hohen Kosten verbunden sind.
Schon im Kindergartenalter soll das Kind in Grundzügen lesen und schreiben können. Einige Kindergärten unterbreiten dafür Angebote. Die Kleinen können dort sogar eine Fremdsprache erlernen, was für viele Eltern wünschenswert ist, aber weitere Kosten verursacht. So gibt eine Familie bis zum Erreichen des Einschulungsalters leicht 150 000 Yuan, umgerechnet 20 000 Euro aus. Eine Unterstützung oder Entlastung von Seiten des Staates findet nicht statt. Trotz alledem nehmen die meisten Familien eine Verschuldung auf sich, damit ihrem Kind die bestmögliche Bildung zugänglich ist. Die brauchen diese auch, um einen gut bezahlten Arbeitsplatz zu bekommen. Damit ist die Versorgung der Eltern im Alter gesichert."

M5 *Xu Xiangfeng berichtet*

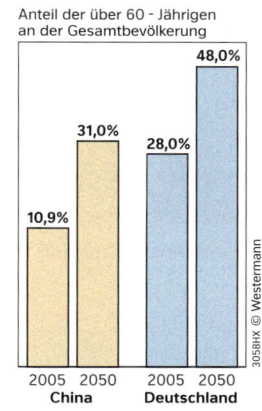

Anteil der über 60 - Jährigen an der Gesamtbevölkerung

48,0%
31,0%
28,0%
10,9%

2005 2050 | 2005 2050
China | Deutschland

3058HX © Westermann

M7 *Vergreisende Gesellschaft*

1 Begründe, warum China die Ein-Kind-Politik einführte.

2 Recherchiere im Internet nach Gründen für die Bevorzugung von Jungen.

3 Beschreibe Probleme, die sich aus der Ein-Kind-Politik ergeben haben. Nutze auch M3.

4 Erläutere den neuen Kurs in der Bevölkerungspolitik.

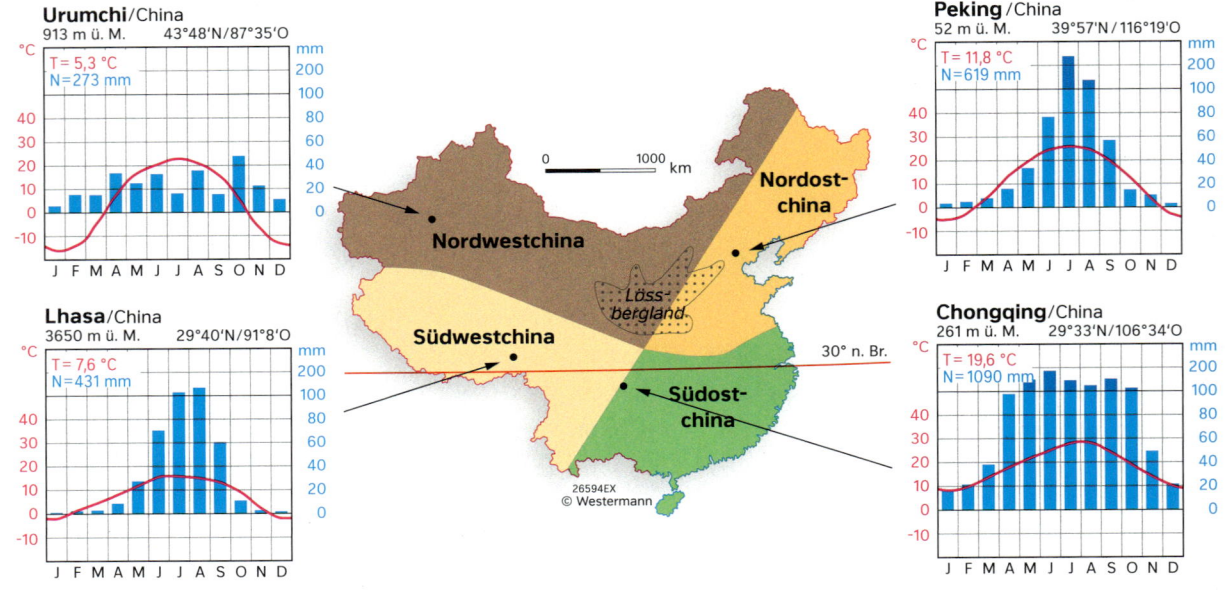

M1 *Ein Land – vier Großräume*

Chinas natürliche Großräume

Der Einteilung des chinesischen Naturraumes in vier Großräume liegen die Faktoren Relief, Klima und Landnutzung zugrunde.

M2 *In Nordwestchina*

Nordwestchina

Der Nordwesten besteht aus Hochgebirgen und Becken. Das Klima ist kontinental geprägt, mit sehr geringen Niederschlägen. In den weit verbreiteten Wüsten und Steppen ist nur nomadische Viehzucht möglich.

M3 *Hochland von Tibet*

Südwestchina

Dieser Teil des Landes umfasst das Hochland von Tibet und angrenzende Hochgebirge. Das Klima ist durch niedrige Temperaturen und geringe Niederschläge geprägt und bietet kaum Möglichkeiten einer landwirtschaftlichen Nutzung. Der Westen liegt deutlich höher als der Osten.

Nordostchina

Nordostchina besteht aus Tiefländern und Mittelgebirgen. Das Klima wird durch die außertropischen Monsune geprägt. Im Winter weht der Wind aus einem Hochdruckgebiet über Sibirien in Richtung Pazifik. Daher sind die Winter kalt und trocken. Im Sommer dagegen weht der Wind vom Pazifik in Richtung Kontinent, weil sich dort ein Tiefdruckgebiet gebildet hat. In dieser Jahreszeit fallen viele Niederschläge.

Südostchina

Südostchina besteht aus Bergland mit meist steilen Bergen. Dazwischen liegen kleine Tieflandsbereiche. Auch hier bestimmt der außertropische Monsun das Klima. Die Temperaturen und Niederschläge sind aber deutlich höher als im Nordosten. Es herrschen subtropische bis tropische Bedingungen.

① Ordne die Klimadiagramme (M1) Klimazonen zu (Atlas).

② Erkläre die Entstehung des außertropischen Monsuns (Text, Atlas).

M4 *Huang He bei Shapotou*

Die Große Ebene

Zwischen Peking und Shanghai gelegen, entstand die Große Ebene vor allem durch Ablagerungen des Huang He. Er ist der zweitlängste Fluss Chinas. Wegen seiner gelbbraunen Schlammfracht wird er von den Chinesen gelber Fluss genannt.

Das mitgeführte Material ist Löss und stammt aus dem nordchinesischen Lössbergland. Den fruchtbaren Schwemmlöss verteilt der Fluss über die Ebene, wenn er bei Hochwasser über seine Ufer tritt. Seit Jahrtausenden nutzen die Bauern den fruchtbaren Boden für den Anbau unterschiedlicher Kulturen.

Der Huang He erreicht in trockenen Sommern nicht mehr das Gelbe Meer. Gründe dafür sind die verstärkte Wasserentnahme für die Trinkwasserversorgung der Bewohner der vielen Millionenstädte und die Bewässerung der Felder.

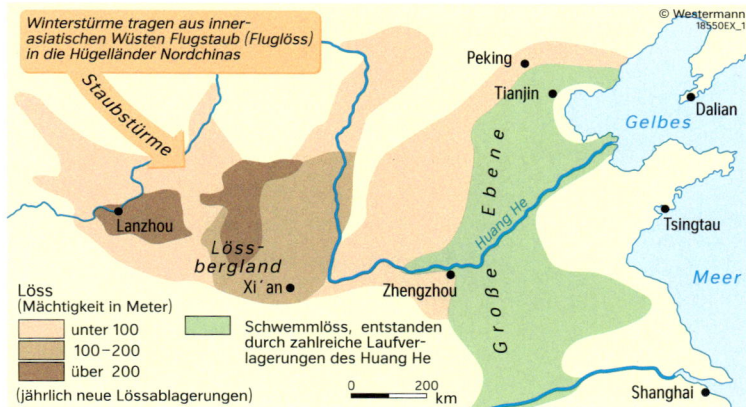

M5 *Verbreitung von Flug- und Schwemmlöss*

ⓘ Das Delta des Huang He

Der Huang He bildet an seiner Mündung ein großes Delta aus, das sich über Jahrhunderte hinweg immer wieder verlagerte. Inmitten des Deltas befindet sich ein wichtiger Wirtschaftsraum, indem auch Erdöl gefördert wird.

Das Delta wurde zum Naturschutzgebiet erklärt, wobei es nun Konkurrenz mit den wirtschaftlichen Interessen gibt.

---

❸ Erkläre die Verbreitung von Flug- und Schwemmlöss (M5, Atlas).

❹ Die Große Ebene ist ein wichtiges Landwirtschaftsgebiet. Erkläre.

M1 *Mais – ein wichtiges Nahrungsmittel*

Mais, Hirse, Sojabohnen, Zuckerrüben, Sommerweizen

Winterweizen, Hirse, Mais, Sojabohnen, Süsskartoffeln, Baumwolle

Reis (1-2 Ernten), Mais, Gemüse, Baumwolle, Zuckerrohr, Raps, Tee

Reis (bis 4 Ernten) Süsskartoffeln, Zuckerrohr extensive

Weidewirtschaft

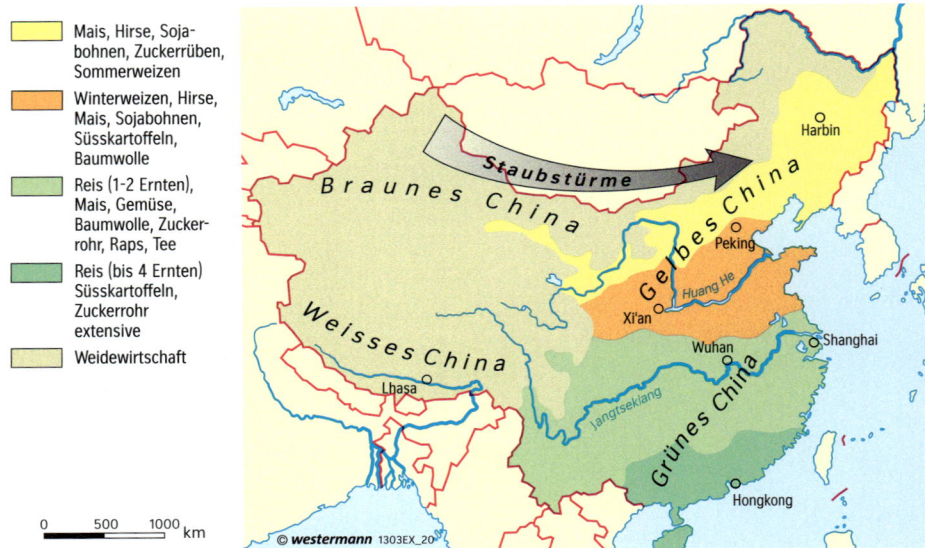

M3 *Landwirtschaftsregionen in China*

Ernährungssicherung in China

Insbesondere aufgrund der günstigen Geofaktoren konzentriert sich die Bevölkerung im Osten des Landes und an den großen Flüssen. Landwirtschaftlich nutzbar sind nur etwa 15 Prozent der Fläche Chinas, wobei sich die intensiv nutzbaren Flächen auch noch auf wenige Regionen beschränken (M3).

Wie also kann die Bevölkerung von rund 1,4 Milliarden (2017) Menschen langfristig ernährt werden, zumal sich auch noch die Essgewohnheiten vieler Chinesen ändern? China ist zwar einer der weltweit größten Produzenten von Getreide. Der Nahrungsbedarf kann aber ohne gezielte staatliche Maßnahmen nicht gesichert werden. So

reichen der Fleiß der Bauern sowie der Einsatz von hochwertigem Saatgut und Düngemitteln nicht aus.

Der Plan der Regierung, die Ackerfläche um ein Fünftel zu erhöhen, scheint aufgrund wachsender Städte und Industriegebiete sowie wegen Wassermangels und Bodenerosion nicht aufzugehen.

Deshalb steigen die Importe, z. B. von Reis, Weizen und Mais, von Jahr zu Jahr an. Wie viele andere Staaten pachtet und kauft China riesige Ackerflächen in anderen Ländern, z. B. in Afrika. Dort werden Agrarprodukte für den chinesischen Markt produziert. Man nennt dies Landgrabbing.

M2 *Veränderte Essgewohnheiten*

„Das wirtschaftliche Wachstum in China, der steigende Wohlstand und die Orientierung am westlichen Lebensstil lassen die Nachfrage und damit die Preise für Getreide und Fleisch steigen. Viele Chinesen verdienen mehr Geld und stellen ihre Essgewohnheiten radikal um. Fleisch und Milchprodukte werden Bestandteil der täglichen Mahlzeiten. Der größere Bedarf an Futterpflanzen reduziert die Anbauflächen für Reis und Weizen (Flächenkonkurrenz), was die Preise für diese Grundnahrungsmittel ansteigen lässt."

M4 *Wi Jiang – Agraringenieur aus Dali berichtet*

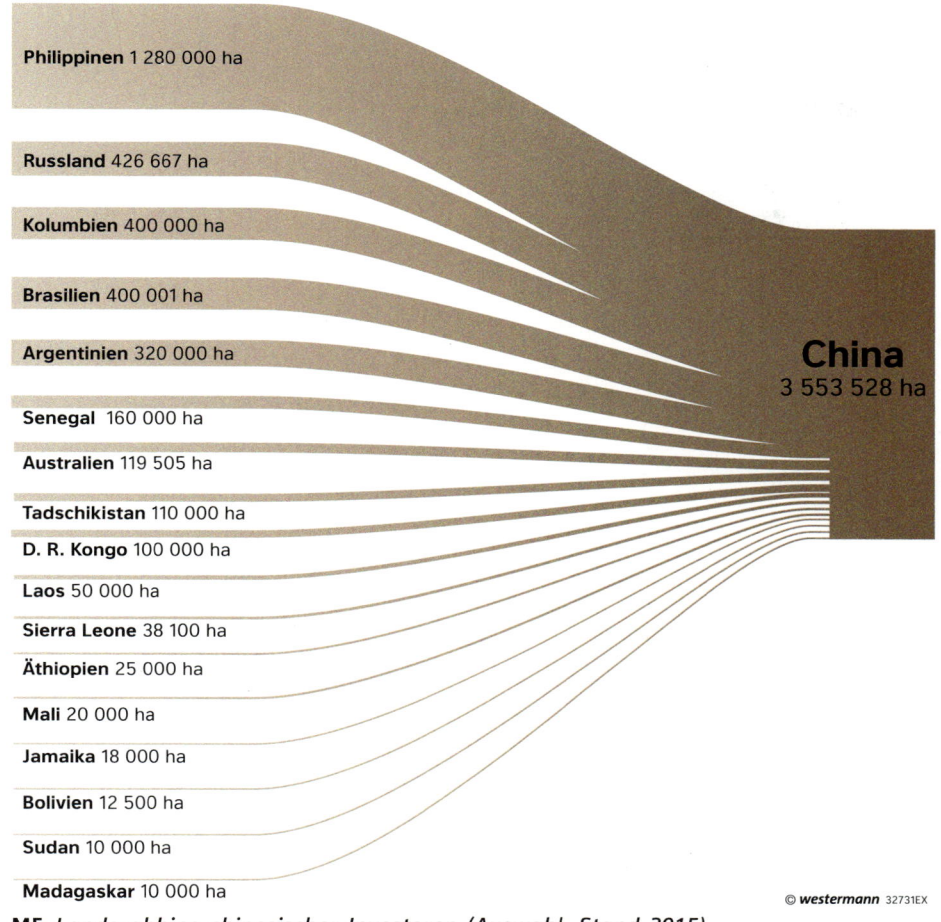

Philippinen 1 280 000 ha

Russland 426 667 ha

Kolumbien 400 000 ha

Brasilien 400 001 ha

Argentinien 320 000 ha

Senegal 160 000 ha

Australien 119 505 ha

Tadschikistan 110 000 ha

D. R. Kongo 100 000 ha

Laos 50 000 ha

Sierra Leone 38 100 ha

Äthiopien 25 000 ha

Mali 20 000 ha

Jamaika 18 000 ha

Bolivien 12 500 ha

Sudan 10 000 ha

Madagaskar 10 000 ha

China 3 553 528 ha

© westermann 32731EX

M5 *Landgrabbing chinesischer Investoren (Auswahl, Stand 2015)*

ⓘ Landgrabbing auch Landnahme, Landraub

Das ist der Aufkauf von ausländischen Agrar-flächen zur eigenen Nutzung für den Anbau von Nahrungsmitteln oder von Pflanzen zur Energiegewinnung.

Auswirkungen in den betroffenen Ländern:
- Bedrohung der Ernährungssicherheit
- Einschränkung der Wasserrechte
- Konflikte um die Landnutzung
- Landflucht und Vertreibung
- weitreichende ökologische Folgen (erhöhter Wasserverbrauch, Rodung von Waldflächen, Aussterben von Tier- und Pflanzenarten)

Land	in Mio. t
USA	384,78
VR China	231,84
Brasilien	64,14
Ukraine	28,07
Indien	26,26
Russland	15,31
Kanada	12,35
Frankreich	12,13
Welt	*1 060,11*

(Quelle: Fischer WA 2019)

M6 *Produktion von Mais (2016)*

Land	in Mio. t
VR China	131,70
Indien	93,50
Russland	73,29
Kanada	30,49
Frankreich	29,50
Ukraine	26,10
Pakistan	26,01
Deutschland	24,46
Welt	*749,46*

(Quelle: Fischer WA 2019)

M7 *Produktion von Weizen (2016)*

www.geo.de
(→Schweinehoch-haus, China)

❶ Charakterisiere Chinas landwirtschaftliche Nutzungsmöglichkeiten. Nutze dazu insbesondere M3 und den Atlas.

❷ „Die Agrarpolitik Chinas hat direkte Auswirkungen auf andere, meist wirtschaftlich gering entwickelte Länder". Belege diese Aussage.

165

M1 *Chinas Aufstieg begann als „Werkstatt der Welt",
zum Beispiel mit Spielzeugartikeln*

M4 *Offene Städte und Sonderwirtschaftszonen in China*

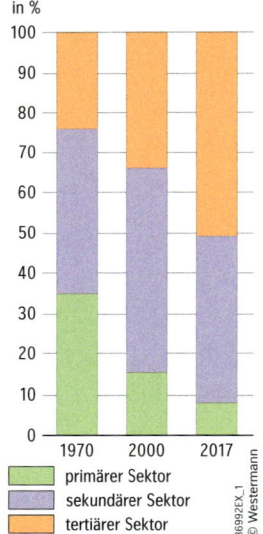

M2 *China - die Entwicklung der Sektoren*

Chinas Wirtschaftsaufschwung

Kein anderer Staat der Welt hat in den letzten 40 Jahren einen so extremen Wandel vollzogen wie China. Noch bis in die 1970er-Jahre war das Land stark landwirtschaftlich geprägt und vom Rest der Welt nahezu komplett abgeschottet. Erst zu Beginn der 1980er-Jahre beschloss die politische Führung Reformen und eine schrittweise Öffnung in Richtung Weltmarkt. Diese Öffnung begann im Osten des Landes, wo erst Städte und dann Regionen zu Sonderwirtschaftszonen erklärt wurden. In sogenannten Joint Ventures („gemeinsamen Wagnissen") kooperieren dort chinesische und ausländische Unternehmen.

Dies wird als Beginn einer rasanten Entwicklung bis hin zum Wirtschaftsriesen und Exportweltmeister angesehen. China ist heute stark eingebunden in die **Globalisierung** der Weltwirtschaft. Lange galt die chinesische Wirtschaft als „Werkbank der Welt", wobei die Textilindustrie dabei die bedeutendste Branche war. Inzwischen lassen Unternehmen wegen steigender Produktionskosten in Niedriglohnländern wie Bangladesch und Vietnam produzieren. Im Jahre 2025 will China unter anderem bei künstlicher Intelligenz, energiesparender Fahrzeugtechnik und Industriesoftware Weltmarktführer sein.

Eine Sonderwirtschaftszone stellt ein räumlich abgegrenztes Gebiet innerhalb eines Staates dar. Die Idee für das Ausweisen einer Sonderwirtschaftszone ist, einem bestimmten Gebiet einen zeitlich begrenzten wirtschaftlichen Sonderstatus einzuräumen.

In China gibt es inzwischen sechs Sonderwirtschaftszonen. Ausländischen Investoren bieten sich hier gute Wirtschaftsbedingungen: niedrige Steuern, Handelsfreiheit, billige Grundstücke, aber vor allem motivierte und disziplinierte Arbeiter, die wenig Lohn fordern.

M3 *Sonderwirtschaftszonen*

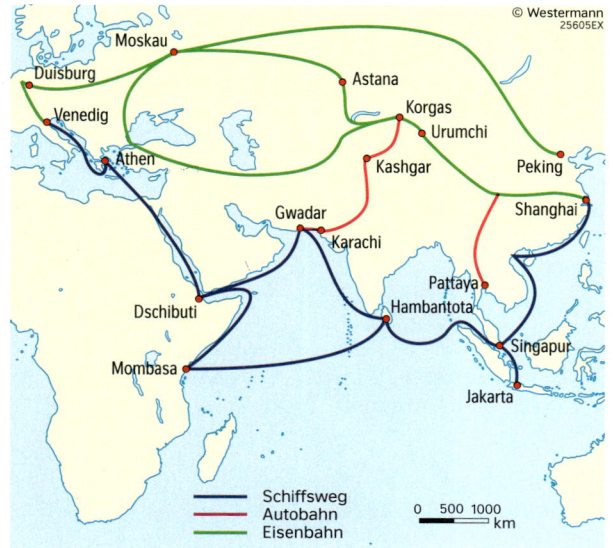

© Westermann
25605EX

M5 *Verlauf der neuen Seidenstraße*

Ein entscheidender Grund für den wirtschaftlichen Aufschwung Chinas sind gesunkene Transportkosten in der Containerschifffahrt. Ein Containerschiff benötigt auf der Suez-Kanal-Route bis Hamburg 48 Tage. Ein Zug braucht auf der relativ neuen 10 000 Kilometer langen Bahnstrecke von Chongqing bis nach Duisburg (Hafen) rund 12 Tage.

Große Hoffnungen setzt die chinesische Regierung in das jüngste, auch umstrittene Verkehrsprojekt. In die neue Seidenstraße investiert China 900 Milliarden Dollar. Auf einer Land- und Seeroute sollen historische Handelswege nach Europa neu belebt und neue Partner in Afrika gewonnen werden, um chinesische Produkte noch effektiver auf dem Weltmarkt anbieten zu können.

M7 *Transportwege für chinesische Produkte*

Gier nach Rohstoffen

Chinas wirtschaftliches Wachstum verursacht einen hohen Rohstoff- und Energiebedarf. Das Land ist zwar der weltgrößte Investor in erneuerbare Energien sowie Atomkraft, jedoch ist die Kohle nach wie vor der wichtigste einheimische Energieträger (S. 169). Um seinen Energiebedarf zu decken, importiert China zusätzlich Energierohstoffe. Außerdem werden auch große Mengen an Erzen eingeführt. Da der Bedarf weiter ansteigen wird, sichert sich China weltweit den Zugang zu Rohstoffen, vor allem in Lateinamerika und Afrika. Chinesische Staatsbetriebe beteiligen sich an der kostspieligen Erschließung.

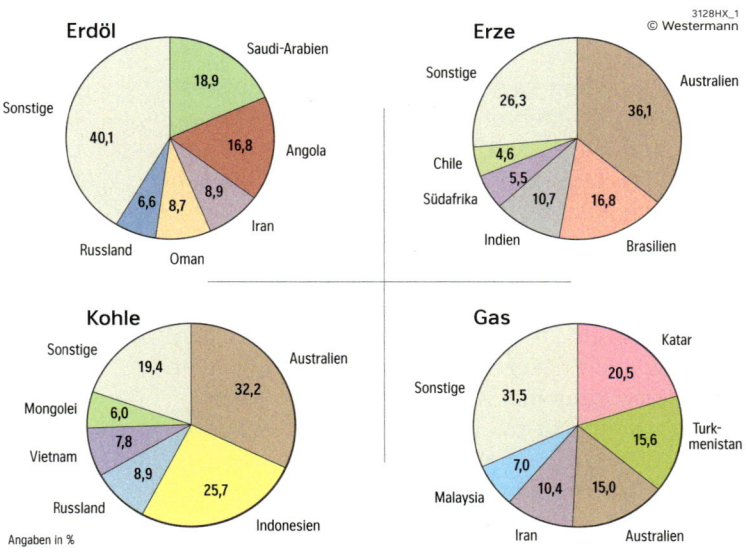

M6 *Chinas wichtigste Rohstofflieferanten in %*

① Beschreibe die wirtschaftliche Entwicklung Chinas vom rückständigen Agrarland zur aufstrebenden Weltwirtschaftsmacht heute. Beziehe dabei auch die Sonderwirtschaftszonen ein.

② Erläutere Chinas Gier nach Rohstoffen.

③ Beurteile, warum China für die Industrieländer ein Konkurrent um Rohstoffe ist.

Wie groß das Bedürfnis der Chinesen nach frischer Luft ist, zeigt ein eigentlich als Werbeaktion gestartetes Produkt aus Kanada. Das Unternehmen „Vitality Air" verkauft in China sehr erfolgreich frische Luft in Dosen – drei Liter für umgerechnet 16 Euro.

M1 *„Frische Luft" für China*

So gehst du vor

1. Orientieren über den Text
- Nenne Thema und Art des Textes.
- Gib Ort, Jahr und Verfasser an.

2. Erschließen des Textinhalts
- Lies den Text einmal durch. Nenne seine zentrale Aussage.
- Unterstreiche Schlüsselwörter. Kläre dir unbekannte Begriffe.
- Gliedere den Text. Formuliere Zwischenüberschriften. Stelle Fragen an den Text.

3. Zusammenfassen/Schlussfolgern
- Fasse den Inhalt des Textes zusammen.
- Gib an, was dich besonders interessiert.
- Leite Schlussfolgerungen ab.

M3 *Umweltaktivistin M. Huang*

„Liebe Gäste,
auch unsere Regierung hat gemerkt, dass es so nicht weitergeht. Wirtschaftliches Wachstum ohne Rücksicht auf Verluste, das war seit
5 Jahren und Jahrzehnten die Vorgabe, aber die Folgen sind nicht mehr tragbar. Unsere Städte sind wegen des Smogs unbewohnbar, die Flüsse vergiftet, das Trinkwasser verschmutzt. Regierungschef Li Keqiang hat in seiner Eröff-
10 nungsrede 2014 eine drastische Formulierung gewählt. Er will, so wörtlich, ‚der Umweltverschmutzung den Krieg erklären!' In einem ersten Schritt soll es höhere Umweltschutzauflagen geben und Verstöße sollen stärker
15 bestraft werden.
Dieser Schritt ist zweifellos richtig, aber er reicht nicht! China muss weg von der Kohle und hin zu erneuerbaren Energien. Schon jetzt sind wir weltweit führend bei der Stromerzeu-
20 gung durch Windkraft und Solarenergie, aber

das Potenzial in unserem Land ist noch lange nicht ausgeschöpft!
Der zweite Schritt zur Milderung der Umweltprobleme in den besonders betroffenen Gebie-
25 ten im Osten ist jedoch eindeutig falsch! Die Regierung will die Produktion verstärkt in die westlichen Provinzen verlegen, da dort kaum Menschen über Smog klagen. Die Unternehmen, die ihre Werke in die Innere Mongolei
30 oder nach Xinjiang verlagern, sollen dafür eine besondere Unterstützung bekommen und weniger Umweltschutzauflagen erfüllen müssen. Dieser Plan macht die Lage in unserem Land nur noch schlimmer! Die Umweltverschmut-
35 zung im Osten wird kaum besser werden und der bisher eher verschonte Westen wird auch noch leiden. Wir müssen überall das Problem an der Wurzel packen und es nicht nur verlagern!
40 Vielen Dank!"

M2 *Chinas Zukunft – Umweltschäden oder Umweltschutz? Rede der Umweltaktivistin Maylin Huang bei einer Messe für alternative Energien in Shanghai 2018*

❶ Werte die Rede der Umweltaktivistin aus. Nutze dazu die Schrittfolge.

❷ Analysiere die zur Thematik der Rede passenden Materialien auf S. 169.

M4 *Umweltprobleme in China*

M5 *Kohlekraftwerk in der Provinz Shanxi*

M6 *China – Weltmarktführer bei der Windenergie-produktion*

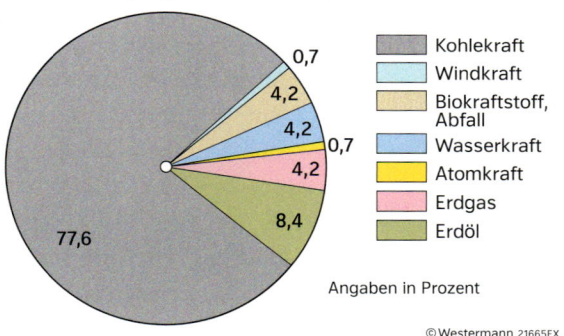

M7 *Installierte Stromerzeugungskapazität in China (2015)*

Stromerzeugung in China (2015)

- Kohlekraft
- Windkraft
- Biokraftstoff, Abfall
- Wasserkraft
- Atomkraft
- Erdgas
- Erdöl

77,6 — 0,7 — 4,2 — 4,2 — 0,7 — 4,2 — 8,4

Angaben in Prozent

© Westermann 21665EX_1

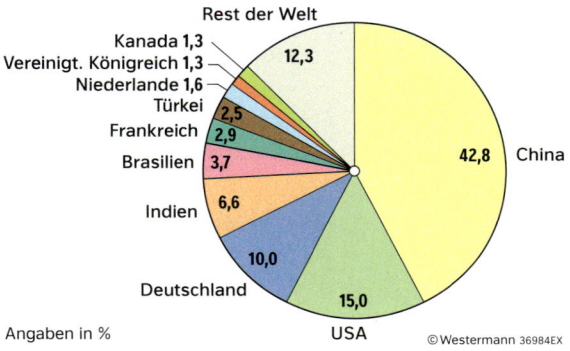

M8 *Die Windenergieproduktion ausgewählter Länder (2016)*

Die zehn größten Windenergie-Produzenten weltweit (2016)

Rest der Welt 12,3
Kanada 1,3
Vereinigt. Königreich 1,3
Niederlande 1,6
Türkei 2,5
Frankreich 2,9
Brasilien 3,7
Indien 6,6
Deutschland 10,0
USA 15,0
China 42,8

Angaben in %

© Westermann 36984EX

169

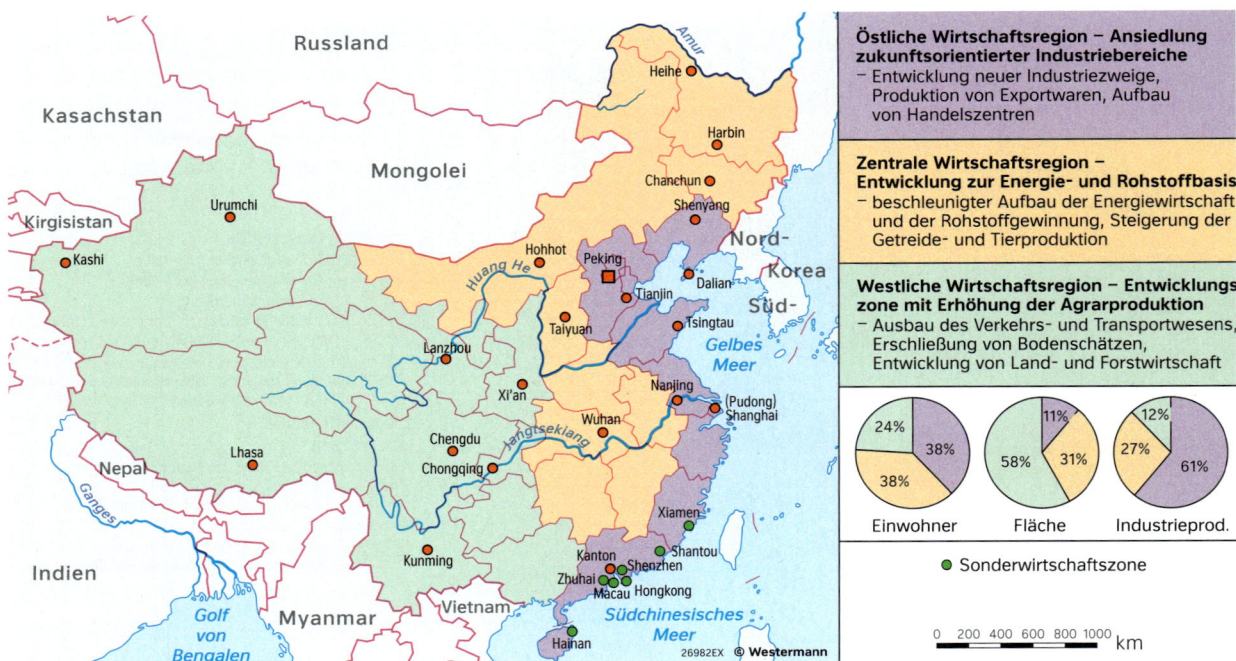

M1 *Wirtschaftsregionen und Sonderwirtschaftszonen*

Stadt	Einwohner in Mio.
Chongqing	28,8
Shanghai	23,1
Peking	19,6
Tianjin	12,9
Guangzhou	12,7
Harbin	10,6
Hangzhou	8,7
Xi´an	8,5
Shenyang	8,1
Hongkong	7,4

M2 *Chinas größte Städte (Stand 2016)*

Boomende Küstenregionen – armes Hinterland

Die Regionen Chinas haben nicht alle in gleicher Weise vom wirtschaftlichen Aufschwung der letzten Jahrzehnte profitiert. In China existieren vor allem zwei starke wirtschaftlich-soziale Gegensätze: der zwischen Küste und Binnenland und der zwischen Stadt und Dorf. Weil die neu entstandene chinesische Industrie vor allem für den Export produzierte und die Sonderwirtschaftszonen in Hafenstädten angelegt wurden, konzentrierte sich der Wirtschaftsaufschwung zunächst auf die Küstenregionen. Die Lebensverhältnisse zwischen diesem Raum und dem landwirtschaftlich geprägten Landesinneren unterscheiden sich erheblich.

Viele, vor allem junge Chinesen, sehen ihre Zukunft in den Küstenstädten. Der ständige Zuzug bewirkt dort ein rasches Bevölkerungswachstum und auch extreme Veränderungen: Große Wohnsiedlungen und Hochhäuser und eine neue Verkehrsinfrastruktur entstehen. Diesen Bauvorhaben müssen oft die traditionellen Wohnviertel, die Hutongs, weichen.

Um den wachsenden Abstand zwischen beiden Landesteilen zu verringern, wurde im Jahr 2000 ein „Großer Entwicklungsplan für den Westen" beschlossen. Mit ihm soll eine Angleichung des Lebensstandards auf nationaler Ebene erreicht werden.

❶ Vergleiche die Wirtschaftsregionen hinsichtlich der Einwohnerzahl, Fläche, Industrieproduktion und Wirtschaftskraft.

❷ Erstelle eine Liste mit Pull- und Pushfaktoren für die Binnenwanderung vom Land in die Stadt aus der Sicht von Tian Gao.

M3 *Tian Gao auf dem Weg in ein neues Leben*

Wohin führt der Weg von Tian Gao?

Eine Entscheidung hat Tian Gao bereits getroffen. Er verlässt sein Heimatdorf, das im Westen von China liegt. Tians Traum war es nicht, ein Wanderarbeiter zu werden. Doch 270 Millionen Chinesen (jeder fünfte Einwohner des Landes) sehen wie er keine Perspektive mehr in ihrem Heimatort.

Tian hatte nach seinem mittleren Schulabschluss zunächst wie seine Eltern als Reisbauer gearbeitet, aber das Geld reichte nicht zum Überleben aus. Einen festen Job konnte er in der wirtschaftlich rückständigen Region nicht finden. Die Industriestädte in Ostchina lockten mit Arbeitsplätzen und besseren Lebensbedingungen. Mit seinen 23 Jahren ist er im Vergleich zu den anderen Wanderarbeitern eher jung. Das Durchschnittsalter liegt bei 37 Jahren.

Tian weiß noch nicht genau, in welchem Beruf er unterkommen wird. Er ist zwar nicht ungebildet, aber eine besondere Ausbildung hat er nicht.

Wer sich in China länger als drei Monate außerhalb seines registrierten Wohnsitzes aufhält, benötigt eine Aufenthaltserlaubnis, den sogenannten „Hukou". Es ist möglich, eine solche Erlaubnis anzumelden, aber diese kostet Geld, das die meisten Wanderarbeiter nicht haben. Somit bleiben sie illegal an ihren Arbeitsplätzen und sind den Bedingungen der Arbeitgeber ausgeliefert. Weniger als 20 Prozent der Wanderarbeiter haben überhaupt Arbeitsverträge.

Die chinesische Regierung ist dabei, das System des „Hukou" zu überarbeiten. In Städte mit weniger als einer Million Einwohner soll man ohne Einschränkung ziehen können, bei Städten mit drei Millionen Bewohnern soll der Zuzug erleichtert werden, in den Megastädten bleibt die Zahl der Neuanmeldungen jedoch stark begrenzt.

M4 *Aufenthaltserlaubnis in chinesischen Städten*

ℹ Pullfaktoren und Pushfaktoren

Als Pullfaktoren werden die Gründe bezeichnet, die bewirken, dass Menschen in eine Region ziehen.
Im Gegensatz dazu sind Pushfaktoren solche Aspekte, die die Menschen dazu bringen, ihre Heimat zu verlassen.

Die Arbeitsplätze für die Wanderarbeiter in Chinas boomenden Küstenregionen werden knapper, denn die Wirtschaft in China wandelt sich. An der „Werkbank der Welt" sind die Jobzahlen rückläufig, da weniger billige Massenware produziert wird.

China setzt stattdessen auf anspruchsvollere Industrien, insbesondere Hightech. Dies erfordert jedoch eine spezifische Qualifikation und diese haben die Wanderarbeiter in der Regel nicht. Viele wählen somit den Weg zurück in ihre Heimatregionen. Die chinesische Regierung will die westlichen Provinzen deshalb auch verstärkt fördern.

M5 *Chinas Wanderarbeiter kehren heim*

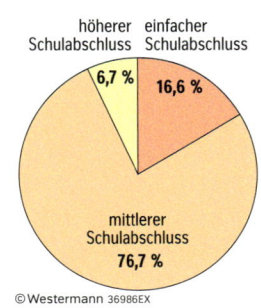

höherer Schulabschluss 6,7 %
einfacher Schulabschluss 16,6 %
mittlerer Schulabschluss 76,7 %

© Westermann 36986EX

M6 *Schulabschlüsse der Wanderarbeiter*

M1 *Shanghai 1983 und 2016, Blick über den Huangpu auf das Stadtviertel Pudong*

Shanghai – Chinas wirtschaftliche Boomtown

Shanghai ist die zweitgrößte Stadt Chinas. Bereits im 19. Jahrhundert war sie das wichtigste Handels-, Finanz- und Industriezentrum. Die Stadt gehörte damals zu den wenigen chinesischen Städten, in denen sich Ausländer ansiedeln und Handel treiben konnten.

Im Zuge der wirtschaftlichen Reformen wurde Pudong, ein Stadtteil Shanghais, als bisher letztes Gebiet zur Sonderwirtschaftszone erklärt. Seitdem erlebt Pudong einen Wirtschaftsboom. Noch 1983 war der heutige Stadtteil ein sumpfiges Gebiet, bebaut mit Holz- und einfachen Steinhäusern.

Die Sonderwirtschaftszone Pudong gilt heute als das Wahrzeichen des wirtschaftlichen Aufschwungs Chinas.

Sie gliedert sich in ein Finanz- und Handelszentrum, eine Exportverarbeitungszone, eine Handelszone und in einen High-Tech-Park (M2). Wegen seiner zahlreichen Wolkenkratzer wird Pudong auch als „Manhattan des Ostens" bezeichnet.

Aber auch der Dienstleistungssektor entfaltet sich in Shanghai immer mehr. Davon zeugen Luxushotels und Einkaufszentren wie die „Super Brand Mall", das größte Einkaufszentrum Asiens.

www.gtai.de
(→Shanghai, Smart City)

www.gtai.de
(→Metropolregion Perlflussdelta)

„We will attract more talented international workers in hightech industries and transform to be district into an area rife with innovation."

Sun Jiwei: Gouverneur von Pudong 2015

ℹ️ Weitere bedeutende Wirtschaftsregion: Perlflussdelta

Sie zählt zu den leistungsstärksten Regionen des Landes. Im Süden Chinas, an der Mündung des Perflusses gelegen, umfasst sie Teile der Provinz Guangdong sowie die Sonderverwaltungszonen Hongkong und Macau. Zum Wirtschaftsraum gehören auch die beiden Sonderwirtschaftszonen Shenzen und Zhuhai. Etwa die Hälfte ihrer Wirtschaftsleistung wird durch Wachstumsbranchen der Industrie (z. B. Elektrotechnik, Elektronik, IT, Biotechnologie) erbracht. Shenzen gilt heute als Hightech-Metropole Chinas. Unternehmen wie Sony, Nintendo, Apple und Huawei haben sich hier angesiedelt.

---

❶ Beschreibe die geographische Lage Shanghais.

❷ Erläutere die Entwicklung der Sonderwirtschaftszone Pudong.

100800-189-04
schueler.diercke.de

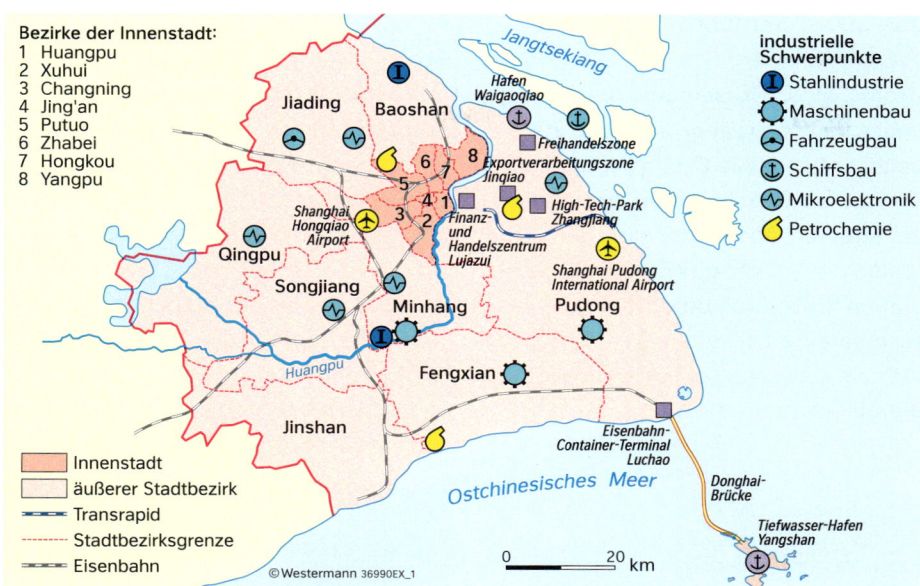

M2 *Wirtschaftsraum Shanghai mit Sonderwirtschaftszone*

Der deutsche Global Player Deutsche Post / DHL investiert in der Global City Shanghai. 2012 eröffnete DHL hier nach Leipzig, Cincinnati (USA) und Hongkong sein weltweit viertes großes Logistikzentrum. 175 Millionen US-Dollar kostete das neue Verteilzentrum am Flughafen Pudong. Über 100 Millionen wurden zusätzlich in Frachtflugzeuge für die Route nach Shanghai investiert. Dies unterstreicht die große Bedeutung des asiatischen Marktes.

Der Schritt von DHL erscheint logisch, denn viele Experten sehen in China den neuen Logistikweltmeister. Mit der Verlagerung der Weltwirtschaft in den pazifischen Raum verschieben sich die Schwerpunkte der internationalen Transportwege.

M3 *China ist auf dem Weg zum Logistikweltmeister*

Shanghai	37
Singapur	31
Shenzhen	24
Ningbo	22
Hongkong	20
Busan	19
Guangzhou	17
Qingdao	17
Dubai	15
Tianjin	15
Hamburg	9

M5 *Größte Container-häfen weltweit 2016 (Umschlag in Mio. Tonnen)*

Shanghai eröffnete 2005 seinen Tiefwasserhafen in der Bucht von Hangzhou, etwa 90 Kilometer südlich der Stadt an der Mündung des Jangtsekiang. Die 32,5 km lange Donghai-Brücke verbindet den Hafen mit dem Transport- und Verkehrsnetz von Shanghai.

Inzwischen stieg der Tiefseehafen aufgrund seiner günstigen Lage zum größten Containerumschlagplatz der Welt auf.

M4 *Tiefwasser- und Containerhafen Yangshan*

Transrapid

Der Transrapid, eine Magnetschwebebahn, verbindet den Internationalen Flughafen Pudong mit der Innenstadt von Shanghai.

Die Technik für das einstige deutsche Vorzeigeobjekt wurde von den Chinesen gekauft.

Die Bahn benötigt nur acht Minuten für die rund 30 km lange Strecke und erreicht bis zu 430 Stundenkilometer.

3 Analysiere und begründe die Bedeutung Shanghais als Wirtschafts- und Verkehrszentrum Chinas und der Welt.

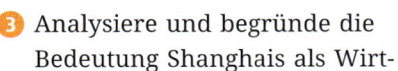

Das „Drei-Schluchten-Projekt"

Der Jangtsekiang ist der mächtigste Strom Chinas. In seinem Oberlauf hat er sich auf einer Länge von rund 200 Kilometern tief in das Gebirge eingeschnitten und viele Schluchten geschaffen. Die engsten Abschnitte sind die „Drei Schluchten" Quang, Wu und Xiling. In seinem Unterlauf durchfließt er sehr fruchtbare Landschaften. Der Fluss dient auch als ein wichtiger Transportweg und Energielieferant.

Schon vor rund 100 Jahren träumte man in China davon, mit einem Damm am Jangtsekiang die Schifffahrt, die Ausnutzung der Wasserkraft und den Hochwasserschutz zu verbessern. Lange Zeit scheiterte der Bau an den hohen Kosten für dieses Projekt.

Ab 1994 wurde auf halber Strecke der Xiling-Schlucht bis 2009 der Drei-Schluchten-Staudamm errichtet mit vielen Vorteilen, aber auch zahlreichen Nachteilen für Mensch und Natur.

So gehst du vor

1. Lege das Thema des Vortrages fest oder lies das vorgegebene Thema genau durch.

2. Beschaffe dir Informationen zum Thema aus verschiedenen Quellen. Wähle die passenden aus und erstelle eine Gliederung.

3. Erarbeite deinen Vortrag. Gestalte dazu eine Bildschirm-Präsentation. Beachte: Die einzelnen Folien müssen zu den Gliederungspunkten passen und dürfen nicht inhaltlich überfrachtet sein. Sie können auch Fotos, Grafiken, Karten, Audio- und Filmdateien enthalten. Gib immer auch die Quellen der benutzten Materialien an.

4. Halte deinen Vortrag, unterstützt durch die erarbeitete Präsentation.

M1 *Titelbild der Bildschirm-Präsentation*

M2 *Einfahrt in eine der Schluchten*

M3 *Jangtsekiang bei Nanjing*

100800-189-06
schueler.diercke.de

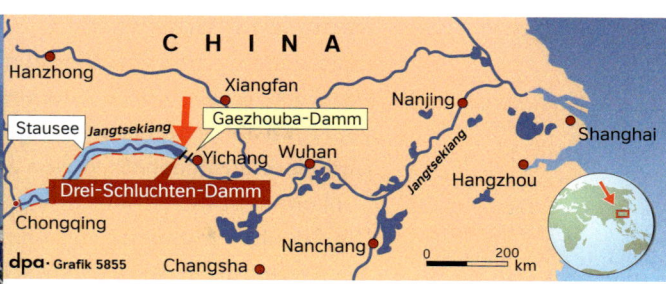

C H I N A

Hanzhong · Xiangfan · Nanjing · Shanghai

Stausee *Jangtsekiang* · Gaezhouba-Damm · Yichang · Wuhan · *Jangtsekiang* · Hangzhou

Drei-Schluchten-Damm

Chongqing

dpa· Grafik 5855 · Changsha · Nanchang

0 — 200 km

Größtes Stauwerk der Welt

Staumauer	185 m hoch	Wasserpegel	175 m
	2309 m lang	Stauseelänge	über 600 km

- Grundsteinlegung: 1994
- Fertigstellung: 2009
- Kosten: 75 Milliarden Euro
- Stromkapazität: 18 200 Megawatt
- fünfstufige Schleuse zur Überwindung von 115 Höhenmetern

M4 *Der Drei-Schluchten-Staudamm*

„Der Staudamm wird uns in unserer Entwicklung einen großen Schritt nach vorn bringen. Am Unterlauf des Jangtsekiang werden nun 200 Millionen Menschen vor großen Überschwemmungskatastrophen geschützt. Der Fluss wird ganzjährig von Schiffen und Schubverbänden befahrbar sein. Chongqing ist dann der weltweit größte Binnenhafen.
Die neuen Elektrizitätswerke werden eine Leistung erbringen, die wir dringend zur Stromversorgung benötigen. Mit der Energie werden wir in erster Linie die Küstenstädte und ihre wichtigen Industriebetriebe versorgen. Wir werden endlich auch viele Tausend Dörfer elektrifizieren können. So verbessert sich der Lebensstandard der Menschen und es können sich weitere Wirtschaftsbetriebe ansiedeln. Dass wir Menschen umgesiedelt haben, sehe ich positiv. Sie mussten zwar ihr altes Zuhause auf dem Seegrund lassen, haben aber eine neue Heimat mit modernen und geräumigen Wohnungen gewonnen. Die chinesische Bevölkerung kann stolz sein auf dieses weltweit größte Bauprojekt seit der Errichtung der chinesischen Mauer."

M5 *Him Lai (Zentrale Wasserbau-Behörde, Peking)*

„Der Damm ist eine der größten Fehlplanungen der chinesischen Geschichte. Durch den Stausee werden 137 Städte mit 400 Krankenhäusern und 1 100 Dörfer überflutet.
Wegen des Dammes verlieren Millionen Menschen ihre Heimat. Ihre Häuser und das fruchtbare Ackerland werden im Wasser versinken und die Familien müssen in neu geplante Siedlungen ziehen. Oft liegen diese fernab ihrer alten Heimat. Hinzu kommen die Umweltgefahren.
Es werden 1 300 Fabriken, 1 300 Kohleminen und 178 Mülldeponien überschwemmt, wodurch das Wasser langfristig verseucht werden könnte.
200 Millionen Menschen am Unterlauf des Jangtsekiang müssen sich durch einen möglichen Dammbruch bedroht fühlen. Niemand weiß, wie lange der Damm funktionsfähig sein wird. Durch die große Schlammfracht im Fluss könnte der See sehr schnell verschlammen. Dadurch könnten die Wasserkraftwerke unbrauchbar gemacht werden. Schließlich wird auch eine der schönsten Naturlandschaften, die Drei Schluchten, in den Fluten versinken."

M6 *Han Guanwan (Universität Wuhan)*

1 Stelle die Raumveränderungen durch das Drei-Schluchten-Projekt multimedial dar und präsentiere sie.

2 Erörtere das Drei-Schluchten-Projekt aus unterschiedlichen Perspektiven.

Indien

Fläche: 3,287 Mio. km²
Einwohner: 1,339 Mrd.
Bev.dichte: 407 Ew./km²
Stadtbevölkerung: 34 %
Hauptstadt: Neu-Delhi
(28,5 Mio. Ew.)
Sprachen: Hindi, Bengali,
Teluga, Marathi
Länderkennzeichen: IND

M1 *Steckbrief (2017)*

www.planet-wissen.
de
(→ Indien)
www.religionen-
entdecken.de/religi-
onen/hinduismus

Räumlicher Überblick

Indien nimmt rund drei Viertel der Fläche Südasiens ein. Durch den Himalaya vom asiatischen Festland getrennt, wird diese ausgedehnte Region auch als Subkontinent bezeichnet.

Die Republik Indien ist wie China eine aufstrebende Wirtschaftsmacht und gehört zu den ältesten Kulturländern der Erde. Davon zeugt eine Vielzahl an Tempelanlagen, religiösen Kultstätten und historischen Gebäuden. Das Land weist eine große Vielfalt voller Gegensätze auf.

M3 *Hindu-Tempel in Madurai, Südindien*

Hinduismus – drittgrößte Weltreligion

Die Religion des Hinduismus' hat weltweit rund eine Milliarde Anhänger. Sie hat ihren Ursprung in Indien. 80 Prozent der Inder sind Hindus. Die von ihnen als „ewige Ordnung" bezeichnete Religion bestimmt ihr Leben und Wirtschaften. Da sie an die Wiedergeburt glauben, besteht ihr Lebensziel in der Vervollkommnung und Reinigung von allen schlechten Eigenschaften. Besonders bedeutsam sind für die Hindus religiöse Waschungen an einem der heiligen Flüsse.

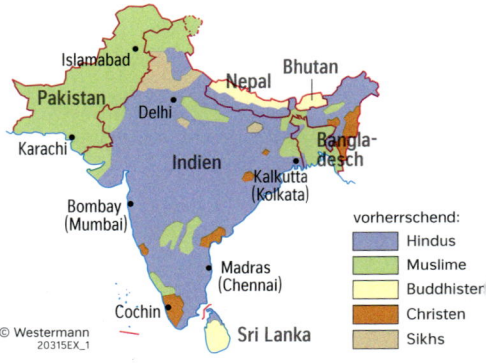

M4 *Religionen in Südasien*

M2 *Varanasi – heilige Stadt am Ganges*

In Varanasi (bezeichnet nach den hier in den Ganges mündenden Nebenflüssen Varana und Asi, früher von den Briten Benares genannt) herrscht buntes Treiben. Gläubige, Mönche, Bettler, Kranke, Astrologen baden im Ganges und glauben, dadurch von allen Sünden reingewaschen zu werden. Das Trinken des Wassers soll Reichtum, Erfolg, Gesundheit und Fruchtbarkeit garantieren und eine Familie rückwirkend über sieben Generationen reinigen. Kranke, Alte und Gebrechliche hoffen auf Heilung oder den Tod. An den Ufern brennen Feuer: Menschen werden eingeäschert und ihre Asche wird in den Ganges gestreut – so soll eine Wiedergeburt möglich werden. Bei diesen Zeremonien kommt dem Sohn große Bedeutung zu, da nur er die Einäscherung vornehmen und bestimmte religiöse Feste zelebrieren darf.

❶ Beschreibe die Lage Indiens, auch unter Beachtung des Gradnetzes.

❷ Erläutere, worin sich Indien von China kulturell unterscheidet.

100800-183-04
schueler.diercke.de

Eine Kaste besteht aus Menschen, die gleiche oder ähnliche Berufe ausüben und eine ähnliche Lebensform haben. Das Kastensystem in Indien unterteilt die Gesellschaft in fünf Klassen. Jeder Mensch wird in seine Kaste hineingeboren und kann sie in der Regel nicht verlassen. Im Kastensystem prägt das Leben der Eltern die Zukunft der Kinder. Ein Kind einer Bauernfamilie, das als Shu-dra geboren wird, kann nicht in eine höhere Kaste aufstei-gen. Es wird nur innerhalb einer Kaste geheiratet.

Die unterste Gruppe des Kastensystems sind die Harijans, die „Unberührbaren" oder „Dalits". Sie leben am Rande der Gesellschaft und gehen einfachen Tätigkeiten wie Wäsche waschen oder Müll beseitigen nach. Sie gelten als unrein, dürfen nicht gemeinsam im Dorf mit den anderen Kasten wohnen und haben eigene Wege und Brunnen, die sie benutzen müssen.

In der indischen Verfassung von 1950 ist festge-legt, dass keiner wegen seiner Kaste benachteiligt werden darf. Trotzdem haben gerade auf dem Land auch heute noch Menschen aufgrund ihrer Kastenzugehörigkeit schlechtere Lebenschancen. Zur För-derung der Gleichstellung gibt es mittlerweile Quoten, die auch den unteren Kasten Zugang zu Plätzen an der Universität verschaffen sollen.

BRAHMANEN
Priester, Gelehrte, Großgrundbesitzer, die ihr Land nicht selbst bewirtschaften

KSHATRYAS
Beamte, Soldaten, Großgrundbesitzer, die ihr Land selbst bewirtschaften

VAISHYAS
Kaufleute, Handwerker, reiche Bauern, Geldverleiher

SHUDRAS
arme Bauern, Dorfpolizisten, Pächter, Wollweber, Schäfer, Gold-schmiede, Silberschmiede, Kupferschmiede, Grobschmiede, Zimmerleute, Töpfer, Korbflechter, Schneider, Friseure, Wäscher, Steinarbeiter, Erdarbeiter

HARIJANS
Landarbeiter, Gerber, Tagelöhner, Rikschafahrer
Kastenlose, früher auch als "Parias", als "Unberührbare", bezeichnet

© Westermann 909EX_6

M5 *Das Kastensystem in Indien*

Anguri ist 43 Jahre alt. Sie wohnt mit ih-rem Mann und ihren vier Kin-dern in einem Teil außerhalb des Dorfes. Dort leben die kastenlosen Familien (Da-lits). Die meisten Mitglieder der Fa-milie arbeiten im Straßenbau oder als Toilettenreiniger. Doch Anguri konnte ihren Status verbessern. Sie ist heute als Hausangestellte tätig. Ihr größter Wunsch ist es, dass ihr ältester Sohn in der Stadt einen angesehenen Beruf ergreifen kann und damit den Status der Familie verbessert.

M6 *Auf dem Land*

Rajesh, 28 Jahre alt, berichtet: „Das Kasten-wesen in der modernen städtischen Welt hat an Bedeu-tung verloren. Oft weiß man gar nicht, welchen Kasten seine Kollegen angehö-ren. Im nächsten Jahr möchte ich heiraten. Eigentlich ist es Brauch, dass die Eltern sich um die Braut-suche kümmern. Wir haben uns aber darauf geeinigt, dass ich das selbst in die Hand nehme. Meinen Eltern habe ich dennoch verspro-chen, eine Frau aus unserer Kaste auszuwählen."

M7 *In der Stadt*

Ghandi (1869–1948) trat für die Gleich-stellung aller Inder ein. Mit dem Prinzip der Gewalt-losigkeit kämpfte er für die indische Unabhängigkeit.

M8 *Mahatma Ghandi*

❸ Berichte über die Bedeutung des Ganges für die Hindus (Internet).

❹ Vergleiche die Rolle des Kastenwe-sens in Stadt und Land.

Großlandschaften Indiens

Die Landschaftsgliederung des indischen Subkontinents ist sehr vielgestaltig. Er wird in drei Großlandschaften eingeteilt:

- die Mittelgebirgslandschaft des Dekkan,
- die Tiefländer des Indus und Ganges/Brahmaputra sowie
- das Hochgebirge des Himalayas.

Relief, Klima und Vegetation stehen in engem Zusammenhang. So werden die jahreszeitlich wechselnden Monsunwinde vom Relief beeinflusst. Durch die starken Niederschlagsschwankungen im ganzjährig warmen tropischen Wechselklima reicht die Vegetation von Wüsten über Savannen bis hin zu Tropenwäldern.

Das Hochland von Dekkan nimmt etwa die Hälfte der indischen Halbinsel ein. Es besteht aus weiten Hochebenen, über die sich Mittelgebirge erheben. Teils mächtige Ströme zerschneiden das von einer Kurzgrassavanne bedeckte Hochland. An seinen östlichen und westlichen Rändern wölbt sich das Hochland schüsselartig zu den Ghats (Ostghats, Westghats) auf. Die durchschnittlich 1 000 bis 1 500 Meter hohen Westghats nehmen nach Süden an Höhe zu. Dagegen erreichen die Ostghats nur eine durchschnittliche Höhe von 600 Metern. Beide Ghats gehen in meist ungegliederte Küsten über, die als schmale, flache Tieflandstreifen von Lagunen gesäumt werden.

M1 *Hochland von Dekkan und Ghats*

Die nordindische Schwemmlandebene, die über ein Drittel der Fläche Indiens einnimmt, trennt das Hochland von Dekkan im Süden vom Himalaya im Norden. Die beiden mächtigen Ströme Ganges (etwa 2 500 km) und Brahmaputra (rund 3 000 km) sowie ihre zahlreichen Nebenflüsse entwässern das Gebiet, überfluten es aber auch häufig. Die aus dem Hochgebirge mitgeführten Sande und Kiese werden im Gangestiefland abgelagert. Auf diese Weise bildete sich eine ausgedehnte Aufschüttungsebene. Sie zählt mit ihrer hohen Bevölkerungsdichte und intensiven Landwirtschaft zu den Kernräumen Indiens. Die ursprünglichen Monsunwälder mussten Acker- und Siedlungsflächen weichen.

M2 *Tiefland von Ganges und Brahmaputra*

Die mächtige Barriere des Himalayas, eines jungen Faltengebirges mit breiten Tälern und Senken, grenzt Indien gegen Zentralasien ab. Er ist mit etwa 2 500 Kilometern mehr als doppelt so lang wie der Alpenbogen und erreicht mit dem Mount Everest (8 848 m) auch fast die doppelte Höhe. Im äußersten Nordwesten schließt sich jenseits des Industals das Hochgebirge des Karakorum an. Der indische Anteil am Himalaya umfasst den Kaschmir und den Kumaun-Himalaya (höchster Gipfel Nanda Devi 7816 m). Dank hoher Niederschläge gedeihen an den Südhängen des Himalayas tropische Regenwälder, die mit der Höhe in Laub- und Nadelwälder übergehen.

M3 *Himalaya („Stätte" des Schnees)*

Eine Profilskizze anfertigen

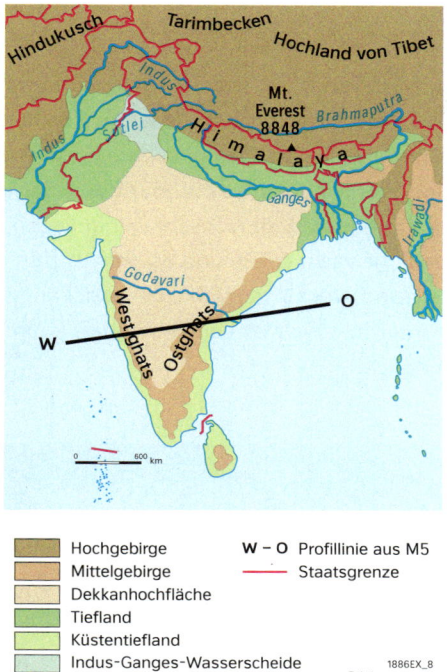

M4 *Landschaftsgliederung*

Legende:
- Hochgebirge
- Mittelgebirge
- Dekkanhochfläche
- Tiefland
- Küstentiefland
- Indus-Ganges-Wasserscheide

W – O Profillinie aus M5
— Staatsgrenze

1886EX_8
© Westermann

So gehst du vor

Eine Profilskizze ist ein Schnitt durch einen Teil der Erdkruste (s. S. 113). Sie kann um weitere Informationen ergänzt werden, z.B. Klima, Vegetation, Landnutzung. Die Kombination aus Profilskizze und Tabelle stellt Zusammenhänge zwischen verschiedenen Sachverhalten dar. Sie wird als Kausalprofil bezeichnet.

1. Zeichne ein Höhenprofil (Profilskizze). Fertige darunter eine Tabelle an, in der du dem Profil die zugehörigen Landschaftseinheiten zuordnest.
2. Vervollständige die Tabelle mit den Daten, über die das Kausalprofil noch Auskunft geben soll (z.B. zu Bevölkerungsdichte, Siedlungsstruktur).
3. Werte das Kausalprofil aus. Erkläre Zusammenhänge zwischen den einzelnen Sachverhalten.

Längenmaßstab
waagerechte Achse; gibt an, in welchem Verhältnis die Natur in der Kartendarstellung verkleinert wird
Höhenmaßstab
senkrechte Achse; gibt das Verkleinerungsverhältnis der Höhendarstellung gegenüber der Natur an; er ist immer größer als der Längenmaßstab

© Westermann 8665EX

	Malabarküste	**Hochland von Dekkan**	**Koromandelküste**
Oberflächengestalt	steiler Küstenabbruch mit vorgelagerten Schwemmlandstreifen	alte Rumpfschollen, z.T. überlagert von Decken; Tafelland	flache Schwemmlandküste, z.T. mit Dünen
Klima	feuchttropisches Monsunklima, wintertrocken	heiß, mäßig feucht bis trocken, niederschlagsarmer Winter	tropisch heiß, auch im Winter feucht durch NO-Monsun
Mittlere Temperatur	Januar 26°C, Juli 26°C	Januar 19°C, Juli 35°C	Januar 20°C, Juli 31°C
Jahresniederschlag	über 3000 mm	700 bis 1100 mm	1200 bis 1500 mm
Vegetation	feuchter Monsunwald	Savannen mit Galeriewäldern	Monsunwald (Mangroven)

M5. *Kausalprofil*

❶ Charakterisiere die Großlandschaften des indischen Subkontinents.

❷ Beschreibe die Entstehung von Aufschüttungsebenen. Nenne drei.

❸ Erläutere die Besonderheit eines Kausalprofils. Werte M5 aus.

❹ Fertige eine Profilskizze entlang einer Linie Mumbai – Himalaya an.

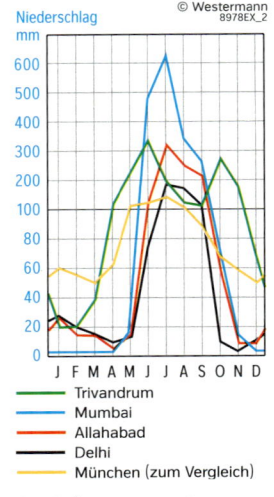

Niederschlag
mm

- Trivandrum
- Mumbai
- Allahabad
- Delhi
- München (zum Vergleich)

M1 *Jahresgang des Niederschlags*

Monsun – Schicksalswind Indiens

Insbesondere die Landwirtschaft hängt vom Eintreffen des regenbringenden Monsuns ab. Da 69 Prozent der indischen Bevölkerung auf dem Lande leben, ist der größte Teil der Bauern von dieser klimatischen Besonderheit betroffen. Der Monsun wird oft als Segen, Fluch oder Schicksal Indiens bezeichnet. Er bestimmt die Anbauzeiten. Die Hälfte des Getreides wird während des Sommermonsuns produziert. Doch der Südwestmonsun ist nicht zuverlässig. Kommt er zu früh und zu heftig, gibt es Überschwemmungskatastrophen. Menschen und Tiere ertrinken und die Ernte verfault. Kommt er jedoch zu spät und bringt nur sehr wenig Regen, dann herrscht Dürre und es drohen Hunger und Not. In der Zeit des trockenen Wintermonsuns ist Landwirtschaft kaum möglich.

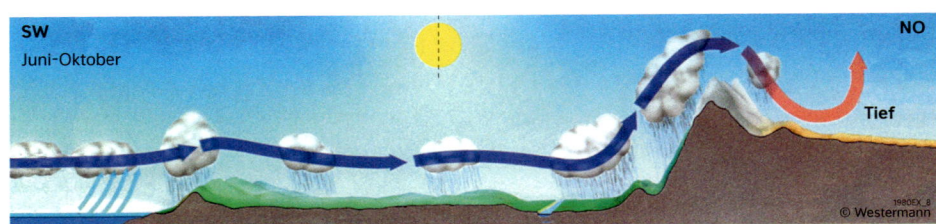

Im Nordsommer steht die Sonne um den nördlichen Wendekreis im Zenit und erwärmt damit das asiatische Festland stark. Dadurch werden die warmen Luftmassen vom Indischen Ozean in Richtung Subkontinent transportiert. Über dem Indischen Ozean können sie sehr viel Feuchtigkeit aufnehmen und geben diese über dem Festland als Niederschlag wieder ab. Besonders vor Gebirgen kommt es so zu hohen Niederschlagsmengen. Inder nennen diese aus Südwesten kommenden Winde „Regenbringer".

M3 *Der Sommermonsun – „Regenbringer"*

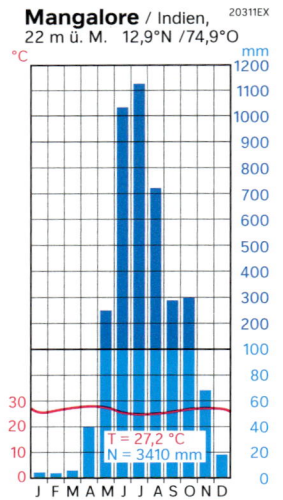

Mangalore / Indien,
22 m ü. M. 12,9°N /74,9°O

T = 27,2 °C
N = 3410 mm

M2 *Klimadiagramm*

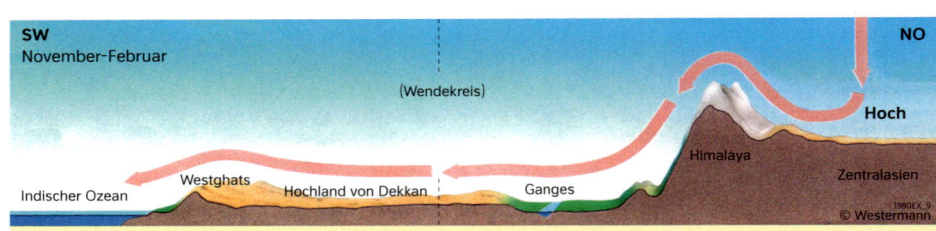

Da sich im Nordwinter die Sonne südlich des Äquators befindet, wird der indische Subkontinent wenig erwärmt. Luftmassen bewegen sich aus nordöstlicher Richtung über Indien vom Land zum Meer. Diese sind sehr trocken, weil sie über dem asiatischen Festland keine Feuchtigkeit aufnehmen können. Sie überstreichen das Himalaya-Gebirge und dringen bis zum Indischen Ozean vor. Große Teile Indiens sind in dieser Zeit von einer Trockenheit betroffen. Inder nennen diesen Monsun auch „Hungerwind".

M4 *Der Wintermonsun – „Hungerwind"*

1 Erläutere den jahreszeitlichen Wechsel des Monsuns (s. auch S. 141).

2 Begründe die Bezeichnungen „Hungerwind" und „Regenbringer".

100800-164-03
schueler.diercke.de

Monsun und Landwirtschaft

Fällt der Regen im richtigen Zeitraum und in ausreichender Menge über längere Zeit, können die Bauern bis zu drei Ernten einbringen. Die Temperatur ermöglicht das ganze Jahr über einen Anbau. Die erste Ernte sichert die eigene Versorgung, die zweite und dritte Ernte werden verkauft und bringen etwas Geld in die Haushalte, um zum Beispiel Dünger zu kaufen oder auch Schulden aus Misserntejahren abzuzahlen. In der Zeit des trockenen Wintermonsuns liegen die Felder brach oder es werden anspruchslose Hülsenfrüchte wie Bohnen und Linsen angebaut.

In Indien sind zwei Anbaumethoden vertreten:

1. Der Regenfeldbau auf der Grundlage des jährlich fallenden Niederschlags und 2. der Bewässerungsfeldbau unter Nutzung von Flusswasser oder Wasser aus Brunnen und Teichen, die in Indien Tanks genannt werden.

Regenfeldbau kann aufgrund der hohen Verdunstung nur in Gebieten betrieben werden, die über 1500 mm Jahresniederschlag erhalten. In Gebieten mit geringerem Jahresniederschlag übersteigt die Verdunstung die Menge des fallenden Regens, es muss bewässert werden. Typisch für Indien war lange Zeit die Tankbewässerung. Hierbei füllen sich während der Regenzeit die oft nur fußballfeldgroßen Staubecken mit Niederschlagswasser, das in der Trockenzeit dann auf die Felder geleitet wird. Heute dominieren Tiefbrunnen, was zu Grundwassersenkungen führt.

Hirse	10,3	(1)
Reis	158,8	(2)
Weizen	93,5	(2)
Kartoffeln	43,8	(2)
Mais	26,3	(6)

M8 *Nahrungsmittelanbau in Indien 2016, in Mio. t (Weltrang)*

M5 *Am Brunnen – Trockenzeit*

M6 *Reisanbau – Regenzeit*

Agrarzonen
- Getreide
- Baumwolle
- Reis
- restliche Ackerfläche
- Weideland
- Wald
- nichtagrarisches Land

M7 *Bodennutzung*

❸ Erläutere, wie der Monsun die Landwirtschaft beeinflusst.

❹ Analysiere die Verbreitung von Anbaukulturen und begründe.

M1 *Vater mit seinen Kindern in Delhi*

Indiens Bevölkerung – bald die Nr. 1

Indien weist die zweithöchste Einwohnerzahl der Erde auf. Da seine Bevölkerung jährlich um ca. 28 Mio. Menschen wächst, wird Indien wahrscheinlich im Jahr 2022 China als das bevölkerungsreichste Land ablösen.

Sehr früh erkannte die Regierung, dass das hohe Bevölkerungswachstum zum Problem werden könnte. So strebte Indien 1952 als erstes Land eine Politik zur Senkung der Geburten an. Bekamen damals Frauen im Laufe ihres Lebens noch sechs Kinder, so sind es heute im Durchschnitt 2,3. Die angestrebte Zwei-Kind-Familie (M4) wurde aber bislang lediglich in den Städten erreicht. Auf den nahezu 600 000 indischen Dörfern sollen zukünftig eine verbesserte Bildung und Gesundheitsversorgung zur Senkung der Geburtenzahlen beitragen.

Land mit sozialen Problemen

„Trotz boomender Zentren wie Mumbai, Delhi oder Bengaluru leben immer noch mehr als 20 Prozent der Bevölkerung von umgerechnet weniger als 1,90 US-Dollar pro Tag. Fast 15 Prozent der Inderinnen und Inder sind unterernährt. Die öffentlichen Ausgaben für Bildung und Gesundheit reichen bislang nicht aus, um die gesamte Bevölkerung zu versorgen. Auch die Qualität der Angebote ist oft noch zu gering. Eine der Folgen: Etwa ein Viertel der Erwachsenen kann weder lesen noch schreiben. Mängel bestehen auch in der Infrastruktur: So haben mehr als 260 Mio. Menschen keinen Stromanschluss, etwa 790 Mio. Inderinnen und Inder verfügen über keine sanitären Einrichtungen."

www.bmz.de/de/laender_regionen/asien/indien/zusammenarbeit/index.html, 26.11.2018

https://countrymeters.info/de/India
www.kinderweltreise.de
(→ Indien, Kinder)

Inder können sich ein Leben ohne Kinder kaum vorstellen. Vor allem Jungen sind für sie ganz wichtig. Aus ökonomischen Gründen müssen diese ihre Eltern oft im Alter, aber auch bei Krankheit versorgen. Versicherungen dafür gibt es kaum.

Mädchen hingegen kosten bei der Verheiratung viel Geld und verlassen ihre Familien. Deshalb sind sie als Kind oft nicht willkommen. Die Folge ist, dass es in Indien, wie in China, mehr Männer (51,6 %) als Frauen (48,4 %) gibt.

M3 *Kinder in Indien*

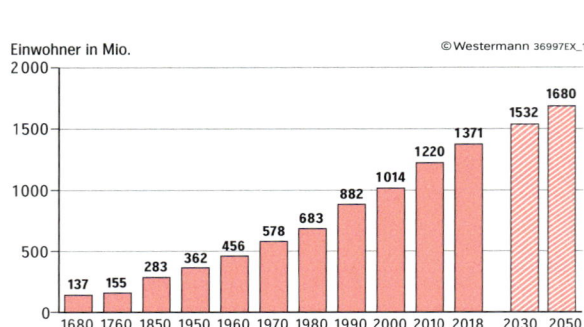

Einwohner in Mio.
© Westermann 36997EX_1

M2 *Bevölkerungsentwicklung in Indien*

M4 *Werbung für die Zweikindfamilie*

❶ Analysiere die Bevölkerungsentwicklung Indiens.

❷ Begründe, weshalb Indien das bevölkerungsreichste Land sein wird.

100800-162-02
schueler.diercke.de

M5 *Ernährungssituation in Indien*

M9 *Bildungssituation in Indien*

In der Verfassung sind Mann und Frau gleichgestellt. Trotzdem werden Frauen in der indischen Gesellschaft oft benachteiligt. So erhalten männliche Familienmitglieder eine bessere Ernährung, medizinische Versorgung und Bildung.

Ehen werden in Indien von den Eltern innerhalb einer Kaste geplant. In den Städten hat sich der Zugang der Frauen zu Bildungs- und Gesundheitseinrichtungen sehr verbessert. Dadurch nehmen sie auch bewusst Einfluss auf die Familienplanung.

M6 *Frauen in Indien*

- Indische Kinder zwischen 6 und 14 Jahren haben ein Grundrecht auf Schulbildung.
- Im Durchschnitt geht der indische Schüler etwa fünf Jahre zur Schule.
- Es gilt eine Schulpflicht bis zum 14. Lebensjahr, es wird jedoch nur die Schulanmeldung überprüft.
- Mit zunehmendem Alter steigt die Anzahl der Schüler in Privatschulen.

M7 *Beim Wasserholen*

M8 *Informatikunterricht*

M10 *Schulsystem*

---

3 Vergleiche das Schulsystem Indiens mit dem von Sachsen-Anhalt.

4 Weise die großen sozialen Unterschiede innerhalb Indiens nach.

M1 *Kind beim Straßenbau*

M3 *Herstellen von Streichhölzern*

ⓘ Kinderarbeit

Als Kinderarbeit wird die ständige berufliche Beschäftigung von Kindern unter 14 Jahren bezeichnet, die in der Regel strafbar ist.

Eine der schlimmsten Formen von Kinderarbeit ist die „bonded labour". Kinder werden dabei von ihren Eltern als „Pfand" für geliehenes Geld bei Großgrundbesitzern oder Geldverleihern abgegeben. So müssen die Kinder die Schulden ihrer Eltern abarbeiten, um später wieder frei sein zu können. Vielen ist dies allerdings nicht möglich, da die Eltern die Zinsen nicht zahlen können. So werden schon Fünfjährige in ein Leben in Schuldknechtschaft verbannt.

Kinder müssen mitverdienen

Trotz eines unglaublichen Wirtschaftswachstums in den letzten Jahren sind in Indien noch immer viele Familien auf die Arbeitskraft ihrer Kinder angewiesen. Rund 13 Millionen Minderjährige zwischen 5 und 14 Jahren schuften in Steinbrüchen und Fabriken – und das bis zu 16 Stunden am Tag für wenig Lohn. Damit ist Indien das Land mit der größten Anzahl an Kinderarbeitern weltweit. Viele Experten halten diese Zahl sogar noch für viel zu niedrig. Denn mehr als 65 Millionen indische Kinder zwischen 6 und 14 Jahren gehen nicht zur Schule. Die meisten Kinderarbeiter gibt es in der Landwirtschaft. Viele arbeiten aber auch in Haushalten, beim Straßenbau und im informellen Sektor in den Städten.

Jupulli ist 13 Jahre alt. Er arbeitet in einem Betrieb, der Maschinenteile herstellt. Sein Vater hatte sich für die Hochzeit seiner Schwester 100 000 Rupien vom Fabrikbesitzer geliehen. Seitdem arbeitet Jupulli von morgens 5 Uhr bis abends 7 Uhr. Sein Wochenlohn von 50 Rupien dient nun mit dazu, diese Schuld zu begleichen.

Pandisvari ist elf Jahre alt. Sie ist ein „Streichholzkind". Den ganzen Tag sitzt sie in einem halbdunklen Raum auf dem Steinfußboden. Im Akkord (52 Stück in 10 sec.) verteilt sie kleine Hölzer auf Rillen eines Rahmens. Am Tag erhält sie 15 Rupien Lohn. Damit unterstützt sie ihre Eltern. Pandisvari kann nur unregelmäßig zur Schule gehen.

M4 *Zwei Kinderschicksale*

Ziele von GoodWeave:
- Bekämpfung illegaler Kinderarbeit in Indien und Nepal
- Organisation von Sozial- und Bildungsprogrammen für ehemalige Kinderarbeiter
- Forderung angemessener Löhne und Arbeitszeiten sowie sicherer und hygienischer Arbeitsbedingungen
- Kontrolle der Einhaltung von Umweltmindeststandards

M2 *Initiative zur Abschaffung von Kinderarbeit in der Teppichindustrie in Südasien*

✎ www.planet-wissen.de
(→ Kinderarbeit in Indien)

www.aktiv-gegen-kinderarbeit.de/gegenmassnahmen/siegel-und-zertifikate/

❶ Erkläre, weshalb viele Kinder in Indien gezwungen sind zu arbeiten.

❷ Erläutere die Bedeutung von Siegeln und Zertifikaten wie Good-Weave.

M5 *Bearbeitung eines Ackers*

M7 *Dorf in Westbengalen*

Land der Dörfer

Auch heute leben in Indien noch 72 Prozent der Menschen in Dörfern. Manche Gemeinden sind nicht einmal an das Straßennetz und die Strom- und Wasserversorgung angeschlossen.

Die Kleinbauern dieser Dörfer produzieren weitgehend für die Eigenversorgung der Großfamilie. Für den Verkauf von Nahrungsmitteln auf dem Markt bleiben kaum Überschüsse.

Neun von zehn Landarbeiterfamilien leben unterhalb der Armutsgrenze.

Viele Bauern mussten sich hoch verschulden, damit sie teures Saatgut und Geräte kaufen konnten.

Internationale Projekte unterstützen die Bauern, indem sie Hilfestellung bei der Dorfentwicklung geben.

Ernährungsprobleme – Ursachen

- verstärkter Anbau von Exportkulturen (Weizen, Reis, Tee, Bananen)
- Vernachlässigung der Produktion von Hülsenfrüchten, der Haupteiweißquelle der Masse der Bevölkerung (Verzehr von tierischem Eiweiß ist auch aus Glaubensgründen bei den Hindus nur sehr gering)
- Verkauf von Ernten durch Großgrundbesitzer ins Ausland wegen höherer Preise auf dem Weltmarkt
- schwankende Ernteerträge durch den Einfluss des Monsuns und zu geringe Bewässerungsflächen, um Dürreverluste zu vermeiden
- große Anzahl landloser Arbeiter, die nur zur Erntezeit Arbeit finden

www.bmz.de
(→ Grünes Innovationszentrum Indien)

www.giz.de
(→ Indien, Unternehmerin)

www.dorfentwicklung-indien.de/

Zur Sicherung der Ernährung der Bevölkerung dient auch die Kartoffel. Jedoch vernichtet die Krautfäule ganze Ernten. Das Internationale Forschungszentrum für Kartoffeln in Indien forscht an resistenten Kartoffelsorten und sichert die Qualität des neuen Pflanzguts. Gleichzeitig soll auch das Einkommen von 75 000 Kleinbauern um 25 % gesteigert, sollen 1 000 neue Arbeitsplätze geschaffen und Aus- und Fortbildungen für 90 000 Kleinbauern angeboten werden.

M6 *Grünes Innovationszentrum Indien*

3 Berichte über das Leben und Wirtschaften der Landbevölkerung.

4 Informiere dich im Internet über Projekte zur Dorfentwicklung.

ⓘ Verstädterung / Verstädterungsgrad
Verstädterung bedeutet das Anwachsen der Städte nach Bevölkerungszahl, Siedlungs- und Verkehrsfläche. Als Verstädterungsgrad bezeichnet man den Anteil der Stadtbevölkerung an der Gesamtbevölkerung eines Staates oder Kontinentes. Er wird in Prozent angegeben.

Einwohnerzahl der Großstädte (in Mio.)
○ 1 – 5
● 5 – 10
● über 10

Anteil der städtischen Bevölkerung an der Gesamtbevölkerung (in %)
unter 30
30 – 50
50 – 75
75 – 100

21004EX_3
© **westermann**

M2 *Weltweite Verstädterung und Verstädterungsgrad*

✎ www.urban-hub.com/de/
(→ Urbanisierung in Indien → Mumbai)

Sehnsucht Stadt

Die Bevölkerung in den Städten der Erde wächst seit Jahrzehnten. Inzwischen leben mehr Menschen in Städten als auf dem Land. Experten gehen davon aus, dass der Trend zur **Verstädterung** auch in den nächsten Jahrzehnten weiter anhalten wird.

Das aktuelle Städtewachstum findet überwiegend in Entwicklungsländern statt. Hier stehen nicht genügend Nahrungsmittel und Trinkwasser, Bildungsmöglichkeiten sowie menschenwürdige Unterkünfte für die gesamte Bevölkerung zur Verfügung.

Das starke Bevölkerungswachstum in den Städten Indiens ist überwiegend auf die Zuwanderung von Menschen aus ländlichen Gebieten zurückzuführen. Viele dieser Städte wachsen unkontrolliert und sind mit der schnellen Entwicklung überfordert.

Besonders in den Megacitys Neu-Delhi, Mumbai und Kalkutta haben sich viele Armenviertel, Slums genannt, gebildet. Da nicht genügend gut bezahlte Arbeitsplätze zur Verfügung stehen, verbessern sich die Lebensverhältnisse der Zuwanderer häufig nicht.

Städte	Einwohner (in Mio.)
Tokio	37,5
Delhi	28,5
Shanghai	25,6
Sao Paulo	21,7
Mexiko-Stadt	21,6
Kairo	20,1
Mumbai	20,0
Peking	19,6
Dhaka	19,6
Osaka	19,3

M1 *Die zehn größten Städte der Welt 2016*

Push-Faktoren:
– unzureichendes Arbeitsplatzangebot
– schlechte Bildungschancen
– mangelnde medizinische Versorgung
– Umweltprobleme
– Naturkatastrophen
– Bürgerkrieg, Verfolgung

Land-Stadt-Wanderung

Pull-Faktoren:
– bessere Beschäftigungsmöglichkeiten
– höhere Einkommen
– bessere medizinische Versorgung
– Bildungs- und Aufstiegschancen
– bessere Lebensbedingungen
– Konzentration von Dienstleistungs-, Kultur- und Freizeitangeboten

11786EX_6

M3 *Push- und Pull-Faktoren (s. auch S.171)*

❶ Analysiere den Verstädterungsgrad der Erde. Nutze M1 und M2.

❷ „Städte sind für die Menschen wie Magnete." Erläutere die Aussage.

M4 *Megacity Mumbai*

Mumbai – zwei Welten

Typisch für Mumbai ist der krasse Gegensatz zwischen Reich und Arm. Mehr als die Hälfte der Milliardäre Indiens lebt hier. Das Stadtzentrum ist geprägt durch moderne Hochhäuser mit Büros. Ein Drittel des indischen Bruttoinlandsproduktes wird in Mumbai durch unterschiedliche Industrie- und Dienstleistungsunternehmen erwirtschaftet. Weltweit bekannt sind die Filme, die hier gedreht werden, weshalb Mumbai auch als Bollywood bezeichnet wird.

In Mumbai sollen mindestens 19 Mio. Menschen leben. Täglich ziehen Tausende in die Stadt. Sie wohnen zumeist illegal in einfachen Unterkünften. Aufgrund sehr geringer Einkommen können sie sich ein Haus oder eine Wohnung nicht leisten. 60 Prozent der Einwohner Mumbais leben in Slums. Dort fehlt es oft an Elektrizität, Wasser, Kanalisation und ausgebauten Straßen. Leben sie aber längere Zeit im Slum, entstehen auch feste Behausungen aus Steinen.

ⓘ Megacity
Megacitys haben in der Regel eine große politische und wirtschaftliche Bedeutung für eine Region und sind wichtige Verkehrsknotenpunkte. Sie werden nach ihrer Einwohnerzahl abgegrenzt. Nach unterschiedlichen Definitionen kann ab 5, 8 oder 10 Mio. Einwohnern von einer Megacity gesprochen werden.

ⓘ Slum
dicht besiedeltes Armenviertel mit einfachen Behausungen und schlecht ausgebauter Infrastruktur (v. a. Versorgung mit Wasser, sanitären Einrichtungen); zumeist in ungünstiger Lage (z. B. Überschwemmungsgebiete, steile Hänge), oftmals illegaler Aufenthalt der Bewohner

M5 *Abwasserkanal in Mumbai*

M6 *Mumbai CST-Station (siehe S. 188 M2)*

③ Vergleiche die „zwei Welten" von Megacities am Beispiel von Mumbai.

④ Beschreibe die Wirtschaftsstruktur von Mumbai (Atlas).

Ursprünglich lag Dharavi am Rand von Mumbai. Doch die wachsende Stadt umgab Dharavi bald. Deshalb liegt Dharavi heute mitten im Zentrum. Mindestens 600 000 Menschen leben und arbeiten in Dharavi. Der Slum ist aufgeteilt wie ein Dorf. Es gibt Märkte und Tempel, Restaurants, Banken, Spielzeugläden und Krankenstationen.

Auffallend sind allerdings die fehlenden sanitären Einrichtungen. Abwässer werden auf die Straße geleitet. Es gibt kaum Toiletten. Meist teilen sich viele Menschen eine der wenigen öffentlichen Toiletten. Eine sichere Strom- und Wasserversorgung fehlen genauso wie eine geregelte Müllabfuhr. Die Kriminalität ist höher als in anderen Vierteln Mumbais. Ihr Einkommen erzielen die Menschen meist durch Straßenverkäufe, kleine Reparaturen oder die Weiterverwertung von Müll.

Zusätzlich werden in schätzungsweise 15 000 Kleinbetrieben (zum Beispiel Nähereien, Töpfereien oder Schmuckwerkstätten) Waren produziert, die in alle Welt verkauft werden. Man geht davon aus, dass in Dharavi jedes Jahr Waren im Wert von 500 Mio. Dollar hergestellt werden.

M1 *Leben in Dharavi*

Im Kartenausschnitt wohnen über 17 Mio. Menschen, davon etwa 9 Mio. in Slums.

— Stadtgrenze von Mumbai

Flächennutzung

- Wohn- und Mischgebiete
- Hafengebiet, Industriegebiet
- Grünfläche
- ⊕ internationaler Flughafen
- ● Slum mit mehr als 10 000 Bewohnern

Infrastruktur

- Autobahn
- Straße
- Eisenbahn
- CST-Station (größter Bahnhof der Erde)
- Wasserwerk (90% des Trinkwassers kommen aus dem weiteren Hinterland in die Stadt.)
- Abwasserabfluss

0 2 4 6 km

©Westermann 31538EX_4

M4 *Stadtgebiet von Mumbai*

M2 *Einblick in die Lebensverhältnisse*

✎ https://life-is-a-trip. com
(→ Slum Dharavi)

Wasserversorgung	% der Slumhaushalte
Einzelzapfstelle	5,0
Gemeinschaftszapfstelle	50,0
Hydrant	12,0
Brunnen	0,5
keine/unbekannt	32,5

M3 *Trinkwasser in Slums von Mumbai*

Dharavi – ein Slum in Mumbai

Das Stadtviertel Dharavi soll der bevölkerungsreichste Slum Asiens sein. Auf einer Fläche von nur 2 km² erreicht er die höchste Bevölkerungsdichte der Welt. Dicht aneinander gedrängt stehen hier Häuser aus Beton, Holz, Blech und Plastik. Touristen können auf Erkundungstour durch den Slum gehen, geführt von dessen Bewohnern. Das eingenommene Geld wird zum Bau von Sozialeinrichtungen genutzt.

Große Einschnitte in das Leben der Slumbewohner würde ein geplanter Verkauf Dharhavis bringen. Die verschiedenen Konzepte zur Umgestaltung des Slums wecken Hoffnungen, lösen aber auch Sorgen aus (S. 189).

❶ Erörtere, inwieweit Dharavi als Armenviertel bezeichnet werden kann.

❷ Diskutiert das Für und Wider einer Slum-Tour.

Site-and-Service-Projekte sind Projekte des Staates. Der Staat stellt den Menschen für einen kleinen Kredit einheitliche Flächen zur Verfügung, auf denen Häuser und Wohnungen gebaut werden können. Der Staat sorgt für den Anschluss an die Kanalisation und die Wasser- und Stromversorgung.
Die Menschen bauen die Häuser in Eigeninitiative. Dabei erhalten sie kostenlos Beratung von Experten. Nach Abschluss der Bauarbeiten besitzen die Menschen ein eigenes Haus auf einem legalen Grundstück.

M5 *Konzept: Site-and-Service-Anlage*

M8 *Site-and-Service-Anlage (Neubausiedlung)*

Slumsanierung bedeutet, dass keine neuen Wohnungen gebaut, sondern die bestehenden aufgewertet werden. Dafür erhalten die Menschen Kredite von der Stadtregierung. Außerdem werden sie Eigentümer ihrer vorher illegal bewohnten Häuser. Da die Menschen dann offiziell bei der Stadtregierung bekannt sind, müssen auch Steuern und Abgaben für Wasser und Strom an die Stadt gezahlt werden. Im Gegenzug baut die Stadtverwaltung Wasser- und Stromanschlüsse sowie Kanalisation und Fußwege, was hohe Kosten verursacht.

M6 *Konzept: Slumsanierung*

M9 *Eine öffentliche Toilette*

Umsiedlung bedeutet, dass die Stadtregierung die Siedlung abreißen lässt und die Menschen aus dem Slum vertrieben werden. In einigen Fällen ist die Umsiedlung aber auch notwendig, da der bisherige Slum in einer gefährdeten Region liegt (z. B. durch häufige Überschwemmungen aufgrund der tiefen Lage an einem Fluss). Die neu gewonnenen Flächen werden dann von der Stadt mit hochwertigen Wohnungen und Geschäften oder von der Industrie bebaut. Die vertriebenen Menschen müssen sich eine neue Unterkunft suchen. Sie ziehen in von der Stadt gebaute Wohnblocks oder errichten neue illegale Hütten am Stadtrand.

M7 *Konzept: Umsiedlung*

M10 *Hütten vor dem Abriss*

3 Analysiert verschiedene Konzepte zur Umgestaltung von Slums.

4 Zeigt Vor- und Nachteile für das Leben und Wirtschaften der Bewohner auf.

189

China	23,2 %
USA	16,5 %
EU	12,5 %
Indien	5,6 %
Russland	5,2 %
Japan	4,4 %

M1 *Weltenergiever-braucher (2017)*

VR China	3523
Indien	716
USA	702
Australien	…481
Indonesien	461
Russland	411
Welt gesamt	*7727*

M2 *Förderung von Kohle (in Mio. t, 2017)*

Australien	531
VR China	346
Brasilien	271
Indien	125
Welt gesamt	1575

M3 *Förderung von Eisenerz (in Mio. t, 2016)*

Indien – ein aufstrebendes Schwellenland

In den vergangenen Jahren hat sich die Republik Indien zur am schnellsten wachsenden Wirtschaft der Welt entwickelt. 2017 stand sie an sechster Stelle der größten Volkswirtschaften.

Indien zählt zu den BRIC-Staaten (Brasilien, Russland, Indien und China), der Gruppe der wichtigsten aufstrebenden Schwellenländer. In Indien leben weltweit die meisten Millionäre und Milliardäre.

Unter der arbeitenden Bevölkerung hat aber nur jeder Zehnte einen gesetzlichen Arbeitsvertrag. Rund 90 Prozent sind im informellen Sektor ohne Unfall- und Krankenversicherung mit geringen Löhnen beschäftigt. Die Landwirtschaft bildet noch immer das „Rückgrat" der Wirtschaft.

Nach der Erlangung der Unabhängigkeit von Großbritannien nutzte Indien seinen Ressourcenreichtum für den Aufbau einer eigenen Eisen- und Stahlindustrie (M8, M10).

1965 richtete die indische Regierung acht Exportzonen, insbesondere für die arbeitsintensive Textilindustrie, ein. Diese wurden im Jahr 2000 nach dem Modell Chinas in Sonderwirtschaftszonen umgewandelt. Heute gibt es mehr als 500 im gesamten Land (M7).

Mit der „Make in India"-Kampagne soll die verarbeitende Industrie ganz gezielt gestärkt werden. Schon heute ist Indien für seine Zukunftsindustrien wie Biotechnologie, Luft- und Raumfahrt weltbekannt. Die Computerindustrie führte zum Beinamen „globale Denkfabrik".

Importgüter (2016)		**Exportgüter (2016)**	
17 %	Erdöl	13 %	Petrochemie
9 %	Elektronik	11 %	Textilien und Bekleidung
8 %	Maschinen	11 %	nichtmetallische Mineralien
7 %	nichtmetallische Mineralien	11 %	chemische Erzeugnisse
5 %	chemische Erzeugnisse	10 %	Nahrungsmittel

M5 *Außenhandel Indiens (Fischer Weltalmanach 2019)*

M4 *Herstellung von Haushaltswaren*

M6 *In einem Biotech-Unternehmen*

1 Beschreibe die wirtschaftliche Stellung Indiens in der Welt.

2 Erläutere die Bedeutung von Sonderwirtschaftszonen. Nutze auch S. 166.

Heute betrachten viele Indien als wirtschaftliche Alternative zu China. Fünf Jahre lang zahlen Unternehmen in Sonderwirtschaftszonen in Indien keine Steuern, danach für weitere fünf Jahre nur die Hälfte. Sie können außerdem zollfrei Rohstoffe in diese Zonen einführen und weiterverarbeiten und haben gleichzeitig Zugang zum kostengünstigen Arbeitsmarkt.

M7 *Sonderwirtschaftszonen Indiens*

Indien ist auf dem Weg zum drittgrößten Automarkt der Welt: 2017 wurden rund 3,3 Mio. Autos verkauft. Der Bedarf an Pkw und gut ausgebauten Straßen steigt ständig. Unter Besserverdienenden wächst vor allem die Nachfrage nach internationalen Marken. Deshalb siedeln sich in Indien immer mehr weltweit agierende Automobilunternehmen an.

Die Volkswagen Group India zum Beispiel ist mit mehr als 30 Modellen und 240 Niederlassungen vertreten und betreibt zwei Werke in Pune und Aurangabad. In Pune werden jährlich rund 200 000 Fahrzeuge produziert.

Nun soll mit dem Projekt „INDIA 2.0" eine weitere Milliarde Euro investiert werden, damit VW und Skoda bis zum Jahr 2025 einen Marktanteil von bis zu 5 % erreichen. In einem Ingenieurzentrum entstehen 4 000 bis 5 000 neue Arbeitsplätze. Das VW-Werk Aurangabad wird erweitert, sodass 90 % der Skoda-Modelle für Indien dort gebaut werden.

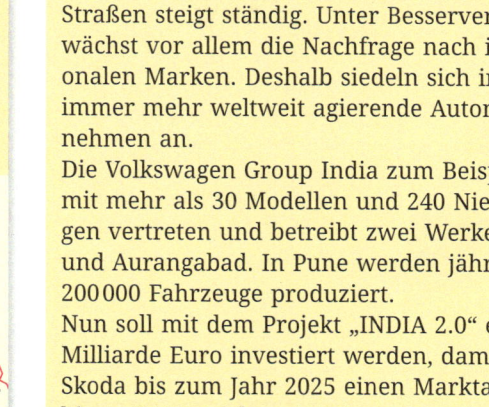

VW-Produktion in Pune (Quelle: VW)

M9 *Wachsende Automobilindustrie*

M8 *Stahlwerk Rourkela*

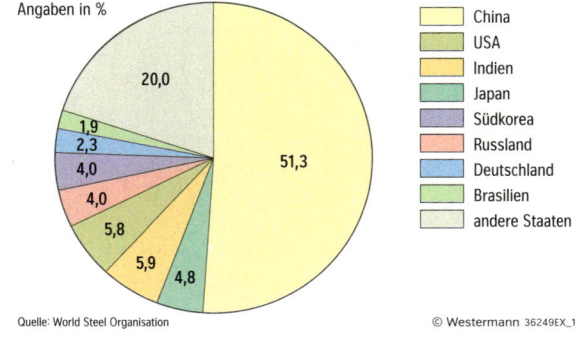

M10 *Weltstahlproduktion 2018*

---

❸ Begründe das Engagement internationaler Unternehmen auf dem indischen Automobilmarkt. Nutze dazu M9.

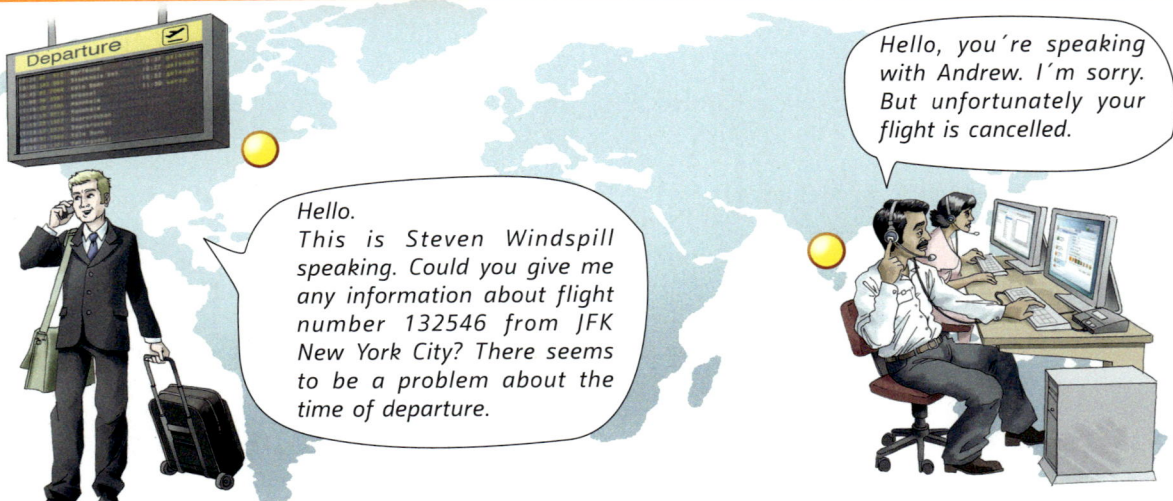

Hello.
This is Steven Windspill speaking. Could you give me any information about flight number 132546 from JFK New York City? There seems to be a problem about the time of departure.

Hello, you´re speaking with Andrew. I´m sorry. But unfortunately your flight is cancelled.

M1 *Eine Alltagsszene*

Software für den Weltmarkt

Ob Microsoft, Hewlett Packard oder SAP – nahezu jede größere internationale Computer- bzw. Softwarefirma hat heute in Indien eine Niederlassung.

Seit Anfang der 1990er-Jahre verlagern immer mehr US-amerikanische und europäische Firmen ihre Forschungs- und Entwicklungsabteilungen nach Indien, um dort neue Software programmieren zu lassen. Aber auch indische Softwareunternehmen drängen mit ihren Produkten auf den Weltmarkt. Genügend gut ausgebildete Absolventen für die in den Software Technology Parks angesiedelten Firmen stehen bereit. Bedingt durch die britische Kolonialzeit zählt Englisch noch heute in Indien zu den Amtssprachen. Das ermöglicht eine unkomplizierte internationale Kommunikation der global vernetzten Unternehmen.

Auch das niedrige Lohnniveau in Indien ist ein wesentlicher Vorteil. Bei gleicher Leistung können die Firmen in Indien erheblich kostengünstiger produzieren lassen als in den USA oder Europa.

www.liportal.de/
indien/wirtschaft-
entwicklung/
www.bpb.de/inter-
nationales/asien/
indien/
(→ Wirtschaft und
Soziales)

Jahr	(in 1000)
2002	500
2004	800
2006	1 200
2008	2 000
2010	2 500
2012	3 000
2014	3 200
2016	3 600

M2 *Beschäftigte im IT-Sektor weltweit*

© westermann   36257EX

2 %
8 %
11 %
17 %
62 %

USA
Vereinigtes Königreich
EU (ohne Vereinigtes Königreich)
Asien
Rest der Welt

Quelle: Ministry of Electronics and Information Technology

M3 *Indische Exporte von IT und IT-basierten Dienstleistungen*

Firmen aus der ganzen Welt verlagern auf Kommunikation bezogene Dienstleistungen nach Indien. Immer häufiger werden Auskünfte, Reservierungen oder Bestellungen im englischen Sprachraum von Callcentern in Indien ausgeführt. Möglich geworden ist diese Übermittlung von Informationen durch das Internet. Sollte es zu einem Lohnanstieg kommen, wäre eine Verlagerung der Dienstleistungen in andere Länder denkbar.

M4 *Dienstleistungen über den Erdball*

❶ Nenne Standortvorteile Indiens für die IT-Branche.

❷ Erläutere den globalisierten Dienstleistungssektor (M1).

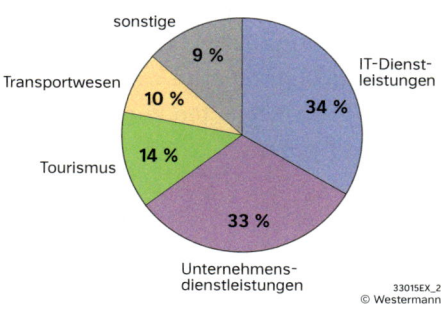

Anteile bestimmter Dienstleistungskategorien am Gesamtexport von Dienstleistungen (2016)

33015EX_2
© Westermann

M5 *Indische Dienstleistungsexporte*

M7 *Bagmane Tech Park Bangalore*

Softwareschmiede Bangalore

Indien investierte nicht nur in die Entwicklung seiner Wirtschaft, sondern auch in die Hochschulbildung. Rund drei Prozent des Bruttoinlandsproduktes fließen in 864 Universitäten und über 40 000 weitere Forschungseinrichtungen. Unter den rund 36 Mio. Studenten sind Tausende angehende Ingenieure und IT-Experten. Vielfach übernehmen indische Unternehmen die höhere Ausbildung, ein Beispiel dafür ist der Campus des Software-Giganten Infosys in Bangalore.

Die südindische Stadt Bangalore ist einer der wachstumsstärksten Informationstechnologiestandorte der Welt und der größte Indiens. Deshalb haben sich hier erfolgreiche IT-Firmen niedergelassen. Sie bieten Software für Unternehmen weltweit an. Die IT-Branche bildet eine eigene Welt aus klimatisierten Bürogebäuden. Bangalore steht aber auch für das moderne Indien mit all seinen Problemen. Seine Einwohnerzahl hat sich seit 1971 von 1,6 Mio. auf 12 Mio. erhöht.

www.youtube.com
(→IT trifft auf Tradition)

Das Unternehmen IT-India programmiert Software für den Weltmarkt. Hier arbeiten zum einen hoch qualifizierte junge IT-Experten, zum anderen erfahrene Manager, die für diesen Job nach Bangalore gezogen sind. Besonders wichtig für IT-India sind der Austausch und die Zusammenarbeit mit weiteren Unternehmen aus der IT-Branche. Trotz Videokonferenzen treffen sich bei IT-India mehrmals im Jahr Geschäftsführer aus aller Welt zu Meetings und Vertragsabschlüssen.

M6 *Software – Unternehmen IT-India*

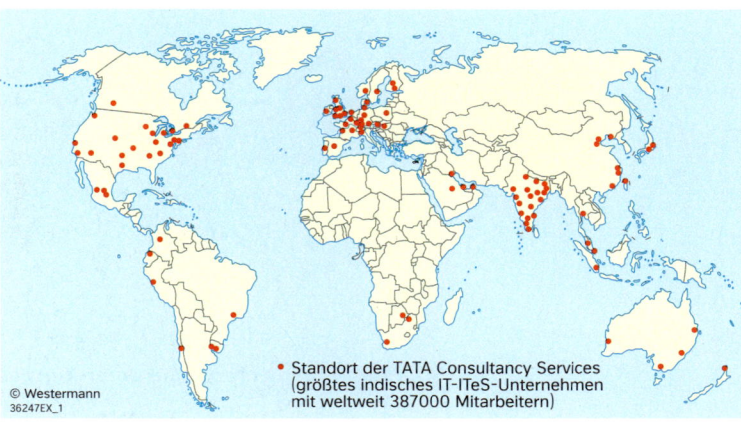

© Westermann
36247EX_1

• Standort der TATA Consultancy Services (größtes indisches IT-ITeS-Unternehmen mit weltweit 387000 Mitarbeitern)

M8 *Weltweite Standorte von TATA Consultancy Services*

3 Begründe, weshalb Bangalore auch als „Softwareschmiede" und „Silicon Valley of India" bezeichnet wird.

Kartenskizzen

Kartenskizzen sind vereinfachte Darstellungen von geographischen Räumen. Zur räumlichen Orientierung werden die geographische Lage von Orten, Regionen sowie nur die für die Thematik wichtigen graphischen Elemente in die Kartenskizze eingetragen.

Es können topographische, physische und thematische Kartenskizzen unterschieden werden. Mithilfe einer Kartenskizze können Größe und Lage von ausgewählten Objekten zueinander in Beziehung gesetzt werden.

So gehst du vor

1. Kartenumriss anfertigen
Skizziere den darzustellenden geographischen Raum mit wenigen, klaren Linien.

2. Objekte zur Orientierung eintragen
Trage solche topographischen Objekte ein, die zur Lagebestimmung des Kartenausschnitts wichtig sind (z. B. Meere, Flüsse, Länderumrisse, Gradnetz). Denke daran, dass damit eine räumliche Orientierung erleichtert werden soll.

3. Inhalte eintragen
Wähle Inhalte aus, die dem Arbeitsauftrag/der Themenstellung entsprechen. Beachte dabei, diese im Vergleich zum Atlas generalisiert (vereinfacht) in die Kartenskizze einzutragen.

4. Legende anlegen und Objekte benennen
Lege eine Legende an, die Farben, Linien, Schraffuren, Punkte und Symbole erklärt.
Bezeichne topographische Objekte mit Buchstaben und Zahlen.
Gib der Kartenskizze eine Überschrift.

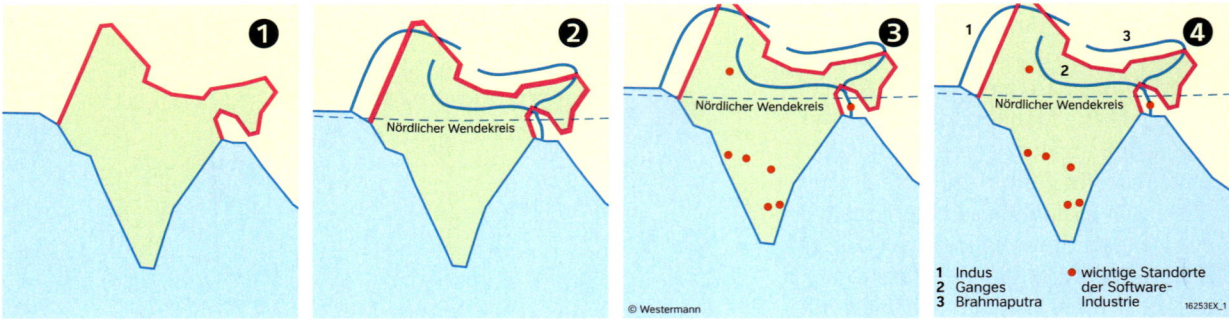

M1 *Phasen der Anfertigung einer Kartenskizze*

❶ Überprüfe, inwieweit die Schrittfolge zur Anfertigung einer Kartenskizze auf die Skizzen in M1 zutrifft.

❷ Fertige zu Indien oder China unter einem selbst gewählten Thema eine Kartenskizze an.

Werte die beiden Karikaturen zu China und Indien aus. Nutze dazu die Schrittfolge auf S. 100. Gib den Karikaturen eine Unterschrift.

M2

M3

Kompetenz-Check

Hier sind die Kompetenzen aufgeführt, die du in diesem Kapitel erwerben konntest.
Schätze deinen erreichten Stand der Kompetenzentwicklung selbst ein:

😃 sehr gut   🙂 gut   😐 befriedigend   🙁 mangelhaft

Ich kann ...	😃	🙂	😐	🙁	Noch unsicher? Schlage nach auf S. ...
... China als altes Kulturland charakterisieren.					158 – 159
... die Bevölkerungsentwicklung von China beschreiben, daraus resultierende Probleme aufzeigen und Lösungsansätze erläutern.					160 – 161
... Wechselbeziehungen zwischen den Geofaktoren Relief, Klima, Gewässernetz und Boden darstellen.					162 – 163
... die Landwirtschaft unter dem Aspekt der Ernährungssicherung beschreiben.					164 – 165
... Chinas Stellung in der Weltwirtschaft analysieren, dabei wirtschaftsräumliche Strukturen und Prozesse erläutern.					166 – 167, 170 – 173
... unter Nutzung eines Textes die Bedeutung des Umweltschutzes analysieren.					168 – 169
... Raumveränderungen an einem Beispiel visualisieren und präsentieren.					174 – 175
... kulturelle Merkmale Indiens und deren Einfluss auf das Leben aufzeigen.					176 – 177
... die naturräumliche Ausstattung des Subkontinents analysieren und Auswirkungen auf die Landwirtschaft erläutern.					178 – 181
... einfache Profil- und Kartenskizzen zu Relief und Luftmassenbewegungen anfertigen.					179, 194
... die Bevölkerungsentwicklung Indiens und soziale Probleme analysieren.					182 – 185
... Ursachen und Folgen der Verstädterung erläutern.					186 – 189
... Indien als Schwellenland mit einer sich entwickelnden Wirtschaft charakterisieren.					190 – 193

7 Russland – Erschließung und Nutzung des Raumes

In diesem Kapitel erwirbst du folgende Kompetenzen und wendest diese an:

– deine Raumwahrnehmung von Russland mithilfe einer Mentalmap darstellen,

– Russland in räumliche Orientierungsraster einordnen,

– die naturräumliche Ausstattung analysieren und Zusammenhänge zwischen Geofaktoren graphisch darstellen und erklären,

– die Ressourcennutzung in der subpolaren und gemäßigten Zone analysieren,

– Eingriffe des Menschen unter dem Aspekt der Nachhaltigkeit bewerten.

M1 *Hauptstadt Moskau*

Russland

Fläche: 17,1 Mio km²
Einwohner: 144,5 Mio.
Bev.dichte: 8 Ew./km²
Stadtbevölkerung: 74 %
Hauptstadt: Moskau
(12,2 Mio. Ew.)
Sprache: Russisch
Länderkennzeichen: RUS

M1 *Steckbrief (2017)*

www.planet-wissen.de
(→Russland)

Land der Vielfalt

Russland erstreckt sich über zwei Kontinente. Mit rund 17 Millionen km² ist es das Land mit der größten Fläche und nimmt elf Prozent des weltweiten Festlands ein. Russland grenzt an fünf Meere und hat mit 14 Nachbarstaaten eine gemeinsame Grenze.

Aufgrund der gewaltigen Entfernungen zwischen West und Ost erstreckt sich das Land über elf Zeitzonen. Wenn Irina in Sankt Petersburg am Abend noch über den Newski Prospekt bummelt, ist Pjotr im fernen Wladiwostok schon wieder auf dem Weg in die Schule.

Die überaus große West-Ost- und Nord-Süd-Ausdehnung Russlands bringt eine große landschaftliche und auch kulturelle Vielfalt hervor.

In Russland befindet sich das größte zusammenhängende Waldgebiet der Erde, die Taiga. Sie ist doppelt so groß wie der Amazonas-Regenwald. Hinzu kommen die Weiten der Steppe und der Tundra. Im Osten und Norden des weiten Landes haben die Menschen mit dem unwirtlichen Klima zu kämpfen. Die Temperaturen erreichen dort im Winter nicht selten −30 bis −40° C. Im Sommer hingegen werden es örtlich bis 30° C.

Wo die reichlich vorhandenen Bodenschätze gefördert werden, belasten Umweltprobleme Natur und Mensch. Starke soziale Gegensätze gibt es zwischen Stadt und Land, wobei sich das moderne Russland insbesondere in den Städten des Landes zeigt.

Staat	Fläche (in km²)
1. Russland	17 075 400
2. Kanada	9 984 670
3. USA	9 809 155
4. China	9 572 419
5. Brasilien	8 547 404
6. Australien	7 692 030
62. Deutschland	357 168

M2 *Die größten Staaten der Erde (Deutschland im Vergleich)*

M3 *Russland – Gliederung und Größenvergleiche*

❶ Beschreibe die geographische Lage Russlands. Ordne das Land auch in das Gradnetz ein (Atlas).

❷ Vergleiche die West-Ost- und die Nord-Süd-Ausdehnung mit Entfernungen in Europa.

❸ Begründe die große Anzahl an Zeitzonen und zeige daraus erwachsende Probleme auf.

❹ Erstelle eine Mentalmap von Russland. Vergleiche sie mit denen deiner Mitschüler.

Jugendliche und ihre Lebenswelten

Natascha (14), Moskau:

„Seit ich mich erinnern kann, ist der Wohlstand in Moskau jedes Jahr gestiegen. Immer mehr noble Autos wie Mercedes, Porsche und Ferrari sind auf den Straßen zu sehen. Und viele Leute tragen die angesagten Marken wie Gucci, Calvin Klein und Boss. Seit meiner Reise nach Deutschland und Frankreich weiß ich, dass es viele Geschäfte, die wir hier haben, auch dort gibt – zum Beispiel McDonald's, H&M und IKEA. Mein Vater sagt, unser Land wäre stark vom Ölpreis abhängig. Der ist wohl für unsere Wirtschaft besonders wichtig. Mir macht das Leben in Moskau jedenfalls viel Spaß. Hier ist immer etwas los: Musikevents, neue Kinofilme oder Ausstellungen."

Boris (16), Wolgograd:

„Letztes Jahr habe ich an einem Schüleraustausch mit Deutschland teilgenommen. Dabei fielen mir in der Schule viele Unterschiede auf. Ich kann morgens zum Glück länger schlafen, da bei uns der Unterricht erst um 9 Uhr beginnt und jeden Tag um 14 Uhr endet. Dafür erscheint mir unser Unterricht strenger. Ach ja, bei uns ist die ‚5' die beste Note, die schlechteste ist die ‚2'. Die erste Fremdsprache ist bei uns auch Englisch. Leider bekommen wir oft Hausaufgaben auf. Da in jeder Stunde einzelne Schüler abgefragt werden, muss man die Hausaufgaben auch unbedingt machen – oder schwänzen. Aber, das ist auch nicht so einfach, weil jeder Fehltag registriert wird."

Irina (14), Jakutsk:

„Ich liebe den Winter. Dann ist es bei uns richtig schön kalt. Minus 30 °C und trockene Winterluft sind einfach herrlich. Ab minus 54 °C gibt es für die gesamte Schule „kältefrei". Wir könnten dann nämlich auf dem Schulweg erfrieren. Außerdem muss man aufpassen, da Metall wie Glas splittern kann und die Haut an Eisenteilen festklebt. Gegen die Kälte schützen wir uns mit Pelzen. Den Sommer mag ich nicht so sehr. Vor allem die Mückenplage nervt mich. Der Boden ist überall matschig und morastig. Deshalb steht auch unser Haus auf Stelzen. Das ist hier üblich. Eigentlich ist das Leben hier spannend, aber wenn ich erwachsen bin, will ich in die Hauptstadt Moskau ziehen."

Raumwahrnehmung

„Jeder Mensch nimmt seine Umwelt ganz individuell wahr. Das Bild, das viele von uns von einem Land haben, so auch von Russland, wird vor allem durch Medien geprägt.

In Reisedokumentationen, Büchern und Zeitschriften werden sowohl die landschaftliche Schönheit Russlands als auch die Gastfreundschaft der russischen Bevölkerung beschrieben. Oft wird aber auch über den Umgang mit Ressourcen und das Verhältnis Russlands zu seinen Nachbarländern informiert. Schilderungen über Lebenswelten, wie die von Natascha, Boris und Irina, fließen ebenfalls in unsere Vorstellungen ein.

Dein Bild von Russland solltest du einmal in Form einer Mentalmap skizzieren. Am Ende der Behandlung des Landes kannst du dann deine Vorstellungen nochmals reflektieren.

M4 *Karte mit allen drei Städten*

M1 *Lage des Kernraumes*

Kernraum und Machtzentren

Als Kernraum des russischen Kulturraumes gilt ein Gebiet, das von den Städten St. Petersburg, Kasan und Kiew begrenzt wird. Bereits im 9. Jahrhundert schlossen sich die dort siedelnden ostslawischen Stämme zur „Kiewer Rus" zusammen. Aus „Rus" entwickelte sich der spätere Name „Rossija" – Russland. Die Machtzentren wechselten im Russischen Reich mehrmals. Nach dem Einfall der Reiterheere der Mongolen wurde Moskau im 13. Jahrhundert Sitz der russischen Herrscher.

Sie orientierten sich am oströmischen Byzanz und spalteten den russischen Kulturraum über Jahrhunderte kirchlich vom übrigen Europa ab. Vom Süden her hielten auch das orthodoxe Christentum und die kyrillische Schrift ihren Einzug. Zar Peter I. (1672 bis 1689) orientierte Russland wieder hin zu Europa und machte St. Petersburg zur Hauptstadt. Erst im Jahr 1918 wurde Moskau wieder Hauptstadt.

M2 *Russisch-orthodoxe Kirche in Moskau*

Die Mehrzahl der russischen Christen bekennt sich zur russisch-orthodoxen Kirche. Es wird berichtet, dass im 10. Jahrhundert der Herrscher des Kiewer Reiches, Fürst Wladimir, eine Staatsreligion einführen wollte. Er entschied sich für die byzantinisch-orthodoxe Kirche, weil ihm das Zeremoniell der orthodoxen Kirche am besten gefallen haben soll. Es gibt in Russland auch andere Religionsgemeinschaften, z. B. muslimische, jüdische, buddhistische Gemeinden sowie Naturreligionen.

M5 *Russisch-orthodoxe Kirche*

А	a	К	k	Х ch
Б	b	Л	l	Ц z
В	w	М	m	Ч tsch
Г	g	Н	n	Ш sch
Д	d	О	o	Щ schtsch
Е	e	П	p	Ы y
Ё	jo	Р	r	Ъ –
Ж	sch	С	s	Ь –
З	s	Т	t	Э e
И	i	У	u	Ю ju
Й	i	Ф	f	Я ja

M3 *Kyrillisches Alphabet mit deutscher Umschrift*

Schüler mit Schapka

Добро пожаловать в Россию!

Matrjoschka – eine mehrteilige Puppe

Kreml – eine Burg und Festungsanlage – typisch für russische Städte

Soljanka, eine säuerlich-scharfe Suppe

M4 *Typisch Russisch*

100800-278-01
schueler.diercke.de

Ein Vielvölkerstaat

In Russland leben viele unterschiedliche Nationalitäten oder Völker. Unter ihnen haben die Russen mit Abstand den größten Anteil. Alle Völker besitzen eigene Kulturen und Traditionen sowie Wirtschafts- und Lebensweisen. Die ethnischen Minderheiten haben in ihren Gebieten die Möglichkeit, ihre nationale Eigenständigkeit wie Sprache und Brauchtum im begrenzten Maß zu pflegen. Gleichzeitig kämpfen sie heute um ihre nationalen Rechte, um Eigentum an Grund und Boden sowie an Bodenschätzen. Nationalitätenprobleme sind in Russland weiterhin ungelöst. Eine der zahlreichen Gruppen in dem Vielvölkerstaat ist die der Deutschen. Zarin Katharina die Große (1762 – 1796), deutscher Abstammung, warb damals Handwerker und Bauern aus Deutschland an. Sie sollten unbebautes Land urbar machen. Katharina versprach ihnen Steuer- und Religionsfreiheit. Viele Russlanddeutsche kehren seit 1988 als Spätaussiedler nach Deutschland zurück.

Tschuktschin aus Anadyr

Kasache aus Omsk

Russin aus Irkutsk am Baikalsee

M7 *Traditionspflege unter den in Russland lebenden Völkern*

M6 *Indigene Völker Russlands*

Religiöse Traditionen

Der Schamanismus ist die traditionelle Religion von Völkern Sibiriens. Ihm liegt der naturverbundene Glaube an die Geister der Natur, des Meeres, der Flüsse und der Sonne zugrunde.

Schamanen gelten als Mittler zwischen der Welt der Menschen und der Natur. Es heißt, sie stünden mit den Naturgottheiten in Kontakt. Man sagt ihnen heilende Kräfte und hellseherische Fähigkeiten nach. Deshalb stehen sie bei den Menschen in vielen Teilen Sibiriens in hohem Ansehen.

---

❶ Nenne Merkmale des russischen Kulturraumes und beschreibe die Verlagerung der Machtzentren.

❷ Das Zusammenleben der Völker Russlands gestaltet sich schwierig. Nenne Ursachen.

M1 *Der Elbrus – höchster Berg des Kaukasus*

M2 *Gliederung und Großlandschaften*

11988EX_5
© Westermann

Osteuropäisches Tiefland
Die weiten Ebenen des Osteuropäischen Tieflands entstanden während der letzten Kaltzeiten und prägen das Landschaftsbild von der russischen Westgrenze bis zum Ural. Besonders der fruchtbare Südteil wird intensiv landwirtschaftlich genutzt. Der Norden ist nur dünn besiedelt.

Ural
Der Ural ist das längste Mittelgebirge des Landes und trennt mit seinen meist bewaldeten Höhenzügen Europa und Asien. Die Berge mit ihren abgerundeten Kuppen sind das Ergebnis langer Verwitterungsprozesse. Im Norden setzt sich der Ural in der Inselkette Nowaja Semlja fort.

Westsibirisches Tiefland
Zwischen Ural im Westen und Jenissej im Osten erstrecken sich weite Sumpfflächen, die ca. 2,5 Mio. km² umfassen. Die Kasachische Schwelle im Süden – außerhalb Russlands – begrenzt eines der größten Tiefländer der Welt, das Westsibirische Tiefland, dessen Oberfläche im Wesentlichen in der letzten Kaltzeit geformt wurde.

Mittelsibirisches Bergland
Es erstreckt sich zwischen den großen Strömen Jenissej und Lena über eine Fläche von etwa zwei Millionen Quadratkilometern. Seine Bergketten ragen durchschnittlich 500 m bis 1700 m auf. Die zahlreichen Nebenflüsse des Jenissej haben sich mit tiefen Tälern in das Mittelsibirische Bergland eingeschnitten.

Ostsibirisches Gebirgsland
Die Hoch- und Mittelgebirge zwischen Lena und Pazifikküste werden zum Ostsibirischen Gebirgsland zusammengefasst. Diese vielgestaltigen Gebirgslandschaften von der Größe Westeuropas sind schwer zugänglich und sehr dünn besiedelt. Den äußersten Norden nehmen unzugängliche Sümpfe ein.

M3 *Wasserführung und Vereisungsdauer russischer Flüsse (Tg. = Tage)*

18553EX_4
© Westermann

	Län-ge (in km)	Abfluss-menge (in km³/ Jahr)
Lena	4400	536
Irtysch	4248	90
Wolga	3688	252
Ob	3650	400
Jenissej	3487	624
Amur	2824	343
Vergl. Elbe	1165	22

M6 *Flüsse Russlands*

Gewässer Russlands

Russland ist mit seinen 120000 Flüssen und fast zwei Millionen Seen ein sehr wasserreiches Land. Es verfügt über fast ein Viertel aller Süßwasservorräte der Erde. Der bedeutendste Fluss im europäischen Teil ist die Wolga. Sie dient als Transportweg und liefert Brauchwasser für Industrie und Landwirtschaft. Durch das Anlegen von zahlreichen Staustufen wird die Wasserkraft des Flusses auch zur Erzeugung von Elektroenergie genutzt.

Noch länger und wasserreicher als die Flüsse im europäischen Teil sind die großen Ströme Sibiriens. Russland hat mit dem Ladoga- und Onegasee auch die größten Seen Europas.

Die Menschen in Russland sind an einen natürlichen Überfluss an Wasser gewöhnt. Seit kurzem ist in der Schule das Thema „Reines Wasser" zu behandeln, damit schon die Kinder den sorgfältigen und sparsamen Umgang mit Wasser lernen.

www.mdr.de
(→Wolga)

M4 *An der Wolga*

M5 *Am Ladogasee*

❶ Ordne die Flüsse und Seen den Großlandschaften zu (Atlas).

❷ Weise nach, dass Russland ein Land mit großer landschaftlicher Vielfalt ist.

M1 *Vegetationszonen Russlands*

Zusammenhang von Klima und Vegetation

Russland hat von Nord nach Süd Anteil an mehreren Klimazonen. Im Norden reicht das Land weit in die polare und subpolare Klimazone hinein. Der größte Teil des Landes, die Mitte und der Süden, liegt dagegen in der gemäßigten Klimazone. Nur der äußerste Süden mit starker Sonneneinstrahlung im langen Sommer hat einen sehr geringen Anteil an der subtropischen Zone.

In Abhängigkeit von Klima und Böden haben sich unterschiedliche Vegetationszonen ausgebildet. Sie reichen von Nord nach Süd von der polaren Kältewüste bis in die Zone der Hartlaubgehölze (M1). Die ursprüngliche Vegetation ist inzwischen zum großen Teil durch eine land- und forstwirtschaftliche Nutzung und den Abbau von Bodenschätzen stark verändert.

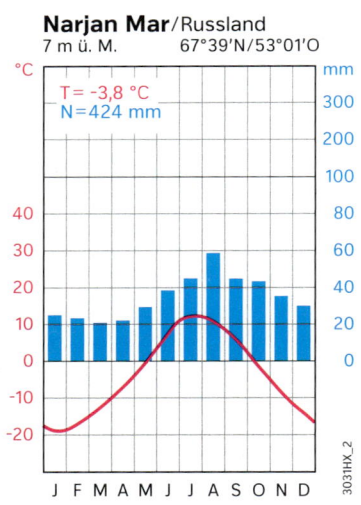

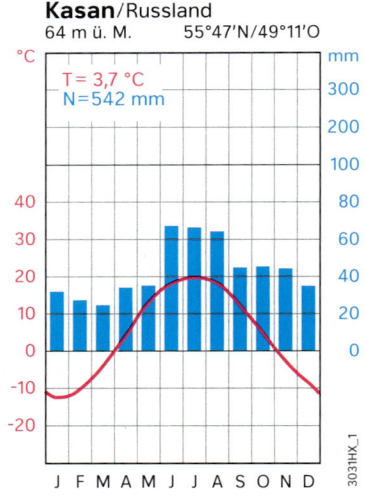

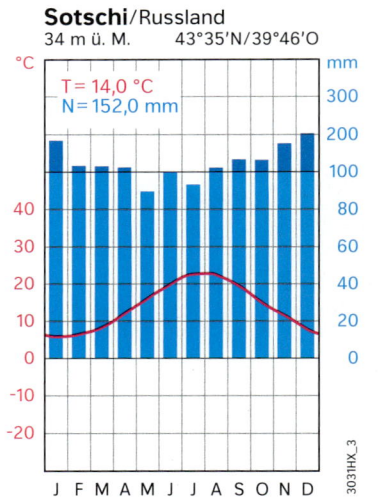

M2 *Klimadiagramme*

❶ Nenne Lagemerkmale der Klimastationen in M2 und beschreibe das jeweilige Klima.

❷ Erläutere anhand von Beispielen Zusammenhänge zwischen Klima, Vegetation und Nutzung.

Polare Kältewüste: Küste und Inseln des Nordpolarmeeres sind fast ganzjährig schnee- und eisbedeckt. Sie gehören zur polaren Kältewüste. Der Boden kann bis zu 1500 Meter tief gefroren sein. Während einer kurzen sommerlichen Auftauphase beginnt die schlammige Oberschicht zu fließen. Nur wenige spezialisierte Pflanzen, wie beispielsweise Moose und Flechten, können hier überleben.

Tundra: Auf dem im Sommer auftauenden Dauerfrostboden gedeihen flach wurzelnde Pflanzen mit niedrigen Wuchsformen, aber keine Bäume. Moose und Farne profitieren vom Wasserreichtum der zwei bis drei kühlen Sommermonate. Die Menschen der Tundra leben von Rentierhaltung und Pelztierjagd.

Taiga: Die Temperaturen der Sommermonate führen zu einer mehrmonatigen Vegetationsperiode. Unter diesen Bedingungen gedeihen umfangreiche Nadelwälder. Regional ist Landwirtschaft auf Ackerbauinseln möglich. Die Taiga hat den größten Anteil an der Gesamtfläche Russlands. Hier wächst ein Fünftel der Weltholzvorräte.

Laubwald- und Mischwaldzone: Mit dem Übergang zur gemäßigten Klimazone entwickelt sich sommergrüner Laub- und Mischwald. Die Pflanzenwelt ist vielgestaltig, so variieren Blattgröße und Wuchsform. Der Anbau von Getreide, Obst und Gemüse ist in Abhängigkeit von den Bodenverhältnissen möglich.

Steppe: Aufgrund des Wassermangels ist die Steppe baumlos. Die Sommertrockenheit lässt v.a. robuste Gräser überleben. Bewässerungstechniken ermöglichen eine landwirtschaftliche Nutzung (z.B. Getreide und Sonnenblumen) der fruchtbaren Schwarzerde.

Winterkalte Wüste und Halbwüste: Entlang von Flüssen und um Oasen gedeiht eine natürliche Vegetation, die Wasser speichert und hohe Temperaturschwankungen toleriert. Ansonsten ist das Gebiet vegetationsarm bis vegetationslos.

Hartlaubgehölze: Die Region wird auch als Russische Riviera bezeichnet. Subtropische Vegetation mit Zypressen, Palmen, Lorbeerbüschen und Magnolien findet man an der Schwarzmeerküste im Gebiet um Sotschi.

M3 *Abfolge der Vegetationszonen in Russland*

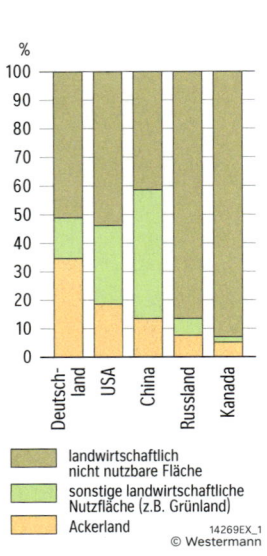

M1 *Anteil der landwirtschaftlichen Nutzfläche im Vergleich*

M3 *Natürliche Voraussetzungen für eine agrarische Nutzung in Russland*

Ressource Boden

Nur etwa ein Zehntel der Fläche Russlands ist für den Ackerbau geeignet (M1). Diese Nutzfläche ist aber mehr als sechsmal so groß wie die Fläche Deutschlands. Der größte Teil davon liegt im europäischen Teil und gehört zu dem sogenannten Agrardreieck. Ein besonders fruchtbarer Boden ist die Schwarzerde. Sie wird im Russischen Tschernosem genannt. In der Steppenzone südlich von Moskau ist dieser Boden weit verbreitet. Das Schwarzerdegebiet zieht sich inselartig bis nach Südsibirien.

Aufgrund der kurzen Vegetationsperiode von vier bis sechs Monaten sind die Ernteerträge nicht so hoch wie in Gebieten der Erde mit vergleichbaren Böden. Trockenheit und unzureichender Bodenschutz führen in der Steppenzone oft zu Ernteausfällen. Nach der Ernte liegen die großen Ackerflächen lange Zeit brach. Dann können Wind und Regen den fruchtbaren Boden ungehindert abtragen. In den letzten Jahrzehnten wurden deshalb um viele Felder Bäume und Sträucher als Windschutzstreifen gepflanzt.

Seit Wochen zeigt das Thermometer um die 35°C. Die lang andauernde Hitzewelle hat alles extrem ausgetrocknet. Schon eine weggeworfene Zigarettenkippe genügt, um einen verheerenden Brand auszulösen. Über der Kornkammer Russlands, der „Schwarze-Erde-Region", liegen dicke, schwarze Rauchwolken. Das Getreide auf den Halmen verdorrt oder wird Opfer des Feuers. Die Getreideproduktion geht durch die Dürre und die Brände um mehr als 20 Prozent zurück. Die Regierung rechnet mit Schäden in Milliardenhöhe und erlässt einen Ausfuhrstopp für Weizen, um die Ernährung im eigenen Land zu sichern.

(Zusammengestellt nach Medienmeldungen)

M2 *Extreme Dürre und Brände*

M4 *Landwirtschaftliche Nutzung der Steppe*

M5 *Wochenmarkt in der Kuban-Region*

Landwirtschaft – neue Betriebsformen

Im ländlichen Raum Russlands leben ca. 30 Prozent der Gesamtbevölkerung. Seit den 1990er-Jahren befindet sich der Agrarsektor in einer Umbruchphase. Insbesondere die Betriebsformen in der Landwirtschaft haben sich seitdem verändert.

Nach 1991 konnten erstmals private kleinbäuerliche Familienbetriebe entstehen. Daneben existieren heute landwirtschaftliche Großbetriebe in Form von Aktiengesellschaften, kleinere Genossenschaften und Nebenerwerbswirtschaften. Letztere werden zu 90 Prozent von der Land- und zu 60 Prozent von der Stadtbevölkerung betrieben. Um Nahrungsmittel nicht teuer einkaufen zu müssen, betreiben die Menschen in ihren Gärten, auf gepachteten Ackerflächen oder auf illegal besetztem Land Landwirtschaft zur Selbstversorgung.

Probleme und Lösungsansätze

Die Erträge und die Kosten für landwirtschaftliche Produkte in Russland sind nicht mit denen zu vergleichen, die wir in Deutschland erreichen. Auch ist der Lebensstandard der russischen Landbevölkerung im Vergleich zur städtischen Bevölkerung niedrig.

Seit mehreren Jahren investiert der Staat deshalb viel stärker als bislang in den Agrarsektor. Dabei gelang es, die Produktion von Nahrungsmitteln zu erhöhen. Die fruchtbaren Schwarzerdeböden bieten bei künstlicher Bewässerung, d.h. durch den Einsatz von Beregnungsanlagen, günstige Möglichkeiten für den Anbau von Weizen, Mais, Zuckerrüben und auch Sonnenblumen. Russland muss, obwohl das Land ein führender Getreideexporteur ist, Fleisch und andere Nahrungsmittel einführen.

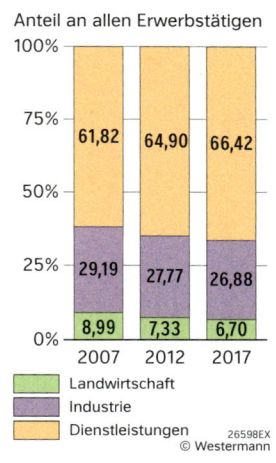

Anteil an allen Erwerbstätigen

	2007	2012	2017
Dienstleistungen	61,82	64,90	66,42
Industrie	29,19	27,77	26,88
Landwirtschaft	8,99	7,33	6,70

26598EX
© Westermann

M6 *Erwerbstätige nach Wirtschaftsbereichen*

www.ekosem-agrar. de/unternehmen/ ueber

www.agrarheute. com (→Landwirtschaft Russlands)

---

1 Analysiere M1 und M3. Vergleiche.

2 Erkläre die Bedeutung der privaten Nebenerwerbswirtschaft.

3 Informiere dich im Internet über die Beteiligung deutscher Unternehmen in der russischen Landwirtschaft.

❶ Binnenwanderung

Große Unterschiede hinsichtlich der Wirtschafts- und Kaufkraft sowie der Lebensbedingungen bestehen zwischen den verstädterten Regionen des europäischen Teiles und den sehr dünn besiedelten Gebieten Sibiriens. Es existiert eine ausgeprägte Binnenwanderung innerhalb Russlands aus den ländlichen Regionen, aber auch aus den Klein- und Mittelstädten in die Großstädte.

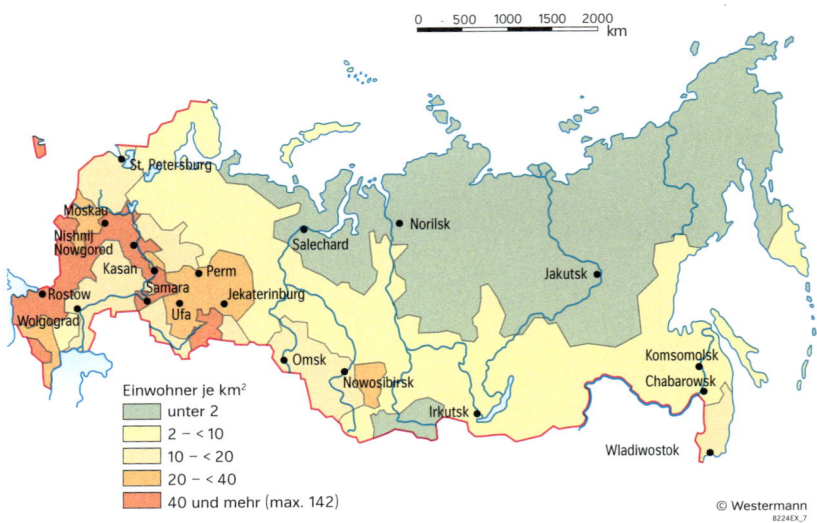

Einwohner je km²
- unter 2
- 2 – < 10
- 10 – < 20
- 20 – < 40
- 40 und mehr (max. 142)

© Westermann
8224EX_7

M2 *Bevölkerungsdichte*

Bevölkerungsverteilung

In Russland leben rund 145 Millionen Menschen. Der europäische Teil Russlands ist am dichtesten bevölkert. Es fällt aber der starke Gegensatz zwischen dicht und dünn besiedelten Landesteilen auf. Während die Gebiete um die russische Hauptstadt Moskau, entlang der Wolga sowie um Nowosibirsk in Südsibirien relativ dicht besiedelt sind, sind die Tundra und die Taiga im Norden des Landes fast unbewohnt.

Die Ursachen liegen zum einen in den natürlichen Lebensgrundlagen, die sich in den einzelnen Teilräumen des Landes stark voneinander unterscheiden.
Zum anderen gehörte das heute am dichtesten besiedelte Gebiet schon im Mittelalter zum russischen Staatsgebiet. Von dort aus begann erst im 19. und 20. Jahrhundert entlang von Eisenbahnlinien die Besiedlung der unwirtlichen Regionen des riesigen Landes.

✎ www.countrymeters.info/de/Russian_Federation

Russland ist reich und arm zugleich. Zwischen Moskau und Wladiwostok leben über 100 Milliardäre und über 100 Dollarmillionäre. Aber niemand kennt die genaue Anzahl der Armen im Land.

M1 *Feinkostladen in Moskau*

M3 *Rentnerin in Tomsk*

100800-162-01
schueler.diercke.de

M4 *Verkehrsnetz Russlands*

M5 *Russland: Flugrouten*

M7 *In weiten Teilen Sibiriens werden neben Flugzeugen aufgrund der Witterungsbedingungen und fehlender Flughäfen auch Hubschrauber für Linienflüge eingesetzt.*

Bahnhof	Zeitzone	km	Tage-Std.-Min.
Moskau	MOZ	0	0-00-00
Perm	MOZ + 2 Std.	1397	0-19-46
Nowosibirsk	MOZ + 3 Std.	3303	1-22-13
Krasnojarsk	MOZ + 4 Std.	4065	2-10-38
Irkutsk	MOZ + 5 Std.	5153	3-05-07
Tschita	MOZ + 6 Std.	6166	3-22-03
Birobidschan	MOZ + 6 Std.	8320	5-13-28
Wladiwostok	MOZ + 7 Std.	9259	6-04-59

M6 *Fahrplan des Zuges Nr. 2 der Transsibirischen Eisenbahn (Auszüge, MOZ= Moskauer Zeit)*

M8 *Transsibirien-Express entlang des Baikalsees*

---

1 Beschreibe die Bevölkerungsverteilung Russlands und nenne Ursachen.

2 Analysiert das Verkehrsnetz Russlands. Diskutiert seine Bedeutung für die wirtschaftliche Erschließung des Landes.

Moskau

Industriezentrum:
ca. 3,5 Mio. Beschäftigte,
ca. 1 200 Betriebe
Verkehrszentrum: neun
Bahnhöfe, vier Flughäfen, zwölf Metrolinien
(2,5 Mrd. Fahrgäste im
Jahr), 13 große Fernstraßen durchqueren Moskau, drei Flusshäfen
Kulturelles Zentrum:
mehrere Hochschulen
und Universitäten (ca.
600 000 Studenten), ein
Viertel aller 4 200 Bibliotheken mit über 350 Mio.
Büchern

M1 *Steckbrief*

Moskau – Zentrum des Landes

„Über Russland ist nur Moskau, über Moskau der Kreml und über dem Kreml nur Gott".

Dieses alte russische Sprichwort spiegelt die Bedeutung der Landeshauptstadt für das russische Volk wider. Noch heute wird der Vielvölkerstaat Russland von der Metropole Moskau regiert. Die wohl bekannteste Sehenswürdigkeit der Stadt ist der Kreml. In seiner unmittelbaren Nähe, direkt am Roten Platz, befinden sich die Basilius-Kathedrale und das Kaufhaus GUM. Es wurde um 1900 errichtet. In seinen Glaspassagen locken Waren hinter mehr als zwei Kilometern Ladenzeilen die Käufer an.

Eine hektische Betriebsamkeit herrscht schon frühmorgens auf den Straßen Moskaus. Sie können den wachsenden Verkehr kaum mehr aufnehmen. Und auch die Metro, die weltberühmte Untergrundbahn Moskaus, befördert Tag für Tag bis zu sieben Millionen Menschen. In keiner anderen russischen Stadt sind die Lebenshaltungskosten so hoch wie in Moskau. Viele Moskauer versorgen sich mit dem, was sie in ihrem eigenen Garten, der am Stadtrand liegt, anbauen können.

Der Kreml ist der älteste Teil der russischen Hauptstadt Moskau. Ursprünglich war er eine Burg an der Moskwa. Der Kreml war die Residenz der Zaren, heute ist er Sitz des russischen Präsidenten.

M2 *Kreml*

In Moskau gibt es drei große Universitäten und über 50 kleinere. Die Lomonossow-Universität ist die größte Russlands.

M4 *Lomonossow-Universität*

M3 *Moskau – täglicher Stau im Berufsverkehr*

Jede der Metrostationen hat eine besondere Architektur. Sie werden deshalb auch „unterirdische Paläste" genannt.

M5 *In einer Moskauer Metrostation*

M6 *Sankt Petersburg – ein Verkehrsknotenpunkt*

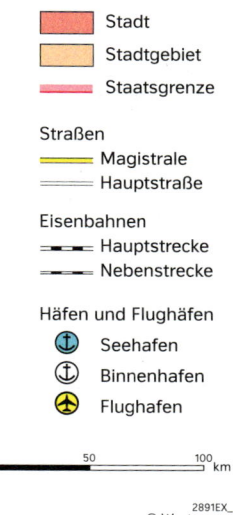

Legend:
- Stadt
- Stadtgebiet
- Staatsgrenze

Straßen
- Magistrale
- Hauptstraße

Eisenbahnen
- Hauptstrecke
- Nebenstrecke

Häfen und Flughäfen
- ⚓ Seehafen
- ⚓ Binnenhafen
- ✈ Flughafen

0   50   100 km

2891EX_1
© Westermann

www.planet-wissen.de
(→Moskau)
(→St. Petersburg)

Sankt Petersburg – „Fenster nach Europa"

Mit 5,3 Millionen Einwohnern (2017) ist St. Petersburg nach Moskau die zweitgrößte Stadt Russlands. Sie liegt im Nordwesten des Landes an der Mündung des Flusses Newa in die Ostsee. Gegründet wurde die Stadt 1703 durch Zar Peter den Großen, der damit das „Fenster nach Europa" öffnete.

St. Petersburg wurde in der Folgezeit zu einem wichtigen internationalen Handelsplatz, einem Industriezentrum und zu einer Kunst- und Kulturstadt.

Heute zählt St. Petersburg mit seinem Umland zu den Regionen Russlands mit einem hohen Wirtschaftswachstum. Nach Moskau ist die Region der zweitwichtigste Wirtschaftsraum des Landes, wichtiges Handelszentrum und bedeutender Verkehrsknotenpunkt. St. Petersburg verfügt über eine vielseitige Wirtschaftsstruktur. Neben der Automobilindustrie ist die Region ein High-Tech-Standort (u. a. Betriebe der IT-Branche, der Mikroelektronik und Medizin).

ℹ Peter I.

Inkognito studierte Peter I. die wirtschaftlichen und politischen Verhältnisse in Westeuropa. Nach seiner Rückkehr begann er mit umfassenden Reformen. Er schaffte u. a. die altrussische Zeitrechnung ab, führte europäische Kleidung ein und modernisierte die Verwaltung und Wirtschaft.

Sankt Petersburg hat mehrere schmückende Beinamen wie „Stadt der weißen Nächte" oder „Venedig des Nordens". Buchstäblich dem Wasser abgerungen steht die Stadt auf dem sumpfigen Untergrund von mehr als 40 Inseln im Delta der Newa. Deshalb durchziehen auch zahlreiche Flussarme und Kanäle die Stadt, verbinden unzählige Brücken die einzelnen Teile miteinander. Die einstige Residenzstadt des Zaren gilt heute wieder als die „Kulturhauptstadt" Russlands, die von Touristen aus aller Welt besucht wird. St. Petersburg gehört zu den zehn für Touristen attraktivsten Reisezielen weltweit.

M7 *„Venedig des Nordens"*

1 Weise am Beispiel von Moskau die Funktionen nach, die eine Hauptstadt erfüllt.

2 Erkläre folgende Aussage: „St. Petersburg war und ist nach wie vor Russlands Fenster nach Europa."

Subpolare Zone – Erschließungsprobleme

Die subpolare Zone erstreckt sich in Russland als ein etwa 200 Kilometer breiter Streifen entlang der Küste des Nordpolarmeeres.

Hier herrschen Polartag und Polarnacht (vgl. S. 242). Kennzeichnend für die subpolare Klimazone sind kalte, lange Winter und kurze, kühle Sommer. Dem Klima entsprechend hat sich eine baumlose Vegetation, die Tundra, ausgebildet.

In der subpolaren Zone Russlands gibt es große Rohstoffvorkommen, **Ressourcen** genannt.

Ihre Erschließung ist aufgrund des Klimas und des dauerhaft gefrorenen Bodens äußerst schwierig. Sehr hohe Kosten verursachen insbesondere der Ausbau einer **Infrastruktur**, d. h. der Bau von Straßen, Eisenbahnlinien, Siedlungen, Förderanlagen oder Pipelines.

Ausgewählte Bodenschätze:

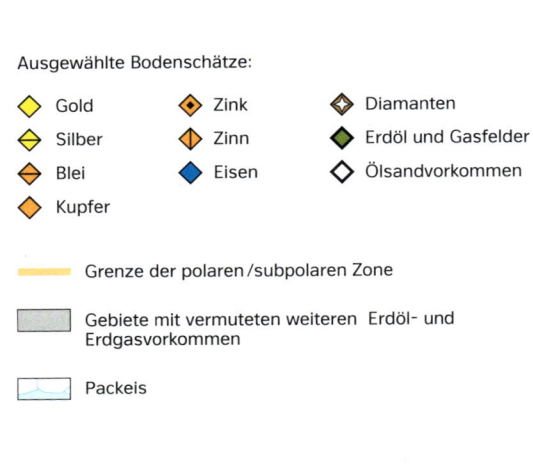

16480EX_5
© Westermann

M1 *Bodenschätze in der subpolaren Zone*

M2 *Dauerfrostboden*

Er bildet sich vor allem in Gebieten mit Land- oder Kontinentalklima mit geringen winterlichen Niederschlägen. Die fehlende Schneedecke lässt den Frost tief in den Boden eindringen. Bis in eine Tiefe von 1 000 Meter kann der **Dauerfrostboden** ganzjährig gefroren sein. Im Sommer taut er oberflächlich auf. Da das Wasser nicht versickern kann, bilden sich Sümpfe aus. Sie sind eine ideale Brutstätte für Millionen Stechmücken.

1 Analysiere die Naturraumausstattung der subpolaren Zone.

2 Beschreibe Ausdehnung und Merkmale des Dauerfrostbodens.

Menschen in der Tundra

Schon seit Jahrtausenden wohnen Menschen in der Tundra. Noch heute leben mehrere Völker als Nomaden. Mit ihren Rentierherden ziehen sie im Sommer weit nach Norden, den Winter dagegen verbringen sie im Süden.

Das Rentier ist für die Völker in der Tundra das wichtigste Nutztier. Es dient ihnen als Transportmittel. Sie nutzen die Felle, das Leder, das Fleisch und die Milch der Tiere.

Auch Fische und Meerestiere, die sie in Binnengewässern fangen, bereichern den Speiseplan. Der Dauerfrostboden dient ihnen bei der Aufbewahrung von Nahrungsmitteln als Tiefkühltruhe.

Tschaplino ist eine kleine Siedlung auf der Tschuktschen-Halbinsel im Nordosten Sibiriens. Auf der anderen Seite der Beringstraße liegt Alaska. Ursprünglich lebten hier die Inuit. Als diese jedoch vor mehreren Tausend Jahren nach Amerika übersiedelten, nahmen die Tschuktschen, eine alte sibirische Volksgruppe, deren Siedlungsplätze ein. Noch heute ziehen die Tschuktschen als Rentiernomaden durch die Tundra.

M4 *Tschuktschen – Leben am Rande Russlands*

„Am Ende der Welt"

So bezeichnen die Nenzen ihr Heimatgebiet, die Halbinsel Jamal, in ihrer Sprache. Dort leben sie mit ihren Rentierherden seit über 1 500 Jahren als Nomaden. Im Herbst wandern sie bis zu 1 200 Kilometer nach Süden bis an das Uralgebirge. Im Frühjahr ziehen sie auf ihren Rentierschlitten und zu Fuß wieder zurück nach Norden bis an das Polarmeer.

Das Leben der Nenzen ist eigentlich genau so modern wie das unsere. Es gibt Strom, Satellitenfernsehen und Mobiltelefone, daneben auch Hubschrauber und modernste Schneemobile.

Und – die Nenzen sind heute in die globalisierte Wirtschaft eingebunden. Sie exportieren Rentierfleisch, auch nach Deutschland, wo es in Supermärkten angeboten wird.

www.geo.de (→Polarschule der nomadenkinder)de.
https://de.rbth.com (→Legenden der Tundra)

Die Kinder der Völker in der Tundra lernen heute in der eigenen Sprache lesen und schreiben. In der Oberstufe kommt die russische Sprache hinzu. Der Schulbesuch ist oft mit einem Internatsaufenthalt verbunden, da die Gebiete dünn besiedelt sind und die Eltern oftmals als Nomaden leben. Viele Kinder werden mit dem Hubschrauber ins Internat gebracht, denn es gibt oft keine Straßen.
Die Kinder und Jugendlichen gewöhnen sich einerseits an den Komfort beheizter Wohnungen, andererseits an eine andere Ernährung und Kleidung. Dadurch gehen viele kulturelle Werte verloren.

M3 *Schulbildung in den sibirischen Weiten*

3 Berichte über das Leben der Bewohner der Tundra.

4 Erläutere Mensch-Umwelt-Beziehungen bei der Ressourcennutzung.

- 1993 gegründet
- größter Gaskon-
  zern der Welt
- besitzt über ein
  Viertel der Welt-
  erdgasreserven
- 12 % Anteil
  an der Welt-
  erdgasproduktion
- 70 % der Produk-
  tion des russi-
  schen Erdgases
- für viele Staaten
  Europas wichtigster
  Energielieferant,
  auch für Deutsch-
  land

M1 *Gazprom (2018)*

M2 *Erdgas aus russischen Vorkommen für Europa (Leitungen und geplante Leitungen)*

Ressource Erdgas

Russland verfügt über die größten Erdgasreserven der Welt. Die Hauptförder-
gebiete liegen noch heute im Gebiet von
Jamburg und Urengoi nördlich des Polarkreises. Die extremen klimatischen
Bedingungen, der Dauerfrostboden und
die im Sommer versumpfte Landschaft
stellen an die dort arbeitenden Menschen und das Material hohe Anforde-
rungen.
Zahlreiche Probleme ergeben sich für
Mensch und Umwelt. So gibt es rund
5 000 Gaspipelinebrüche im Jahr, wodurch das Gas ungehindert in die Umwelt entweichen kann. Eine Reparatur
ist nur im Winter möglich, da der Boden
dann für schwere Maschinen hart genug
gefroren ist. Über ein dichtes Netz von
Pipelines wird das Erdgas zu den Ver-
brauchern transportiert (M2).
Der Bau von Nordstream 2 (M3) ist umstritten. Einerseits wird auf die jahr-
zehntelange Verlässlichkeit Russlands
als Handelspartner, andererseits auf die
Gefahr einer viel zu starken Abhängigkeit vom russischen Erdgas verwiesen.

www.nachhaltig-
keit.info
(→Lexikon Nachhal-
tigkeit, Definitionen)

- Gaspipeline, besteht aus zwei Röhren, führt vom russischen Wyborg bis
  nach Lubmin bei Greifswald, 1 224 km durch die Ostsee
- Hauptfördergebiet für Nord Stream: Yuzhno-Russkoje-Feld, später auch
  Jamal-Halbinsel sowie Shtokmanovoskoje (Barentssee)
- Bau von zwei Leitungen ab Lubmin in Richtung Süden und Westen zur
  Anbindung an das europäische Gasnetz
- Fertigstellung 2011/2012
- Kosten: 7,4 Milliarden Euro
- Bau von Nord Stream 2 parallel zur vorhandenen Pipeline geplant/im Bau,
  der Bau dieser Pipeline ist unter den EU-Partnern umstritten.

M3 *Nord Stream Pipeline – Gas für Europa*

Im Jahre 1966 begann die Erschließung des Urengoi-Gasfeldes. Für die Arbeitskräfte errichtete man in dieser fast unbewohnten Gegend eine Barackensiedlung.

1973 wurde eine neue Stadt gegründet: Nowy Urengoi (Neu-Urengoi). Sie hat inzwischen rund 117 000 Einwohner und existiert auch nur wegen der Erdgasförderung. Fast alle Bewohner arbeiten direkt oder indirekt für den Gaskonzern Gazprom. Mit Hubschraubern werden die „Gasowiki", wie die Beschäftigten von Gazprom genannt werden, zu den Erdgasfeldern in der Tundra geflogen. Der Gaskonzern sorgt für seine Beschäftigten: Einfache Schichtarbeiter verdienen durchschnittlich 1 700 € im Monat (russischer Durchschnitt 400 €).

Die Kinder werden in betriebseigenen Kindergärten betreut, Schulen erhalten Unterstützung und Kulturveranstaltungen werden organisiert. Das Angebot in den Supermärkten ist bestens, obwohl man fast alle Waren einfliegen muss.

Immer mehr Bewohner wollen für immer in Nowy Urengoi bleiben.

(Nach Zeitungsberichten)

M4 *Erdgasstadt Nowy Urengoi*

Mensch-Umwelt-Probleme

Die Förderung auf den Erdgasfeldern um Urengoi und Jamburg geht zurück. Der Konzern Gazprom setzt auf noch größere Lagerstätten auf der Halbinsel Jamal. Dort errichtet Gazprom Straßen, Eisenbahnlinien und Siedlungen.

Schon die Erschließung richtet Umweltschäden an und bedroht die Lebensweise der dort lebenden Nenzen. Schwere Maschinen zerstören die Tundrenvegetation auf Jahrzehnte. Durch ein einziges Raupenfahrzeug werden bei einer Probebohrung 400 km² Rentierweide verwüstet. Eine Regeneration der Vegetation dauert mehrere Jahrzehnte, denn die Rentiermoose wachsen nur ein bis drei Millimeter im Jahr. Pipelines blockieren die Wanderwege der Rentierherden.

M5 *Im Sommer in Nordsibirien*

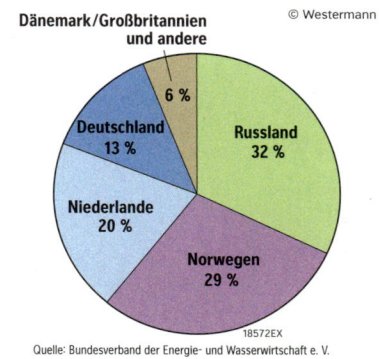

Dänemark/Großbritannien und andere 6 %
Deutschland 13 %
Niederlande 20 %
Russland 32 %
Norwegen 29 %

© Westermann

18572EX

Quelle: Bundesverband der Energie- und Wasserwirtschaft e. V.

◁ **M6** *Woher kommt unsere Energie?*

ⓘ Nachhaltigkeit

Nachhaltig ist ein Projekt im Sinne von „Eingriff in die Natur" dann, wenn zukünftig keine Schäden in der natürlichen Umwelt auftreten (Ökologie), sich die Lebensbedingungen der Menschen verbessern (Soziales) und wirtschaftliche Gewinne erzielt werden (Ökonomie).

🖊 https://blog.erdgas.info/der-weg-des-gases/

---

1 Bewerte die Erdgasförderung in der Jamal-Nenzen-Region unter den Aspekten der Nachhaltigkeit (Ökonomie, Ökologie, Soziales) aus der Sicht:

a) von Gazprom
b) europäischer Staaten
c) eines Bohrarbeiters
d) eines Nenzen
e) eines Naturschützers

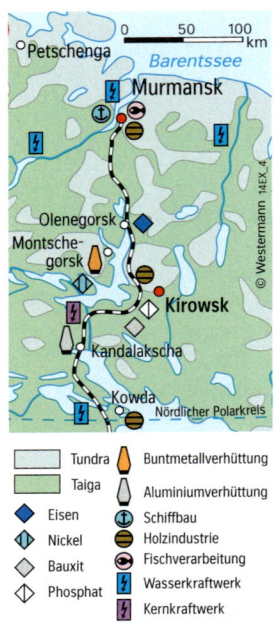

M1 *Industrie der Region*

Tundra
Taiga
Eisen
Nickel
Bauxit
Phosphat
Buntmetallverhüttung
Aluminiumverhüttung
Schiffbau
Holzindustrie
Fischverarbeitung
Wasserkraftwerk
Kernkraftwerk

Wirtschaftsraum Murmansk

Murmansk liegt auf der Halbinsel Kola und ist mit ca. 390 000 Einwohnern die größte Stadt der Erde nördlich des Polarkreises. Gegründet wurde sie 1916, als man bedeutende Vorkommen an Bodenschätzen entdeckte (M1). Deshalb wurde auch eine 1 451 km lange Eisenbahnlinie (Murmanbahn) von St. Petersburg bis auf die Halbinsel gebaut. Das Verwaltungsgebiet Murmansk ist heute eines der reichsten aller Regionen Russlands. Neben Bergbau, Schiffbau, Holzverarbeitung und Fischindustrie hat sich auf der Halbinsel eine bedeutende Hüttenindustrie entwickelt. Die benötigte Energie dafür liefert das Kernkraftwerk Kola.

Die Industriestadt Apatity, gegründet 1939, erhielt ihren Namen aufgrund großer Vorkommen des dort gefundenen Minerals Apatit. Die Schwerindustrie ist für massive Umweltverschmutzungen verantwortlich.

M3 *Apatity*

Murmansk ist der Heimathafen der russischen Nordmeerflotte. Eine Meeresbucht bietet einen natürlichen Schutz und ein Ausläufer des Golfstromes sorgt für Eisfreiheit des Hafens im Winter.
Auch die russische Eismeerflotte mit nuklear und konventionell betriebenen Schiffen ist hier stationiert. Es ist das Verdienst von Umweltschützern, dass heute kein radioaktiver Abfall mehr straffrei ins Meer gekippt werden darf und keine Boote mit Reaktoren an Bord im Hafen verrotten.

M2 *Hafen von Murmansk*

Der nördliche Seeweg von Murmansk nach Wladiwostok stellt die Verbindung von Europa durch das Nordpolarmeer nach Asien (z. B. Japan, China) dar und ist insgesamt 10 400 km lang. Bisher war die Durchfahrt auch in den Sommermonaten nur mithilfe leistungsstarker Eisbrecher möglich. Die rasche Erderwärmung sorgt dafür, dass das dicke Polareis immer mehr abschmilzt. Wissenschaftler gehen davon aus, dass etwa 2030 der Nördliche Seeweg vollkommen eisfrei sein wird. Dies hätte positive Auswirkungen auf den Transport, die industrielle Nutzung von arktischen Regionen, aber auch negative auf das Leben der Anrainer und die Tier- und Pflanzenwelt.

M4 *Der Nördliche Seeweg*

❶ Beschreibe die geographische Lage von Murmansk (Atlas).

❷ Begründe, weshalb sich Murmansk zu einem Industriezentrum entwickelt hat.

M5 *Die Region Norilsk – Wirtschaft*

M7 *Industrieanlagen in Norilsk*

Wirtschaftsraum Norilsk

Norilsk ist mit 175 000 Einwohnern die zweitgrößte Stadt der Welt nördlich des Polarkreises. In den kurzen Sommermonaten ist eine Anreise bis zum Hafen Dudinka über den Jenissej möglich. Von dort aus führen eine Gütereisenbahnstrecke und eine Straße nach Norilsk. Entstanden ist die Stadt nur aufgrund der hier vorhandenen riesigen Lagerstätten u. a. von Nickel-, Platin- und Kupfererzen.

Unter extremsten klimatischen Bedingungen mussten nach 1935 Strafgefangene die Stadt und das Nickelwerk errichten. Wenn aus dem Gestein die Metalle herausgeschmolzen werden, entsteht giftiges Schwefeldioxid, das die Gegend rund um Norilsk im Umkreis von Dutzenden Kilometern schwer belastet. Unter anderem sind große Waldgebiete durch den Schwefel bereits abgestorben.

🛈 Norilsk Nickel

Norilsk gilt seit Jahren als einer der zehn schmutzigsten Orte weltweit. Norilsk Nickel sponsert aber einige Naturschutzprogramme. Das Unternehmen kämpft damit gegen das negative Image und die Umweltstrafen, die es regelmäßig für die Nichteinhaltung von gesetzlichen Umweltnormen zahlen muss.

Der Bergbauarbeiter Fedor erzählt: „Ich bin wegen der Arbeit nach Norilsk gekommen und gehöre zu den ungefähr 84 000 Menschen, die bei Norilsk Nickel beschäftigt sind. Im Vergleich zu Arbeitern in anderen Landesteilen ist mein Gehalt höher. Ich habe drei Monate bezahlten Urlaub, in dem ich mit meiner Familie in wärmere Gefilde fliege. Oft gehe ich nur mit Atemmaske nach draußen. Wir sprechen von schwarzen Schneestürmen, wenn die Schwefelflocken aus den Fabriken durch die Luft wehen."

M6 *Leben in Norilsk*

www.youtube.com (→norilsk schmutzigste stadt)

❸ Beschreibe die naturräumliche Ausstattung der Region Norilsk.

❹ Bewerte den Nickelabbau um Norilsk unter den Aspekten der Nachhaltigkeit (vgl. S. 215).

ℹ️ Merkmale der Kontinentalität
- geringe Niederschlagsmenge
- Verschiebung der Hauptniederschlagszeit in die wärmeren Monate
- große Temperaturdifferenz im Tages- und Jahresverlauf
- große Anzahl an Frosttagen

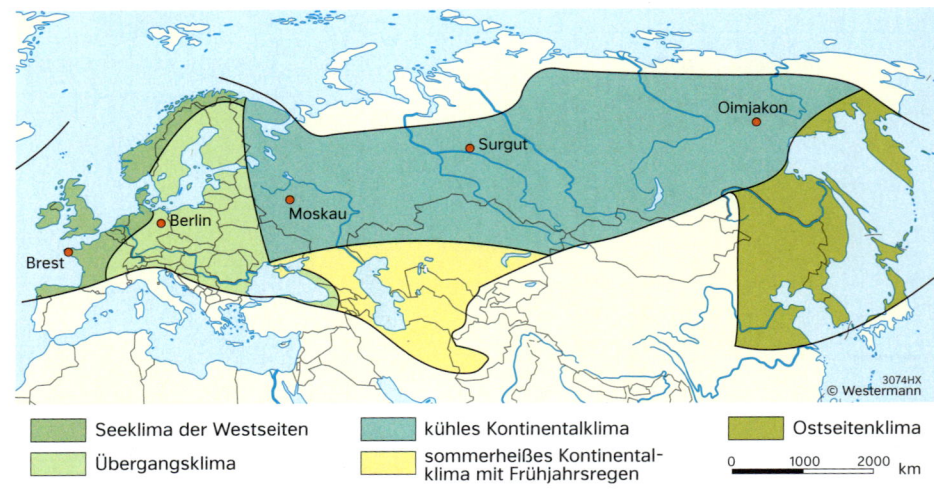

Legende:
- Seeklima der Westseiten
- Übergangsklima
- kühles Kontinentalklima
- sommerheißes Kontinentalklima mit Frühjahrsregen
- Ostseitenklima

0   1000   2000 km

3074HX
© Westermann

M2 *Klimatypen zwischen Atlantischem Ozean und Pazifischem Ozean*

🖉 www.youtube.com
(→Leben extrem am kältesten Ort der Welt)

→www.youtube.com
(Krater Batagaika)

Gemäßigte Zone – Naturbedingungen

Russland hat einen großen Anteil an der gemäßigten Klimazone. Abhängig von den klimatischen Bedingungen ist in ihr von Nord nach Süd eine unterschiedliche Vegetation ausgebildet. Im europäischen Teil überwiegen die Laub- und Mischwälder und die Steppe. Im asiatischen Teil hat sich dagegen der nördliche Nadelwald, in Russland Taiga (jakutisch = dichter Nadelbergwald) genannt, ausgebildet. Mehrere Ursachen sind dafür ausschlaggebend: Zum einen ist es die geographische Breitenlage, zum anderen auch die von West nach Ost zunehmende Kontinentalität des Klimas.

Dabei nimmt der Einfluss der milden Meeresluft vom Atlantischen Ozean mit wachsender Meeresentfernung ab. Die Temperaturunterschiede zwischen Sommer und Winter nehmen immer mehr zu und es wird trockener. Erst in den östlichen Gebieten Russlands, am Pazifischen Ozean, fallen wieder mehr Niederschläge.

Im Winter wirkt das zugefrorene Nordpolarmeer wie eine „Tiefkühltruhe". Kalte Luftmassen dringen dann weit nach Süden vor. Im sibirischen Ort Oimjakon wurde 1926 mit −71,2° C die tiefste Temperatur in einem bewohnten Ort auf der Erde gemessen.

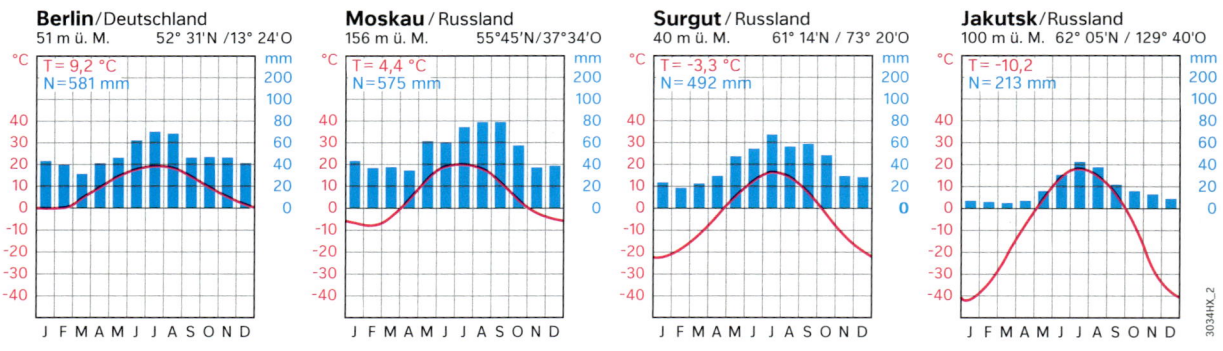

M1 *Klimastationen von West nach Ost*

Der Frühling beginnt für die rund 800 Einwohner von Oimjakon bei 20 Grad unter Null. Im Januar herrschen im Durchschnitt minus 45°C. Ein fünf Meter hohes Denkmal befindet sich am Ortseingang. Ganz oben ist zu lesen – „Kältepol". Darunter steht „Minus 71,2°", die Weltrekordmarke.

Für Fremde wird die eisige Kälte zum Erlebnis. Gießt man im Freien Wasser aus, dann gefriert es noch in der Luft. Milch gibt es im Dorfladen nicht in Litern, sondern in Kubikzentimetern.

M3 *Im kältesten Dorf der Welt*

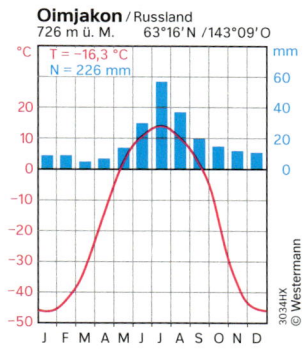

M6 *Oimjakon: „Kältepol" (–71,2 °C)*

Oimjakon / Russland
726 m ü. M.   63°16′N /143°09′O
T = –16,3 °C
N = 226 mm

M7 *Klimadiagramm*

Dauerfrostboden ist hart wie Stein oder Stahlbeton und kann bis zu 1 500 Meter in die Tiefe reichen. Im Sommer taut er über 30 Zentimeter tief auf. Deshalb stehen die Häuser auf Stahlbetonpfählen, die mit Spezialmaschinen zehn Meter tief in den Boden gerammt werden. Die Luft muss unter dem Haus zirkulieren können, damit der Boden nicht auftaut, die Häuser in keine Schieflage kommen oder sogar absinken.

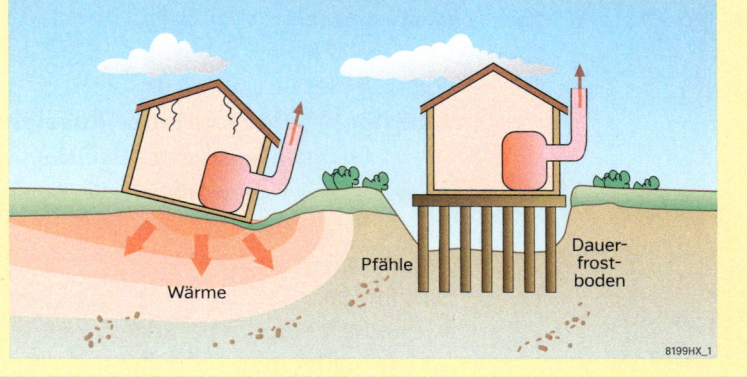

Pfähle

Dauer-frost-boden

Wärme

M4 *Bauen auf Dauerfrost*

In Sibirien dauert der Winter je nach Breitengrad bis zu einem halben Jahr. Zu Hause bleiben die Sibirier bei Temperaturen zwischen –20° und –40°C aber nicht. Sie gehen zum Eisangeln oder besuchen einander. Nur, die Siedlungen liegen in Sibirien oft 250 bis 600 Kilometer und mehr auseinander. Solche Entfernungen gelten dort als praktisch „um die Ecke".

Der erste Schnee fällt in Sibirien meist schon im Oktober, der letzte schmilzt erst im Mai. Eine Schneeballschlacht ist nicht ganz einfach: Bei uns pappt der Schnee bekanntlich prima, weil er feucht ist. In Sibirien lässt er sich aber kaum zu Bällen formen. Eine Zentralheizung wird Mitte September an- und Ende April abgestellt, egal wie kalt oder warm es draußen ist.

M5 *Alltag in Sibirien*

1 Stelle Zusammenhänge zwischen Klima, Vegetation, Boden und Leben der Menschen in der gemäßigten Zone her.

2 Monatelange Kälte von –25°C in Sachsen-Anhalt. Beschreibe, wie sich dein Leben verändern würde.

M1 *Verteilung wichtiger Rohstoffvorkommen in Russland*

Sibirien – Schatzkammer Russlands

Aus einem alten russischen Märchen: „Als Gott die Schätze der Erde verteilen wollte, erfroren ihm über Sibirien die Hände und die meisten Schätze fielen zu Boden".

www.youtube.com
(→Die größte Diamantenmine der Welt)

Mit seinen etwa 10 Millionen km² ist Sibirien („schlafende Erde") so groß wie ganz Europa. Die Region gehört zu den rohstoffreichsten Gebieten der Erde (M1).
Für die Exportwirtschaft und verarbeitende Industrie Russlands sind Energieträger wie Erdgas, Erdöl und Kohle sowie Erze von herausragender Bedeutung.

So haben allein Erdöl und Erdölprodukte einen Anteil von fast 50 Prozent an den Exporterlösen des Landes. Zudem besitzt Sibirien mehr als 50 Prozent der Wasserkraftreserven Russlands. Trotz der zahlreichen Reichtümer weist Sibirien eine geringe Bevölkerungsdichte auf. Nowosibirsk ist größte Stadt Sibiriens und Hauptstadt dieser Region (vgl. S. 224).

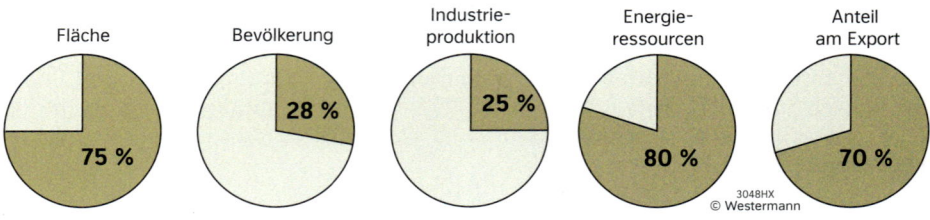

M2 *Bedeutung Sibiriens für Russland*

❶ Erkläre die Bedeutung Sibiriens für Russland und international.

❷ Erarbeite eine Argumentation zu Nutzungsansprüchen und -konflikten. Führt eine Diskussion durch.

Rohstoffreichtum und Nutzungskonflikte

Russland verfügt über 22 % der weltweiten Waldflächen, wobei der boreale Nadelwald (Taiga) den größten Anteil einnimmt. Wegen des rauen Klimas wachsen die Bäume sehr langsam. Russland gehört zu den größten Rohholzproduzenten der Erde. Da vor allem verkehrsgünstig gelegene Flächen genutzt werden und 90 % der Unternehmen den Baumbestand völlig abholzen, kommt es regional zu einer starken Übernutzung der Ressource Wald. Auch als Schutzgebiete ausgewiesene Areale werden durch illegalen Holzeinschlag dauerhaft zerstört. Somit können diese Flächen ihre Funktion als Klimaregulator und Wasserspeicher nicht mehr erfüllen. Durch den Kahlschlag verlieren in den Wäldern lebende indigene Völker ihre Lebensgrundlagen.

M3 *Ausverkauf der Taiga*

M6 *Holz aus der Taiga*

Ein großer Teil des russischen Erdöls, das nach Deutschland exportiert wird, kommt über die Druschba-Pipeline (Pipeline der Freundschaft) zu den Raffinerien Schwedt und Leuna. Die Förderung in Westsibirien verursacht oft große Umweltprobleme. Pro Jahr treten dort bis zu 5 000 Brüche von Ölpipelines auf. Auslaufendes Öl verseucht Böden und Gewässer. Auch die einheimische Bevölkerung leidet zunehmend unter der Ölverschmutzung.

M4 *Umweltprobleme bei der Ölförderung*

M7 *Leck in einer Erdölpipeline*

Russland kann nicht sicher sein, dass Europa zukünftig weiterhin in großen Mengen russisches Erdgas importieren wird. Deshalb baut das Land eine Pipeline nach China. Erdgas soll von den Fördergebieten östlich von Irkutsk in den Nordosten Chinas transportiert werden. Die Baukosten liegen nach Schätzungen bei etwa 50 Mrd. Euro. Die Pipeline mit dem Namen Sila Sibiri, was übersetzt „Kraft Sibiriens" heißt, wird insgesamt rund 3 000 km lang werden. Sie verläuft durch Regionen mit Dauerfrostboden und somit auch durch sumpfiges Gelände. Für den Fluss Amur ist eine Unterquerung geplant. Außerdem muss die Pipeline Temperaturen von –40 bis –60 Grad Celsius trotzen.

M5 *Russisches Erdgas ab 2019 für China*

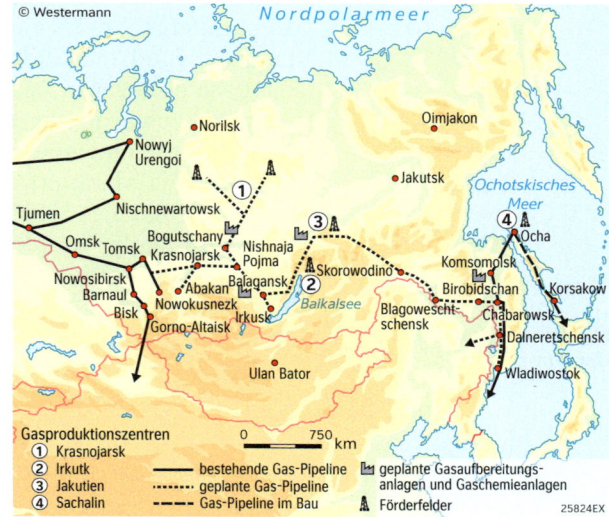

M8 *Pipelinesystem zwischen Russland und China*

Sajano-Schuschensk.	6 400 (Jenissej)
Krasnojarsk	6 000 (Jenissej)
Bratsk	4 500 (Angara)
Ust-Ilimsk	4 320 (Angara)
Bogutschany	4 000 (Angara)
Wolgograd	2 541 (Wolga)

M1 *Die sechs größten Wasserkraftwerke Russlands (Leistung in Megawatt); zum Vergleich Deutschland: Goldisthal 1 060 (Schwarza/Saale)*

M3 *Staudamm von Bratsk mit einem der größten Stauseen weltweit*

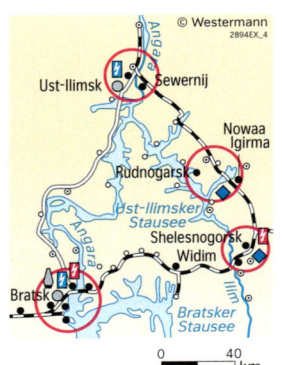

- ● Stadt
- ⊙ sonstige Siedlung
- ○ Forstwirtschafts-siedlung
- ▭ Eisenbahn
- ▭ Straße
- ⬭ Industrieknoten
- 🗲 Wasserkraftwerk
- 🗲 Wärmekraftwerk
- ⬦ Aluminiumverhüttung
- ⊙ Holzverarbeitung
- ◆ Eisenerzförderung

M2 *Die Region Bratsk-Ust-Ilimsk*

Ressource Wasser

Sibiriens Ströme gehören zu den wasserreichsten der Erde. Sie sind wichtige Versorgungsadern für die sibirischen Städte. In den 1950er-Jahre wurde begonnen, an ihnen Staudämme zu errichten. Für die Anlage eigneten sich besonders die Angara, der einzige Abfluss des Baikalsees, und der Jenissej in seinem Oberlauf. An der Angara entstanden mehrere Wasserkraftwerke, sodass sie den Beinamen „elektrischer Fluss" bekam. Das bedeutete jedoch einen großen Eingriff in die Landschaft.

Die günstig produzierte Elektroenergie und das reichlich vorhandene Kühlwasser boten die Möglichkeit, viel Energie verbrauchende Industrien anzusiedeln. Die Entwicklung der Stadt Bratsk und die sich in der Umgebung befindenden Betriebe sind eng mit dem Bratsker Wasserkraftwerk verbunden. Vor allem die energieintensive Aluminiumindustrie nutzt den äußerst billigen Strom (weniger als ein Cent für 10 Kilowattstunden). Der Rohstoff Bauxit wird aus dem Gebiet südlich von Krasnojarsk herantransportiert.

Die Lena ist mit 4 400 km der längste Strom Russlands. Sie entspringt im Baikalgebirge. Durch ihre über 500 Nebenflüsse erreicht sie oft eine Breite von 10 km und mehr. Als einziger Fluss, der in das Eismeer mündet, bildet die Lena ein rund 250 km breites Delta aus. Bis weit in den Frühling hinein ist die Lena eisbedeckt. In diesem Zeitraum fahren Lkw, Busse und Privatautos über den zugefrorenen Fluss, um entlegene Siedlungen zu versorgen.
Von Juni bis September, oft aber auch nur einen Monat, ist die Lena von Ust-Kut, dem Anschluss zur Baikal-Amur-Magistrale, bis zum Eismeerhafen Tiksi schiffbar. Die Schiffe transportieren vor allem Holz, Öl, Kohle, andere Bergbauprodukte und Industrieerzeugnisse. Auch Kreuzfahrtschiffe sind in der eisfreien Zeit unterwegs.

M4 *Schifffahrtsweg Lena*

---

❶ Analysiere die Industrieregion Bratsk-Ust-Ilimsk insbesondere unter dem Geofaktor Wasser.

❷ Beschreibe den Baikalsee als Weltnaturerbe. Erläutere Gefahren und Schutzmaßnahmen.

100800-172-03
schueler.diercke.de

Baikalsee – ein Weltnaturerbe

- größter Süßwasservorrat der Erde
- mit 1 637 Metern der tiefste Süßwassersee der Erde
- mit einem Alter von über 25 Mio. Jahren ältester See der Erde; Grabenbruch, entstanden durch das Auseinanderdriften zweier Kontinentalplatten, See wird pro Jahr jeweils 2 cm breiter und tiefer
- zahlreiche, nur hier vorkommende (endemische) Tierarten, z.B. Baikalrobbe, einzige Süßwasserrobbe der Erde, Golomjanka, ein Fisch, der lebend gebärt; Epischura-Krebs, 1,5 Millimeter groß, der Omul
- Selbstreinigungsprozess durch Kleinstlebewesen, an den meisten Stellen Trinkwasserqualität
- 1996 Aufnahme in die Weltnaturerbeliste der UNESCO

M5 *Superlative und Einzigartigkeit*

- einige Uferbereiche seit Jahrtausenden besiedelt
- von großer religiöser Bedeutung für das Volk der Burjaten
- viele Kultstätten der Schamanenkultur rund um den See, Insel Olchon im Baikal wichtigste Kultstätte

Schamanen-Kultstätte

M8 *„Heiliges Meer"*

www.swr.de (→Schätze der Welt, Baikalsee)

- Industrie- und Stadtansiedlungen im Uferbereich; Abwässer fließen teils ungeklärt in den See, besonders die des Zellulosekombinats Baikalsk (ZBK); Luftverschmutzung
- industrieller Fischfang; Holzeinschlag (Kahlschlag) in Uferbereichen
- Müll durch Tourismus
- Atommüllendlager in der Nähe des Baikals geplant
- Erdölpipeline in der Nähe des Nordufers im Bau

M6 *Gefahren für das Weltnaturerbe*

Maßnahmen/Empfehlungen:
- Ausweitung der Naturschutzgebiete
- Entwicklung von Öko-, Wellness-, Ski-, Sport- und Kulturtourismus
- umweltverträgliche Waldwirtschaft und Holzverarbeitung
- Bau und Modernisierung von Kläranlagen
- Umweltbildung, Bildung für nachhaltige Entwicklung

M9 *Schutz des Baikals*

M7 *„Gebt den Kindern die Chance, den Baikal lebend vorzufinden."* – Proteste gegen Umweltverschmutzung

M10 *Badetourismus am Baikal*

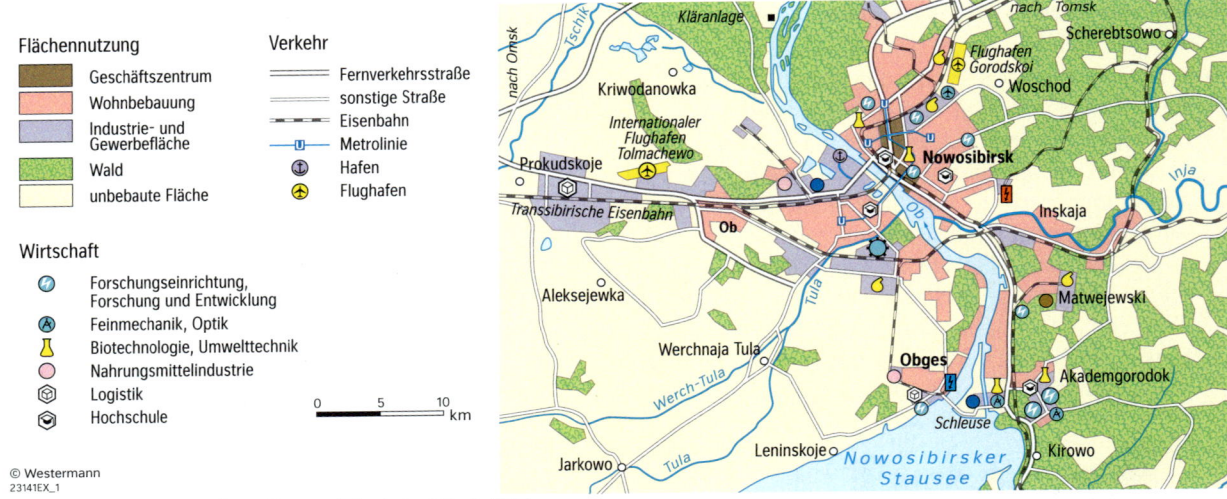

Flächennutzung

- ■ Geschäftszentrum
- ■ Wohnbebauung
- ■ Industrie- und Gewerbefläche
- ■ Wald
- ■ unbebaute Fläche

Verkehr

- ═══ Fernverkehrsstraße
- ─── sonstige Straße
- ┅┅┅ Eisenbahn
- ⓤ Metrolinie
- ⊕ Hafen
- ⊛ Flughafen

Wirtschaft

- ⊘ Forschungseinrichtung, Forschung und Entwicklung
- ⊛ Feinmechanik, Optik
- 🜊 Biotechnologie, Umwelttechnik
- ○ Nahrungsmittelindustrie
- ⊗ Logistik
- ⬡ Hochschule

© Westermann
23141EX_1

M1 *Wirtschaftsstandort Nowosibirsk in Westsibirien*

Nowosibirsk – Hightech-Standort am Ob

Nach Moskau und St. Petersburg ist Nowosibirsk mit 1,5 Millionen Einwohnern die drittgrößte Stadt Russlands. Ihre Gründung ist eng mit der Erschließung Sibiriens und dem Bau der Transsibirischen Eisenbahn verbunden. An der mit 700 m engsten Stelle des Flusses Ob wurde 1893 eine Brücke über den Fluss gebaut. Die in unmittelbarer Nähe für die Bauarbeiter errichtete kleine Siedlung gilt als Ausgangspunkt für die Entwicklung der Stadt. Seit dem Jahr 2000 ist Nowosibirsk Hauptstadt des Sibirischen Föderationskreises.

Nowosibirsk hat sich aufgrund seiner äußerst günstigen geographischen Lage zum größten Logistik- und Verkehrsknotenpunkt Westsibiriens entwickelt. Die wirtschaftlichen Grundlagen bilden Industrie, Handel und Dienstleistungen, Bauwesen, Verkehr, Wissenschaft und Forschung. Die wirtschaftliche Entwicklung von Nowosibirsk ist nicht mit rohstoffgewinnenden Betrieben verbunden. Die Wirtschaft orientiert sich auf verarbeitende und forschungsintensive Industriezweige wie Flugzeugbau, Nuklearindustrie und Maschinenbau.

ⓘ Ein Fluss als zeitliche Grenze

An beiden Seiten des Flusses Ob gelegen, wies Nowosibirsk noch bis zu Beginn des 20. Jahrhunderts eine Besonderheit auf. Denn – eine Zeitzonengrenze verlief direkt in der Mitte des Flusses. Auf der rechten Seite begann der Tag damals eine Stunde früher als auf der linken Seite.

Dieser Stadtteil von Nowosibirsk liegt ca. 30 km vom Zentrum entfernt am Ufer des Ob-Stausees. Akademgorodok gilt seit seiner Gründung im Jahre 1957 als Hot Spot der russischen Wissenschaft. Viele seiner Bewohner arbeiten in der Wissenschaft, in Technologieunternehmen oder studieren an der Nowosibirsker Universität. Mitten durch den Stadtteil verläuft die „klügste Straße der Welt". Auf dem Prospekt Akademika Lavrentieva befinden sich mehr als 20 wissenschaftliche Einrichtungen. Zahlreiche internationale Unternehmen wie Intel, Microsoft und Yandex sind in Akademgorodok vor Ort.

M2 *Akademgorodok – das „Wissenschaftsstädtchen"*

❶ Beschreibe die geographische Lage von Nowosibirsk. Nenne Faktoren für die wirtschaftliche Entwicklung.

❷ Nowosibirsk wird als ein HighTech-Standort am Ob bezeichnet. Begründe diese Aussage (Atlas).

Zusammenhänge / Wechselbeziehungen darstellen und erklären

Zusammenhänge und Wechselbeziehungen zwischen Geofaktoren bzw. zwischen Geofaktoren und dem Humanfaktor Mensch können grafisch in einem Struktur-schema bzw. Wirkungsgeflecht dargestellt werden. Folgende Zeichen können verwendet werden:

——— „ein Zusammenhang besteht"

⟶ „ist von Einfluss auf", „beeinflusst"

⟷ „ist voneinander abhängig", „steht miteinander in Wechselbeziehung"

So gehst du vor

1. Lege das Thema fest.

2. Wähle die Geofaktoren aus, die du untersuchen willst.

3. Analysiere die entsprechenden Texte und Abbildungen im Schulbuch.
   Nutze auch das Internet.

4. Notiere wichtige Aspekte zu jedem Geofaktor in Kurzform und trage sie in ein vorgefertigtes Schema ein.

5. Verdeutliche mithilfe von Linien Zusammenhänge, mit Pfeilen Ursache-Folge-Beziehungen oder mit Doppelpfeilen Wechselbeziehungen. Verwende Farben.

6. Stelle deine grafische Darstellung der Klasse vor und erkläre Zusammenhänge, Ursache-Folge-Beziehungen und Wechselbeziehungen zwischen Geofaktoren und der Nutzung.

7. Bewerte die Wechselbeziehungen zwischen Geofaktoren und dem Humanfaktor Mensch auch unter dem Aspekt der Nachhaltigkeit (S. 215).

Klima
- subpolares/polares Klima, Polartag/-nacht
- ganzjährig (sehr) niedrige Temperaturen
- sehr lange kalte Winter, wenige Monate über 0 °C
- ganzjährig geringe Niederschläge, meist als Schnee
- Auswirkungen des Klimawandels

Wasserhaushalt
- ganzjährig humid
- lange vereiste Gewässer
- Schmelzwasseransammlung über dauernd gefrorenen Boden im Sommer
- Entwässerung von Flüssen in Richtung Nordpolarmeer

Mensch
- Lebensweise
- Ressourcennutzung

Boden
- geschlossene Verbreitung von Dauerfrostboden
- etwa ein Meter Auftauschicht im Sommer
- Gefahr von Staunässe, Entstehung von Sumpfgebieten
- beim Auftauen Verstärkung des Treibhauseffektes durch entweichendes Methangas

Vegetation/Tierwelt (Bios)
- Tundra mit Moosen, Flechten, Gräsern, kleinen Sträuchern
- wenige, der Kälte angepasste Tierarten wie Polarfüchse, Eisbären, Walrosse, Robben, Wale, Fische

M3 *Subpolare Zone: Ausgewählte Zusammenhänge*

❶ Beschreibe Zusammenhänge und Wechselbeziehungen zwischen den Geofaktoren.

❷ Weise nach, wie das Leben und Wirtschaften in der Tundra von den natürlichen Verhältnissen beeinflusst wird.

KLASSENARBEIT

Thema: Russland – ein Land reich an Ressourcen

1. Ergänze die folgenden Sätze richtig.

a) Die Bevölkerungsdichte Russlands ist

A – größer als die Deutschlands.   B – genau so groß wie die Deutschlands.
C – kleiner als die Deutschlands.

b) Der längste Fluss Europas ist

A – die Donau.   B – die Wolga.   C – der Jenissej.

c) Der tiefste See der Erde ist

A – der Baikalsee.   B – das Kaspische Meer.   C – der Ladogasee.

d) Das Osteuropäische Tiefland ist

A – eine Aufschüttungsebene.   B – vom Eis überformt.   C – ein Becken.

e) Die russische Industrie konzentriert sich im

A – Süden des Landes.   B – Osten des Landes.   C – Westen des Landes.

2. Eins der beiden Klimadiagramme stammt aus der Steppenzone, ein anderes aus der Taiga.

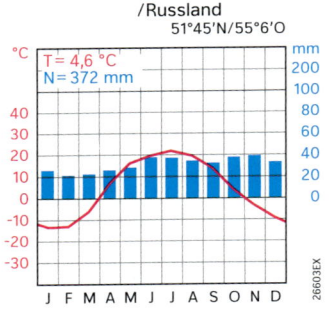 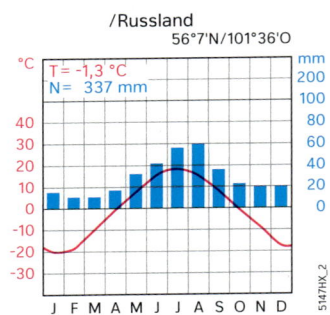

a) Ordne die Diagramme der Steppe bzw. der Taiga zu.

b) Nenne Gemeinsamkeiten und Unterschiede.

c) Das Hauptlandwirtschaftsgebiet Russlands ist die Steppe. Erläutere Gunst- und Ungunstfaktoren.

3. „Sibirien ist eine Schatzkammer. Aber es ist ungeheuer schwierig, ihr die Schätze zu entnehmen." Erläutere,

a) warum Sibirien eine Schatzkammer ist.

b) worin die Probleme bei der Nutzung der „Schätze" bestehen.

4. „Möge die grüne Brust Sibiriens bekleidet werden mit dem Zementpanzer aus Städten, bewehrt mit steinernen Mündungen der Fabrikschornsteine und gefesselt durch die Trassen der Eisenbahn. Soll doch die Taiga eingeäschert, ausgeholzt ... werden."

(W. Sasubrin, Schriftsteller, 1960)

a) Gib das Zitat mit eigenen Worten wieder.

b) Nimm zu der Aussage Stellung. Wäge dabei Vor- und Nachteile ab.

Erwartete Schülerleistungen

Aufgabe	AFB	Punkte	nachzuweisende Kompetenzen
1	I	5	a) C, b) B, c) A, d) B, e) C
2 a	II	1	A Steppe B Taiga
2 b		6	Gemeinsamkeiten: Jahresniederschlag ist fast gleich, warme Sommer, gemäßigtes Klima Unterschiede: Niederschlagsverteilung, sehr kalte Winter im Diagramm B, Jahresdurchschnittstemperatur ist bei B geringer
2 c		5	Gunstfaktoren: Schwarzerde, Tiefland Ungunstfaktoren: kalte Winter, Trockenheit, Bodenerosion
3 a	I	4	Sibirien ist reich an Ressourcen, Nennung von 3 (z. B. Bodenschätze, Wasserkraft, Holz)
3 b	II	6	ungünstige Naturbedingungen (4 Faktoren), fehlende Arbeitskräfte/geringe Bevölkerungsdichte, Herausforderungen an das Verkehrsnetz/Transport von Gütern und Personen
4 a	II	3	Industrialisierung und Bau von Verkehrswegen führen zur Zerstörung der Taiga.
4 b	III	4	Notwendigkeit der Erschließung einerseits/Vernichtung der Taiga und Folgen für Natur und Mensch (3)
Punkte		34	

AFB I : AFB II : AFB III = 9 Punkte (26 %) : 21 Punkte (62 %) : 4 Punkte (12 %)

Kompetenz-Check

Hier sind die Kompetenzen aufgeführt, die du in diesem Kapitel erwerben konntest.

Schätze deinen erreichten Stand der Kompetenzentwicklung selbst ein:

☺ sehr gut   ☺ gut   😐 befriedigend   ☹ mangelhaft

Ich kann ...	☺	☺	😐	☹	Noch unsicher? Schlage nach auf S. ...
... meine Raumwahrnehmung von Russland mithilfe einer Mentalmap darstellen und diese mit denen meiner Mitschüler vergleichen.					199
... Russland in räumliche Orientierungsraster und Ordnungssysteme einordnen.					198
... Merkmale des russischen Kulturraumes nennen und ausgewählte Aspekte seiner historischen Entwicklung beschreiben.					200–201
... die Naturraumausstattung Russlands analysieren.					202–206
... die Bevölkerungsverteilung und das Verkehrsnetz beschreiben und begründen.					208–209
... die Bedeutung von Moskau und St. Petersburg für Russland erläutern.					210–211
... Zusammenhänge zwischen Geofaktoren in der subpolaren und gemäßigten Zone erläutern und Lebensbedingungen beschreiben.					212–213 218–219
... Informationen über das Leitbild der Nachhaltigkeit mithilfe digitaler Medien beschaffen.					215
... Mensch-Umwelt-Beziehungen bei der Ressourcennutzung in der subpolaren und gemäßigten Zone unter dem Aspekt der Nachhaltigkeit analysieren und erläutern.					214–215 221, 222
... Standortfaktoren für die Entwicklung ausgewählter Wirtschaftsräume analysieren und vergleichen.					216–217 224
.... Zusammenhänge und Wechselbeziehungen zwischen Geofaktoren und dem Leben und Wirtschaften des Menschen graphisch darstellen und erklären.					225

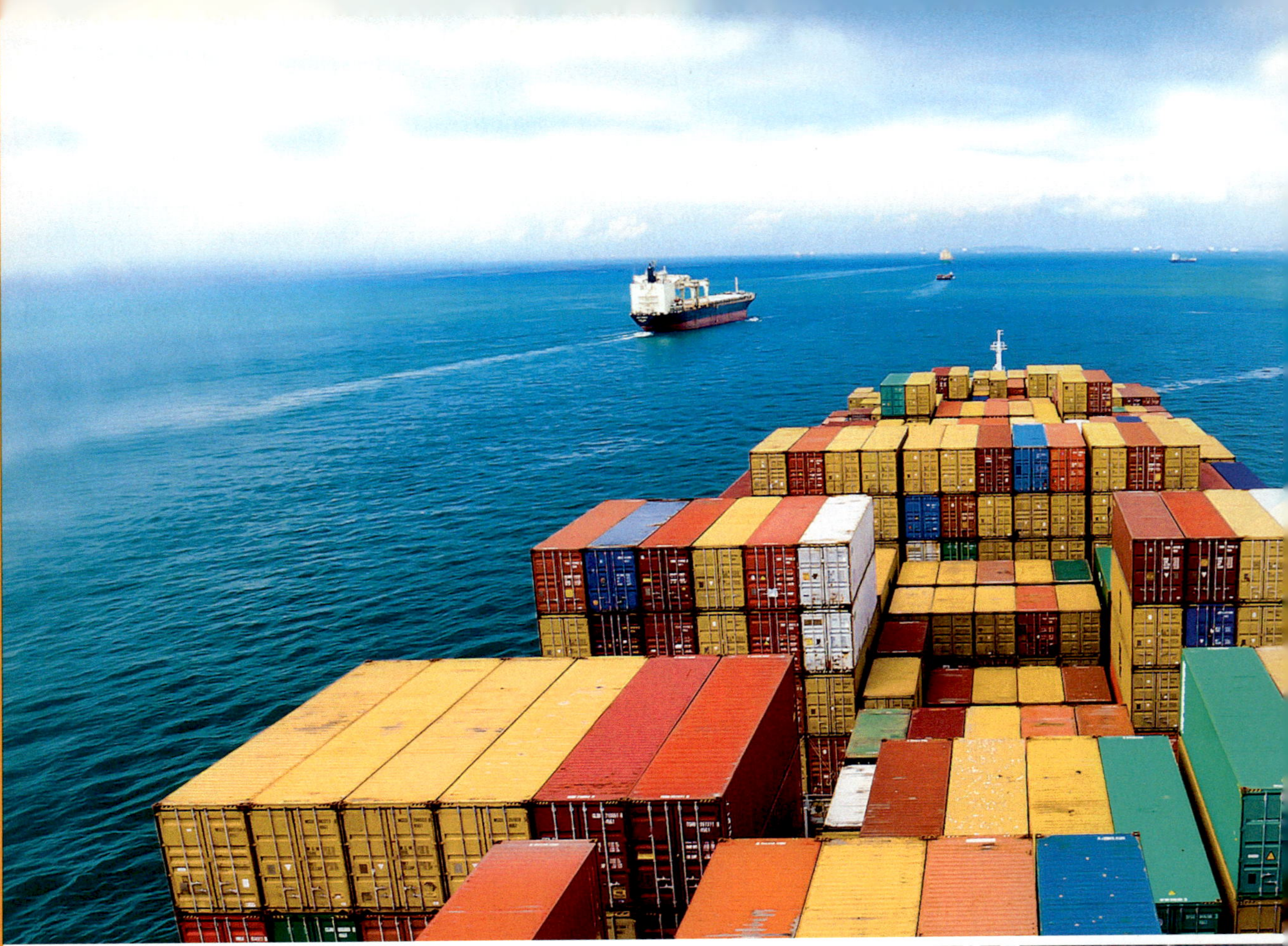

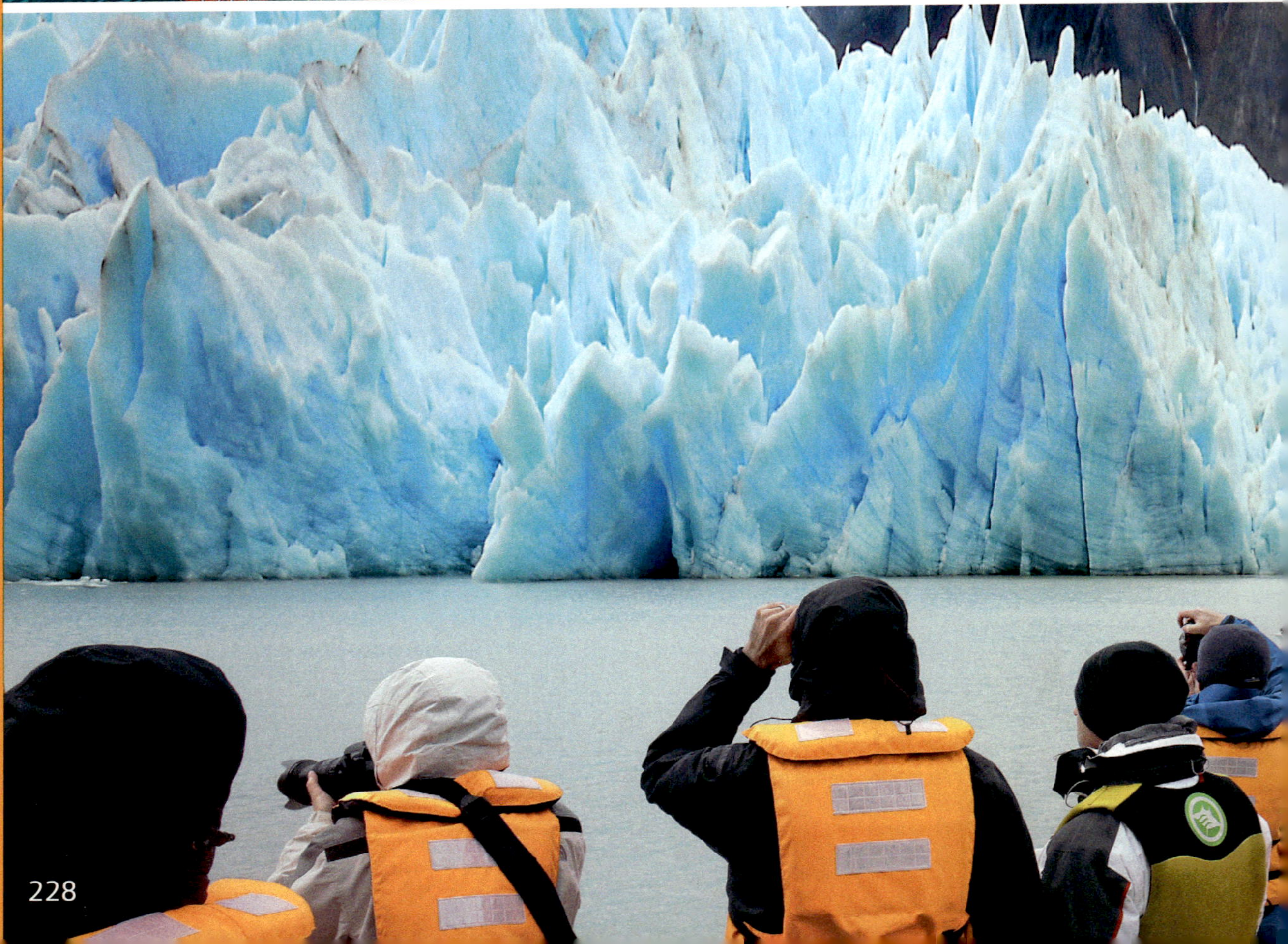

8 Weltmeer und Polargebiete

In diesem Kapitel erwirbst du folgende Kompetenzen und wendest diese an:

– das Weltmeer nach unterschiedlichen Aspekten gliedern,

– die Bedeutung des Weltmeeres und seine vielfältige Nutzung erläutern,

– die Polargebiete vergleichend analysieren, dabei Satellitenbilder auswerten und vergleichen,

– Eingriffe des Menschen in das Weltmeer und die Polargebiete unter dem Aspekt der Nachhaltigkeit bewerten,

– unterschiedliche Nutzungsansprüche an die Polargebiete und das Weltmeer diskutieren,

– Maßnahmen zu ihrem Schutz beurteilen.

M1 *Containerschiffe auf dem Weltmeer*
M2 *Antarktis-Touristen*

M1 *Black Smoker*

M4 *Barrakuda-Fischschwarm*

Pazifischer Ozean	180
Atlantischer Ozean	106
Indischer Ozean	75

M2 *Ozeane und ihre Größen (Mio km²)*

Pazifischer Ozean	Marianen-graben, -11 034 m (Witjastief)
Atlantischer Ozean	Puerto-Rico-Graben, -9 219 m
Indischer Ozean	Sunda-graben, -7 450 m

M3 *Ozeane und ihre Tiefen*

Unser blauer Planet

Über 70 Prozent der Erdoberfläche sind mit Wasser bedeckt. Die drei Ozeane und ihre zahlreichen Nebenmeere, bestehend aus Rand-, Mittel- und Binnenmeeren, bilden zusammen ein einziges, riesiges Weltmeer. Durch Meeresströmungen tauschen sie Wasser miteinander aus.

Im Laufe der Erdgeschichte hat sich die Verteilung von Wasser und Land auf der Erdoberfläche durch plattentektonische Prozesse ständig verändert.

Wir Menschen nutzen heute das Weltmeer sehr vielfältig. Es ist ein sensibles Ökosystem, das geschützt werden muss.

Das Weltmeer ist ein bedeutender Bestandteil des globalen Wasserkreislaufes, da über ihm große Wassermassen verdunsten.

Gliederungen des Weltmeeres

Neben der horizontalen Gliederung in die Ozeane und deren Nebenmeere ist die vertikale Gliederung des Meeresbodens von Bedeutung (M5).

Die Schelfmeere nehmen etwa acht Prozent der Meeresfläche ein. Ihr Boden ist bedeckt von Verwitterungsschutt, den die Flüsse in das Meer transportieren. Über steil abfallende Kontinentalhänge geht der Meeresboden in die Tiefsee über. Diese Meeresbecken nehmen 75 Prozent der Meeresfläche ein und sind 3 000 bis 6 000 m tief. Aus ihnen ragen ozeanische Rücken, zum Teil bis über den Meeresspiegel, auf. Die Tiefseegräben (M3) nehmen nur 0,3 Prozent der Fläche ein.

Die politische Gliederung des Weltmeeres und dessen Nutzung (M7) regelt seit 1982 die UN-Seerechtskonvention.

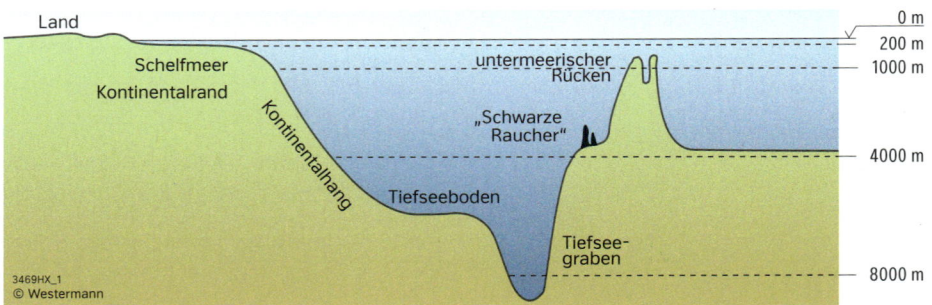

M5 *Vertikale Gliederung des Meeres*

❶ Analysiere Gliederungen des Weltmeeres. Nenne Beispiele für Nebenmeere und Teile des Meeresbodens.

❷ Informiere dich über das internationale Seerecht (Internet). Begründe die Notwendigkeit einer solchen Regelung.

M6 *Big-Wave-Surfer*

M8 *Eine Monsterwelle bedroht ein Frachtschiff*

Weltmeer in Bewegung: Wellen und Meeresströmungen

Sich bei einem Badeurlaub am Meer in die Wellen werfen, das ist ein wahres Vergnügen. Wenn aber die rote Fahne am Strand aufgezogen ist, heißt das Badeverbot für alle. Hohe Wellen treffen dann mit Wucht auf die Küste und Unterströmungen treten auf. Die Wellen entstehen durch Bewegungen des Meeres. Ursache dafür sind Wind oder Seebeben. Letztere lösen Tsunamis aus. Gefürchtet sind Monsterwellen, die mehr als 30 Meter Höhe erreichen. Die von Seeleuten als „Kaventsmänner" bezeichneten Wasserwände tauchen wie aus dem Nichts auf und bedrohen Schiffe und Bohrinseln. Tsunamis hingegen werden durch Seebeben ausgelöst (vgl. S. 116). Sie können, wie im Indischen Ozean 2004, in Japan 2011 und Indonesien 2018, verheerende Auswirkungen haben.

Neben den Wellen, die durch Winde entstehen und Seegang hervorrufen, gibt es in den Ozeanen großräumige **Meeresströmungen**. Sie sind entscheidend am globalen Wasser- und Wärmeaustausch beteiligt und beeinflussen damit das Klima in den jeweiligen Regionen. Das auffälligste Merkmal der Meeresströmungen ist ihre Gestalt in Form von Strömungskreisen. Sie können Strömungsgeschwindigkeiten von bis zu 60 Kilometern pro Tag erreichen.

Die für Europa bedeutsamste Strömung ist der Golfstrom (M9). Er beeinflusst die Wassertemperaturen bis in 2000 Meter Tiefe. Noch vor der norwegischen Küste weist er relativ hohe Temperaturen auf. Die Häfen sind dort fast immer eisfrei.

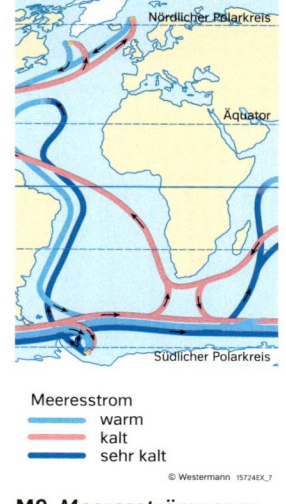

Meeresstrom
- warm
- kalt
- sehr kalt

© Westermann 15724EX_7

M9 *Meeresströmungen*

ⓘ Meeresströmung ist die Transportbewegung von Wassermassen im Weltmeer; sie bewirkt einen weltweiten Wasser- und Wärmeaustausch.

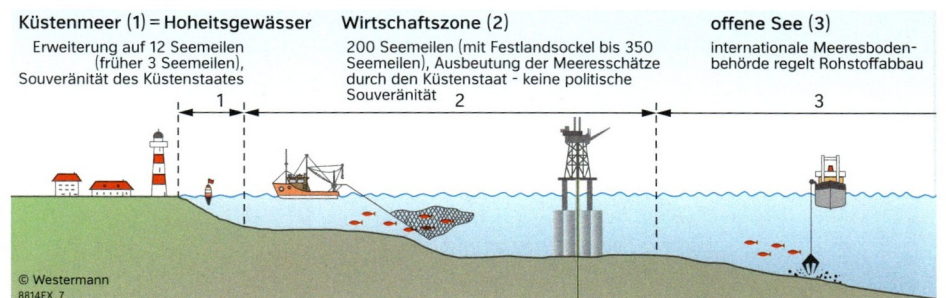

Küstenmeer (1) = Hoheitsgewässer	Wirtschaftszone (2)	offene See (3)
Erweiterung auf 12 Seemeilen (früher 3 Seemeilen), Souveränität des Küstenstaates	200 Seemeilen (mit Festlandsockel bis 350 Seemeilen), Ausbeutung der Meeresschätze durch den Küstenstaat - keine politische Souveränität	internationale Meeresbodenbehörde regelt Rohstoffabbau

© Westermann
B814EX_7

M7 *Gliederung nach internationalem Seerecht*

---

❸ Nenne Ursachen für Bewegungen des Meerwassers in den Ozeanen. Erläutere mögliche Folgen von hohen Wellen.

❹ Beschreibe das System der Meeresströmungen (Atlas). Zeige Auswirkungen auf Natur und Mensch auf.

M1 *Fischkutter vor Offshorewindpark in der Nordsee*

Nutzung des Weltmeeres

Die Nutzung des Weltmeeres hat eine lange Tradition. Anfangs diente es den Menschen hauptsächlich als Nahrungsquelle und Verkehrsraum. Heute wird es außerdem als Energie- und Rohstofflieferant, Freizeitraum, aber auch als Abfalldeponie genutzt (M4).

Das Weltmeer versorgt uns Menschen mit Nahrungsmitteln. Neben großen Mengen an Fisch werden auch Krebse und Krabben gefangen sowie Muscheln gesammelt.

Reiche Fischgründe finden sich vor allem in Meeresregionen, in denen kalte und warme Meeresströmungen aufeinandertreffen. Auch die flachen Schelfbereiche der Ozeane sind durch vorhandenes Plankton fischreich.

Um dem hohen Bedarf an Fisch gerecht zu werden, wurden die Fangmethoden immer weiter perfektioniert. Dadurch kommt es jedoch in vielen Gebieten zur Überfischung und somit zum verstärkten Artensterben. Um dem entgegenzuwirken, wurden Schutzgebiete ausgewiesen und Fangquoten festgelegt. An den Küsten angelegte Aquakulturen mindern zumeist die Qualität der Fische, da sie in engen Netzkäfigen gehalten und teilweise mit Antibiotika behandelt werden.

Daneben ist die Gewinnung von Meersalz als Speisesalz von großer Bedeutung. Sein Geschmack ist intensiver und würziger als der des Kochsalzes aus Steinsalz.

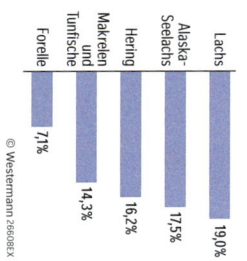

© Westermann 26608EX

M2 *Fischverzehr in Deutschland – Anteile der Fischarten*

ZERTIFIZIERTE NACHHALTIGE FISCHEREI
MSC
www.msc.org/de

M3 *MSC-Siegel – Orientierungshilfe beim verantwortungsvollen Fischkauf*

www.msc.org/de
www.fischinfo.de/
www.salze-online.de/meersalz.html

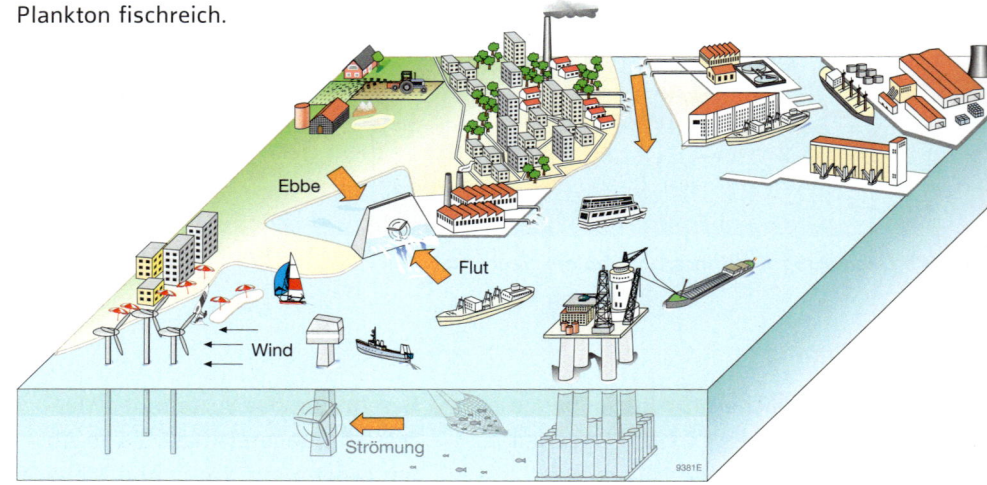

M4 *Vielfältige Nutzung des Weltmeeres*

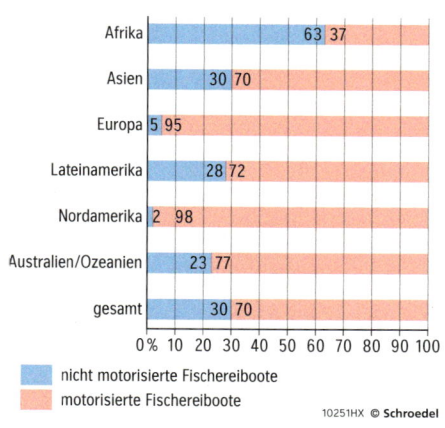

M5 *Motorisierung der Fischerei*

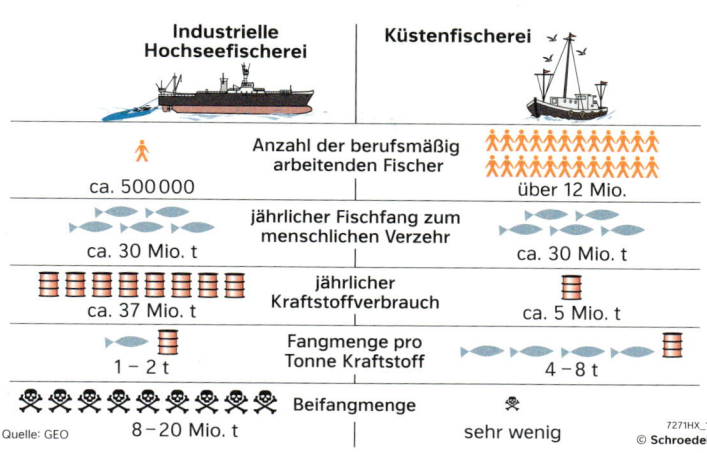

	Industrielle Hochseefischerei		Küstenfischerei
Anzahl der berufsmäßig arbeitenden Fischer	ca. 500 000		über 12 Mio.
jährlicher Fischfang zum menschlichen Verzehr	ca. 30 Mio. t		ca. 30 Mio. t
jährlicher Kraftstoffverbrauch	ca. 37 Mio. t		ca. 5 Mio. t
Fangmenge pro Tonne Kraftstoff	1 – 2 t		4 – 8 t
Beifangmenge	8 – 20 Mio. t		sehr wenig

Quelle: GEO

M7 *Vergleich: industrielle Hochseefischerei und Küstenfischerei*

M6 *Hochseefischerei*

M8 *Aquakulturen in Norwegen*

www.wwf.de/the-men-projekte/mee-re-kuesten/fischerei/nachhaltige-fische-rei/aquakulturen/

Salzgärtner

Salzgärten

Salzgewinnung aus dem Meer

Die Meersalzgewinnung war zu allen Zeiten ein wichtiges Verfahren der Salzproduktion. Möglich ist sie dort, wo die Temperaturen so hoch sind, dass Wasser auf natürlichem Wege verdunstet.

Die Salzgewinnung erfolgt in sogenannten „Salzgärten". Das in diese Becken eingeleitete Meerwasser verdunstet langsam. Salz bleibt zurück. Mithilfe eines Schabers (einem Brett an einem langen Stiel) schiebt dann ein „Salzgärtner" das Salz zusammen und schüttet es zum Trocknen neben den Becken auf.

① Erläutere, warum das Weltmeer ein bedeutender Wirtschaftsraum ist. Analysiere die Nutzungsvielfalt.

② Diskutiert Folgen einer intensiven Fischerei und Schutzmaßnahmen.

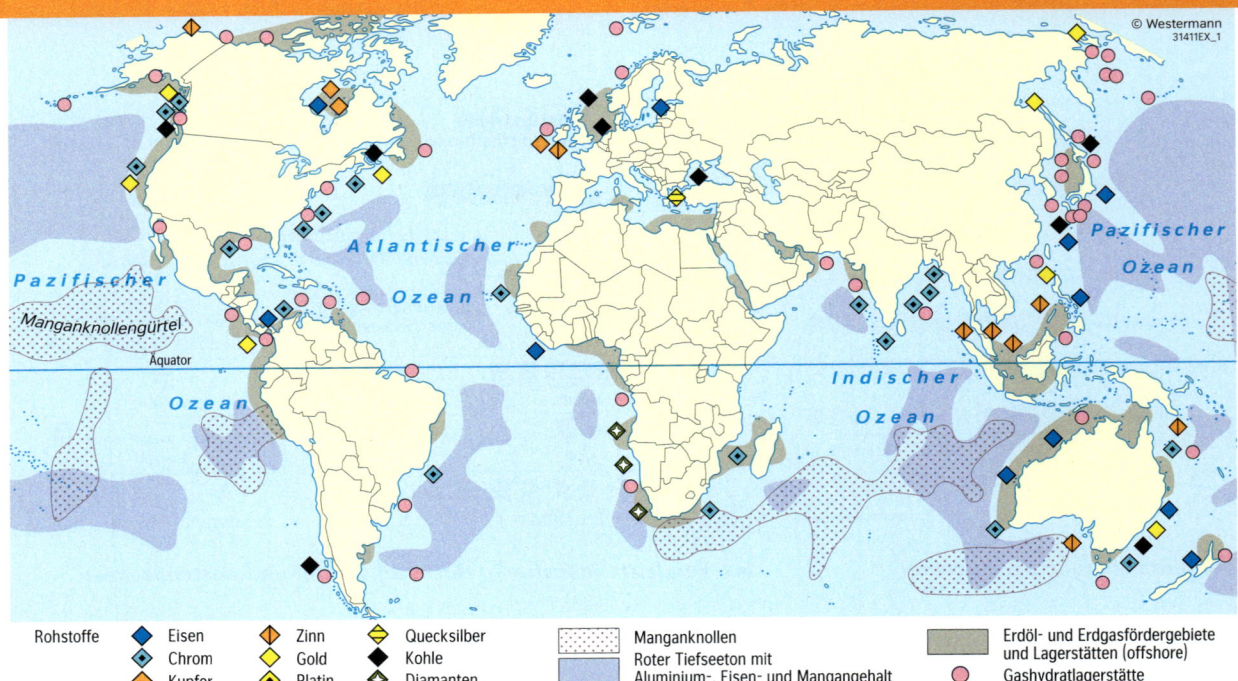

M1 *Rohstoffvorkommen in den Meeren*

M2 *Ölplattform in der Nordsee*

Rohstofflieferant Weltmeer

Die Meere sind ein riesiges Rohstoffreservoir. Die Erkundung und Förderung der Rohstoffe ist aber oft sehr kompliziert und erfordert aufwendige Technologien.

Gold, Platin, Chrom und Zinn werden in sogenannten Seifen gefunden. Eigentlich lagerten diese Metalle an der Erdoberfläche, wurden dort aber abgetragen und gelangten über Bäche und Flüsse ins Meer, wo sie sich in untermeerischen Lagerstätten anreicherten.

Um den wachsenden Bedarf an Metallen zu decken, sollen künftig auch Erze in Form von Manganknollen und Kobaltkrusten in bis zu 4000 Meter Tiefe abgebaut werden.

Auch die riesigen im Gashydrat gebundenen Energiemengen werden vermutlich in Zukunft zu unserer Energieversorgung beitragen.

Zunehmend werden die Baustoffe Sand und Kies aus dem Meer sowie aus küstennahen Meeresgebieten gefördert. Dabei saugen Spezialschiffe mit einem großen Rohr die Materialien vom Meeresboden.

Zu den Rohstoffen aus dem Meer gehören auch Erdöl und Erdgas, welche offshore in den Schelfbereichen gefördert werden. Mithilfe von Bohrplattformen werden sie aus über 3000 m Tiefe gewonnen. Der Abtransport erfolgt über Tankschiffe sowie im Meer verlegte Pipelines.

Geschätzte 10 Mrd. t Manganknollen liegen in vier bis sechs Kilometern Tiefe, vor allem im Pazifischen und Indischen Ozean. Sie sind etwa kartoffel- bis salatkopfgroß und bestehen zu einem Drittel aus Mangan, das für die Stahlveredelung gebraucht wird, sowie aus Nickel, Kupfer, Kobalt und zahlreichen anderen Metallen. In ergiebigen Tiefseegebieten schätzt man Vorkommen von 10 kg/m². Das ist ein Vielfaches der Mengen, die heute in kontinentalen Lagerstätten abgebaut bzw. vermutet werden.

Die einzelnen Knollen liegen lose auf dem Meeresboden und müssen eigentlich nur von Unterwassergefährten aufgelesen werden. Allerdings sind für einen wirtschaftlichen Abbau noch viele technische, rechtliche und ökologische Probleme zu lösen.

M3 *Manganknollen*

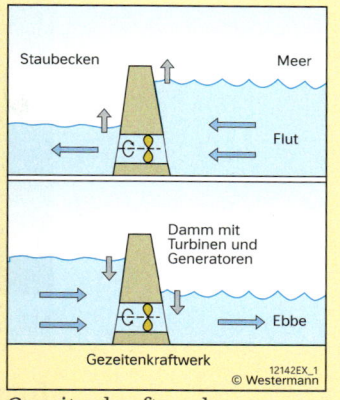

Gezeitenkraftwerke erzeugen Energie an Meeresbuchten mit großem Tidenhub zwischen Ebbe und Flut. Ein- und ausströmendes Wasser treibt Turbinen an.

M4 *Meeresströmungskraftwerk; es arbeitet auf der Basis von bewegtem Wasser*

Energielieferant Weltmeer

Da der weltweite Energiebedarf steigt, rückt das Weltmeer immer stärker in den Fokus der Nutzung von Energieträgern. Große Lagerstätten der fossilen Brennstoffe Erdöl und Erdgas werden bereits in größerem Umfang mithilfe von Bohrinseln ausgebeutet. Daneben bieten die exogenen Kräfte Wasser und Wind ein großes Energiepotenzial.

Meeresströmungen, Gezeiten, Wellen und Sturmfluten könnten unter Anwendung unterschiedlichster Technologien für die Energieerzeugung genutzt werden. Jedoch ist dieses Potenzial gegenwärtig – bis auf Windkraftanlagen im Offshore-Bereich und Gezeitenkraftwerke an Gezeitenküsten – noch weitgehend ungenutzt. Häufig treten dabei Nutzungskonflikte auf.

www.youtube.com/
(→ Weltmeere: Wirtschaftsraum)
www.planet-wissen.de
(→ Energie aus dem Meer)

M5 *Offshore-Windpark Baltic 1 in der Ostsee*

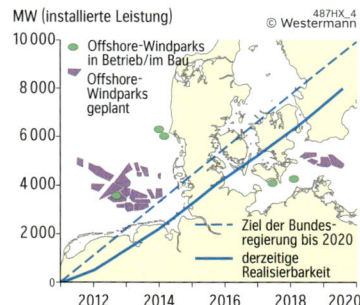

M6 *Entwicklung der Windkraft in Norddeutschland (Offshore)*

❶ Beschreibe die Verteilung von Rohstoffen im Weltmeer (M1). Vergleiche mit einer Karte zur Plattentektonik (Atlas).

❷ Erläutere verschiedene Möglichkeiten der Energiegewinnung im Weltmeer. Zeige Vor- und Nachteile auf.

M2 *Schiffsverkehr in der Straße von Malakka*

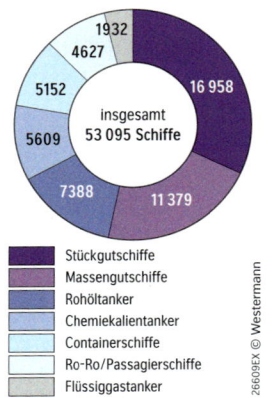

M1 *Welthandelsflotte*

- Stückgutschiffe
- Massengutschiffe
- Rohöltanker
- Chemiekalientanker
- Containerschiffe
- Ro-Ro/Passagierschiffe
- Flüssiggastanker

26609EX © Westermann

Transportraum Weltmeer

Jährlich werden über das Weltmeer rund neun Milliarden Tonnen Handelsgüter transportiert. Das sind rund 90 Prozent des globalen Frachtaufkommens. Die Welthandelsflotte verfügt heute über rund 52 000 Schiffe unterschiedlicher Schiffstypen (M1). Haupttransportgüter sind Rohstoffe und Halbfertigprodukte, die zumeist in Stückgut- oder Massengutschiffen verschifft werden. Etwa ein Viertel aller Ladungen macht das Transportgut Rohöl aus.

Die Hauptrouten des Weltseeverkehrs sind Spiegelbild der globalen wirtschaftlichen Verflechtungen. Rund 45 Prozent der weltweiten Schiffstonnage gehören Reedereien aus Griechenland, Japan und China. Jedoch fahren viele Schiffe unter sogenannten Billigflaggen. Diese verstoßen zumeist gegen Umwelt- und Sicherheitsauflagen und zahlen geringe Löhne.

Das Weltmeer wird durch Schadstoffe aus Schiffsabgasen, Schiffsabwässer und -abfälle und Havarien teils erheblich belastet.

ℹ Welthandel
Warenverkehr zwischen Staaten der Erde; Güter, die durch Import und Export Ländergrenzen passieren

M3 *Weltweiter Seeverkehr*

Rang 2015	Staat	Tragfähigkeit in Mio. t	Anteil an der Welt gesamt
1	Panama	342	20,6 %
2	Liberia	199	12,0 %
3	Marshall-In.	169	10,1 %
4	Hongkong	150	9,1 %
5	Singapur	112	6,8 %
6	Malta	81	4,9 %
7	Griechenl.	78	4,7 %
8	VR China	72	4,4 %
9	Bahamas	63	3,8 %
10	Großbrit.	37	2,3 %
20	Deutschland	12	0,8 %

Quelle: Marinekommando, Jahresbericht 2015

M4 *Welthandelsflotte nach Flaggen*

❶ Beschreibe den Verlauf der wichtigsten Schifffahrtsrouten auf dem Weltmeer (Atlas). Begründe.

❷ Analysiere den Weltseeverkehr unter verschiedenen Aspekten. Werte dazu die Statistiken aus.

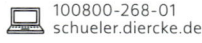
100800-268-01
schueler.diercke.de

M5 *Kreuzfahrtschiff*

M7 *Full Metal Cruise*

Erholung auf dem Weltmeer

Das Geschäft mit der Kreuzfahrt boomt. Rund 27 Millionen Menschen gingen 2018 an Bord von Hotelschiffen, die Luxusurlaub auf See bieten. Immer größere Ozeanriesen durchpflügen das Weltmeer. Auf ihnen können die Reisenden vielfältige Unterhaltung und kulinarische Spezialitäten genießen, Bade- und Kletterspaß erleben, shoppen oder einfach nur relaxen.

Während anfangs überwiegend ältere Touristen auf Kreuzfahrt gingen, locken schwimmende Freizeitparks sowie Event- und Themenreisen jüngere Passagiere an. Immer mehr Hochseekreuzfahrtschiffe werden in Dienst gestellt. Allein 2018 kamen 17 neue hinzu. Jedoch belasten Ozeanriesen mit Tausenden Touristen an Bord stark die Umwelt. Wie in einer Kleinstadt fallen bei der Versorgung der Passagiere große Mengen an Abfall und Abwasser an. Zudem verwenden die Schiffe noch umweltschädigendes Schweröl als Treibstoff. Die ersten Schiffe mit Flüssiggas- und Hybridtechnologie liefen 2018 vom Stapel.

	Ausgaben (Mio. US-$)*	Ankünfte
Miami (USA)	605,3	750
Fort Lauderdale (USA)	500,9	600
Port Canaveral (USA)	493,2	620
Barcelona (Spanien)	382,3	1700
Civitavecchia (Italien)	373,0	1700
Nassau (Bahamas)	349,0	1750
Cozumel (Mexiko)	278,0	1300
Venedig (Italien)	255,5	1050

* Ausgaben der Touristen im Hafen/ Land sowie Serviceleistungen für das Schiff

M6 *Umsatzstärkste Kreuzschifffahrthäfen*

Passagiere in Mio.   © Westermann 7277HX_4

- Nordamerika
- Rest der Welt
- Gesamt

1990 1995 2000 2005 2010 2014 2019

M8 *Kreuzschifffahrtspassagiere (in Mio.)*

Länge:	362 m
Breite:	66 m
Decks:	18
Kabinen:	2 759
Passagiere:	bis 6 680
Besatzung:	2 200
Treibstoff:	Schweröl
Ausstoß:	verringert

M9 *Symphony of the Seas – ein schwimmender Freizeitpark und größtes Passagierschiff (2018)*

https://utopia.de/ratgeber/kreuzfahrten-kreuzfahrtschiffe/

❸ Weise nach, dass das Weltmeer mit seinen Küsten ein bedeutender Erholungsraum ist.

❹ Erörtere Vor- und Nachteile des Kreuzfahrttourismus. Nutze dazu auch das Internet.

M1 *Algenteppich*

M3 *Havarierter Tanker*

M4 *Müllstrudel im Pazifik*

Gefährdung des Weltmeeres

Der Mensch nutzt nicht nur das Meer, er belastet das Meer auch in erheblichem Ausmaß. Immer wieder verunglücken Öltanker im Schelfbereich des Meeres. Dadurch bilden sich riesige Ölteppiche, die schließlich die Meerestiere vergiften, die Vogelwelt schädigen und die Küsten verschmutzen.

Eine bewusste Verschmutzung des Meeres durch den Menschen ist das sogenannte „Verklappen". Frachtschiffe fahren dabei auf das offene Meer und entsorgen Problemmüll auf hoher See.

Ungünstig wirken sich auch die Nähr- und Schadstoffe aus, die von den Flüssen ins Meer eingetragen werden.

Zu viele Nährstoffe fördern im Meer das Wachstum riesiger Algenteppiche. Die Selbstreinigung des Meeres durch Mikroorganismen ist gestört. Insbesondere viele Kunststoffe sind nicht abbaubar, sodass sich große Müllstrudel gebildet haben. Erst nach vielen Jahren im Meer zersetzt sich Plastik in Mikropartikel. Diese giftigen Schadstoffe schädigen die Meerestiere und können über die Nahrungskette auch beim Menschen Krankheiten hervorrufen.

www.zdf.de/kinder/logo/plastik-verschmutzt-die-meere-100.html

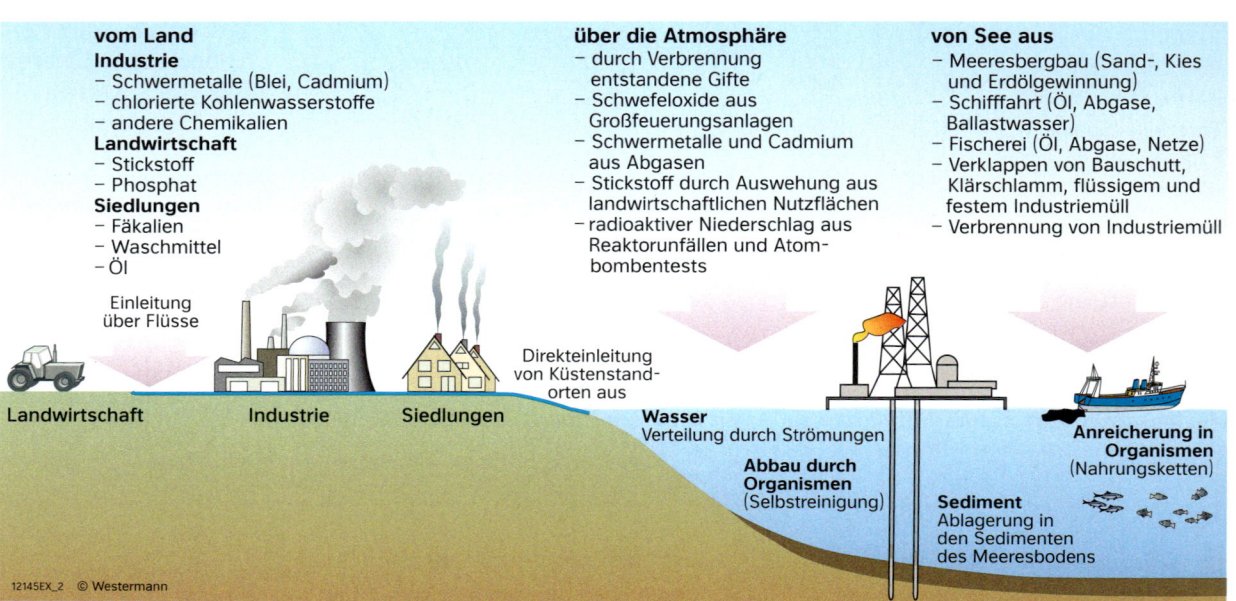

M2 *Herkunfts- und Eintragspfade der Meeresverschmutzung*

100800-251-05
schueler.diercke.de

Eine Initiative, die bereits seit einigen Jahren europaweit gegen die Verschmutzung der Meere aktiv ist, nennt sich „Fishing for Litter". Die teilnehmenden Fischer werden mit großen Säcken ausgestattet, in denen sie den Müll sammeln, der in ihren Netzen hängenbleibt. Diesen können sie anschließend an bereitgestellten Sammelstellen in den Häfen kostenlos abgeben. Der Müll wird dann sortiert, um so Informationen über seine Herkunft zu gewinnen und ihn fachgerecht recyceln zu können.

M5 *Projekt „Fishing for Litter" – die Abfall-Fischer*

Schutz des Weltmeeres

Verschiedene internationale Übereinkommen und Aktivitäten dienen dem Schutz des Meeres. Dazu gehören z. B. strenge Fischfangquoten, die Zertifizierung von besonders umweltschonenden Schiffen mit dem „Cleanship 2"-Award und die Festlegung des Tiefseebodens als „Gemeinsames Erbe der Menschheit". Viele Organisationen kämpfen für die Einrichtung von Meeresschutzgebieten. In ihnen soll jegliche wirtschaftliche Tätigkeit verboten werden. Ziel ist es, bis 2020 zehn Prozent des Weltmeeres als Schutzgebiete auszuweisen.

SRÜ – „Verfassung des Meeres"
Das Seerechtsübereinkommen der Vereinten Nationen ist die wichtigste internationale Rechtsgrundlage zum Meeresumweltschutz. Es trat 1994 in Kraft und gilt für alle Hoheitsgebiete und Wirtschaftszonen der Vertragsstaaten, die Hohe/offene See und für den Tiefseeboden (s. S. 231, M 7). Das SRÜ enthält Regelungen für die Nutzung und Erhaltung der Meeresumwelt, die Meeresforschung sowie die Entwicklung und Weitergabe von Meerestechnologien. Mehr als 160 Staaten haben den Vertrag ratifiziert.

M8 *Containerschiff mit Segel*

M6 *Greenpeace-Aktion für mehr Meeresschutzgebiete*

M7 *Umweltschutzorganisationen (Auswahl)*

www.wwf.de/themen-projekte/meere-kuesten/ (→ Meeresschutz)

www.bund.net/meere/

www.bmu.de/themen/wasser-abfall-boden/meeresumweltschutz/

❶ Erläutere Ursachen und Folgen der Meeresverschmutzung.

❷ Diskutiert, inwieweit ein Verbot von Plastiktüten zum Meeresschutz beiträgt.

❸ Begründe die Bedeutung internationaler Vereinbarungen zum Meeresschutz.

❹ Informiere dich über Projekte zur Reinigung des Weltmeeres.

DEUTSCHE STIFTUNG
MEERESSCHUTZ (DSM)

M1 *Touristen kommen mit einem Atomeisbrecher an den Nordpol*

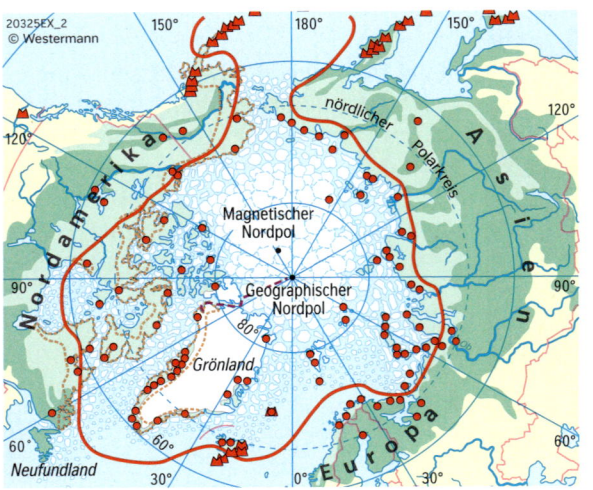

M3 *Die Arktis*

Die Polargebiete der Erde

Die polaren Zonen breiten sich jeweils um die Pole der Erde aus und werden begrenzt durch die Polarkreise 66,6° n. Br. bzw. s. Br. – Arktis und Antarktis genannt. Die Polargebiete gehören zu den lebensfeindlichsten Regionen der Erde. Diese weitgehend unbewohnten Gebiete werden **Anökumene** genannt. Unter **Ökumene** hingegen werden die von Menschen besiedelten Teile der Erde verstanden.

Die Bezeichnung Arktis leitet sich von den Sternzeichen Großer Bär und Kleiner Bär (griech.: arktos = Bär) ab. Der Name Antarktis geht auf die Wörter anta und arctos = gegenüber den Bären zurück.

www.wissen.de/lexikon/entdeckungsgeschichte

Arktis – Nordpolargebiet

Das Nordpolargebiet umfasst etwa eine Fläche von 22 Mio. km². Es besteht zu zwei Dritteln aus Meeren und einem Drittel aus Festland. Es wird vor allem vom Nordpolarmeer eingenommen, das umgrenzt wird von Inseln und Küstengebieten Europas, Asiens und Amerikas.

Abgegrenzt wird die Arktis neben dem nördlichen Polarkreis häufig auch mithilfe der 10 °C-Temperaturlinie (M3).

Im Winter bildet sich auf dem Nordpolarmeer eine dicke Schicht aus Meereis, das durch heftige Stürme und Meeresströmungen zu mächtigem Packeis aufgetürmt wird.

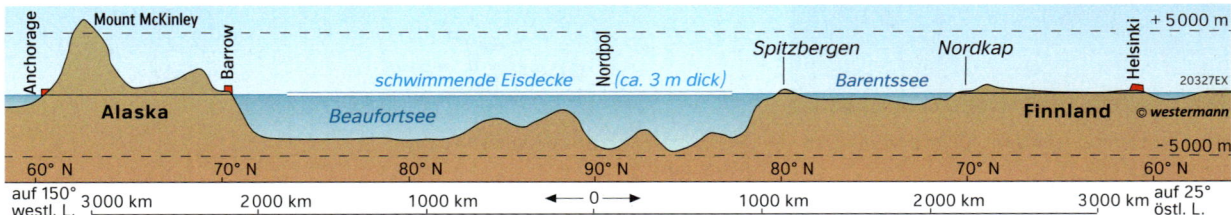

M2 *Profil durch die Arktis*

1 Erläutere den Begriff Anökumene. Begründe, weshalb Arktis und Antarktis dazu gehören.

2 Recherchiere zur Entdeckung der Pole. Fertige Steckbriefe zu Forschungsreisenden an.

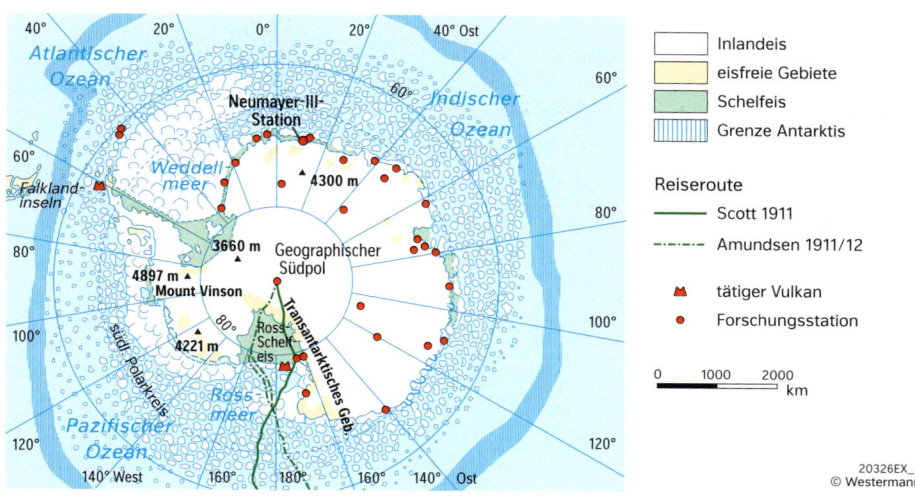

M4 *Die Antarktis*

M7 *Vinsonmassiv*

Antarktis – Südpolargebiet

Im Zentrum der 52 Mio. km² großen Südpolarregion liegt der Kontinent Antarktika, der mehr als 13 Mio. km² einnimmt. Seine höchste Erhebung ist das Vinsonmassiv. Es überragt das über 4 700 m dicke Inlandeis. Der durchschnittlich 2 000 m mächtige Inlandeispanzer umfasst 90 % des gesamten Eises der Erde und speichert 75 % der Süßwasservorräte. Die von Eis umgebenen Küsten Antarktikas sind wenig gegliedert. Das Rossmeer und das Weddellmeer reichen weit in den Kontinent hinein und sind von dichtem Schelfeis bedeckt. Auf den umgebenden Meeren breitet sich eine große Meereisfläche aus.

Meereis: gefrorenes, salzhaltiges Meerwasser der polaren Meere
Packeis: durch Wind und Meeresströmung aufeinander geschobene und zusammengefrorene Meereisschollen
Inlandeis: großflächiger und massiver Eispanzer, der Festland bedeckt und an seinen Rändern Gletscherzungen bildet
Schelfeis: hohe, sich über das Festland hinaus schiebende Eisplatte, die auf der Schelfküste aufliegt und weit ins Meer hinausragt
Eisberg: große, aus Süßwasser bestehende, im Meer schwimmende Eismasse; entsteht durch das Kalben von Gletschern

M6 *Kleine „Eiskunde"*

www.planet-wissen.de
(→ Arktis und Antarktis)

www.lexas.de/erde/polargebiete/index.aspx

www. youtube.com
(→ Arktis und Antarktis – nie mehr verwechseln)

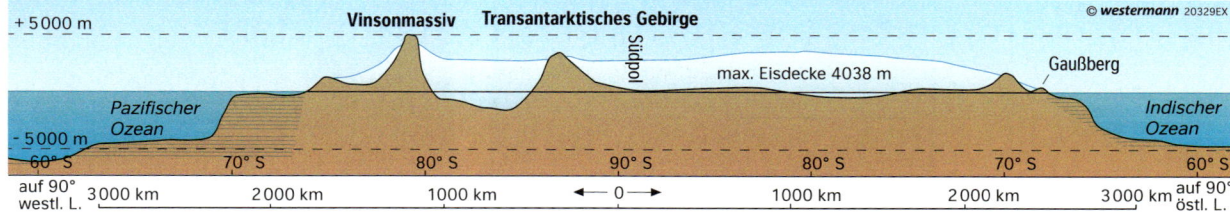

M5 *Profil durch die Antarktis*

3 Vergleiche die Polargebiete hinsichtlich Lage, Ausbreitung, Anteil von Festland/Meer, Eisbedeckung.

4 Beschreibe die Entstehung und das Vorkommen verschiedener Eisarten. Vergleiche sie (M6).

M1 *Das Nordlicht über der Arktis*

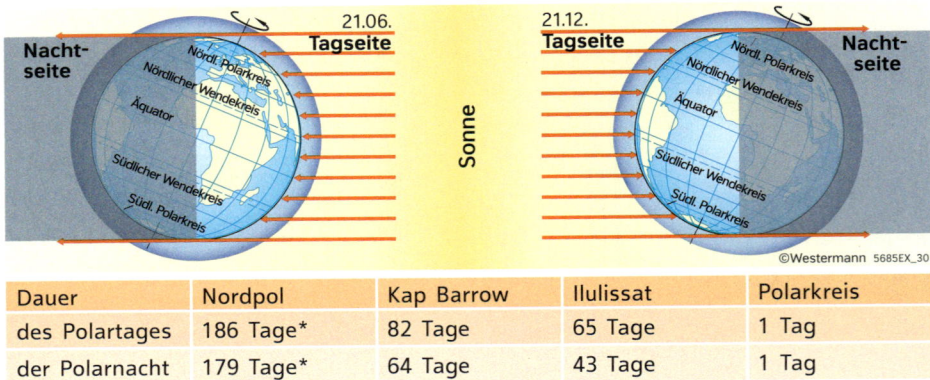

21.06.   **Tagseite**   **Tagseite**   21.12.

Nacht-seite / Nacht-seite

Nördl. Polarkreis · Nördlicher Wendekreis · Äquator · Südlicher Wendekreis · Südl. Polarkreis

Sonne

©Westermann 5685EX_30

Dauer	Nordpol	Kap Barrow	Ilulissat	Polarkreis
des Polartages	186 Tage*	82 Tage	65 Tage	1 Tag
der Polarnacht	179 Tage*	64 Tage	43 Tage	1 Tag

*Aufgrund der unterschiedlichen Entfernung der Erde zur Sonne (Erdbahn) ist es nicht genau ein halbes Jahr.

M3 *Polartag und Polarnacht*

Barrow /Alaska, USA
2 m ü. M.   71°N/157°W

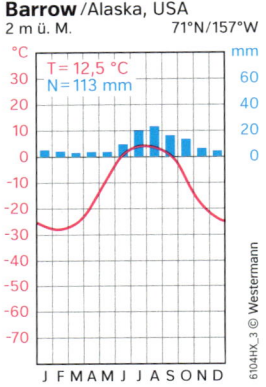

T = 12,5 °C
N = 113 mm

6104HX_3 © Westermann

Wostok / Antarktis
46 m ü. M.   78°27'S/106°50'O

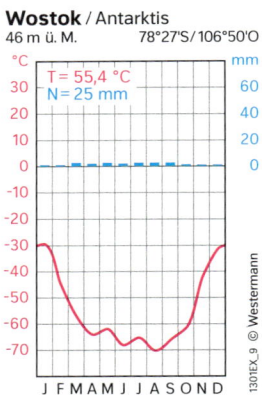

T = 55,4 °C
N = 25 mm

130TEX_9 © Westermann

M2 *Klimadiagramme*

Polartag – Polarnacht

Aufgrund der um 23,5° geneigten Erdachse kommt es in den Polargebieten zu einer ganz besonderen Beleuchtung: Polartag und -nacht. Während an den Polarkreisen am 21.6. und 21.12. die Sonne nicht unter bzw. nicht aufgeht, nimmt diese Erscheinung zu den Polen hin an Dauer zu (M3). Zu leben und forschen unter den Bedingungen der Polarnacht ist sehr schwer. Polarlichter mit ihrem faszinierenden Farbenspiel begeistern in dieser Zeit die Menschen. Einwohner und Forscher warten im Frühjahr sehnsüchtig auf das Aufgehen der Sonne über dem Horizont.

Extreme klimatische Bedingungen

Die Polargebiete erhalten nur wenig Sonnenenergie. Dies hat Auswirkungen auf das Klima (M2). Unterschiede zwischen Arktis und Antarktis liegen vor allem in der klimamildernden Wirkung des Meeres, der Höhenlage und den wehenden Winden begründet.

Antarktika ist der kälteste, trockenste und windreichste Kontinent der Erde. An der Station Wostok wurde am 21.07.1983 die auf der Erde tiefste je gemessene Temperatur registriert: –89.2°C. Eiskalte Fallwinde aus dem Inland bringen vor allem den östlichen Gebieten hohe Windgeschwindigkeiten.

M4 *Spitzeisberg:*
Sie entstehen durch Kalben von Gletschern im Nordpolargebiet und ragen nur zu 1/7 aus dem Meerwasser heraus.

M5 *Tafeleisberg:*
Sie entstehen durch Abbruch von Eis an der Schelfeiskante Antarktikas und können gigantische Ausmaße annehmen.

❶ Stelle Polartag und -nacht mithilfe eines Globus nach.

❷ Erläutere die Entstehung von Eisbergen und vergleiche sie.

M6 *Eisbären*

M8 *Kaiserpinguine*

M10 *Robbe*

Flora und Fauna der Polargebiete

In beiden Polargebieten ist eine besondere Pflanzen- und Tierwelt entstanden. Sie weisen Gemeinsamkeiten und Unterschiede auf. Die Arktis ist im äußersten Norden durch die Vegetationszone der polaren Eiswüste geprägt. Hier wachsen nur wenige Pflanzen in den eisfreien Gebieten. Weiter südlich schließt sich die Tundra an. In der kurzen Sommerzeit gedeihen Moose, Flechten, Gräser und Sträucher.

Typische Vertreter der Tierwelt sind Eisbär, Polarfuchs und Moschusochse. In den Meeren leben Wale, Robben, Kabeljau, Hering und Kleinkrebse.

In der Antarktis sind nur einige Randbereiche eisfrei. Das mächtige Eis bedeckt Hochgebirge und Süßwasserseen. Die spärliche Vegetation besteht aus blütenlosen Pflanzen wie Flechten, Moosen, Algen und Pilzen. In den Meeren leben ebenfalls Wale und Robben. Im Gegensatz zur Arktis gibt es jedoch einige Pinguinarten. Diese Vögel sind gut an die extremen Bedingungen angepasst. Einige Fische des Südpolarmeeres haben sogar eine Art „Frostschutzmittel" im Blut, um in dem kalten Wasser überleben zu können. Hauptnahrungsmittel der Wale ist Krill.

www.planet-wissen.
de/natur/polarregi-
onen

https://pole.meere-
sakrobaten.de/bae-
rig/tiere/

www.zdf.de/kinder/
logo/eisberge-104.
html

M7 *Krill:*
Dieser eiweißreiche Kleinkrebs ernährt sich von Plankton und bildet die Nahrungsgrundlage für Fische, Robben.

M9 *Südküste Grönlands im Juli, mit Moschusochsen*

❸ Begründe die extremeren Temperaturen der Antarktis.

❹ Stelle Zusammenhänge zwischen Geofaktoren in der Polarzone dar.

M1 *Inuit-Jäger in der Polarnacht*

M3 *Völker der Arktis*

- Inuit
- Tschuktsch
- Jakuten
- Samen
- Nenzen

0   1000   2000 km

2807EX_13 © Western

ⓘ Inuit
Ureinwohner der west-
lichen Arktis, in ihrer
Sprache Inuktitut be-
deutet dies „Menschen"
(Singular: Inuk);
die frühere Bezeichnung
„Eskimo" bedeutet „Roh-
fleischfresser" und wird
von ihnen als Schimpf-
wort angesehen

Leben in der Nordpolarregion

In den Randgebieten der Arktis leben etwa
vier Millionen Menschen aus rund 40 Volksgruppen, unter ihnen 140 000 Inuit (Info).
Jahrhundertelang lebten sie abgeschieden
von der Außenwelt als Selbstversorger.
Die Männer gingen auf die Jagd und
fingen Fische. Ihre Söhne nahmen sie
ab dem sechsten Lebensjahr dazu mit.
Hundeschlitten und Kajaks waren ihre
Transportmittel. Die Frauen und Mädchen
sammelten Beeren und Kräuter. In langen
Polarnächten nähten sie aus Fellen Kleidung und Stiefel, aus Häuten wasserfeste
Anoraks. Aus Knochen wurden Werkzeuge
und Waffen gefertigt.

„Unser Leben ist nicht mehr so
hart und entbehrungsreich wie das
unserer Großeltern. Motorschlitten
ersetzen Hundegespanne, es gibt Su-
permärkte und unsere Wohnungen
haben Zentralheizung und Strom.
Viele Familien sind auf Sozialhil-
fe angewiesen, da ihr Lohn nicht
ausreicht oder aber nicht genügend
Arbeitsplätze vorhanden sind. Viele
junge Menschen sehen hier keine
Zukunft für sich und wandern ab.
Weil sie unzureichend ausgebildet
sind, finden sie keine Arbeit und
vermissen ihre Heimat."

M4 *Bericht des Inuitjungen Anu*

M2 *Robbenjagd – erlaubt für den Eigenbedarf*

M5 *Mit dem Motorschlitten zum Supermarkt*

❶ Vergleiche das traditionelle Leben
der Inuit mit ihrem Leben heute.
Zeige Probleme des Wandels auf.

❷ Informiere dich über die Bedeutung der Wörter Kajak, Iglu, Ano-
rak. Stelle einen Bezug zum Leben
der Inuit her.

Seit 1999 existiert das von Inuit selbst verwaltete Gebiet Nunavut („Unser Land"), in dem Inuktitut die offizielle zweite Landessprache ist. Von den 36 600 Einwohnern waren 2014 rund 80 Prozent Inuit. Nunavut macht rund 20 % der Landesfläche Kanadas aus. Als Teil des kanadischen Staates orientiert sich die Verfassung Nunavuts an der Kanadas.

M6 *Nunavut – Inuit-Provinz in Kanada*

M8 *Inuit-Siedlung Iqaluit, Baffin Island, Nunavut*

Die Flagge symbolisiert die rote Mitternachtssonne und das weiße Eis.

www.planet-schule.de/wissenspool/leben-in-kalten-zonen/ (→ Hintergrund: Nunavut)

www.planet-wissen.de (→ Grönland)

www.deutschlandfunk.de (→ Nunavut)

Grönland – „Kalaalit Nunaat"

Grönland ist mit zwei Millionen Quadratkilometern die größte Insel der Erde. Sie ist etwa sechsmal größer als Deutschland. Die Inuit nennen ihr Land „Kalaalit Nunaat", was übersetzt „Land der Menschen" heißt. Die ersten europäischen Einwanderer waren um das Jahr 986 n. Chr. die Wikinger. Sie gaben der Insel den Namen Grönland (grünes Land).

Der größte Teil der Insel ist heute jedoch vom ewigen Schnee und Eis bedeckt. Nur an der Küste gibt es einen schmalen eisfreien Streifen. Hier liegen die Siedlungen mit der Hauptstadt Nuuk. Auf der Insel, die politisch zu Dänemark gehört, leben etwa 560 500 Menschen. Der wichtigste Wirtschaftszweig ist der Fischfang. Auf der Suche nach neuen Einnahmequellen wird große Hoffnung auf den Tourismus und den Bergbau gesetzt.

M7 *Grönland – größte Insel der Erde*

M9 *Küstenfischer in Nuuk*

❸ Nimm eine Recherche zum Leben der Inuit in der kanadischen Provinz Nunavut oder auf der Insel Grönland vor.

Dokumentiere deine Arbeitsergebnisse und stelle sie in einem Poster oder einer digitalen Präsentation vor.

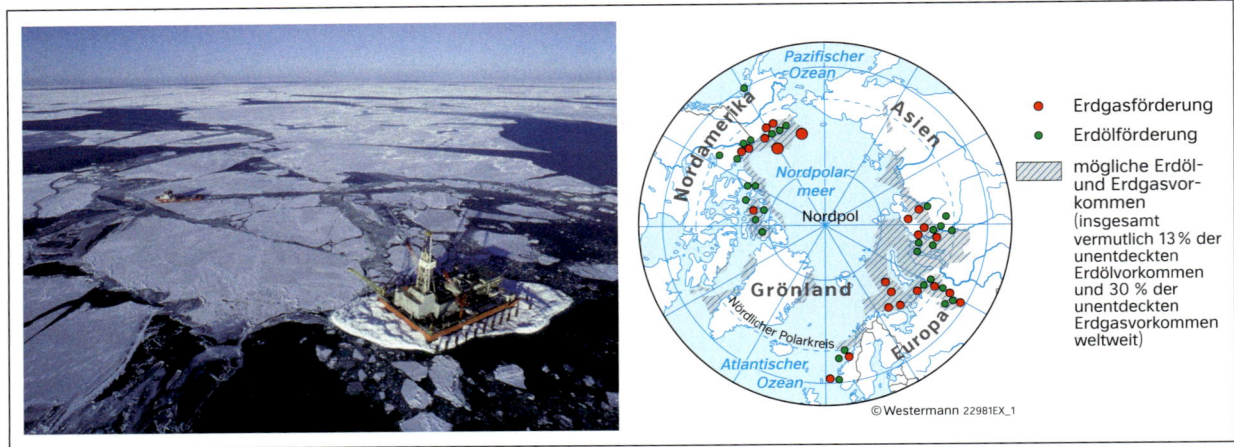

M1 *Erdöl- und Erdgasförderung in der Arktis*

Schatzkammer unter dem Eis

Die Polargebiete weisen einen großen Reichtum an Bodenschätzen auf. Diese lagern jedoch oftmals Kilometer tief unter dem Eis oder Meeresspiegel. Ihre Förderung erfordert trotz des Rückgangs des Eises durch den Klimawandel einen hohen technischen Aufwand. Zudem ist sie mit großen Umweltgefahren verbunden. Durch eisige Temperaturen, starken Wellengang und orkanartige Stürme in der Arktis sind Offshore-Bohrungen riskant. Eine Havarie bei der Förderung bzw. beim Transport über Tanker oder Pipelines hätte schwere ökologische Katastrophen zur Folge. Für das Bergen von Öl zwischen den Eisschollen gibt es bislang weltweit keine erprobte Methode.

Der Abbau von Bodenschätzen in der Antarktis ist noch für zwei Jahrzehnte vertraglich verboten.

www.umweltbundesamt.de
(→ Arktis)

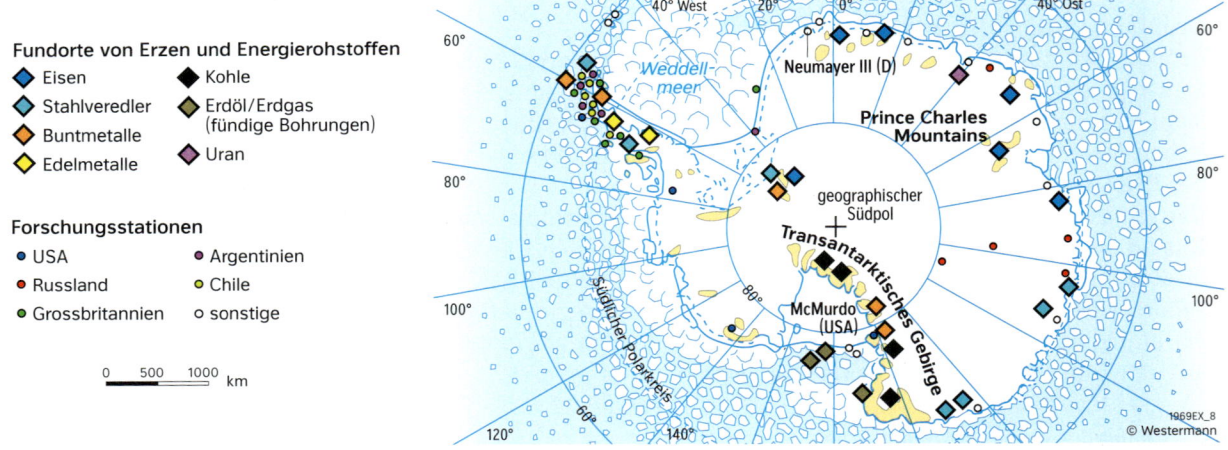

M2 *Nachgewiesene Bodenschätze und Forschungsstationen in der Antarktis*

---

❶ Weise den Reichtum an Bodenschätzen in den Polargebieten nach (M1, M2, S. 212/M1, Atlas).

❷ Erläutere, warum der Nutzung der Polargebiete Grenzen gesetzt sind. Beziehe die Nachhaltigkeit ein.

M3 *Touristen auf Antarktika*

M5 *Tourismus in der Arktis mit einem Expeditionsschiff*

Tourismus „am Ende der Welt"

Tausende Touristen erkunden jedes Jahr die faszinierenden Landschaften der Polargebiete. Viele von ihnen nutzen besonders in den jeweiligen Sommermonaten die steigende Anzahl an Kreuzfahrtangeboten. In der Arktis werden vor allem Spitzbergen, Grönland und Neufundland angesteuert. Hier sind neben Bootsfahrten und Kajaktouren zwischen türkisblauschimmernden Eisbergen Rundgänge in Siedlungen sehr begehrt. Mit einem Atomeisbrecher kann man sogar bis zum geographischen Nordpol vordringen.

Urlaubsreisen in das Südpolargebiet führen zumeist auf die antarktische Halbinsel. Hier suchen die Touristen Nist- und Ruheplätze von Pinguinen und Robben auf. Zudem werden ihnen besondere Gletscherfotomotive geboten. Auch Extremsportler entdecken zunehmend die Antarktis für sich. Sie unternehmen per Ski oder Flugzeug eine Expedition zum Südpol, nehmen an organisierten Bergführungen auf den Mount Vinson oder an einem Antarctic Ice Marathon teil. Dies hat jedoch Folgen für die Tier- und Pflanzenwelt.

www.polartravel.de/
tourismus-urlaub-
arktis-antarktis.html

1. Halten Sie gegenüber Pinguinen, nistenden Vögeln und Robben einen Sicherheitsabstand von mindestens 5–6 Metern ein.
2. Schneiden Sie einem Tier nie den Weg zum Wasser ab und treten Sie nicht zwischen Jungtiere und Eltern. Tiere haben immer „Vorfahrt".
3. Berühren Sie niemals Tiere.
4. Treten Sie nicht auf die sehr empfindlichen Moose und Flechten.
5. Nehmen Sie bitte keine Lebensmittel mit an Land.
6. Bringen Sie alle Abfälle zur sachgemäßen Entsorgung wieder an Bord.
7. Halten Sie sich an Land immer bei der Gruppe, beim Exkursionsleiter auf.

M4 *Verhaltensregeln in der Antarktis*

2006	37 506
2010	36 881
2014	38 478
2016	44 367
2018	51 707

M6 *Anzahl der Touristen in der Antarktis*

3 Erarbeite einen Werbetext für eine Urlaubsreise in die Arktis. Beachte dabei Natur- und Humanfaktoren.

4 Analysiere die Verhaltensregeln für Touristen in der Antarktis. Begründe ihre Notwendigkeit.

M1 *Forschungseisbrecher „Polarstern"*

M3 *Am geographischen Südpol*

Antarktika – Kontinent der Forschung

Die Eiswüste der Antarktis mit dem Kontinent Antarktika ist eine der lebensfeindlichsten Regionen der Erde. Hier siedeln keine Menschen. Trotzdem arbeiten in über 80 Forschungsstationen im antarktischen Sommer ca. 4 000 und im antarktischen Winter ca. 1 000 Wissenschaftlerinnen und Wissenschaftler aus 29 Ländern. Sie können hier besser als in anderen Regionen der Erde Klima, Atmosphäre, Gletscher, Meereis und das Verhalten der Tiere erforschen.

www.awi.de/expedition/stationen
www.umweltbundesamt.de
(→ Antarktisvertragssystem)

Auch Deutschland ist daran mit sechs Forschungsstationen beteiligt. Die erste unter ihnen war 1981 die ganzjährig betriebene Neumayer-Station. Eine neue Konstruktion oberhalb der Schneeoberfläche mit hydraulischen Stützen sichert hier seit 2009 den Standort gegen Eisbewegung und hohe Schneelast (M6). Sie dient als Basis für Sommerexpeditionen und ganzjährig als wissenschaftliches Beobachtungszentrum für Geophysik, Meteorologie und Luftchemie.

M2 *Forschung für die Zukunft*

EDEN-ISS – ein Gewächshaus in der Antarktis

Nur 400 Meter von der Neumayer-Station III entfernt wurde im Januar 2018 ein Gewächshaus mit modernster Technik errichtet. Bereits im Juni 2018 bereicherte frisches Gemüse den Speiseplan der zehn Überwinterer auf der Station. Auf einer Anbaufläche von rund 13 m² werden pro Woche ca. 740 g Tomaten, 1,8 kg Gurken und 400 g Kohlrabi sowie Kräuter, Salate und Radieschen geerntet – und das ohne Erde und Sonnenlicht, dafür unter LED-Licht und besprüht mit einer Nährmittellösung.

Die Zielstellung dieses Projektes besteht aber nicht darin, die Wissenschaftler mit frischem Gemüse zu versorgen. Vielmehr soll unter den kalten Bedingungen der Polarnacht erforscht werden, wie Pflanzen in anderen Extremräumen gezüchtet werden könnten. Das Experiment basiert auf einem geschlossenen Wasserkreislauf: Alles nicht in den Pflanzen befindliche Wasser wird wiederverwendet. Daraus können wertvolle Erkenntnisse für die Nahrungsmittelproduktion in der Raumfahrt, z. B. auf Mond und Mars, gewonnen werden.

❶ Erläutere, Warum die Antarktis trotz extremer Bedingungen ein bedeutender Forschungsraum ist.

❷ Erkläre, weshalb die Forschungsstation Neumeyer III auf hydraulisch ausfahrbaren Stelzen steht.

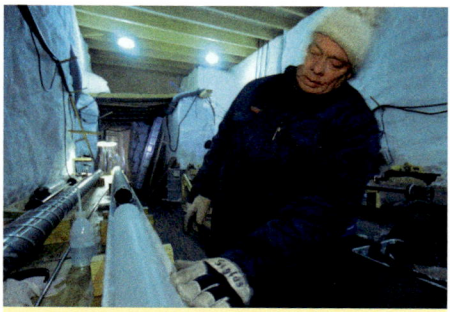

Dem Klima auf der Spur

Glaziologen erforschen das Eis in seinem ursprünglichen Zustand, lange bevor der Mensch darauf einwirken konnte.

Die Wissenschaftler des Alfred-Wegener-Instituts in Bremerhaven untersuchen etwa zehn Zentimeter dicke, rund drei Kilometer lange Stangen aus Gletschereis. Mithilfe verschiedener Methoden erhalten sie Informationen über die Zusammensetzung der Atmosphäre vergangener Zeiten und die Entwicklung des Klimas.

M4 *Eisbohrkerne zur Klimaforschung*

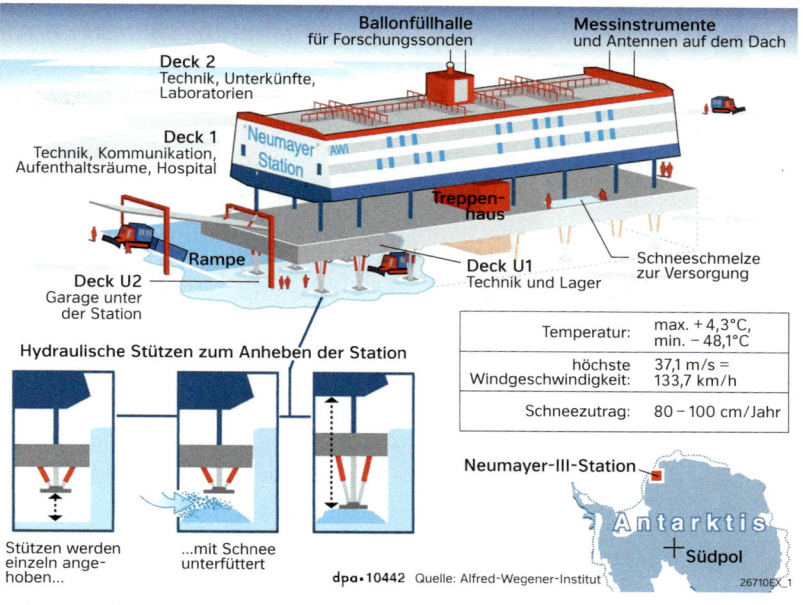

Temperatur:	max. + 4,3°C, min. − 48,1°C
höchste Windgeschwindigkeit:	37,1 m/s = 133,7 km/h
Schneezutrag:	80 – 100 cm/Jahr

dpa·10442 Quelle: Alfred-Wegener-Institut

M6 *Deutsche Forschungsstation Neumayer*

Auf der Neumayer-Station werden jede Minute meteorologische Daten gewonnen. Darüber hinaus steigt einmal täglich ein Wetterballon mit einer Radiosonde bis in Höhen von ca. 35 km (Stratosphäre) auf.

M7 *Aufstieg von Radiosonden*

ANTARKTISVERTRAG

Am 1. Dezember 1959 unterzeichneten in Washington zwölf Staaten den Antarktisvertrag, der 1961 in Kraft trat. Mittlerweile gehören ihm 53 Staaten an; Deutschland trat 1979 bei. Der Vertrag betrifft alle Eis- und Landflächen südlich des 60. Breitenkreises. Mit ihm soll das verletzliche polare Ökosystem geschützt werden. Auf seiner Basis wurden viele Nachfolgeverträge vereinbart, z.B. zum Verzicht auf Rohstoffabbau bis 2041 und die Ausrufung des Kontinents zum „Weltpark Antarktis".

Ausgewählte Artikel:
(I)   Die Antarktis wird nur für friedliche Zwecke genutzt.
(II) Die Freiheit der Forschung und die Zusammenarbeit zu diesem Zweck sollen uneingeschränkt fortgesetzt werden.
(IV) Territoriale Ansprüche an der Antarktis werden zurückgestellt.
(V)   Kernexplosionen und die Beseitigung radioaktiven Abfalls sind verboten.
(XI) Mögliche Streitigkeiten sind von allen Betroffenen friedlich beizulegen.

M5 *Der Antarktisvertrag*

3 Informiere dich über das Leben und Arbeiten der Antarktisforscher. Nutze dazu auch das Internet.

4 Erörtere die Bedeutung des Antarktisvertrages für den Schutz und die Nutzung der Südpolarregion.

January 31, 1980
Nimbus-7

January 31, 2012
Nimbus-7

M1 *Satellitenbilder zur Eisbedeckung der Arktis*

Auswirkungen des Klimawandels

Durch die ständig steigenden Durchschnittstemperaturen auf der Erde schmelzen die Eismassen der Arktis in den Sommermonaten immer stärker ab. Die Erwärmung wird noch verstärkt durch die nunmehr eisfreien, dunklen Wasserflächen, die die Sonnenstrahlen absorbieren und nicht wie bisher rückstrahlen.

Dies hat Folgen für Eisbären, Walrosse und Robben. Ihr Lebensraum wird durch den Klimawandel immer kleiner. Traditionelle Formen der Jagd werden eingeschränkt und gehen langsam verloren. Auch der Transport mit Hundeschlitten ist weniger zuverlässig. Dem stehen Hoffnungen auf eine verstärkte wirtschaftliche Nutzung gegenüber: Bergbau, Landwirtschaft, Schifffahrt und Tourismus.

www.youtube.com
(→ Die Arktis im
Klimawandel)
www.meereisportal.
de/

So gehst du vor

1. **Satellitenbilder lesen**
   • Nenne den Satelliten, das Aufnahmedatum und die abgebildete Region.
   • Beschreibe den Inhalt unter Beachtung der Flächenfarben.

2. **Satellitenbilder auswerten**
   • Erläutere Ursachen der Verteilung der Flächenfarben und stelle Zusammenhänge her.

3. **Satellitenbilder vergleichen**
   • Ermittle Gemeinsamkeiten, Ähnlichkeiten und Unterschiede in den Satellitenbildern. Gehe dabei insbesondere auf Raumveränderungen ein.
   • Zeige mögliche Ursachen der Veränderungen auf.
   • Leite mögliche Auswirkungen auf Geofaktoren und das Leben der Menschen ab.

M2 *Schmelzwasserseen im Inlandeis*

M3 *Eisbär auf einsamer Scholle*

M4 *Kartoffelanbau in Südgrönland*

❶ Werte die Satellitenbilder aus und vergleiche sie. Nutze auch S. 60.

❷ Reflektiere deine Arbeitsergebnisse mithilfe des Textes und M2 bis M4.

100800-250-03
schueler.diercke.de

Nimm Stellung zu den Aussagen des Meeresforschers Jacques-Yves Cousteau und des Weltumseglers James Cook.

„Das Meer ist ein Schatz. Ich habe ihn entdeckt und bewundere ihn. Und wenn Sie einen Schatz besitzen und dann erkennen müssen, dass Räuber dieses wertvolle Gut stehlen und zerschlagen wollen – was machen Sie da?"

Jacques-Yves Cousteau – weltbekannter französischer Ozeanologe (1910–1997)

„Die Welt wird keinen Nutzen aus diesem Land ziehen." *(Ausspruch beim Anblick der Küste Antarktikas)*

James Cook – berühmter britischer Seefahrer und Entdecker, der als Erster den südlichen Polarkreis überquerte (1728–1779)

Kompetenz-Check

Hier sind die Kompetenzen aufgeführt, die du in diesem Kapitel erwerben konntest.
Schätze deinen erreichten Stand der Kompetenzentwicklung selbst ein:

😃 sehr gut   🙂 gut   😐 befriedigend   ☹ mangelhaft

Ich kann ...	😃	🙂	😐	☹	Noch unsicher? Schlage nach auf S. ...
... das Weltmeer nach unterschiedlichen Aspekten gliedern.					230
... den Naturraum des Weltmeeres und der Polargebiete analysieren sowie Wechselbeziehungen zwischen Geofaktoren erörtern und darstellen.					231 240–243
... die vielfältige Nutzung des Weltmeeres als Nahrungs-, Rohstoff- und Energiequelle sowie Verkehrsraum beschreiben.					232–237
... Eingriffe des Menschen in das Weltmeer unter dem Aspekt der Nachhaltigkeit bewerten.					238
... Arktis und Antarktis unter verschiedenen Aspekten vergleichend analysieren.					240–247
... unterschiedliche Nutzungsansprüche an die Polargebiete sowie daraus resultierende Interessenkonflikte erläutern und diskutieren.					246–248
... Maßnahmen zum Schutz des Weltmeeres und der Polargebiete aufzeigen und aus unterschiedlichen Perspektiven beurteilen.					239 249
... Satellitenbilder auswerten und vergleichen.					250

Anökumene (S. 240)
weitgehend unbewohnte Gebiete der Erde, zumeist aufgrund extremer Temperaturen, Trockenheit und Höhenlage

arid (S. 33)
trockenes Klima; Gebiet mit Wassermangel, es verdunstet mehr als Niederschlag fällt

Aquifer (S. 36)
Grundwasserleiter, ein Gesteinskörper mit Hohlräumen, der geeignet ist, Grundwasser weiterzuleiten und in wirtschaftlich bedeutsamen Mengen abzugeben

Aufschüttungsebene (S. 138)
Ebene, in der Lockermaterial von Flüssen abgelagert wird, überwiegend landwirtschaftlich genutzt; zumeist überschwemmungsgefährdet

Dauerfrostboden (S. 212)
ganzjährig bis in große Tiefen gefrorener Boden, der in den Sommermonaten nur oberflächlich auftaut

Desertifikation (S. 81, 212)
Vordringen der Wüste in dürregefährdete Räume; verursacht durch menschliche Eingriffe, vor allem durch Überweidung oder Absenkung des Grundwasserspiegels

Erdbeben (S. 107)
Erschütterung der Erdoberfläche, die durch endogene Kräfte verursacht wird, zumeist durch ruckartige Verschiebung von Lithosphärenplatten

endogen (S. 105)
vom Erdinneren wirkende Kräfte; gebirgsbildende Prozesse, Vulkanismus, Erdbeben führen zu Veränderungen an der Erdoberfläche

Entwicklungsland (S. 90)
wirtschaftlich gering entwickeltes Land mit niedrigem Lebensstandard eines Großteils der Bevölkerung

exogen (S. 105)
von außen auf die Erdoberfläche einwirkenden Kräfte, z. B. Wasser, Eis, Wind

Geofaktor (S. 32)
auch Naturfaktor genannt; dazu zählen Relief, Klima, Vegetation, Wasser, Boden, geologischer Bau

Globalisierung (S. 166)
Prozess der weltweiten wirtschaftlichen Verflechtung der Staaten untereinander

Gradnetz (S. 9)
gedachtes Netz von Linien um die Erde, besteht aus Breiten- und Längenkreisen; es dient der Ortsbestimmung

humid (S. 33)
feuchtes Klima; Gebiet mit Niederschlagswasserüberschuss, es fällt mehr Regen als verdunstet

Industrieland (S. 145)
ein sehr hoch entwickeltes Land mit leistungsfähiger Wirtschaft; oftmals sind Dienstleistungen der wichtigste Wirtschaftsbereich

Infrastruktur (S. 212)
Einrichtungen zur Entwicklung eines Raumes wie Verkehrswege, Wasser- und Stromleitungen, Entsorgungsanlagen, Bildungs-, Erholungs- und Gesundheitseinrichtungen

Innertropische Konvergenz - ITC (S. 141)
Tiefdruckrinne in Äquatornähe, in der Nordost- und Südost-Passat aufeinandertreffen; durch Quellbewölkung entstehen starke Niederschläge; die ITC verlagert sich mit dem zenitstand der Sonne

Inuit (S. 244)
Ureinwohner der westlichen Arktis, in ihrer Sprache Inuktitut bedeutet dies „Menschen" (Singular: Inuk)

Kontinentalität (S. 218)
meerferne Lage einer großen Festlandsmasse; geringe Niederschlagsmenge, hohe Temperaturunterschiede zwischen Sommer und Winter, viele Frosttage

Kulturlandschaft (S. 17)
Sie ist durch menschliche Aktivitäten, das heißt geringe, kaum ersichtliche oder extreme Eingriffe in die Natur, gekennzeichnet.

Landgrabbing (S. 165)
Landnahme, Landraub durch Ankauf von ausländischen Agrarflächen zur eigenen Nutzung; Anbau von Nahrungsmitteln oder von Pflanzen zur Energiegewinnung

Meeresströmung (S. 231)
Transportbewegung von Wassermassen im Weltmeer; Oberflächen-, Tiefen- und Ausgleichsströmungen führen zum Wasseraustausch

Megacity (S. 187)
Stadt mit mehreren Millionen Einwohnern; sie hat große politische und wirtschaftliche Bedeutung für eine Region, bedeutender Verkehrsknotenpunkt

Monowirtschaft (S. 96)
einseitig auf einen Bodenschatz oder ein landwirtschaftliches Produkt ausgerichtete Wirtschaft

Monsun (S. 141)
beständig wehende, jahreszeitlich wechselnde Luftmassen in den Tropen und Subtropen

Nachhaltigkeit (S. 215)
Deckung der menschlichen Bedürfnisse unter Beachtung von Ökonomie, Ökologie und Sozialem

Oase (S. 38)
durch Grund- oder Flusswasser entstandene „Insel" in der Wüste; teilweise besiedelt und landwirtschaftlich genutzt

Ökumene (S. 240)
der vom Menschen besiedelte Teil der Erde

ozeanischer Rücken (S. 107)
langgestrecktes, untermeerisches Gebirge; ständig aufsteigendes Magma drängt Lithosphärenplatten auseinander

Passat (S. 69)
großräumig wirkende Windströmung in den Tropen, die durch Luftdruckunterschiede entsteht; Nordost- und Südostpassat

Plattentektonik (S. 106)
Theorie über den Bau der Erdkruste der Erde und die Entwicklung der Kontinente und Ozeane; nach ihr ist die Erde in Platten gegliedert, die sich in ständiger Bewegung befinden

Push-/Pullfaktor (S. 171)
Aspekte bzw. Gründe, die Menschen dazu bringen, ihre Heimat zu verlassen und sich in anderen Regionen anzusiedeln

Ressource (S. 212)
Rohstoffe (z. B. Bodenschätze) und Umweltgüter (z. B. Luft und Wasser), die für die wirtschaftliche Tätigkeit des Menschen erforderlich sind

Schwellenland (S. 14)
Land mit hohem Wirtschaftswachstum und starkem sozialen Gefälle zwischen Stadt und Land, bedeutendes Exportland

Slum (S. 187)
Armutsviertel mit gering entwickelter Infrastruktur, besonders niedriger Lebensstandard

Subsistenzwirtschaft (S. 78)
Wirtschaftsweise in der Landwirtschaft mit einfachen Anbaumethoden, zumeist Hackbau; die Produktion dient nahezu vollständig der Eigenversorgung der Familien

Tiefseegraben (S. 107)
lang gestreckte, meist rinnenförmige Einsenkung im Meeresboden; entsteht durch Subduktion einer ozeanischen Platte

Tsunami (S. 116)
extrem hohe Welle mit großer Energie und Zerstörungskraft an den Küsten; zumeist ausgelöst durch Erdbeben oder Vulkanismus am Meeresboden

Verwitterung (S. 122)
Zerfall von Gesteinen an der Erdoberfläche unter Einwirkung physikalischer und chemischer Kräfte und Prozesse; Voraussetzung für die Abtragung und damit die Formung der Erdoberfläche

Verstädterung (S. 186)
Zunahme der Stadt- gegenüber der Landbevölkerung, zumeist ausgelöst durch Landflucht

Wadi (S. 35)
Trockental in der Wüste, das nur selten Wasser führt; es bildete sich in einer regenreicheren Zeit heraus

Welthandel (S. 236)
Importe und Exporte aller Länder der Erde; Austausch von Gütern und Dienstleistungen über Staatsgrenzen hinweg

Wendekreis (S. 14)
zwei Breitenkreise 23,5 ° nördlicher und südlicher Breite (n. Br., s. Br.); hier steht die Sonne einmal im Jahr im Zenit, bevor sie sich scheinbar „wendet", um sich wieder dem Äquator zu nähern

Wirbelsturm (S. 142)
sich kreisförmig bewegender, wandernder Luftwirbel, der über tropisch-warmen Gewässern des Weltmeeres entsteht; sie können Sturmfluten erzeugen und an Küsten verheerende Zerstörungen anrichten

Zeitzone (S. 10)
24 international festgelegte Zonen mit gleicher Uhrzeit; eine Zeitzone umfasst 15 Längengrade; von Zone zu Zone ist unterscheidet sich die Uhrzeit jeweils um eine Stunde

Zenit (S. 14, 68)
die Sonne steht genau senkrecht über einem Ort; dies ist zwischen den Wendekreisen im Verlaufe eines Jahres zweimal der Fall.

|123RF.com, Hong Kong: byrdyak 77.3; shaunwilkinson 232.1; skyman 234.1. |A1PIX - Your Photo Today, Ottobrunn: SGM 41.1. |Agentur Focus - Die Fotograf*innen, Hamburg: David Parker/SCIENCE PHOTO LIBRARY 115.1; Liebmann 244.2; MagnumPhotos/Bendiksen, Jonas 188.1. |akg-images GmbH, Berlin: 251.2. |Alamy Stock Photo, Abingdon/Oxfordshire: Jemastock 147.2. |Alamy Stock Photo (RMB), Abingdon/Oxfordshire: Aurora Photos 169.1; Breitz, Eden 24.3; Calapre, Pocholo 75.1; Charles Stirling (Travel) 31.1; Dinodia Photos 187.1; frans lemmens 126.2; imageBROKER 45.2, 56.1; mediacolor's 3.2, 26.1; National Geographic Creative 240.1; Patrizi, Paolo 149.2; Pey, Frank 248.1; Realy Easy Star/Tullio Valente 176.7; rich bowen 187.2; Shields, Martin 114.1; SIBSA Digital Pvt. Ltd 183.2; Stark, Friedrich 36.1; Widmann/CHL 148.1; Zarubin, Alexey 24.2. |alimdi.net, Deisenhofen: Egmont Strigl/imagebroker.net 41.2; Fabian von Poser 30.2; Josef Beck 153.3. |AMX STUDIO, Eggenstein-Leopoldshafen: 199.1. |Arco Images GmbH, Iserlohn: AUSCAPE 243.4; Brehm, H 84.1. |Arend, Jörg, Wedel: 129.1, 129.4. |Art Explosion, Calabasas, CA: 98.5. |Baaske Cartoons, Müllheim: Mester, Gerhard 195.2. |BASF SE, Ludwigshafen: Pressefoto 215.1. |Bayer AG, Leverkusen: 94.6. |Berger, Gabriele: 37.1. |Biosphoto, Berlin: Michel, Gunther 140.3. |Blickwinkel, Witten: R. Puppetti 140.1, 140.2. |Böthling, Jörg, Hamburg: 65.2. |bpk-Bildagentur, Berlin: 66.3. |Bulls Pressedienst GmbH, Frankfurt am Main: Koterba, Jeff 195.1. |Burkard, Hans-Jürgen, Hamburg: 86.4. |Caro Fotoagentur, Berlin: Andreas Bastian 23.1. |Colditz, Margit, Halle: 10.7, 14.1, 14.2, 14.3, 73.2, 73.3, 136.5, 137.4, 158.4, 159.4, 161.1, 174.2, 174.3, 223.5, 233.4, 242.2, 243.5, 245.4, 245.5, 247.2. |Colourbox.com, Odense: Ljungberg, Mats 79.3; Maryankova, Anastasiya 247.1. |Demmrich, André, Berlin: 46.1, 233.3. |Deutsche Gesellschaft für Internationale Zusammenarbeit (GIZ) GmbH, Eschborn: Unkel 82.3. |Deutsche Stiftung Meeresschutz (DSM), München: 239.7. |Deutsches Zentrum für Luft- und Raumfahrt e.V. (DLR), Köln: ©DLR(CC-BY-3.0) 248.3. |DIGITALstock, Wangen: P. Schäfer 33.1. |Domrös, Manfred, Mainz: 153.1. |dreamstime.com, Brentwood: Alexander Podshivalov 223.3; Art33art 205.2; Bayda127 21.2; Blackred 203.2; Carrieanne 250.4; Daniela Lenzinger 137.3; Dimaberkut 223.4; Druid007 51.2; Ekhphoto 205.4; Ethnica 191.2; JoeRavi 193.1; Kunterbunt 122.5; shirophoto 4.2, 134.1, 134.2; Typhoonski 51.1; Vatikaki 37.3; Vladitto 200.1; Yangchao 162.2; Zorro12 45.5. |Earth Island Institute: Dolphin-SAFE Monitoring Program 239.3. |Eck, Thomas, Berlin: 10.1. |Eiblmaier, Manfred, Braunschweig: 77.1. |Elvenich, Erik, Hennef: 13.2. |EyeUbiquitous, Berlin: Hutchison 200.2, 213.2. |Fabian, Michael, Hannover: 199.3. |Fairtrade Deutschland e.V., Köln: 93.4. |Forest Stewardship Council® (FSC®) Deutschland, Freiburg im Breisgau: 89.2. |fotolia.com, New York: Alexandr Mitiuc 235.1; Anikakodydkova 13.1; Avraham, Kushnirov 47.1; Bidouze, Stéphane 71.1; Breckwoldt, Dan 55.1; byrdyak 71.3; Digitalpress 119.3; ExQuisine 87.1; felixbruno 123.2; Haider Yousuf 50.2; industrieblick 12.4; kilhan 21.3; MARCELO 233.2; mije shots 129.6; Noppasinw 109.2; oriwo 64.1; RCP Photo 69.1; Strauch, Daniel 234.2; SyB 128.3; Toronto, Sergey 202.3. |Gehrke, Mahlberg: 109.1. |Getty Images, München: AFP/STR 141.1; AFP/YOSHIKAZU TSUNO 143.2; Aurora Creative/Essick, Peter 250.5; Bettmann 238.2; Elbaz, Sophie 184.1; Jay Directo/AFP 141.2; MALINDINE/POPPERFOTO/Bilderberg 177.3; Pettersson, Per-Anders 89.1; Popperfoto 50.1; Rawles, Simon 94.7; Steinmetz, George 40.1, 126.1, 163.1; Sygma/Soltan, Frédéric 21.4; Tony Yu 164.2; VCG 160.1. |Getty Images (RF), München: Alan Schein Photography 92.3; Rowell, Galen 112.1; Schafer, Kevin 109.3; Sino Images 236.1. |GoodWeave International, Köln: 184.3. |Grabowski, H., Münster: 128.2. |Greenpeace e.V., Hamburg: Newman, Gavin 239.5; Sinyakov, Denis 221.2; Steve Morgan 23.2. |Griese, Dietmar, Laatzen: 18.2, 20.1, 20.2, 20.3, 20.4, 29.1, 42.1. |Gruber, Bernhard, A-Neuhofen an der Krems: 87.2. |GTZ, Eschborn: 82.2. |Güttler, Peter - Freier Redaktions-Dienst (GEO), Berlin: 12.2, 28.1, 39.1, 170.1, 220.1, 221.3, 223.1, 235.4. |Hanel, Walter, Bergisch Gladbach: 100.1. |Henkel, Christine, Dahmen: 70.3. |Hoferick, F., Radebeul: 122.1. |Huber Images, Garmisch-Partenkirchen: 110.1. |Huniewicz, Michal, London: 34.1. |Imago, Berlin: GranAngularUra 215.2. |iStockphoto.com, Calgary: 123ArtistImages 172.1; aarrows 97.5; Abenaa 65.1; AlbertoLoyo 6.4; Alexey Baskakov 203.1; andersen_oystein 139.3; Andronov, Leonid 58.1; armiblue 230.2; ayzek 245.3; Beboy_ltd 118.1; Bijoy Verghese 177.2; BrianAJackson 48.8; broken3 48.11; Burba, George 19.1, 212.1; Calapre, Pocholo 178.3; deduhin 202.5; demerzel21 57.1; dennisjim 181.2; djandre77 202.6; donvictorio 5.2, 228.1; drmakkoy 245.1; Dukell 200.5; E+/Lantzendorffer, Olivier 6.2; Edith65 75.2; EdStock2 99.2; EpicStockMedia 231.1; Evening_T 4.3, 156.1; ewg3D 124.1; Fernandez, Daniel 205.6; funky-data 84.2; geogif 131.1; Gilles_Paire 94.8; Gorfer 12.5; gorsh13 122.4; grynold 48.10; Guenter Guni 74.1; HAVET 117.1; Hongqi Zhang 22.1; hrui 162.1; huenterguni 72.2; Igor Ostapchuk 136.3; jamessnazell 94.1, 95.1, 96.1, 97.1, 98.1, 146.1, 158.1, 176.1, 198.1, 210.1; Joel Carillet 122.6; Kalinin, Iakov 202.2; Kaminer, Mattis 125.1; Karlsson, Stígur Már 199.2; KishoreJ 187.3; Konstantin Shevtsov 201.1; ksena32 48.4; Kyrylyuk, Volodymyr 22.2; Lingbeek 66.1; Lung, Jimmy 123.1; mamahoohooba 175.4; mazzzur 6.1; Meinzahn 79.5, 182.1; Melnikov, Vladimir 202.4; memoriesarecaptured 48.2; michaeljung 98.4; mirrormere 122.2; mo-

81.3; Guillaume Le Bloas 3.1, 6.3; jahet7 132.4; katerina_ 45.1; Malgavko, Alexey 221.1; Mazurkevich, Alexander 136.1; Müller, Wolfgang 33.2; Nery, Andre 178.1; nicoloperazzo 109.4; photlook 176.6; Prudek, Daniel 159.3; RalfenByte 121.3; Sander, T. 8.1; Schmidt, Sandra 95.6; simanovskiy 216.1; Wayne 241.1; Wichmann, Tamme 237.1. |Stuttmann, Klaus, Berlin: 101.1. |Süddeutsche Zeitung - Photo, München: AP 51.3. |Tierbildarchiv Angermayer, Holzkirchen: Reinhard 243.2. |Tomasi, Juan Carlos, Barcelona: 93.5. |Tomicek/www.tomicek.de, Werl: 52.1. |toonpool.com, Berlin, Castrop-Rauxel: Kamensky, Marian 101.2. |TUI Cruises GmbH, Hamburg: 237.2. |ullstein bild, Berlin: Lineair 45.4; SPUTNIK/Nowosti 217.2. |Visum Foto GmbH, München: Andia 86.1; Marc Steinmetz 249.1; Olaf Meinhardt 209.2; Panos Pictures/Silberberg, Jacob 65.3. |Volkswagen Aktiengesellschaft, Wolfsburg: 99.5. |Vulkanpark GmbH, Koblenz: 121.2. |Waldeck, Winfried, Dannenberg: 202.1. |Wendorf, Monika, Hannover: 12.1, 205.7. |wikimedia.commons: 208.2. |Witzel, Michael, Stralsund: 21.1. |Xinhua, Berlin: 164.1.

An diesem Buch waren mit Textbeiträgen beteiligt:
Matthias Bahr, Matthias Baumann, Franz Bösl, Ulrich Brameier, Dr. Thomas Brühne, Kerstin Bräuer, Gisèle Coner, Thomas Eck, Dieter Engelmann, Erik Elvenich, Prof. Dr. Dirk Felzmann, Helmut Fiedler, Luisa Fleischfresser, Timo Frambach, Dr. Roland Frenzel, Peter Gaffga, Sabine Geisler, Dr. Wolfgang Gerber, Thilo Girndt, Michael Gutberlet, Stefan Hauri, Jarko Henning, Uwe Hofemeister, Heike Hoppe, Stefan Junker, Uwe Kehler, Holger Kerkhof, Peter Kirch, Renate Koch, Gudrun Kort, Karin Kortschakowski, Dr. Norma Kreuzberger, Hans Kronfeldner, Wolfgang Latz, Karin Leditznig, Ute Liebscher, Dr. Ann-Kathrin Lindau, Cornelia Linde, Frank Morgeneyer, Eva Munzinger-Basch, Michael Ostermann, Prof. Dr. Jürgen Nebel, Rainer Niedernostheide, Friedrich Pauly, Dr. Frank Peterhoff, Dr. Thomas Rößner, Dieter Sajak, Anja Mevs, Claudia Schaal, Carola Schön, Michael Schulz, Dr. Veronika Selbach, Dr. Bernd Stallhofer, Rainer Starke, Dr. Diether Stonjek, Kerstin Strack, Michael Tempel, Grit Töppner, Sylvia Trauzold, Prof. Dr. Joachim Vossen, Dr. Walter Weidner, Dr. Dorothea Wiktorin, Michael Witzel, Klaus Wohlt, Dr. Stefan Zimmermann, Steffen Zips.

Übersicht über Operatoren/Signalwörter

Anforderungsbereich I (Reproduktion)
- Wiedergeben von Sachverhalten aus einem begrenzten Gebiet im gelernten Zusammenhang
- Beschreiben und Verwenden gelernter und geübter Arbeitsweisen in einem begrenzten Gebiet und einem wiederholenden Zusammenhang

aufzeigen	Sachverhalte in ihren Grundaussagen knapp wiedergeben
beschreiben	geographische Sachverhalte bzw. Materialinformationen mit eigenen Worten zusammenhängend, geordnet und fachsprachlich angemessen wiedergeben
bestimmen	Daten, Ziele, geographische Objekte nach Kriterien feststellen oder zuordnen
darstellen	aus dem Unterricht bekannte oder aus Material entnommene Informationen/Sachverhalte verdeutlichen
durchführen	Untersuchungen wie Erkundungen, Exkursionen, Befragungen nach genauen Anleitungen/Arbeitsschritten vollziehen
ermitteln	Daten und Fakten zu einem bestimmten Sachverhalt mit bekannten Arbeitsmethoden aus Material gezielt herausarbeiten
lokalisieren	geographische Objekte und Raumbeispiele verorten und in räumliche Orientierungsraster einordnen
nennen	Informationen/Sachverhalte ohne Kommentierung wiedergeben bzw. aufzählen
wiedergeben	erlernte/erarbeitete Informationen und Sachverhalte so wiederholen, dass die inhaltlichen Schwerpunkte deutlich aufgezeigt werden

Anforderungsbereich II (Reorganisation und Transfer)
- selbstständiges Ordnen, Bearbeiten und Erklären bekannter Sachverhalte
- selbstständiges Anwenden und Übertragen des Gelernten auf vergleichbare Sachverhalte

analysieren	komplexe Sachverhalte unter Nutzung von Materialien systematisch untersuchen, Einzelheiten in Beziehung setzen und Strukturen herausarbeiten
anwenden	Untersuchungsmethoden, Theorien, Modelle auf neue räumliche Sachverhalte und Prozesse beziehen sowie Arbeitsergebnisse auf ein neues Fall- oder Raumbeispiel übertragen
auswerten	gegebenes Material nach Arbeitsschritten lesen sowie Einzelergebnisse in einen Zusammenhang stellen und zu einer Gesamtaussage zusammenführen
charakterisieren/ kennzeichnen	Sachverhalte in ihren Grundzügen und Eigenarten beschreiben sowie nach Kriterien typische Merkmale herausarbeiten
ein-/zuordnen	Sachverhalte begründet in einen Zusammenhang stellen bzw. systematisieren und Räume in ein Orientierungsraster einordnen
erklären	Strukturen und Prozesse so darstellen, dass Bedingungen, Ursachen, Folgen und Gesetzmäßigkeiten verständlich werden
erläutern	komplexe Sachverhalte so beschreiben, dass Beziehungen deutlich werden
erstellen/ erarbeiten	Sachverhalte unter Verwendung der Fachsprache inhaltlich und methodisch angemessen (graphisch) darstellen
vergleichen	nach Kriterien Gemeinsamkeiten, Ähnlichkeiten und Unterschiede zwischen Strukturen, Prozessen, Ereignissen u. a. darlegen und ein Fazit ziehen